ロシア―タタルスターン権限区分条約論

小杉 末吉 著

日本比較法研究所
研究叢書
117

中央大学出版部

装幀　道吉　剛

ロシア―タタルスターン権限区分条約論

目　　次

序　論

第一部　1994 年条約の締結とその意義

第一章　発　端 ……………………………………………………… *13*

　第一節　交渉開始の政治的環境 ………………………………… *13*

　　（一）　二重の連邦制の見直し　*13*

　　（二）　統一連邦条約案への対応　*19*

　　　⑴　タタルスターン共和国の選択　*20*

　　　⑵　条約作業の進捗　*23*

　第二節　二国間条約交渉への途 ………………………………… *26*

　　（一）　交渉に向けた調整　*26*

　　（二）　本格的交渉　*27*

　第三節　交渉の再開 ……………………………………………… *29*

　　（一）　最初の成果―経済協定―　*29*

　　　⑴　クーデタ後の「革命」路線　*29*

　　　⑵　交渉再開　*31*

　　（二）　経済協定の意義　*35*

第二章　1992 年 8 月条約案 ……………………………………… *49*

　第一節　ソ連邦崩壊後の交渉再開 ……………………………… *49*

　　（一）　条約交渉の第 2 段階　*49*

　　（二）　統一連邦条約の拒否と共和国レフェレンダム　*54*

　　　⑴　連邦中央の事情　*54*

　　　⑵　タタルスターンの事情　*56*

　　　⑶　レフェレンダムの意義　*57*

　第二節　本格的交渉 ……………………………………………… *59*

　　（一）　基本合意（プロトコル）　*59*

　　（二）　条約案の仕上げ　*63*

　第三節　条約案の内容 …………………………………………… *67*

（一）　形式上の問題　*67*

　　（二）　内容上の問題　*69*

　　　⑴　前文について　*69*

　　　⑵　第1条について　*71*

　　　⑶　第2条について　*74*

　　　⑷　第4条について　*76*

　　　⑸　第5条について　*77*

　　　⑹　第6条について　*77*

第三章　1994年条約 ……………………………………………… *89*

第一節　憲法改革下の交渉 …………………………………… *89*

　　（一）　共和国憲法改定制定と条約交渉　*89*

　　（二）　連邦憲法危機下の協定締結　*94*

第二節　条約案の仕上げ ……………………………………… *99*

　　（一）　新連邦憲法問題と条約交渉　*99*

　　（二）　条約案の作成　*105*

　　　⑴　懸案事項の協議　*106*

　　　⑵　2月1日条約案の作成　*107*

　　　⑶　条約名称の確定　*111*

第三節　1994年条約の検討 ………………………………… *114*

　　（一）　条約案に即した内容把握　*114*

　　　⑴　前文について　*115*

　　　⑵　準拠法について　*118*

　　　⑶　共和国管轄について　*119*

　　　⑷　共同管轄について　*121*

　　　⑸　連邦管轄について　*124*

　　　⑹　その他の問題について　*125*

　　（二）　連邦憲法に則した問題点　*128*

　　　⑴　考慮すべき問題点　*128*

　　　⑵　連邦管轄の共和国管轄化　*130*

　　　⑶　連邦管轄の共同管轄化　*132*

iv

　　　⑷　共同管轄の共和国管轄化　*133*

　⑶　評　価　*136*

　　　⑴　当事者の自己評価　*136*

　　　⑵　世論の評価　*142*

第二部　条約的連邦関係の見直し

第四章　条約の立法規制…………………………………………… *171*

第一節　ソ連邦崩壊後の遠心化傾向…………………………… *171*

第二節　行政立法による規制…………………………………… *176*

　⑴　規制機関の組織化　*176*

　⑵　権限区分原則の確定　*178*

第三節　連邦法による規制……………………………………… *180*

　⑴　二つの連邦法の制定　*180*

　⑵　内　容　*185*

　　　⑴　6月24日原則・手続き法　*185*

　　　⑵　10月6日一般原則法　*188*

　　　小　括　*190*

第五章　プーチン連邦改革下の新たな権限区分構想…………… *203*

第一節　1990年代連邦関係の見直し…………………………… *204*

　⑴　政権初期の連邦改革　*204*

　⑵　権限区分条約の破棄過程　*209*

　⑶　条約法の制定状況　*214*

　　　⑴　条約破棄あり・条約法なし　*215*

　　　⑵　条約破棄あり・条約法あり　*216*

　　　⑶　条約破棄なし・条約法あり　*218*

　　　⑷　条約破棄なし・条約法なし　*222*

　⑷　条約破棄の意義　*223*

第二節　新たな権限区分構想…………………………………… *225*

　⑴　シャイミーエフ構想　*225*

⑴　経　緯　225

⑵　内　容　228

⑶　評　価　236

（二）　コザーク構想　238

⑴　経　緯　238

⑵　内　容　243

⑶　立法成果　249

小　括　252

第三部　2007 年条約の意義

第六章　条約締結過程………………………………………………… 277

第一節　新たな条約交渉…………………………………………… 277

（一）　見直しの新たな環境　277

（二）　条約改定をめぐる交渉　281

⑴　交渉の開始　281

⑵　共同作業　283

第二節　条約案の検討……………………………………………… 286

（一）　1994 年条約との体系比較　286

（二）　逐条的検討　289

⑴　前　文　290

⑵　第 2 条　292

⑶　第 3 条　293

⑷　その他　296

第七章　連邦議会での審議…………………………………………… 305

第一節　国家会議での審議………………………………………… 305

（一）　事前審議　305

（二）　本会議での審議　307

第二節　連邦会議での審議………………………………………… 311

（一）　事前審議　311

⑵　本会議での審議　*313*

　　　⑴　基調報告 - 問題点の指摘　*313*

　　　⑵　審議 - 反対派の議論　*314*

第三節　再審議 ……………………………………………………… *317*

　⒜　再審議のための交渉　*317*

　㈡　国家会議　*318*

　㈢　連邦会議　*322*

第八章　検　討 …………………………………………………… *331*

　第一節　内容の検討 ……………………………………………… *331*

　第二節　法的問題 ………………………………………………… *333*

　　㈠　問題の限定　*333*

　　　⑴　個別条約の憲法上の存在可能性　*333*

　　　⑵　連邦主体間の平等原則 - 連邦憲法第 5 条との関連　*336*

　　　⑶　条約締結要件 -1999 年 10 月 6 日法第 26 条の 7 との関連　*339*

　　㈡　総　括　*341*

第九章　エピローグ―条約失効をめぐるタタルスターン社会―　*347*

結　論 ……………………………………………………………… *359*

　資　料　*363*

　　資料 1：1992 年 1 月 22 日経済協力に関する政府間協定

　　資料 2：1992 年 8 月 15 日条約案

　　資料 3：1994 年 2 月 1 日条約案

　　資料 4：1994 年 2 月 15 日条約

　　資料 5：2005 年 10 月 28 日条約案

　　資料 6：2006 年 11 月 4 日条約案

　　資料 7：2007 年 6 月 26 日条約

　参考文献一覧　*387*

　索　引　*401*

　英文目次　*413*

序　論

　ロシア連邦[1]は、現行ロシア連邦憲法が規定する同権的連邦主体から構成される連邦国家であるとしても、如何なる連邦国家なのか、如何なる連邦として理解されるべきであろうか。その際、連邦（連邦国家）の性格を判断する指標の一つとして、連邦中央と地方との関係如何という問題を挙げることができる。具体的には、中央集権的か連合的か、あるいは強い国家か弱い国家か、といった問題が提起される。それ故、連邦関係が如何なる性質を持っているかを検討することが当該国家の連邦性の程度を考えるうえで重要となる。このことはもちろんロシア連邦にもあてはまる。本書は、1994 年 4 月から 2017 年 8 月まで現行ロシア連邦制を特色づける制度の一つであった、連邦中央とタタルスターン共和国との間に締結された二国間条約（1994 年 2 月の「ロシア連邦の国家権力機関とタタルスターン共和国の国家権力機関との間の管轄対象の区分及び権能の相互委譲に関する条約」[2]及びその改定版たる 2007 年 7 月の「ロシア連邦国家権力機関とタタルスターン共和国国家権力機関の間の管轄対象及び権能の区分に関する条約」[3]）の交渉・締結・消滅（＝失効）の過程、並びにその内容と意義を検討することにより、現代ロシア連邦制の問題性を明らかにしようとするものである[4]。そこでは、ソ連邦崩壊後の現代ロシア連邦制の形成過程において、1994 年条約がもたらされた歴史的政治的背景ないし前提、その成立（交渉）過程、及びそこに胚胎する諸問題、そして、1994 年条約に代わる改訂条約たる 2007 年条約が何故必要であったのか、その成立（交渉）過程及びそこに孕まれる問題は何かといった、一連の問題が検討の対象とされる。

　連邦（連邦制）の問題は、帝政ロシア期において政治・法思想あるいは国家構想のレベルにおいて提起されてきた問題であったが、国家制度を特徴づけるまでに具体化されたのは、いわゆるソビエト国家体制のもとであった。そこでは、国家レベルでの民族問題の解決形態としての中央集権的連邦（制）が独自

なソビエト的・社会主義的なるものとして強調された[5]。この独自な連邦（制）は、1980年代半ばに開始されたペレストロイカ期において問題に付され、1991年末のソ連邦崩壊後の新生ロシアを取りまく内外の状況の中で、新たな連邦制が模索されることになった[6]。その要諦こそ、中央－地方間の条約締結に基づき形成される条約的連邦関係により構築される連邦であった。何故に条約なのかと言えば、ソビエト的連邦に代わる新たな連邦（制）とは、法的観点においては、かつての連邦（制）の法的基礎であった1922年のソ連邦創設条約の見直し・破棄による新たな連邦条約の締結に基づく連邦（制）の創設を意味したからである。

　上述の点を詳述するならば、1990年代初め、連邦主体に対して連邦中央への忠誠と引き替えに広汎な自治を保証するというエリツィン（Б.Н.Ельцин）大統領の連邦モデルのもと、ロシア連邦では新たな連邦関係が模索され、そのために、当時国家主権を主張していた民族自治構成体を始めとする連邦構成主体に配慮して「条約」という法形式が採用されることになった。そして、1992年3月にロシア連邦とその構成主体とによっていわゆる「連邦条約」が締結された。しかし、タタルスターン及びチェチェンの二つの共和国がこの条約に参加しなかったことから、この条約に基づく新たな連邦は当初から一体性・統一性を主張することはできなかった。この欠陥を是正し連邦の統一を図ることが、エリツィン政権の喫緊の課題となり、これら共和国との交渉が開始された。1994年2月にタタルスターン共和国と個別に締結された権限区分条約はその成果であった。それはまた、タタルスターン共和国にとって、連邦と独自の条約を締結することにより、ロシア連邦において主権国家たる独自の地位の確保という政治的意義を有していた[7]。ロシア連邦の一体性・領土的統一を維持するために締結されたこの条約がある意味で連邦中央による政治的譲歩であったことは、連邦中央にとって予期せぬ事態、すなわち、既に連邦条約を締結した連邦主体による個別区分条約締結の要求、いわゆる「権限区分条約パレード」という現象をもたらした。しかし、連邦統一のためにエリツィン政権により採られたこの政策、すなわちタタルスターンを始めとする個別連邦構成主体

との権限区分条約の締結は、連邦関係における地方の比重を大きくさせ、その遠心化を促す結果となったことにより、当初の目的であった連邦統一とは逆の結果を招来することとなった。

　このようなエリツィン政権下で形成された連邦構造・連邦関係を見直すことこそが、エリツィン政権を継いだプーチン（В.В.Путин）政権の緊急かつ重要な課題であり、連邦改革の要諦であった。そして、それは、何よりもこの見直しの原因となったタタルスターン共和国との二国間条約及びそれに伴う地方優位の連邦関係を、連邦憲法・連邦法規制のもとで中央優位の中央集権的連邦に転換することであった。連邦関係の連邦憲法・連邦法のもとで規制する方針に基づき、1990年代に連邦中央と連邦主体との間で締結された条約全般を見直す過程が進行し、実際、それらの多くは2000年代に入り破棄されるか期限満了をもって失効したのであった。

　唯一、タタルスターン共和国は連邦中央と新（改訂）条約の締結交渉を行った。作成された条約案は2005年10月のタタルスターン共和国国家評議会での条約案承認の後、2006年11月のプーチン大統領によるロシア連邦議会への提出、7月4日の連邦議会国家会議での採択、同11日の同連邦会議での承認を経て、同24日の大統領署名により発効したのである[8]。この条約は、その意味で、2000年以降のプーチン政権後、条約手続きに関する連邦法に則して締結された初めての条約であった[9]。しかし、この条約も、昨年8月の期間満了をもって失効した。1994年のタタルスターン共和国との条約に見られた一連の権限区分条約に基づく連邦関係、すなわち条約的連邦関係は、ここにその歴史的政治的使命を終えたのである（連邦法による連邦中央と連邦主体との区分条約締結は連邦法上可能であるが、それに基づく連邦関係は条約的連邦関係ではなく、憲法・連邦法に基づく連邦関係である）。

　以上のような経緯を踏まえて、本書は連邦中央とタタルスターン共和国との間に締結された二つの条約の意義について、その交渉過程及び内容に即して検討することを目的としている。その際、1994年条約と2007年条約とが如何なる時期的・内容的な関係性を持っているのかということが問題とされる。

1994年条約と2007年条約との間には、エリツィン政権からプーチン政権への連邦中央の権力移行に伴い、一面においてこの条約への対応あるいは評価に関する断絶を見いだすことができる。他方で、2007年のタタルスターン共和国との新（改訂）条約の締結という事実に示されるように、継承性も見いだすことができる。何故2007年条約は締結されたのかという問題を解明するためには、まさにこうした断絶と継承の二面における検討が不可欠ではないだろうか。そのことは、この問題が、1994年条約の締結過程及び内容如何の問題に連続する問題としても検討されなければならないこと、つまり、2007年条約締結問題は1994年条約を含むロシア連邦の連邦関係（中央－地方（連邦主体）関係）の展開をめぐる問題構成に置かれて検討されなければならないことを意味する。何故なら、2007年条約が連邦法に基づいて承認されたことは、1994年条約及びそれ以降1990年代半ばに相次いで締結されたいわゆる権限区分条約の国内法体系上の地位（特に連邦憲法及び連邦法との関係で）という問題、言い換えれば、プーチン大統領による連邦改革（連邦中央－地方の関係の見直し）の一環として連邦統一法圏の創出の方向性の中での条約と連邦憲法・連邦法との整合性（連邦憲法・連邦法による条約の適正化）という問題の中で理解すべき問題でもあるからである[10]。また、2007年条約により構築された連邦－タタルスターン共和国関係如何の問題は、1994年条約以降の連邦中央－地方（連邦主体）の「連邦関係」の見直しあるいは再編の過程に如何に位置づけられるのか、あるいは意義づけられるのかという問題の中で理解すべきでもあるからである。そして、そうした検討は連邦国家としてのロシア連邦（制）の将来を展望するためにも不可欠である[11]。何故なら、「条約的連邦関係」[12]から憲法的連邦関係への転換に基づく中央集権的連邦制の確立というプーチン連邦改革の信が問われているからである（その実現に対する評価はひとまず措くとして）。そのことは、今回のタタルスターン共和国の例がプーチン連邦改革の方針にとっての例外としても、その例外は許容される例外なのか（他の連邦主体に対しても適用可能な）、それとも許容されない逸脱した例外なのか（他の連邦主体に対して適用されない）という問題とも通底する。

本論においては、タタルスターン共和国とロシア連邦中央との間の条約締結過程に焦点を当てて、ロシア連邦の構造及び関係を規制するうえで権限区分条約が果たした意義と役割について検討していくこととする[13]。

＊　　　＊　　　＊

　本書の主題に関連して、ロシアの研究状況を見ると、権限区分もしくは権限関係の問題に関しては、憲法学・行政法学を中心に年代・時期にかかわらず取り上げられるポピュラー（一般的）なテーマの一つであり、その研究蓄積も豊富である。しかしながら、その中で権限区分条約に特化した研究は、連邦憲法論やロシア連邦制の問題の一部としてまたは序でのかたちで扱う研究は少なからずあるが、タタルスターン共和国の権限区分条約を主題とする研究（ましてや条約交渉過程を包括的に検討した研究）となると一挙に少なくなるし、それも1994年条約や2007年条約締結に関連して特定の時期に限定される。わが国においては、この問題に関する関心は必ずしも高いとは言えない。従ってこの問題を主題的に扱う論文・著書も多くはない。ましてや法学的観点で主題的に扱った研究はほとんどないといってよい。本書は僅かながらその欠を埋める作業である。

　本書は、『法学新報』及び『比較法雑誌』に掲載した既発表論文（巻末の参考文献一覧を参照）を基にして、本書の目次構成に即して纏めあげたものである。その際、現時点での著者の問題関心から全体的な論旨の展開が一貫するように適宜加筆・修正を行い、また「隙」がある場合には新たに書き加えることに心掛けた。その際、全体的な表現の統一や既発表論文にあった表記・数値等の誤りについては訂正した。本書は当初2017年中に刊行する予定にしていたが、途中で2007年条約が失効するという事態に直面したため、改めて全体の構想を見直さざるを得なくなった。そのため、単なる技術的ではない内容に関わる作業に手間取り、刊行が遅れてしまった。この見直しが本書にしかるべく反映されたのかについては、読者の判断に委ねることにしたい。

　なお、本書を公刊するまでに多くの方のご支援とご協力をいただいた。特に、入手困難な文献・資料の検索・入手にお骨折りいただいた著者の所属大学の

図書館レファレンス担当者、本書を日本比較法研究所研究叢書の一冊として公刊するにあたって煩雑な手続き等をしていただいた日本比較法研究所事務室担当者、編集・校正等でご迷惑をおかけした中央大学出版部の担当者、これらの方々には、いちいちお名前を挙げることはしないが、改めて感謝する次第である。

⑴ 「ロシア連邦（ロシア）」という国名は、1991年12月25日法律「ロシアソビエト連邦社会主義共和国の国名変更について」により、「ロシアソビエト連邦社会主義共和国（РСФСР）」（1936年12月5日のソ連邦憲法により正式使用）から変更された。それ以前は、1917年10月革命直後は「ロシアソビエト共和国」と、また1918年7月からは「ロシア社会主義連邦ソビエト共和国」が用いられた。国名表記に関して、本書では、一般的には「ロシア連邦」または「ロシア」を用い、ソビエト期のРСФСРについては「ロシア共和国」を用いる。また「タタルスターン共和国（タタルスターン）」は、1992年2月7日付共和国法律で「タタールソビエト社会主義共和国」から変更されたが、本書では一般的には「タタルスターン共和国」または「タタルスターン」を用いる。ソビエト期においては「自治タタール社会主義共和国АТССР」とか「タタール自治社会主義共和国ТАССР」が使用されていたが、1990年8月30日の共和国国家主権宣言では「タタールソビエト社会主義共和国（タタルスターン共和国）ТССР」が用いられ、1991年5月24日から正式国名とされた。これらの名称は、特別な場合を除き使用しない。

⑵ Договор Российской Федерации и Республики Татарстан "О разграничении предметов ведения и взаимном делегировании полномочий между органами государственной власти Российской Федерации и органами государственной власти Республики Татарстан".См.《Российская газета》,17 февраля 1994 г. なお、この条約で用いられている <предмет[ы] ведения> と <полномочие[я]> の用法と、もう一つの類似概念である <компетенция> との関連について、若干説明しておく。ソビエト法学において、<компетенция> は主として国家との関連で用いられ、「предметы ведения（即ち任意の社会生活領域及びこれら領域に対する作用）並びに具体的な полномочия」（Конституционные основы народовластия в СССР, Ленинград: Издательство Ленинградского университета.1980, стр. 169）であると理解されていたが、ロシア法学においては、<предмет[ы] ведения> 及び <полномочие[я]> の総体とか、また一定の <предметы ведения> との関係における <полномочие[я]> の総体と理解されている（В.И.Маргиев, А.В.Маргиев, Правовой статус республик в составе Российской Федерации （Владикавказ:Владикавказский научный центр РАН и Правительства

РСО-А, 2008,стр.117-118）。また、<предметы ведения> と <компетенции> もしくは <полномочий>》との違いについては、前者が連邦と連邦主体との間の問題であるのに対して、後者は連邦国家権力機関と連邦主体機関の間の個別的類型の関係を規定するのであり、従って、前者は複合的国家としての連邦の効率を規定するのに対して、後者は連邦及び連邦主体の機関の作業効率を規定すると理解される（Б.С.Эбзеев, С.Л.Красноярдцев, И.В.Левакин, В.И.Радченко, Государственное единство и целостность Российской Федерации, Конституционно-правовые проблемы. М.:Экономика, 2005, стр.121）。わが国においては、「権限」及び「権能」という類似語の意味及び用法として、「権限」が「1. 行政法上、国家または公共団体の機関が法令の規定に基づいてその職権を行いうる範囲」を意味するとし、他方で「権能」は「権限、権利または権利の機能の意味で用いられる」とするとともに、「権能」が能力の内容に力点を置いた表現であり、「権限」が限界に力点を置いた表現である、といった関係にあるとされる（たとえば、『有斐閣 法律用語辞典第2版』（法令用語研究会編、2000年）の関連項目参照）。権力主体の能力の内容か限界（範囲）かに両者の用法上の違いが想定されている。

　　以上のようなロシア及び日本における用語法をめぐる問題状況を考慮して、上記三つの概念―<компетенция>、<предмет[ы] ведения> 及び <полномочие[я]>―をそれぞれ「権限」、「権能」及び「管轄対象」（「管轄事項」との訳もあるが）と、また <разграничение> については「区分」（「分割」とも訳されるが）と、<делегировании> は「委譲」と訳すことにする。そして <компетенция> は <предмет[ы] ведения> 及び <полномочие[я]> と同義として、すなわち「権限」を「管轄対象及び権能」と同義として用いる。

(3)　См.Федеральный закон Российской Федерации от 24 июля 2007 г., N 199-ФЗ "Об утверждении Договора о разграничении предметов ведения и полномочий между органами государственной власти Российской Федерации и органами государственной власти Республики Татарстан", 《Российская газета》, 31июля 2007 г. この法律が指示する「ロシア連邦国家権力機関とタタルスターン共和国国家権力機関の間の管轄対象及び権能の区分に関する条約」のテキストは、URL上（たとえば、http://www.gossov.tatarstan.ru/dokument/dogovor/）で閲覧できるとはいえ、「レスプーブリカ・タタルスターン Республика Татарстан」や「ロシースカヤ・ガゼータ Российская газета」などの主要新聞紙上に公表されておらず、公開という点で問題を残している。

(4)　ロシア連邦のタイプを権限区分メカニズムの観点で検討する意義について、см. Д.В.Камилова, Российская Федерация: централизованная или децентрализованная федерация, 《Юридические записки》, N 2, 2013.

(5)　18世紀後半〜20世紀のロシア法・政治思想における連邦構想について、たとえば

次 の 文 献 を 参 照。В.Г.Пахомов, Идеи федерализма в истории политико-правовой мысли России (конец XVIII - XX вв.), М.:Издательство "Союз", 2003. またソビエト（社 会 主 義 的）連 邦 主 義（制）に つ い て は、次 の 文 献 を 参 照。А.И.Лепешкин,Советский федерализм, М.:Юридическая литература,1977.

⑹　本文では触れなかったが、時期区分＝段階論的観点から、いわば現代ロシア連邦制の形成をソビエト国家体制期から新生ロシアの民主的連邦国家体制への移行期（1990 ～ 1994）、共和国＝連邦主体・国の地域化の時期（1995 ～ 1999）、行政改革の実施・権力の垂直化等によるロシア国家の強化の時期（2000 ～ 2007）、及びロシアの脱連邦化・脱エスニック化傾向の時期（2008 ～ 2010 以降）の四つの段階に即して理解する一例として、次の文献を参照されたい。С.Столяров, Российский федерализм 《pro et contra》, в кни. Вопросы национальных и федеративных отнтшений. Сборник научных статей,М.:Изд-во РАГС,2010,стр.137-138. また関連して、権限区分関係のダイナミクスをソビエト期の民主的中央集権制→ 1990 年代の脱中央集権化→ 2000 年代の垂直的権力構造のもとでの中央集権化の新たな波のサイクルとして捉え、この完了が現代ロシア連邦制の不安定要素を意味することについて、次の文献を参照されたい。М.В.Глигич-Золотарева,Теория и практика федерализма : системный подход,Новосибирск:Наука,2009,стр.473.

⑺　См. В.В.Иванов, Российский федерализм и внутригосударственная договорная политика, Красноярск:Красноярский государственный университет. 1997, стр.39. また、次の論文も参照。Edward W. Walker, The Dog That Didn't Bark : Tatarstan and Asymmetrical Federalism in Russia, *The Harriman Review, Spring 1996.*

⑻　その内容は、以下のとおりきわめて短い。

　　「2007 年 7 月 26 日にモスクワ市で調印されたロシア連邦国家権力機関とタタルスターン共和国国家権力機関の間の管轄対象及び権能の区分に関する条約を承認する。

　　　　　　　　　　　　　　　ロシア連邦大統領　　В．プーチン」

⑼　2002 年 9 月 26 日にサハ（ヤクーチヤ）共和国は連邦との間で 1995 年 5 月締結の権限区分条約を修正する条約（Договор о внесении изменений в Договор о разграничении предметов ведения и полномочий между органами государственной власти Российской Федерации и органами государственной власти Республики Саха（Якутия）（http://base.garant.ru/185096/［2018 年 4 月 25 日閲覧］）を締結しているが、これは、2003 年 7 月 4 日制定の権限区分条約手続きに関する改正連邦法（О внесении изменений и дополнений в Федеральный закон "Об общих принципах организации законодательных（представительных）и исполнительных органов государственной власти субъектов Российской Федерации"）以前に行われたものである。またチェチェン共和国についても連邦との間で条約締結が試みられ、2003 年 5 月にはプーチン

大統領の指令（Собрание законодательства Российской Федерации, 2003 , N 19, ст.1832）により大統領府に条約案準備のための作業班が設置されたり、また2005年2月には2005-2015年間の権限区分条約案がチェチェン共和国により作成されたりしたが、実現しなかった（"REGRUM",2 февраля 2005 г. ：https://regnum.ru/news/400020.html［2018年4月25日閲覧］）。

(10) 2000年以降のプーチンの「連邦改革」とは1990年代にエリツィン大統領のもとで形成された連邦中央と地方の関係―地方優位の連邦関係―の見直し、すなわち強い国家への連邦関係の再編を意味した。См.В.А.Черепанов,федеративная реформа в России, М.: Издательство 《социально-политическая мысль》.2007,стр.6.

(11) ロシア連邦の法的性質に関しては、それを行政的及び自治の構成体を有する独自の単一国家であるとして、ロシア連邦の連邦国家的性格を認めない立場も存する（см. В.А.Черепанов, указ. соч.,стр.19;О.И.Чистяков,Становление Российской Федерации (1917-1922). Учебное пособие,М.:Зерцало-М., 2003, стр.329）。本書では通説的理解に従って、ロシア連邦を自治的構成体を有する独自の連邦国家と見なして、論を進める。

(12) 「条約的連邦関係」とは、条約に基づいて創設される連邦にあって、すなわち条約を法源とする連邦において、連邦中央と連邦主体とが当該連邦条約に則して取り結ぶ連邦関係を意味する。これと関連して、「憲法‐連邦的条約関係」は憲法及び条約（連邦条約または個別相互条約）に基づいて創設された連邦における連邦中央と連邦主体との関係である。なお、条約関係とは国際法上の関係に適用される概念であって、連邦にはあてはまらないとして、「条約的連邦」（及び「憲法‐条約的連邦」）概念を否定する議論について、см.Договоры между Российской Федерацией и ее субъектами：проблемы и перспективы, М.:Издательство МГУ,2001,стр.34. 関連して、ロシア連邦の条約的ないし憲法的性格の問題について、см.Л.М.Карапетян, Федеративное устройство Российского государства, М.:Издательство НОРМА, 2001, стр.128-153.

(13) В．チェレパーノフ（В.А.Черепанов）は、連邦関係を規制する上での条約形式の役割の可能性について、連邦主体の特性と連邦法制の不備という二つの理由を指摘する。См. В.А.Черепанов,Федеративные отношения перспективы договорного регулирования,《Журнал российского права 》, N 11 , 2011, стр.105-106.

第一部

1994年条約の締結とその意義

ここでは、「序論」における問題意識に基づいて、1994年条約の締結過程及び同条約の内容について主題として検討することにより、権限区分条約という法形式による平和的「妥協」が果たして所期の目的を政治的・法的に達成したのか否かについて考える手掛かりとしたい。1994年におけるロシア連邦とタタルスターン共和国との二国間条約交渉を取りまく環境要因として、1990年代半ばの主権宣言パレードから12月のソ連邦崩壊に至る過程、1992年3月の連邦条約とタタルスターン共和国の不参加、1992年3月のタタルスターン共和国のレフェレンダム（国民投票）、タタルスターン共和国新憲法の採択、1993年12月の新ロシア連邦憲法制定過程、1993年12月の新議会選挙へのタタルスターン共和国の不参加などを、少なくとも指摘することができる。ここでは、これらの要因それ自体について詳述することはしないが、条約交渉との関連でこれらを念頭に置くことにして、1990年〜1994年に至る権限区分条約交渉過程を、① 1990年〜1991年8月の二国間条約交渉の開始に至る前段階、② 1991年8月以降1992年8月の条約案公表までの段階、③ 1992年8月以後1994年2月の締結までの段階に区分して検討していく。

第一章

発　端

第一節　交渉開始の政治的環境

（一）　二重の連邦制の見直し

　国家結合の一つのあり方としての連邦制（連邦国家）は、ソビエト時代においては周知のように、民族問題を国家レベルで解決する手段と理解されていた。1918 年のロシア共和国（РСФСР）及び 1922 年にロシア共和国を含む四つの主権的ソビエト共和国が同権的条約に基づいて創設したソ連邦（СССР）は、その具現であった。その際、注意しなければならないことは、ソ連邦とは自らの連邦的（＝同盟的 Союзный）原理の中にロシア的連邦 Федеративный 原理を含んだ連邦国家であり、ソ連邦の市民は二重の連邦国家（連邦制）のもとに置かれていたという点である。それ故、ソ連邦における民族問題は、ソ連邦と連邦構成主体（とりわけ共和国）という二重の連邦国家構造の中で解決されたものとして扱われた。しかしながら、この解決済みとされた民族問題は 1980 年代半ばのペレストロイカ改革を契機に再燃し、ソ連邦という連邦国家の見直しという問題を提起することになったのである。つまり具現されたソビエト的連邦は現実の民族問題の解決に即したものとなっていなかったのである[1]。そして当然のことながら、この問題はロシア共和国内の民族自治構成体（たとえばタタール自治共和国）にとっては、ロシア的連邦制の見直しという問題を含むソ連邦及びロシア共和国における二重の連邦関係を見直す問題として受けとめられることになった。その際、ソ連邦が 1922 年 12 月 31 日の第一回ソ連邦

ソビエト大会で採択した「ソ連邦創設に関する条約」によって形成されたという事実から、見直しはこの条約そのものに向けられることになった[2]。すなわちソ連邦の見直し・刷新は1922年条約の見直し・改定として行われることになったのである。

　ソ連邦を構成するロシア共和国にとっても、条約が国内の民族自治構成体との関係を見直す際のとるべき解決策の一つとして考慮されることになる。つまり、ロシア共和国もタタルスターン共和国も、ソビエト連邦構造の中での連邦関係の見直し策として、条約を選択することになる。その際、ソ連邦における両者の地位すなわち、ソ連邦を構成する共和国としてのロシア－ロシアを構成する自治共和国としてのタタルスターンの相違が、採用されるべき条約の意味・内容を連邦条約とは異にすることになるのである。タタルスターン共和国にとって、ロシアとの関係を新たに構築する方策としての条約の意義が強調され、ソ連邦の刷新に伴うロシア連邦との新たな連邦関係を新たな条約により構築することが指向されることになる。そしてそれは、ソ連邦との同盟条約及びロシア連邦との連邦条約という二重の条約交渉過程の軌道に随って実現されることになる。

　それでは、ロシア連邦中央とタタルスターン共和国との二国間区分条約をめぐる交渉はいつ始まったのか、あるいはこの交渉開始を可能とする環境はいつ形成されたのであろうか。これを明らかにするには、前述した問題状況を念頭に置くならば、ソ連邦における同盟条約の見直しとほぼ並行して展開されたロシア連邦における統一的な連邦条約の締結過程を、1990年5・6月の第一回人民代議員大会以降1991年夏までに採択された一連の文書に即してみておくことが必要である。

　さて、周知のように、ゴルバチョフ（М.С.Горбачев）ソ連邦共産党書記長の進めたペレストロイカ改革は、60有余年にわたるソビエト社会主義体制によりもたらされた様々な矛盾を解決することを目指して、1985年以降、当初は当該社会主義の再建（立て直し）として展開された。またそれが、国際的には、1980年代後半のベルリンの壁に象徴される一連の東欧諸国における民族

運動の高揚とその結果としての体制転換をもたらす大きな要因となり、さらには、この東欧の体制転換がソ連邦各地の民族運動の展開、とりわけ 1990 年代初めのバルト三国の国家回復・独立宣言にまで発展したことにより、ペレストロイカ改革の方向性に大きく作用したのであった[3]。東欧諸国や連邦構成共和国のこのような遠心的・分離的な動きに対して、ゴルバチョフ政権の直面した課題は、ソビエト社会主義国家体制を如何なる方法で維持（さらには強化）するかという問題であった。換言すれば、それは、従来の民族政策の見直し、そして中央集権的連邦関係の見直し（脱中央集権化＝分権化）に基づくソ連邦の見直し（再編）といった一連の問題群であった[4]。

　1990 年 4 月、ゴルバチョフ政権は、ソ連邦に具現された中央集権的な連邦制の見直し、換言すれば、ソ連邦とそれを構成する連邦構成共和国などの連邦主体との連邦関係の見直しに関わる当面の対策として、ソ連邦法律「ソ連邦、連邦構成共和国及び自治共和国の経済関係の原則について」（4 月 10 日）[5]、ソ連邦法律「ソ連邦及び連邦主体間の権能（полномочие）区分について」（4 月 26 日）[6] などの一連の法律を最高会議に提起した。特に 4 月 26 日法律は、「自治共和国は、連邦—ソ連邦—の主体であるソビエト社会主義国家である。自治共和国、自治構成体は、自由な民族自決に基づいて連邦構成共和国の構成に入り、自らの領土において、ソ連邦及び連邦構成共和国の管轄に委任した権能の範囲を除いて国家権力の全権を有する。」（第 1 条第 3 項 ［段落］）と規定して、自治共和国をソ連邦を直接構成する主体とすることにより、連邦構成共和国との地位の同格化（平等化）を認めた。この結果、自治共和国は、ソ連邦及びそれぞれの連邦構成共和国の構成員という二重の地位を付与されることになった[7]。それとともに同条第 4 項 ［段落］において、「自治共和国、自治構成体とそれらを含む連邦構成共和国との関係は、ソ連邦憲法、連邦構成共和国及び自治共和国の憲法、並びに本法律の枠内で締結される協定及び条約によって決定される」と規定することにより、連邦中央と連邦主体との条約により連邦関係を構築するうえでの条約あるいは協定の意義が言及されたのである。

　この 4 月 26 日法律は、ゴルバチョフ＝ソ連邦指導部がソ連邦再編をめぐり

16 第一部 1994年条約の締結とその意義

エリツィン＝ロシア連邦指導部と対抗するうえで、一定の政治的意義を果たした。つまり、ソ連邦内の連邦構成共和国と自治共和国を平準化すること、とりわけロシア連邦内自治共和国のロシア連邦からの遠心化・分離志向を促すことにより、ソ連邦の見直し・連邦関係の見直し問題におけるイニシアティヴを確保しようと図った点に、ゴルバチョフ＝ソ連邦指導部がこの法律を制定した理由の一端が存していたのである[8]。とはいえ、法律制定後の状況は、こうしたゴルバチョフ＝ソ連邦指導部の思惑・期待とは相半ばするものとなった。つまり、一方では、バルト諸国に続いて、その他のソ連邦構成共和国も次々と国家主権宣言を発し、ソ連邦からの遠心化・分離傾向を示すいわゆる「主権パレード」現象をもたらしたからである[9]。他方では、この現象がロシア連邦内自治構成体にも波及したからである。

　たった今述べたように、ソ連邦レベルで生じた遠心化・分離傾向の問題は、ロシア連邦においても、ロシア共和国（РСФСР）としてのロシア連邦制の見直し、すなわちロシア共和国内の連邦関係（連邦と自治共和国その他の連邦主体との関係）の見直しという問題を提起したのであった。それでは、この問題に対して、如何なる解決策が提起されたのであろうか。

　これを明確にしたのが、第一回ロシア共和国人民代議員大会（5月16日〜6月22月開催）であった。ロシア共和国国家主権の問題を審議した5月22日の第10会議で、一代議員として登壇した Б. エリツィンは、この問題に関連して、来るべきロシア共和国新憲法の政治原則の一つとして、「ロシア内の連邦主体間の関係は連邦条約（Федеративный договор）に基づいて規制される、主権、自治の経済的自立性、文化的・民族的独自性、あらゆる連邦機関への公正かつ同権的な代表権が保証される」と述べ、連邦条約の締結という考えを提起したからである[10]。6月12日、大会は Б. エリツィンの考えを基調にして「ロシアソビエト連邦社会主義共和国の国家主権に関する宣言」（全15項）[11]を採択した。これは、ソ連邦の見直し、新たな連邦 - 共和国関係の構築、共和国の自立・独立した主権的地位の確立を相関的に志向する内容を有するものである。ここでの主題との関連では、その第9項は、連邦構成主体（自治共和国、自治

州、自治区、地方、州）の権利の「本質的拡大」を謳い、これらの権利を実現するための具体的問題を解決するために「民族的・国家的及び行政的・地域的構成に関するロシア共和国の法律」を定めるとした。

　4月26日法律制定後のロシア共和国において、この国家主権宣言は、ソ連邦レベルにおける場合と同様、ロシア共和国内の自治共和国や自治州による主権宣言パレードを誘発した[12]。ロシア共和国内の自治共和国等の主体が既存の連邦関係の変更可能性を国家主権宣言中の上記規定に見たことが、このことの結果に他ならない。ロシアがソ連邦に向けて発した国家主権宣言それ自体が、共和国内の構成主体による主権宣言を誘発した。その結果として、ソ連邦―ロシア共和国―ロシア共和国内構成主体の二重の連邦関係の見直しが相即的に追求されることになったのである[13]。いずれにしても、ロシア共和国内構成主体による自らの地位向上・権限拡大の要求は、この二重の連邦関係の見直しの中に設定され、そして連邦条約の締結という形で解決されることになる。こうして、ロシア共和国においても、連邦中央‐地方の連邦関係の見直し、地方（連邦主体）の地位・権限拡大要求に対応した条約締結問題が緊急・不可欠な政治的問題として提起され議論されることになった。

　こうした議論をより具体化したのが、7月17日のロシア共和国最高会議幹部会による「連邦条約について」[14]の決定であった。この決定は、ソ連邦の場合と同様に、ロシア連邦において連邦条約により連邦関係を見直す場合の手続きを定めるものであった。それによると、第1項で、連邦会議（Совет Федерации）が連邦条約の締結作業を調整する機関として設置され、その構成はロシア共和国・自治共和国の最高会議議長、自治州・自治管区の人民ソビエト議長63名、管区・州・共和国直轄市の代表31名とされた。第2項において、締結される連邦条約には、「ロシア共和国の連邦構造の基本原理に関する宣言。ロシア共和国と連邦主体との条約。連邦主体相互の二面的及び多面的条約。多様な民族・地域構成体の復活、再編及び創設に関する条約」が含まれるとされた。そして、第3項では、条約過程が六段階において規定され、その第四段階では第2項の規定する条約の締結が、次の第五段階においては連邦条約テキストの

作成及びその調印が、それぞれ明記されたのである。ここで注目すべきは、連邦関係（中央 - 地方）の見直し・再編の問題を解決する法的・政治的手段として、条約形式が二つの類型（大文字単数の連邦条約及び小文字複数の条約）において採用されたこと、また小文字複数の条約から連邦条約への締結順序が明示されたことである。このことは、つまり、単一の統一的連邦条約を締結する前に、個々の連邦主体は連邦中央と個別条約を締結することを認められた（あるいはそうすることができる）ことを意味した。

　個別交渉及びその結果としての個別条約締結の可能性を認めるこの決定は、実際、連邦主体の側からの、たとえば、タタルスターン共和国からの呼応する動きを招来した。すなわち、8月3日のソ連共産党タタール州委員会総会において、当時のシャイミーエフ（М.Ш.Шаймиев）第一書記は、「ロシア共和国の一体性を侵害せず、またロシア共和国に居住する諸民族の独自な歴史的・経済的・文化的その他の結びつきを考慮して、ロシアと条約関係を確立し、相互の立場の利益に応じた権能区分を定めることが必要である」と述べている[15]。またこの時期、エリツィン大統領自身、8月から実施された地方遊説中に述べた「取れるだけ取れ」といった発言に示されるように、地方の権限拡大要求に対して共感的な姿勢を示していたのである[16]。

　このように、第一回人民代議員大会は、連邦条約と個別条約の2類型を定め、しかも後者から前者への順序を示したのであった。にもかかわらず、大会閉会後の最高会議は、初めから大文字の統一的な連邦条約の作成に絞って作業を進めた。その結果、1990年11月27日の臨時第二回人民代議員大会開催までに、数種の統一連邦条約案が作成されることになった[17]。

　臨時第二回人民代議員大会（1990年11月27日～12月25日）は、最高会議における連邦条約案作成の動きをいわば追認する場となった。何故なら、大会は、個別条約交渉・締結の可能性については何ら触れることなく、個別主体との条約締結段階を省略したすべての連邦主体との統一的な連邦条約の制定のみを謳ったからである。すなわち、12月15日に採択した法律「ロシア共和国憲法（基本法）の修正及び補足について」第Ⅴにおいて、「ロシア共和国内の

共和国、自治州及び自治管区の主権宣言と関連して生じている肯定的〔積極的〕状況を考慮し、同権及び相互尊重の原則に基づくロシア共和国及びソ連邦を建設するというこれらの志向を歓迎して、…地方権力機関の代表の参加のもとに、連邦条約案を作成」することが定められたのである[18]。そして、1991年1月30日、先の第一回人民代議員大会で決定されたように、この統一連邦条約案を議論する場として、「ロシア共和国連邦会議」がロシア共和国最高会議幹部会決定「ロシア共和国連邦会議規程について」によって創設された[19]。

こうして、この時期、タタルスターン共和国は、ソ連邦再編に伴う新たな条約（＝同盟条約）と、これと連動するロシアにおける連邦再編（新たな連邦関係の構築）に伴う連邦条約過程という二重の連邦再編における条約過程のもとに置かれたのであった[20]。その際、ロシア共和国における条約過程は、少なくともこの時点で、連邦主体と連邦中央との個別条約問題が後景に退けられ、統一的な連邦条約のみの過程となっていくことに注意しなければならない[21]。それでは、こうしたソ連邦レベル及びロシア共和国レベルの連邦再編に伴う二重の条約過程におけるタタルスターン共和国の対応は如何なるものであったのであろうか。

（二）　統一連邦条約案への対応

たった今見てきたように、ロシア共和国は、ソ連邦との関係では新たな同盟条約の制定及びそれに基づくソ連邦の刷新という方針の一方で、タタルスターン共和国を含むロシア連邦主体との関係については、単一または統一的な条約による新たな連邦関係の構築という方針をとった。しかし、そこではまだ不確定・曖昧な問題、つまりタタルスターン共和国の主権性（独立主権国家としての地位）の問題が未解決のままにされていた。このことは、タタルスターン共和国が二重の条約過程においてとるべき対応策（選択肢）にある程度の影響を及ぼすことになった。つまり、ソ連邦との同盟条約交渉にロシア共和国と同格・対等な立場で交渉するという選択は、タタルスターン共和国を独立主権国家として認めることを前提としているし、またソ連邦の構成共和国たるロシア

共和国との連邦条約に関しては、タタルスターン共和国の主権性を承認するか否かで条約内容は大きく変わるし、ひいては連邦構造それ自体の変容をもたらすことになるからである。二重の条約過程において進められていく統一的連邦条約作業に対して、タタルスターン共和国がとった対応を、以下見ていくことにする。

(1) タタルスターン共和国の選択

　タタルスターン共和国にとって、新たな条約に基づく新たな連邦関係は共和国主権に基礎づけられなければならなかったが、この問題こそ二重の条約問題を解決するための要諦であった。それでは、この問題は如何に提起されたのであろうか。

　それが示されたのは、1990 年 8 月 29 日の共和国最高会議におけるシャイミーエフ最高会議議長の「タタルスターンの主権について」と題する基調報告と、翌 30 日に最高会議により採択された「タタールソビエト社会主義共和国の国家主権に関する宣言」であった[22]。まず 8 月 29 日の報告において、M. シャイミーエフは、タタルスターン共和国の国家主権宣言問題の重要性をその歴史的経緯から説明した後、ロシア連邦上の共和国の地位の問題に対する共和国世論の動向を踏まえて、タタルスターンをソ連邦構成共和国と見る立場及びロシア連邦内の主権共和国と見る立場を支持して、タタルスターンがソ連邦及びロシア連邦において二重の主権を有するという考えを表明した。また宣言採択後に生じる問題として、ロシアとの関係を挙げ、タタルスターン共和国は宣言で述べられているように、「ロシアソビエト連邦社会主義共和国及びソビエト社会主義共和国連邦の刷新された連邦（федерация）の主体」であり、ロシアとの条約関係が必要であることは最近の世論において高まっている旨を述べた。他方、30 日に採択された共和国国家主権宣言は、国家主権を有するタタルスターン共和国の樹立に基づいて（第 1 条）、「タタールソビエト社会主義共和国憲法の作成、…、同盟条約、ロシアソビエト連邦社会主義共和国及びその他の共和国との条約の準備及び締結への参加、タタールソビエト社会主義共和国の国家建設、並びにタタールビエト社会主義共和国とソビエト社会主義共和

国連邦、ロシアソビエト連邦社会主義共和国及びその他の共和国との関係という最重要問題を共和国人民の討議にかけることのための基礎である」（第5条）と謳った。このように、ソ連邦及びロシア共和国（連邦）という二つの連邦内で主権を有する共和国であるという、きわめて曖昧な「主権性」が謳われたが、それは、ソ連邦との条約交渉においてロシア共和国と同権的主体となるとのタタルスターン共和国の意思表明を意味するものであった。

この宣言を受けて、最高会議は、9月15日の「タタールソビエト社会主義共和国国家主権宣言から惹起するタタールソビエト社会主義共和国大臣会議の任務に関する決定」[23]を行った。それによると、国家主権実現のための当面の任務として、共和国とソ連邦及びロシア連邦との権能区分に関する条約案をそれぞれ10月1日までの期限つきで作成することが、大臣会議に命じられた。最高幹部会はまた、9月27日の国家主権実現のための緊急措置に関する決定[24]において、現状の移行期における国家主権を実現するための緊急措置として、ソ連邦及びロシア共和国との条約を締結すること、共和国新憲法の採択までに予算編成を行うことを挙げるとともに、ソ連邦における同盟条約案作成作業への共和国代表の参加要請を連邦最高会議幹部会に委託し、またロシア共和国との条約準備のためにロシア共和国最高会議及び同大臣会議に代表を派遣する措置をとったのである。それは、二つの連邦中央との関係を維持しながら自らの利益を最大限に確保することを追求する、いわば国益第一主義の政治的立場に基づいてとられた措置であり、条約はまさにそのための手段とされたのである。

さらに、共和国最高会議は、12月13日の会議で、ソ連邦及びロシア連邦との条約締結を喫緊の問題として審議し、同盟条約案に関する決定[25]を行い、自らの立場を鮮明にした。すなわち、「主権国家の自発的同盟」創設に対するタタルスターン共和国の多民族的人民の意向、共和国主権の承認と憲法-条約的原則に基づくソ連邦及びその主体との間の権限区分の必要性などを謳いながら、同盟条約案の基本的承認、同盟の一員として同盟条約に自主的に調印することが示されたのである。そして翌14日の最高会議決定では、同盟条約の準

備及び調印のための代表団（シャイミーエフ最高会議議長を団長とする7名による構成）を組織することが決められた[26]。

このようにして、タタルスターン共和国は、多くの連邦主体がロシア連邦中央の主導する統一連邦条約作業の過程において、連邦条約案を承認する方針を打ち出したのに対して、共和国国家主権宣言の基調に即して、先のロシア共和国第一回人民代議員大会決定で示された連邦中央との個別条約交渉の可能性を追求し、統一連邦条約構想に反対する意思を表明したのである。

1991年2月7日、共和国最高会議は、「タタールソビエト社会主義共和国とロシアソビエト連邦社会主義共和国との条約に関する」決定[27]において、改めて自らの方針を示した。それによると、「審議のために提案された連邦条約（Федеративный договор）案は、タタールソビエト社会主義共和国国家主権宣言と矛盾」する。そして、「所有問題を含め両国の権能を区分する目的で、共和国国家主権宣言第5条に従って、「タタールソビエト社会主義共和国全権代表がタタールソビエト社会主義共和国とロシアソビエト連邦社会主義共和国との条約案を準備」することを決めた。さらに、「ロシアソビエト連邦社会主義共和国との条約締結はタタールソビエト社会主義共和国による同盟条約（Союзный договор）の署名の後に行う」とした。ここで二つの点に注目したい。第一に、タタルスターン共和国がソ連邦ともロシア連邦とも締結するとしている条約とは「同盟条約 Союзный договор)」であるという点である。そこには、ソ連邦というより大きな連邦構造の中で連邦構成共和国たるロシア連邦と対等・自立した立場を示そうとするタタルスターン共和国の姿勢を看取することができる。そして第二に、上記二つの条約締結の順序に関して、ソ連邦と同盟条約を締結した後に、ロシア連邦と連邦条約を締結するとしている点である。このことは、タタルスターン共和国が同盟条約が第一義的に捉えていること、それはソ連邦の存続を一貫して支持するタタルスターン共和国の立場からの当然の帰結であることを意味している。この最高会議決定の内容は、5月12日開催のゴルバチョフソ連邦大統領とエリツィンロシア共和国最高会議議長及びロシア共和国内の14の自治共和国最高会議議長との会談において、当時共

和国最高会議議長であった M. シャイミーエフが、タタルスターン共和国は独立国家としてソ連邦に加盟する立場でソ連邦の強化を支持する、逆にソ連邦と同盟条約を締結する可能性がなければロシアと連邦条約を締結することはできない旨の発言と符合するのである[28]。

(2) 条約作業の進捗

　今見てきたように、タタルスターン共和国は、統一条約作業において主権国家たる立場で臨むことを鮮明にした。タタルスターン共和国のこうした対応について、エリツィン政権は重視していなかった。つまり、統一的連邦条約作成作業を進めていく中で、タタルスターン共和国が自ら参加して来るであろうと楽観していたのである。それは、この時期、政権がタタルスターン共和国との個別条約交渉の必要性を二義的問題と理解していたことを意味していた。

　そのこともあって、統一連邦条約案の作業は 1991 年に入ってからも進められ、その成果は、3 月 25 日、ロシア共和国人民代議員大会のもとに設置された新連邦条約提案作成委員会によって、承認案「ロシア共和国の民族国家構造の基本原理に関する宣言（案）」[29]として公表された。これによると、連邦の領土的一体性が謳われる一方で、第 1 項において、「ロシアソビエト連邦社会主義共和国は、連邦条約の締結時に存在するロシアソビエト連邦社会主義共和国を構成する共和国と条約を締結する。条約に規定された共和国の権能は、照応する共和国の同意なしに変更することはできない」とされた。他方で、共和国以外の自治州、自治管区については、第 2 項において、「財政―経済的及び社会―文化的分野において、ロシア共和国の地方、州、自治州及び自治管区は、ロシア共和国を構成する共和国と等しい権利を付与され、また等しい義務を負う」（同項第 1 段落）、そして「ロシア共和国を構成する地方及び州の地位は、ロシア共和国の法律によって規定される。自治州及び自治管区の地位は、しかるべき人民代議員ソビエトの提案に従って、個別の自治州、自治管区に関するロシア共和国の法律に規定される。[以下、略]」（同項第 2 段）と定められた。ここで注意すべきは、条約締結の対象が構成共和国のみであるとされ、共和国以外の連邦主体との差別化がなされていることである。当然ながら、共和国以

24 第一部 1994年条約の締結とその意義

外の連邦主体がこの差別化に強く反対したため、連邦中央は何らかの対応を迫
られることになった。

　対応の結果は、3月28日開催の第三回（臨時）人民代議員大会による4月5
日決定「ロシア共和国の民族‐国家構造の基本原理（連邦条約）について」[30]
として示された。まず、3月25日の宣言が条約（連邦条約）に格上げされた。
次いで、問題とされた先の第1項及び第2項は削除され、連邦の一体性ととも
に、連邦主体の同権性、共和国以外の連邦主体の地位への配慮が強調されるこ
とになった。また連邦条約（Федеративный договор）については、決定はそれ
を基本的に承認して全人民討議のために公表するとともに、「1991年4月中に、
条約を仕上げ、そして署名のためにそれをロシア共和国のすべての主体に提案
する」こと（第2項）、また連邦条約規定との関連での憲法改正の必要性につ
いて触れることにとどめた（第9項）。

　4月18日、先の連邦条約案は、全4編28項を擁する「連邦条約（ロシアソ
ビエト連邦社会主義共和国の連邦権力機関と主体権力機関との間の権限区分条
約）」として公表された[31]。体系は、次のとおりである。

　第1編　一般規定（前文及び第1項～6項）

　第2編　ロシア連邦及びその主体の間の権能の区分（第7項～16項）

　第3編　ロシア連邦の国家権力機関（第17項～21項）

　第4編　手続き規定（第22項～28項）

　条約案によると、「締結される連邦条約の対象は、ロシア共和国の主体の地
位と構成の強化、連邦権力機関とロシア共和国主体の権力機関との間の権限
（компетенции）の区分であ」り（第1項）、締結主体は「自発的に結合した民
族‐国家的（共和国）、民族‐地域的（自治州、自治管区、すなわち民族自治）、
行政‐地域的（地方、州）構成体、ならびにモスクワ市及びレニングラード
市」とされた（第2項）。また、構成各主体は、政治的・経済的権利に関して基
本的に平等であるが、連邦に委譲する権能の範囲によって区別されるとされ
（第7項）、また単一の権限区分条約を締結する一方で、補足的権能の相互委譲
の問題を含む個別的問題に関して、条約を締結する権利を保障された（第8

項）。見られるように、この条約案は、大文字の連邦条約（内容的には権限区分条約）とともに、個々の連邦主体との個別条約締結（権）について言及している。しかしそれは、あくまで単一のすなわち統一的な権限区分条約の補足的位置づけを与えられているにすぎない。その意味で、大会は、統一的・包括的な権限区分条約による連邦再編の道を選択したのである[32]。仕上げは、この条約案の正式な採択を残すのみとなった。

　しかし、4月中に条約案を仕上げそして連邦主体と調印に漕ぎつけるという先に第三回（臨時）人民代議員大会が先に定めた日程は実現されなかった。3月17日のソ連邦存続に関する全連邦レフェレンダム実施以降のゴルバチョフ大統領（＝ソ連邦中央）と連邦構成共和国間の対立、その結果としての国内情勢の不安定化・危機の醸成、そしてその克服のための4月23日のいわゆる「9＋1合意」に至るソ連邦レベルにおける不穏な政治状況にあっては、採択の延期もやむを得なかった。日程は、5月16日の最高会議において、5月〜6月の間に代議員から寄せられた意見・提案を踏まえた条約案の仕上げ・審議を経て、6月の最高会議の審議に付すという日程に変更されることになった[33]。しかし実際には、条約案作業は6月12日のロシア共和国大統領選挙後凍結され、11月末になって再開されたのである[34]。

　とはいえ、ロシア連邦レベルの連邦再編過程は、ロシア連邦とタタルスターン共和国の二国間条約交渉を進めるうえで好環境にあった。にもかかわらず、ソ連邦レベルでの政治状況、またエリツィン政権による統一的連邦条約への選好は、直接的にはロシア連邦とタタルスターン共和国の条約交渉にとっての阻害要因、すなわちその開始を遅らせる要因となったと言える。これを除去し打開するためには、ソ連邦－ロシア連邦レベルの政治環境の変化が不可欠であった。

第二節　二国間条約交渉への途

（一）　交渉に向けた調整

　ロシア連邦とタタルスターン共和国がたった今見た個別条約交渉の可能性に向けて具体的に取り組むにあたっては、その態勢はそれぞれが抱える事情によって異なった。ロシア連邦にとってみれば、ソビエト的連邦（制）及びロシア的連邦（制）の二重の見直し（＝条約作成）状況の中で、とりわけ、前述した統一連邦条約をタタルスターン共和国も含めて成立させるためには、タタルスターン共和国のロシア連邦からの遠心的・独立的な指向を緩和する必要性があり、個別的であれタタルスターン共和国との交渉の場をもつことは不可避であったからである。他方で、個別条約交渉を主張するタタルスターン共和国にとって、連邦中央の主導による統一連邦条約作業が進められていく中、新たな共和国憲法の制定問題が懸案となっており、しかもその進捗の遅れが問題とされていたこと、そしてその理由がソ連邦レベルでの新連邦（＝同盟）条約作業及びロシア共和国レベルでの統一連邦条約作業に依存していたという事情があった。

　このような条約作業をめぐるタタルスターン共和国の事情について、シャイミーエフ大統領は、5月14日の共和国最高会議総会において、「多くのことが連邦条約［Союзный договор］にかかっているから」と弁明した[35]。つまり、タタルスターン共和国における新憲法制定作業はソ連邦レベル及びロシア連邦レベルでの条約作業と緊密に結びついていたのであり、それを打開することが不可避であったのである。そして、ソ連邦レベル及びロシア共和国レベルでの条約作業が遅れる中で、タタルスターン共和国がとった当面の打開策は、とりあえず現行憲法の改正というかたちで、ソ連邦及びロシア連邦との条約に基づく新たな関係の構築という自らの態度・方針を明確にすることであった[36]。

　両者の調整は、5月16日のロシア共和国最高会議でなされることになった。つまり、この会議の席上、タタルスターン共和国のサビーロフ（М. Г.

Сабиров）首相は、「タタルスターンが連邦条約［Союзный договор］を独自に署名すると決めたことは、ロシアとの断絶を意味しない」と述べた[37]。これに対して、シャフラーイ（С.М.Шахрай）ロシア共和国副首相は、ロシアとタタルスターンとは交渉プロセスに入る必要があるとの提案を行った[38]。この提案は、6月のエリツィン大統領とシャイミーエフ大統領との第一回会談として実現することとなった[39]。そしてこの会談に基づいて、7月30日、シャイミーエフ大統領はエリツィン大統領宛に公式書簡を送り、ソ連邦条約問題の解決とロシア－タタルスターン二国間の条約作成のための正式代表団名簿を送付したのである[40]。8月9日、エリツィン大統領はこれに呼応して、「タタールソビエト社会主義共和国との経済的及び法的問題をめぐる立場を調整するためのロシア共和国代表団の構成について」の指令を発した[41]。

かくして、条約交渉に向けた態勢が整えられたことにより、公式代表団による最初の本格的交渉が1991年8月12日から15日にかけて行われることになった[42]。そしてこの時期、ソ連邦及びロシア連邦レベルで新たな連邦・連邦関係の問題に関わる次のような出来事が進行していたことは、この本格的交渉にとってまさに奇貨となったのである。すなわち、ソ連邦レベルにおいては、8月15日に新連邦条約（Союзный договор）案たる「主権国家連邦条約」案の第四次最終案が仕上げられ、それに基づいて刷新されたソ連邦の実現が間近に期待されていた。またロシア連邦レベルにおいては、先の第三回（臨時）人民代議員大会で採択されたロシア連邦条約案に基づいて、ロシア連邦の再編、換言すれば、連邦－連邦主体間の権限関係を調整する問題を解決する方向性が具体的に示された。とりわけ、エリツィン（＝ロシア連邦指導部）にとって、一方でソ連邦の刷新問題、他方でロシア連邦の再編（連邦－連邦主体間関係の再構築）問題について、ある程度の解決を展望することができたのである[43]。

（二）　本格的交渉

ロシア連邦とタタルスターン共和国との間の最初の交渉は、タタルスターン共和国側交渉団の一員であった И.タギーロフ（И.Р.Тагиров）によれば、学術

28　第一部　1994年条約の締結とその意義

セミナーの形式で行われた[44]。そして、15日には、この交渉を総括する暫定協定（プロトコル）（「ロシアソビエト連邦社会主義共和国及びタタルスターン共和国代表団の間の協議結果に関するプロトコル」）として、以下5項目にわたる合意がなされた[45]。

① 主権国家同盟条約の一員としてのロシアソビエト連邦社会主義共和国及びタタルスターン共和国の自らの地位の刷新と昇格に対する強い希望を理解かつ尊重して、両国は、ロシアソビエト連邦社会主義共和国及びタタルスターン共和国の間の関係を調整するために条約形式を用いる。この条約は、他の共和国及び同盟（＝ソ連邦）全体の権利を侵害することなく、両国の優先的利益を考慮する。

② 共通の経済的領土、市場関係、企業活性化及び国民の社会保護の発展に基づいて、経済関係及び財政協力を密にし、改善する。

③ 民族的、宗教的及びその他の区別に関係なく、市民の権利と法律的利益を保証する。

④ 民族的文化及び言語の発展を促進する。

⑤ モスクワ及びカザンで協議を継続することを必要と考える。

ここで特に重要な点は、① 項にあるように、両国の関係を二国間の個別条約によって調整すると定め、その協議を継続すると決めたことである。それは、二国間条約交渉の道筋が正式につけられたことを意味した。実際、両首脳の会談が8月19日に予定されたのである[46]。しかし、この会談は結局行われなかった。つまり、シャイミーエフ大統領は、前日の18日、翌日のエリツィン大統領との会談及び翌々日の新ソ連邦条約調印のためにモスクワに到着した。そして、会談当日の19日午前、シャイミーエフ大統領は会談場所の大統領官邸に赴いたが、国家非常事態委員会によるクーデタが勃発したことにより、エリツィン大統領と会うことができず、会談も行えないまま、翌20日、タタルスターン共和国に帰還することになる[47]。

このように、二国間条約交渉は、上記クーデタにより頓挫し、そしてその後のソ連邦、ロシア連邦及びタタルスターン共和国それぞれにおいて独自に事態

収拾が図られるまで、延期を余儀なくされた。とはいえ、1991 年 5 月以降 8 月中旬のこの時期までに、交渉に際しての具体的な合意が達成されたことは、二国間条約の実現性という点において大きな意味をもった。その際、次の点に注意しなければならない。すなわち、この合意は、権限区分条約としての統一連邦条約を全連邦主体との間で締結するという連邦中央の方針から逸脱した例外であり、またこの例外はあくまでもソ連邦との条約交渉におけるロシア連邦と同権的な締結主体を指向するタタルスターン共和国への譲歩によるものであるということである。その後の経過が示すように、このような譲歩のもとでタタルスターン共和国に付与された可能性が、如何なる連邦主体であれ、連邦中央と二国間交渉を行う可能性をもちうるという一般性を帯びるまでにそれほど時間はかからなかった。また、ロシア連邦との二国間条約交渉の開始がほぼ現実的になったこの時期、タタルスターン共和国が他の連邦主体とも個別的条約関係を構築し始めたことにも注意しなければならない[48]。

第三節　交渉の再開

(一)　最初の成果─経済協定─

⑴　クーデタ後の「革命」路線

　前節で述べたように、緒につきはじめたロシアとタタルスターンとの二国間条約交渉は 8 月 19 日のクーデタにより頓挫したが、そもそもこのクーデタは翌 20 日調印予定の新連邦条約を阻止することを目的の一つとしていた[49]。クーデタ自体は数日にして鎮圧されるが、ソ連邦、ロシア連邦及びタタルスターン共和国の各指導者の相異なる対応は、その後の連邦中央と連邦構成共和国との連邦刷新における関係、とりわけソ連邦（＝ゴルバチョフ指導部）とロシア連邦（＝エリツィン指導部）との力関係に大きな転換をもたらすとともに、ロシア連邦とタタルスターン共和国との関係、とりわけ二国間条約交渉にも大きく影響を及ぼすことになった[50]。つまり、クーデタ後のソ連邦レベルにおける政治展開がロシア連邦の主導で進められたことは、ロシア連邦レベルにおいて

は連邦中央による地方に対する相対的優位をもたらしたのである。それとともに、地方指導者の中にクーデタに対して積極的に反対せず曖昧な態度をとったことも、エリツィン政権の地方に対する優位をもたらすことにもなった（9月23日のロシア共和国最高会議幹部会決定「ロシア連邦を構成する共和国、地方、州、自治管区、地区、市、及び居住地の人民代議員ソビエト会期におけるクーデタ期のソビエト、同機関及び公務員の活動問題の検討結果について」[51]は、タタルスターン、カレリア、北オセチア、コミの4共和国を始めとして、いくつかの州、地方を名指しで非難したが、中でも、タタルスターン共和国に対しては数多くの非難がなされた）。つまり、対ソ連邦及び対地方の両面において、エリツィン＝ロシア連邦指導部の政治的優位性が高まったと言える。このことは、8月クーデタの事後処理が、共産党の否定、中央・地方の執行機関をエリツィン大統領の支配下に置くなど、いわばエリツィン「革命」として進められたことに示された[52]。

この「革命」路線を追認したのが、ソ連邦の解体を視野に入れながら、国内的には急進的経済路線を確定した10月末の第六回（臨時）人民代議員大会であった[53]。大会では権限区分に関連した連邦関係の問題が直接に論じられることはなかったが、11月2日付「ロシア共和国における安定及び領土の一体性の保障手段について」の決定[54]は、この問題に間接的に関わる内容を有していた。そこにおいて、地方を掌握したエリツィン指導部によるロシア連邦の一体性・領土的統一化指向を窺うことができる。何故なら、この決定は、10月25日の「ロシア共和国を構成する共和国指導者、北方・シベリア・北カフカースの少数民族代議員総会、及び地域連合代表者の政治声明」（前文＋全7項目）に示された、ロシアの安定・一体性を求める地方の要請に即応したものであったからである[55]。すなわち、地方の指導者たちが前述のエリツィン＝連邦指導部の指向を汲んで発したものと言えるからである。

声明第2項において、「連邦権力機関とロシア連邦主体権力機関の間の権限及び権能の区分の原則は、連邦条約（Федеративный договор）において決定し、新憲法に規定することが必要である。我々は、連邦条約案を支持し承認すると

第一章 発端 *31*

ともに、それに調印する用意があることを表明する」との立場が示された。こ
こで注目すべきは、シャイミーエフ大統領が連邦中央により準備・提案されて
いる連邦条約案を承認する内容を有するこの声明に署名していることである。
しかしこの行為は、たとえば彼が10月19日の共和国最高会議報告に述べたこ
ととそぐわないものであることに注意しなければならない。何故なら、彼は
「我々は、ロシア連邦との準備中の条約は特別の条約であるということを常に
言ってきた。それは、他の共和国間条約と同列に置くことはできないものであ
る」[56]と述べて、ロシアとの個別条約を強調していたからである。シャイミー
エフ大統領にとって、共和国の主権国家としての確立という基本路線を堅持し
ながら、8月クーデタ後の政治状況の転換を背景にした連邦中央の主導による
統一連邦条約づくりの基調のもとで個別条約交渉を如何に進めていくかがこの
時点での喫緊の課題であったのである。

(2) 交渉再開

　8月クーデタ後の政治状況が落ち着きを見せるようになった10月初旬、ロ
シアとタタルスターンの条約交渉は、8月交渉の成果とともにクーデタ後の政
治的変化を踏まえた、第二段階の交渉として再開した[57]。

　10月2日のロシア共和国最高会議第一副議長指令に基づき、前述した8月
協議の総括プロトコル第1項及び第5項に従って、ロシアとタタルスターンと
の経済関係の諸問題を討議するために、ロシア共和国最高会議・同政府の代表
団が、同日、カザンに派遣されることになった[58]。そして翌3日、ロシア共和
国最高会議・同政府の作業班（班長 – ドミートリエフ（М.Э.Дмитриев）最高会
議共和国関係及び地域政策・協力小委員会委員長）とタタルスターン共和国代
表団（団長 – リハチョーフ（В.Н.Лихачев）副大統領）による協議が開始され
た。そして4日、二日間にわたる協議の結果が、3項目にわたるプロトコル
（「ロシア共和国最高会議及び同政府の作業班とタタルスターン共和国代表団と
の協議結果に関するプロトコル」）として纏められた[59]。それによると、今回
の交渉再開が8月の交渉を前提としていること（継承していること）を踏まえ
て、両国の関係は条約に基づくことが必要である、また協議の結果、一連の経

済・財政問題に関して合意された決議を 1992 年中に採択すべきである、さらに、今月中にモスクワで協議を継続することとされた。こうして、8 月の交渉で連邦中央にとっていわば譲歩的に設定された二国間条約交渉方式が一貫して維持され、年内の交渉完了すなわち条約締結までが展望されたのである。

10 月 24 日及び 25 日、リハチョーフ副大統領とブールブリス (Г.Э. Бурбулис) 国務長官との会談が今回はモスクワにおいてもたれた。この日程は先のプロトコル第 3 項によるものとはいえ、この時期のタタルスターン共和国における政治状況が考慮されなければならない。すなわち、8 月クーデタ後の急進的民族主義 (＝独立派) の政治的影響力の増大とそれへの親ロシア派 (＝連邦派) の対抗運動といった、10 月 15 日開催のタタルスターン共和国最高会議第 12 会期を頂点とする政治状況の流動化である[60]。この会議では、共和国所有法問題や「タタルスターン共和国国家的独立令」問題といった重要議題が提起されていた (前者は 19 日に制定 (ただし施行は 11 月 29 日)、後者は 10 月 24 日に採択された)[61]。最高会議が採択した決定「タタルスターン共和国国家的独立令について」は、シャイミーエフ指導部がエリツィン＝連邦指導部の提起する連邦の一体性圧力に対抗する目的で、民族主義勢力の影響力を背景にしてタタルスターン共和国の主権国家指向を再確認した政治的文書であった。

さて、先の 10 月 24 日〜 25 日の会談では、主として二つの問題、すなわち、経済協力関係、共通経済圏創設といった経済問題とソ連邦憲法や国際条約で認められている人の権利・自由の保障の問題が、条約の準備及び締結の問題と併せて討議され、そして条約における具体的問題を検討するための政府間作業グループの設置が合意された[62]。つまり、具体的な相互協定、特に経済協定の締結の必要性が改めて確認されたのである。この会談の結果を受けて、11 月 27 日、サビーロフ首相を長とするタタルスターン共和国政府委員会と連邦政府 (ガイダール (Е.Т.Гайдар) 副首相指揮) は、両国間の経済的相互関係の基本原則をめぐって、モスクワで交渉を開始した[63]。交渉は 12 月 3 日にも行われ、経済的相互関係の基本原則の定義に関する問題が審議された[64]。その結果、12

月 6 日、全 15 条の経済協力協定（「経済協力に関するロシアソビエト連邦社会主義共和国政府とタタールソビエト社会主義共和国政府との協定」）[65]が、ガイダール副首相とサビーロフ首相により仮調印された。協定名称に関して、サビーロフ首相によると、この協定は当初、「ロシアソビエト連邦社会主義共和国とタタールソビエト社会主義共和国との間の経済関係に関する条約」とする予定であったが、「条約」という名称はより包括的な問題を扱う場合に使うべきとのガイダール首相の主張を受け、「1992 年におけるロシアソビエト連邦社会主義共和国とタタールソビエト社会主義共和国との間の経済関係に関する協定」と修正され、最終公表時には「1992 年における」をとったものとなった[66]。

　内容を見ると、ロシア及びタタルスターン「両者の間に形成されて伝統的結びつきに立脚し、長期的かつ安定的な基礎に基づく互恵的経済協力における今後の発展と深まりについての両者の関心を考慮し、以下のとおり合意する」との前文に基づいて、懸案となっていたいくつかの経済問題について合意がなされた。注目すべき最も重要な点は、次の第 1 条である。

　　「両国は、その領土に存する土地、地下資源、水及び天然資源はその管轄に帰属することを確認する。

　　両国は、相互の関心を考慮しかつ両者の自発的合意により形成される、連邦資産、共和国（タタールソビエト社会主義共和国）資産及び共同資産が自らの領土に存在することを承認する。」

これにより、タタルスターン共和国は、国家主権の領土的基盤でもある自国の土地その他の資源に対する所有権（排他的支配権）を確保することになった。他方で、タタルスターン共和国は、自国領土において連邦との共同所有資産のみならず、連邦所有資産の存在を承認したのである。これは、タタルスターン共和国所在のソ連邦資産及びロシア連邦資産は共和国資産と定める 1991年 8 月 15 日付タタルスターン共和国大統領令「タタールソビエト社会主義の国家主権及び財産権を確保するための措置について」[67]と比較すると、タタルスターン共和国側の譲歩であった。この譲歩が、シャイミーエフ＝タタルスタ

34 第一部 1994年条約の締結とその意義

ーン指導部が8月クーデタにとった「優柔不断さ」に対するエリツィン政権側の圧力によることは明白である。その故もあって、この二つの所有類型の資産の処遇をめぐっては、後に議論が再燃することになる。

また、タタルスターン共和国内の連邦軍及び関連施設の維持が連邦国防省の資金によって賄われるとする第4条に関して、その主旨は当然理解できるとして、そのために提供される土地が第1条とも関連して、タタルスターン共和国の排他的所有とされた点も注目される。同じく、両国の経済的連携の強化や経済発展の確保のために「共通の経済圏」の維持（第2条）や「共同の包括的全体計画」の実現（第3条）の必要性が、両当事者の平等な立場の承認のもとに合意されていることが注目される。この平等性については、「平等な権利を有する両国の常任代表部」の創設に関する第13条においても強調されている。

さらに、第6条でタタルスターン共和国が「その領土において、天然資源、とりわけ原油及び石油・天然ガス化学加工製品を、自主的に精製、採掘、及び処分すること」が認められたことも、共和国の独自財源を確保するうえで重要な点であった。それは他方で、ロシア連邦中央にとって、従来どおりの原油供給を安定的に確保するための必要な譲歩であった。実際、1992年の原油供給料にかかる協定附則において、ロシアは1992年総産出量（2800万トン）のうち、タタルスターンよりも多い1420万トンの供給を受けることが決められた。最後に、この協定が有効期間について規定していない点が注目される。もともと無期限を想定していたのか、それとも前述したこの協定が1992年限定の名称で呼ばれていたこととの関連で、1992年限りを想定していたこととの二とおりの解釈が考えられる。

このように、この協定は、経済問題に限定されているとはいえ、また仮調印段階にあるとはいえ、ロシア－タタルスターン関係を規制する文書としては今までにない質的に新たな文書であり、それ故に、実質的にその後の条約案作成作業の基礎に置かれるべきものとされた。このように、経済分野における一定の自主的権限・活動を連邦中央により認められたことにより、タタルスターン共和国は、その後、モルドヴァ、ベラルーシ、ウクライナ、キルギスタン、カ

第一章　発端　35

ザフスタン、バルト諸国との間で、独自の商業 – 経済協力原則に関する協定を結んでいくことになるのである[68]。

（二）　経済協定の意義

それでは、この経済協定の仮調印に至る二国間交渉の成果を評価するにあたり、如何なる点に注意すべきであろうか。何よりも、こうした経済問題での交渉が進捗し、また一定の成果を見たのは、政治問題とりわけ主権問題をあらかじめ棚上げにした結果であったことが、注意されなければならない。換言すれば、この個別二国間交渉が成果を見たのは、主権・独立といった政治・法的問題と切り離されたかたちでの経済問題に限定したことによっていた。前者の問題の解決は別の機会とされたのである。そのことは、シャイミーエフ大統領が「インターファックス」通信とのインタビューにおいて、ロシア連邦との交渉成果が共同体の協同創設者となる機会を与えるかとの質問に対して、「達成された経済交渉は、タタルスターンの主権問題の政治的解決を狭めるものではない。ましてや、議会は、国家的地位の問題を全人民的レフェレンダムにかけると決めた」と答えているところからも理解できる[69]。つまり、彼によれば、経済協定の締結（仮調印）とは、ロシア連邦によるタタルスターン共和国のロシア連邦内への一定程度の（経済問題に関する限りでの）取り込みを意味するが、そのことは、タタルスターン共和国の独立・主権問題の解決の選択肢の幅を狭めることには繋がらないのである。

そうであるからこそ、この経済協定仮調印の当日、タタルスターン共和国最高会議幹部会がロシア連邦との関係をまったく無視した主権独立国家を指向する新共和国憲法案を公表したのは、単なる偶然ではなく、共和国主権に基づくロシア連邦との対応如何の問題が将来的に開かれていることを示したものと理解されなければならない[70]。他方で、同日、連邦レベルにおいて、ロシア連邦内の新たな連邦関係を目指した動き、すなわち、第六回（臨時）人民代議員大会の基調に即して進められてきた連邦条約作成作業が新たな段階に到達したことを示す同日付ロシア共和国大統領・同最高会議議長指令「ロシアソビエト連

邦社会主義共和国とその構成部分の権力機関の間の権能区分に関する提案準備
作業グループについて」[71]が出されたことにも注意しなければならない。16 名
からなるこの「作業グループ」（グループ調整者はルミャーンツェフ
（О.Г.Румянцев）憲法委員会責任書記）は、「ロシアソビエト連邦社会主義共和
国とその構成部分との間の権能区分に関する提案を作成するとともに、事前結
果を 1991 年 12 月 14 日までに、大統領及び最高会議議長に提示する」ことを
任務としていた。これは、8 月クーデタ後、ロシア共和国がソ連邦レベルにお
いてソ連邦解体・独立指向をより強めていくのと反比例的に（あるいはその勢
いに乗って）、ロシア連邦の新たな連邦関係を構築するに際しては、すべての
連邦主体を一体として連邦内に糾合するための統一的連邦条約の締結を指向す
るという、エリツィン＝ロシア連邦指導部の連邦条約交渉に向けた始動であっ
たからである[72]。

　これまで見てきたように、ロシア連邦とタタルスターン共和国との間で初め
てなされた個別交渉は、経済問題に限定されているとはいえ、協定というかた
ちで一定の合意（＝仮調印）を得たことが確認された。また同様に、かかる成
果を見た個別交渉は、連邦中央による連邦関係（権限区分関係）の再構築作業
における原則的方式にはいまだなり得なかったことも、同様に確認できた点で
ある。このことは、二国間条約交渉のみで関係構築を指向するタタルスターン
共和国にとっては、重要な点であった。他方、ロシア連邦中央にとっても、統
一的連邦条約交渉にタタルスターン共和国を引き入れるために、何らかの二国
間交渉を継続する必要性は確実に存在していた。それぞれの思惑は異なるとは
いえ、両国にとって、二国間交渉の継続は必要であった。しかし、それはスラ
ヴ三国によるソ連邦解体後の新たな政治環境の中で行われることになる。

　⑴　Н. ヴァルラーモヴァ（Н.В.Варламова）は、ロシア共和国（РСФСР）及びソビエ
　　　ト連邦（СССР）の連邦制は名目にすぎず、それらの憲法は、現実の連邦関係を反
　　　映していないと見る。См.Н.В.Варламова, Современный российский федерализм：
　　　конституционная модель и политико-правовая динамика, М.:Институт права и

第一章　発　端　*37*

публичной политики, 2001, стр.12.

(2)　前文及び 26 条（項目）からなる「ソ連邦創設に関する条約 Договор о образовании Союза Советских Социалистических Республик」テキストについて、История Советской Конституции（в документах）1917-1956,М.:Государственное издательство юридической литературы,1957,стр.394-398. 条約はその前文で、ロシア社会主義連邦ソビエト共和国、ウクライナ社会主義ソビエト共和国）、ベラロシア社会主義ソビエト共和国、及びザカフカース社会主義連邦ソビエト共和国（グルジア、アゼルバイジャン及びアルメニア）が合併して単一の同盟国家［одно союзное государство］、すなわち「ソビエト社会主義共和国同盟」―になること、つまり、四つの独立主権国家が合併して一つの「同盟」国家としてのソ連邦を構成することが謳われたのである（本文では、断りのないかぎり「ソ連邦」を用いる）。ここで注意しなければならないのは、条約主体の属性、とりわけ主権国家性との関連で「同盟」「連邦」という表現が用いられていることである。言うまでもなく、いわゆるソビエト同盟とロシア連邦が採用している連邦制には上記の独立主権国家による連邦なのか否かという点で基本的に相違する。このことは、当然ながら条約にも反映される（本文では、ソ連邦と連邦構成共和国との条約及びロシア連邦とタタルスターン共和国との条約をいずれも「条約」と表記するが、それぞれ同盟条約（союзный договор）、連邦条約（Федеративный договор）と表記して、相違を明確にする場合もある）。

(3)　バルト諸国の民族・独立運動は、東欧のそれとほぼ並行して展開し、1990 年 3 月のリトアニアのビリニュスにおける事件を契機に「激化」し、3 月 11 日のリトアニア共和国第一期最高会議第一会期決議「リトアニアの国家独立の回復について」、3 月 30 日のエストニア共和国最高会議決定「エストニアの国家の地位について」、そしてやや遅れて 5 月 4 日のラトヴィア共和国最高会議による「ラトヴィア共和国の独立回復に関するラトヴィアソビエト社会主義共和国最高会議の宣言」を出すまでに高揚した。バルト三国における独立に至る経緯について、次の文献を参照。Romuald J.Misiunas & Rein Taagepera.The Baltic States.Year of Defendence 1940-1990. Expanded and updated edition, Hurst & Co.: London, 1993. Anatol Lieven, The Baltic Revolution. Estonia, Latvia, Lithuania and the Path to Independence, Yale University Press: New Haven and London, 1993. なお、リトアニア、ラトヴィア及びエストニアの各共和国の独立宣言テキストの邦訳について、『外国の立法』第 30 巻第 5 号（平成 3 年）、201-202, 204-206, 215 頁、参照。

(4)　1980 年代後半のゴルバチョフ＝ソ連邦共産党指導部の民族政策について見ると、1988 年 6 月 28 日～7 月 1 日開催のソ連邦共産党第 19 回全連邦協議会は、「民族間関係について」（7 月 1 日）の決議において、「3.…政治システムのペレストロイカの枠内において、民主主義的原理に基づくソビエト連邦［федерация］のよりいっそうの発展及び強化に係る差し迫った施策を実現しなければならない。問題となっ

ているのは、何よりも、ソ連邦及びソビエト共和国の権限［компитенция］の区分、分権化、一連の管理機能の地方への移譲、並びに経済、社会・文化的発展、自然保護の諸分野における自主性と責任の強化といったことによる同盟共和国及び自治構成体の権利の拡大である」と述べていた（см.XIX Всесоюзная конференция КПСС. 28 июня -1 июля 1988 года. Стен. отчет. Том 2, М.:Издательство Политического литературы,1998, стр.157）。また、1989年7月14日のソ連邦共産党中央委員会政治局会議は、来るべき中央委員会総会に向けた民族政策に関する党綱領案を審議した（同じく、ここでは、新連邦条約の準備・締結の問題が初めて提起され（まだ支持されていないが）、また主権的共和国としてのロシア連邦（РСФСР）の問題が初めて討議された）（см.З.А.Станкевич, История крушениия СССР：Политико-правовые аспекты, М.:Изд-во МГУ,2001,стр.36）。そして、同年9月のソ連邦共産党中央委員会総会において、自治共和国に対して連邦構成共和国への再編により新たな地位を付与するというゴルバチョフ書記長の提案に基づいて、「現在の諸条件下における党の民族政策」に関する決定がなされ、各共和国の自主性と権限を拡大する一方で、ソ連邦の存在と役割を維持することとされた（см.Т.Д.Мамсуров,Регионы- центр:Проблемы согласования интересов, М.: Издательство Российского университета дружбы народов, 2000,стр.65：森下敏男『ペレストロイカとソ連の国家構造』（西神田編集室、1991年）、342頁参照）。さらに、1990年2月5日〜7日開催のソ連邦共産党中央委員会2月総会は、第28回党大会に宛てた中央委員会政綱案「人道的で民主主義的社会主義に向けて」を作成したが、「連邦建設の条約的原則」の発展の必要性に関するテーゼがその中に盛られた（см. З.А.Станкевич,указ.соч.История крушениия СССР：Поритико-правовые аспекты,стр.115）。これは、3月1日のソ連邦共産党中央委員会政治局会議において、ゴルバチョフ書記長により「連邦［Союз］の条約的原則の再生構想」として定式化された（см. там же,стр.115）。

(5) Об основах экономических отношениий Союза ССР, союзных и автономных республик（Ведомости Съезда народных депутатов СССР и Верховного Совета, 1990, N 16, ст.270）.

(6) О разграничении полномочий между Союзом ССР и субъектами федерации. Ведомости Съезда народных депутатов СССР и Верховного Совета. 1990, N 19, ст.329. 最高会議で採択された法律のうち、本文で挙げなかったが注目すべき重要法律として、バルト諸国のソ連邦からの離脱・独立を想定して実質的にはそれを阻止するために制定された4月3日付法律「ソ連邦からの連邦構成共和国の離脱と関連した諸問題の解決手続きについて」（Ведомости Съезда народных депутатов СССР и Верховного Совета, 1990, N 15, ст.252）がある。ソビエト期に憲法上認められていた離脱（脱退）権に関する手続き法律である。なお、本文では1990年以降「主権パレード」が現出したと述べたが、1989年7月28日にはラトヴィア共和国が「共和国主権法」を

採択しており、またアゼルバイジャン共和国が、1989 年 9 月 23 日付「アゼルバイジャンソビエト社会主義の主権に関する憲法的法律」を採択していることを指摘しておく（同国は、1991 年 10 月 18 日に「アゼルバイジャン共和国の国家的独立に関する憲法的法律」を採択している）。

(7)　4 月 26 日付法律が自治共和国が二重の地位を持つという考えに対応するものではなかったことについて、см.Перспективы российского федерализма в XXI веке, Казань: КЦФПП; Институт истории им.Ш.Марджани АН РТ, 2013,стр.384.

(8)　См.Т.Д.Мамсуров,Регионы - центр:Проблемы согласования интересов, М.: Издательство Российского университета дружбы народов, 2000,стр.65,67.

(9)　連邦構成共和国の「主権パレード」を惹起した理由として、C. シャフラーイは、4 月 26 日の連邦主体間権能区分法を挙げる（см.《Российская газета》, 27 марта 1991 г.）が、それは重要であるがあくまで一契機と理解すべきであり、その前提・背景として、ペレストロイカ以降のソ連社会に充満していた社会的・政治的矛盾、住民の不満、各地の諸民族の不満、地方の連邦中央への不信などを考慮しなければならない。См. Проблемы суверенитета в Российской Федерации, М.:Республика,1994,стр.10.

(10)　См. Первый Съезд народных депутатов РСФСР. Стенографический отчет.Том 1
16 мая-22 июня 1990 года, В 6 томах.-М.: Республика, 1992 г.,стр.569；О.Е.Кутафин, Источники конституционного права Российской Федерации, М.:Юристъ,2002,стр.158.

(11)　Декларация о государственном суверенитете РСФСР.　邦語テキストについて、см.《Советская Россия》,14 июня 1990 г. 邦訳について、森下敏男「ソ連の憲法体制・連邦制度をめぐる最近の状況」『神戸法学年報』、第 6 号、1990 年、295-297 頁参照。なお、国家主権宣言の法的意義について、たとえば次の論文を参照。В.А. Овчинников,Декларация о государственном суверенитете РСФСР и ее правовая оценка,《Управленческое консультирование》, No.5,2013.

(12)　1990 年 7 月 20 日の北オセチア自治共和国による国家主権宣言（「北オセチア自治ソビエト社会主義共和国国家主権宣言」）を皮切りに、以後、カレリア、コミ、タタール、ウドムルト、サハ（ヤクーチャ）、ブリヤート、バシキール、カルムイク、マリ・エル、チュヴァシ、チェチェン－イングーシ、モルドヴァ、トゥヴァ、北オセチア（再度）が続き、結果として 1990 年後半から 1991 年初めにかけて、ロシア連邦内の 31 自治構成体（16 自治共和国、5 自治州、10 自治管区）のうち 25 自治構成体（15 自治共和国、8 自治州・自治管区）が自らの地位に関する宣言を発した。См. Административно-территориальное устройство России.История и современность, М.:ОЛМА-ПРЕСС. 2003,стр.244. なお、1990 年 8 月 30 日に採択された「タタールССР の国家主権に関する宣言」について、小杉末吉「タタルスターン共和国国家主権宣言について (1)(2)(3)」『比較法雑誌』、第 31 巻第 2 号(1997 年)、第 32 巻第 1, 2 号（1998 年）参照。

⒀　ロシア共和国内構成主体の「主権パレード」を理解する場合、ロシア共和国国家主権宣言を契機にした自治共和国等の主観的要因だけではなく、外在的・客観的要因も考慮しなければならない。すなわち、この「主権パレード」がソ連邦の見直しをめぐるソ連邦中央とロシア共和国との政治的・権力的駆け引きの中で、ソ連邦中央にとってのある種の「切り札」（エリツィン政権と構成主体指導部との間の軋轢を利用するというかたちで）となったことである。См. В.В.Иванов, Российский федерализм и внутригосударственная договорная политика, Красноярск:Красноярский государственный университет, 1997, стр.8.

⒁　О Федеративном договоре (Ведомости Съезда народных депутатов РСФСР и Верховного Совета РСФСР,1990, N 8, ст.112;《Советская Россия》,20 июля 1990 г.).

⒂　См.《Советская Татария》,5 августа 1990 г.「РСФСР の 一体性を侵害せず」に条約関係を確立していくというシャイミーエフソ連共産党タタール州党委員会第一書記の発言は、たとえ政治的・外交的マヌーバーの側面をぬぐえないとはいえ、この時点ではいち早く、その後の二国間条約交渉におけるタタルスターン共和国指導部の基本的姿勢を示したものと評価することができる。この姿勢は、10 月 18 日付ソ連邦最高会議民族会議議長宛書簡（Письмо Президиума Верхового Совета Татарской ССР о проекте нового союзного договора）において、タタルスターン共和国ではロシア共和国との互恵的条約・協定の準備作業が進められて、質的に新たな関係に達している、そしてそれは政治的現実と法治国家原理にもっとも適ったものとなるであろうとの確信に繋がっていく。См.Распад СССР.Документы и факты. (1986-1992 гг.) Том 2,М.:Кучково поле,2016,Стр.482-3.

⒃　Т．マムスーロフ（Т.Д.Мамсуров）によると、エリツィン大統領が 8 月の地方遊説においてロシア連邦内の自治構成体に対して「飲み込めるだけ」権力を取れ（「取れるだけ取れ」）と呼びかけたのは、1990 年 4 月 26 日付連邦法への応答であった（см.Т.Д.Мамсуров,указ.соч.Регионы-центр:Проблемы согласования интересов, стр.67）。

⒄　10 月 16 日に最高会議民族国家機構・民族間関係委員会によって作成された「連邦条約（案）」、及び民族会議の審議を経て修正された同 26 日の修正版について、см. Р.Г.Абдулатипов и др., Федерализм в истории России.Книга третья. Часть вторая. М.:Издательство "Республика",1993, стр.65-72.

⒅　Ведомости Съезда народных депутатов РСФСР и Верховного Совета РСФСР. 1990, N 29, ст.395.

⒆　О Совете Федерации РСФСР.Ведомости Съезда народных депутатов РСФСР и Верховного Совета РСФСР.1991 , N 6 , ст. 97; Р.Г.Абдулатипов и др., указ.Федерализм в истории России.Книга третья. Часть вторая, стр.58-59. 連邦会議は、「ロシア共和国最高会議議長（連邦会議議長）、ロシア共和国を構成する共和国の最高会議議長、自

治州及び自治管区、地方、並びに州の人民代議員ソビエト議長、モスクワ市及びレニングラード市の人民代議員ソビエト議長」によって構成され、「連邦関係の確立及び発展。国家構造及び民族間関係の分野における最重要法案の審議。社会－政治的政策の基本方向の決定及び調整。同盟条約に対する一般的立場の作成。ロシア共和国の民族－国家構造に関する憲法命題実現への連邦主体の参加の確保。民族間紛争及び地域紛争の解決に関する提案の作成。連邦関係への新主体の加盟に関する具体的結論の付与」の問題を議論する調整機関であるとされた。

⒇　シャイミーエフ大統領が、2010年8月の建国記念日演説において、当時の政治状況における問題として、ソ連邦条約への独立主体としての加盟、連邦的基礎に基づくロシア連邦との関係構築という問題に加えて、タタール語問題も挙げていることは興味深い。См.《республика Татарстан》,26 августа 2010 г.

(21)　タタルスターン共和国がソ連邦またはロシア連邦が存続しているという前提で取り得る選択肢を大まかに想定するとすれば、ソ連邦との同盟条約交渉については、〈U-1〉ロシア連邦と同格･対等な立場でソ連邦と交渉する、〈U-2〉ロシア連邦の名による連邦構成主体としての条約締結、またロシア連邦との連邦条約については、〈F-1〉連邦中央との単独交渉による個別条約の締結、〈F-2〉他の連邦主体と共同した統一連邦条約の締結の相関連する四つの選択肢を考えることができる。これらのうち、〈U-1〉それ自体は、タタルスターン共和国がロシア連邦と同様の主権性（条約交渉･締結上の立場）を有することを前提としなければ成立しない選択肢であることは明確である。残りの〈U-2〉、〈F-1〉及び〈F-2〉はタタルスターン共和国の主権性を否定しない限り、成立しない選択肢である。従って、〈U-1〉－〈F-1〉及び〈U-1〉－〈F-2〉という選択肢もあり得ないことになる。ただし、〈F-1〉だけの場合、「主権」あるいは「主権国家」という語から法的意義をはぎとり、もっぱら政治的･イデオロギー的な装飾語として用いるようにするのであれば、この選択肢もあり得ることになる（残りの〈U-2〉及び〈F-2〉においても同様）。こうした想定から、同盟条約問題を解決した後に、連邦条約問題を解決するという方向性が合理的のように思われる。歴史的現実は、二つの条約交渉･締結の四つの可能性を曖昧にした二つの条約過程が同時並行的に進行し、それぞれに固有の問題と両方に共通の問題が同時並行的に議論され解決されることになる。その際、選択肢なしの〈U〉－〈F〉がそれぞれいずれの選択肢を採るかは、過程の中で決められていくことが想定される。

(22)　シャイミーエフ基調演説（О суверенитете Татарстана）について、см.《Советская Татария》, 30 августа 1990 г. 宣言（Декларация о государственном суверенитете Татарской Советской Социалистической Республики）のテキストについて、см.《Советская Татария》, 31 августа 1990 г.　邦訳及び制定経緯について、小杉･前掲「タタルスターン共和国国家主権宣言について」、参照。なお、シャイミーエフ議長は、8月3日のソ連共産党タタール州委員会総会で、共和国国家主権の問題を取り上げ、ロシア連

邦の一体性を侵害することなく条約関係を築くこと、すなわち個別条約を締結することにより、その下で相互利益のための権限区分を行っていく、換言すれば、ロシア連邦中央との関係を個別条約によって維持しながら共和国の利益を図っていく旨を述べていた（см.《Советская Татария》, 7 августа 1990 г.）。

⑵ О задачах Совета Министров Татарской ССР, вытекающих из Декларации о государственном суверенитете Татарской Советской Социалистической Республики.《Советская Татария》, 15 сентября 1990г.

⑵ О первоочередных мерах по реализации государственного суверенитета Татарской ССР в переходный период.《Советская Татария》, 11 октября 1990г. なお、憲法採択に関しては、共和国憲法委員会に対して、遅くとも1991年3月1日までに、最高会議の審議のために憲法案を準備することが要請された。

⑵ О проекте Союзного договора.《Советская Татария》, 18 декабря 1990 г.

⑵ О составе делегации Татарской ССР по подготовке и подписанию Союзного договора.《Советская Татария》, 18 декабря 1990 г.

⑵ О договоре Татарской ССР с РСФСР (проект).《Советская Татария》, 9 февраля 1991 г.

⑵ См.Союз можно было сохранить.Белая книга.Документы и факты о политике М.С.Горбачева по реформированию и сохранению многонационального государства, М.:АСТ:АСТ МОСКВА,2007,стр.237. この会談は、自治共和国を宥める目的で設定されたが、この試みは成果を見せず、従来の不一致や対立は解消されなかったといわれる（см.Станкевич З.А.История крушении СССР：Политико-правовые аспекты, М.: Изд-во МГУ,2001,стр.234）。この点は、エリツィン最高会議議長が「（自治）共和国はソ連邦及びロシア共和国の主体である」ことを改めて確認したうえで、共和国が個別に同盟条約を締結することは可能であるが、その場合、ロシア共和国に留まらねばならないとの発言に窺うことができる。他方で、彼がタタルスターン共和国に対して、連邦条約（Федеративный договор）への参加を望まず、ロシアと個別に条約を締結するというのであれば、我々はこれに同意するとまで述べて、特別の配慮を示したことが注目される（см.указ. Союз можно было сохранить,стр.238）。

⑵ Декларация об основных началах национально-государственного устройства РСФСР. См.《Российская газета》, 27 марта 1991 г. 委員会の委員長は、共和国最高会議第一副首相のР.ハズブラートフ（Р.И.Хасбратов）である。

⑶ Об основных началах национально-государственного устройства РСФСР (о Федеративном договоре). См.Сборник документов,принятых первым-шестым съездами народных депутатов Российской Федерации,М.:Республиа,1992,стр.206-208;Ведомости Съезда народных депутатов РСФСР и Верховного Совета РСФСР. 1991, N 16,ст.501.

第一章　発　端　*43*

⑶　Федеративный договор (Договор о разграничении компетенции между Федераль-
ными органамийя власти и органамийя власти субъектов Российской Советской Феде-
ративной Социалистической Республики). テキストについて、《Российская газета》,
18 апреля 1991 г.

⑶　См.Р.Г.Абдулатипов и др.,Федерализм в истории России.Книга третья. Часть первая,
М.:Издательство "Республика",1993, стр.165-166.

⑶　Ведомости Съезда народных депутатов РСФСР и Верховного Совета РСФСР. 1991,
N 316, ст.772. この最高会議で、第三回（臨時）大会で承認された「ロシアソビエト
連邦社会主義共和国の民族－国家構造の基本原理（連邦条約）について」を最終第
11項を除いて全10項として再承認する決定が行われた（Ведомости Съезда
народных депутатов РСФСР и Верховного Совета РСФСР, 1991, N22, ст.770）。5月16
日の最高会議での日程後、これを受けた連邦条約案の修正作業が進められていく予
定とされた。なおР.Г.Абдулатипов и др.,указ.соч.Книга третья. Часть вторая. (стр.72-
78,78-85) には、6月11日及び7月11日の案が載っているが、どこで作成され、い
つ公表されたものかは不明である。両案の体系に関して、6月11日案は前文及び4
編28条（各編の見出しは4月18日公表時と同一）、7月11日案（準備作業委員会に
よると条約末尾に付されている）は前文及び4編30条（各編の見出しは4月18日
公表時と同一）である。

⑶　См.И.В.Лексин,Договорное регулирование федеративных отношений в России. М.:
УРСС, 1998,стр.98.

⑶　См. 《Советская татария》,22 мая 1991г.

⑶　4月18日付タタルスターン共和国法律「タタールソビエト社会主義共和国憲法
（基本法）の修正及び補足について」は、第64条を以下のように修正した（《Совет-
ская Татария》, 20 апреля 1991 г.）。
　　「タタールソビエト社会主義共和国は、主権国家である。
　　タタール社会主義ソビエト共和国とソ連邦、ロシア共和国、及びその他の共和国
との関係は、ソ連邦条約、ロシア共和国及びその他の共和国との条約に基づいて打
ち立てられる。」

⑶　См. 《Советская Татария》,18 мая 1991 г.

⑶　シャフラーイ提案については、см.Р.Г.Абдулатипов и др., указ.Федерализм в
истории России.Книга третья. Часть первая,стр.180.

⑶　6月21日のシャイミーエフ大統領の記者会見による。См. 《Советская Татария》,
22 июня 1991 г.

⑷　リハチョーフ副大統領を団長に、ガジズッーリン（Ф.Р.Газизуллин）副首相、ジ
ェレズノーフ（Б.А.Железнов）憲法監督委員会委員、ハフィーゾフ（Р.Ш.Хафизов）
最高会議常任委員会委員長、タギーロフ（И.Р.Тагиров）カザン大学史学部長から構

成される。См. Белая книга Татарстана. Путь к суверенитету（Сборник официальных документов）. 1990-1995, Казань, 1996,стр.30.（この資料は、Белая книга Татарстана. Путь к суверенитету,《Панорама-форум》, N,（8）,1996 г. を単行本化したものである）

(41)　ブールブリス国務長官を団長に、ヴォローニン（Ю.М.Воронин）最高会議予算・計画・税・価格委員会委員長、ローボフ（О.И.Лобов）第一副首相、スタンケーヴィチ（С.Б.Станкевич）政治問題大統領顧問、フョードロフ（Н.В.Федоров）司法相、シャフラーイ法政策大統領顧問、シェロフ－コヴェジャーエフ（Ф.В.Шелов-Коведяев）共和国関係及び地域政策・協力委員会小委員会委員長から構成される（Ведомости Съезда народных депутатов РСФСР и Верховного Совета РСФСР.1991, N33,ст.1105）。

(42)　C. シャフラーイは、条約交渉の始まりは1991年8月12日とする（1994年2月18日国家会議における条約締結報告）が、その趣旨は公式代表団による最初の本格的交渉が開始されたことを意味するものと考えられる（см.Государственной Думы. Стенограмма заседания 18 февраля 1994 г.）。

(43)　当時の最高会議民族会議議長 P. アブドゥラティーポフ（Р.Г.Абдулатипов）によると、ロシア連邦中央とチェチェン共和国、タタルスターン共和国を含むすべての連邦主体との統一的連邦条約締結の可能性が1991年夏に存在していたが、この機を逸したのは、この問題に関してエリツィン大統領側近の間に統一がとれていなかったことが原因であったとされる。См. Российский федерализм：от федеративного договора до наших дней. К Дсятилетию Федеративного Договора. М.,2002,стр.11;Рамазан Абдулатипов, Власть и совесть, М.:Славянский диалог,1994,стр.213.

(44)　См.И.Р.Тагиров, На изломе истории, Казань：Татарское книжное издательство, 2004,стр.300. 最初の協議・交渉が政治的議論（political discussin）の性質を帯びた内容であったことについて、see, Ravil Bukharaev, The Model of Tatarstan under President Mintimer Shaimiev, Curzon Press, 1999, p. 116.　なお、8月12日の開始に関しては、ロシア連邦側代表団のシャフラーイ副首相も、1994年2月18日の連邦議会国家会議で確認している（см.Государственная Дума. Стенограмма заседания 18 февраля 1994 г.）。

(45)　ПРОТОКОЛ по итогам консультаций делегаций Российской Советской Федеративной Социалистической Республики и Республики Татарстан, состоявшихся 12-15 августа 1991 года в городе Москве. См.указ. Белая книга Татарстана. Путь к суверенитету (Сборник официальных документов). 1990-1995. 1996, стр.31-32.

(46)　См.И.Р.Тагиров, указ. соч.,стр.301.

(47)　См.И.Р.Тагиров, Очерки истории Татарстана и татарского народа. (XX век), Казань:Татарское книжное издательство, 1999,стр.386.

第一章　発端　*45*

⑷　バシコルトスターン共和国と「バシキール CCP- バシコルトスターン - 及びタタ
ール CCP- タタルスターン共和国 - の友好及び協力条約」が 8 月 16 日に締結された
（см.《Советская Татария》, 21 августа 1991 г.）。この条約は、タタルスターン共和国
がロシア連邦内の他の地域・連邦構成共和国及び外国との関係で結んだ最初の条約
と言われる。См.Республика Татарстан : новейшая история. События. Комментарии.
Оценки.Том 1, Казань:НПО《Медикосервис》, 2000, стр.216.

⑷　Rachel Walker は、クーデタ勃発原因として、8 月 20 日調印予定の新連邦条約、
経済危機、一般世論の保守化、軍隊内世論の反改革傾向、及びゴルバチョフ大統領
自身の行動の 5 点を指摘する（Rachel Walker,Six years that shook the world,
Manchester University Press, 1993, pp. 222-229）。

⑸　1991 年 8 月クーデタの意義及び各連邦レベルの反応については、小杉末吉「一九
九一年八月クーデタとタタルスターン共和国」『法学新報』、第 107 巻 5・6 号参照。

⑸　См.Ведомости Съезда народных депутатов РСФСР и Верховного Совета РСФСР.
1991, N 40,ст.1284.　なお、8 月クーデタへのタタルスターン共和国の対応について、
см.И.Р.Тагиров,Заговор против страны, против народа,《Гасырлар Авазы-Эхо веков》,
2004,No.1（http://www.archive.gov.tatarstan.ru/ magazine/go/anonymous/
main/?path=mg:/numbers/2004_01/03/03_3/ ［2018 年 4 月 26 日　閲　覧　］）；тоже,
Заговор против страны, против народа I ,《Гасырлар Авазы — Эхо веков》,2004,No.2
（http://www.echoofcenturies.ru/ 2004_2/04/04_4/ ［2018 年 4 月 26 日閲覧］）。

⑸　拙稿・前掲「一九九一年八月クーデタとタタルスターン共和国」、95-97 頁参照。

⑸　大会はクーデタ前の 7 月 10 日～ 17 日に開催され、その後休会していたが、10 月
28 日に再開した（11 月 2 日閉会）。ソ連邦解体に関連して、決定「アゼルバイジャ
ン共和国、アルメニア共和国、ベラルーシ共和国、グルジア共和国、カザフ CCP、
キルギスタン共和国、ラトヴィア共和国、リトヴァ共和国、モルドヴァ共和国、タ
ジキスタン共和国、トルクメン CCP、ウズベキスタン共和国、ウクライナ、エスト
ニア共和国の最高会議に対する РСФСР 最高会議のアピールについて」が 11 月 2 日
に出されたが、そこには「従来のかたちでの単一国家としてのソ連邦の存在停止」
という表現が見られる（Сборник документов, принятых первым-шестым съездами
народных депутатов Российской Федерации, М.:Издательство
"Республика",1992,стр.356-357）。

⑸　Ведомости Съезда народных депутатов РСФСР и Верховного Совета РСФСР. 1991,
N 46, ст.1560. A. ヴェールキン（А.А.Велкин）は、この決定を「領土的一体性」を法
概念として明確に規定したと述べる。См.А.А.Велкин, Дело о референдуме в Респу-
блике Татарстан 21 марта 1992 г.,《Правоведение》, N 4,1993,стр.92.

⑸　「声明」の全文について、см. Р.Г.Абдулатипов и др.,указ. Федерализм в истории
России.Книга третья. Часть первая, 1993, стр.225-227. 作業グループ委員の Л. ボルテ

46 第一部 1994年条約の締結とその意義

ーンコヴァ（Л.Ф.Болтенкова）は、この政治声明は一部の連邦主体にとって魅力的でなくなり、その結果、連邦と共和国の関係を規制する新たな案が登場するようになったと述べる。См. Р.Г.Абдулатипов и др.,там же, стр.244.

(56) см.《Советская Татария》, 22 октября 1991 г.

(57) タタルスターン共和国側交渉団長のリハチョーフ副大統領は10月19日の共和国最高会議報告において、今回の交渉を8月の交渉第一段階に続く第二段階と位置づけた。см.Указ. Республика Татарстан : новейшая история,стр.259.

(58) Ведомости Съезда народных депутатов РСФСР и Верховного Совета РСФСР, 1991, N 40, ст.1296.

(59) 「ロシア共和国最高会議及び同政府の作業班とタタルスターン共和国代表団との協議結果に関するプロトコル ПРОТОКОЛ по итогам консультаций рабочей группы Верховного Совета и Совета Министров Российской Советской Федеративной Социа-листической Республики и делегации Республики Татарстан, состоявшихся 3-4 октября 1991 года в городе Казани」のテキストについて、см.указ. Белая книга Татар-стана, стр.33-34.

(60) 8月クーデタ後のタタルスターン社会における政治的変化として、次の2点を挙げておく。まず、ソ連邦レベルでの脱共産党化の結果、共和国党組織が内部の動揺と組織の再編に迫られたこと、次に、同じくソ連邦レベルにおける独立宣言パレードの影響を受けて、1990年8月の国家主権宣言の実現もしくは再確認として共和国の国家的独立要求が改めて提起されたことである。後者の問題をめぐって、民族主義勢力及び親ロシア連邦派民主勢力はそれぞれ、運動面及び組織面での新たな態勢づくりを指向することになった。そこで特徴的なことは、民族主義勢力と共和国指導部との一定の連携が図られたことである（9月26日のシャイミーエフ大統領とタタルスターン民族独立党［イッチファク Иттифак］代表との会談、10月9日のムハメートシン（Ф.Х.Мухаметшин）最高会議議長と「主権」委員会の代表との会見（см.《Советская Татария》, 28 сентября 1991 г.;《Советская Татария》, 10 октября 1991 г.）。他方、親ロシア民主勢力の側でも、10月に11の政治団体及び代議員集団の代表が参加して開かれた第一回民主勢力会議が民主主義運動への参加を国民に呼びかけたことに示されるように（см.《Известия Татарстана》, 12 октября 1991 г.）、共和国指導部が民族主義勢力との連携を強めようとすることへの危機感に対応した動きが見られた。このような諸勢力の組織的活発化は、タタルスターン社会内の緊張を高める要因となり、それは、最高会議開催当日の15日に、「タタール社会センター ТОЦ」等の民族主義勢力と親ロシア派ロシア民主党との街頭衝突として現出した（см.《Советская Татария》, 17 октября 1991 г.;《Советская Татария》, 19 октября 1991 г.）。

(61) 法律「タタールソビエト社会主義共和国における所有について」のテキストにつ

いて、см.《Советская Татария》, 10 декабря 1991 г. また決定「タタルスターン共和国国家的独立令について」のテキストについて、см.《Советская Татария》, 26 октября 1991 г.;《Известия Татарстана》, 26 октября 1991 г.

(62) См.《Вечерняя Казань》, 29 октября 1991 г.;《Советская Татария》, 29 октября 1991 г.

(63) См.《Советская Татария》, 5 декабря 1991 г.

(64) См.《Советская Татария》, 4 декабря 1991 г.;《Советская Татария》, 5 декабря 1991 г.

(65) 「協定（Соглашение Правительства РСФСР с Правительства ТССР об экономическом сотрудничестве)」のテキストについて、см.《Вечерняя Казань》, 24 декабря 1991г. ; Twelve Agreements Between Tatarstan and the Russian Federation, *Journal of South Asia and Middle Eastern Studies*, Vol. XVIII, No. 1, Fall 1994, pp. 68-70.

(66) См.《Советская Татария》, 11 декабря 1991 г.

(67) О мерах по обеспечению государственного суберенитета и имущественных прав Татарской ССР. テキストについて、см.《Вечерняя Казань》,16 августа 1991 г.;《Советская Татария》, 17 августа 1991 г.

(68) См.《Советская Татария》, 26 декабря 1991 г.

(69) См.《Советская Татария》, 11 декабря 1991 г.

(70) 憲法案テキストについて、см.《Советская Татария》, 31 декабря 1991 г. この憲法案に対してはタタルスターン共和国においてすら概して厳しい評価がなされたが、ロシア連邦においては、たとえば、В.キコーティ（В.А.Кикоть)（ロシア連邦最高会議憲法委員会鑑定人）が「タタルスターン新憲法案に規定されるタタールソビエト社会主義共和国憲法案の最も重要な特徴は、タタルスターンとロシアとの相互関係の問題についての完全な黙殺、ロシア連邦におけるタタルスターンの事実上及び法律上の地位の完全な無視である」と厳しく批判した（《Конституционный вестник》, N 10 ,февраль - март 1992 г., стр. 74)。

(71) Распоряжение Президента РСФСР, Председателя Верховного Совета РСФСР от 6 декабря 1991 г. N 115-рп《О рабочей группе по подготовке предложений о разграничении полномочий между органами власти РСФСР и ее составными частями》(Ведомости СНД и ВС РСФСР.1991, N 51, ст. 1817). なお、この指令は、連邦条約案が初めて「ロシアソビエト連邦社会主義共和国の連邦国家権力機関と主体権力機関の間の区分条約 Договора о разграничении компетенции между федеральными органами власти и органами власти субъектов РСФСР」と名づけられたことを強調する。См.О.Г.Румянцев,Конституция Девяносто третьего История явления. (Документальная поэма в семи частях от Ответственного секретаря Конституционной комиссии 1990-1993 годов.), М.:ЗАО《Библиотечка РГ》, 2013, стр.89.

(72) 下斗米伸夫は、11月末以降のエリツィン大統領がソ連邦からの独立指向を明確にしたのは、連邦指導部内の権力争い―ロシア一国主義、ロシアによる連邦継承を指

向する「共和国」派＝独立派（Г. ブールブリス主導、С. シャフラーイ、Е. ガイダール）とエリツィン－ゴルバチョフ提携による新連邦模索を指向する新「連邦」派＝「9 + 1 方式」派（С. シラーエフ（С.Е.Силаев）、Г. ヤブリンスキー（Г.А.Яблин-ский））との争い―において、「共和国」派が勝利した結果であると見る。下斗米伸夫『独立国家共同体への道』（時事通信社、1992 年）、291 頁、294 頁参照。

第二章

1992 年 8 月条約案

第一節　ソ連邦崩壊後の交渉再開

（一）　条約交渉の第 2 段階

　1991 年 12 月 6 日のロシア連邦とタタルスターン共和国との経済協定の締結
（＝仮調印）により、二国間条約交渉は新たな段階に入った。その際、前章で
述べたように、一方でのロシア連邦におけるすべての連邦主体の糾合した統一
連邦条約作成作業の促進というベクトル、他方でのタタルスターン共和国にお
ける主権国家を強調する新共和国憲法案の公表で示された共和国の独立・主権
国家指向のいっそうの展開というベクトルが見られた。そして、これら二つの
ベクトルの起点には、年末のソ連邦崩壊という事実が置かれていた。

　このソ連邦崩壊は、独立主権国家の確立、国際法上の地位の承認という基本
方針のもとで連邦構成共和国への昇格を指向していたタタルスターン共和国に
とって大きな衝撃であった。タタルスターン共和国は、ロシア連邦との関係を
構築するため、改めて独立主権国家としての体裁を整える必要性に迫られるこ
とになった。この点に関して、シャイミーエフ大統領が、1991 年 12 月 30 日
にエリツィン大統領に宛てた書簡において、独立国家共同体に独立かつ直接に
加盟する権利と義務があると述べていたことは注目される[1]。他方、エリツィ
ン＝連邦指導部にとって、ソ連邦崩壊は、ロシア連邦における新たな連邦関係
を構築する作業を強力なイニシアティヴのもとで進める好機となったはずであ
る。しかし、1992 年初めに実施された急進的経済政策によりもたらされた大

統領と議会、換言すればエリツィン大統領とハズブラートフ最高会議議長との関係悪化に伴う新たな連邦危機は、地方に一定の自立的空間を創出し、8月クーデタ以降、連邦中央に押さえられていたいわゆる「地方エリート」による独自権力基盤の確立プロセスに道を開くことになった。

このようなソ連邦崩壊後の政治状況の微妙な変化は、上記ベクトルにも影響を及ぼした。

まず、二国間交渉への影響について、前述の経済協定仮調印後、ソ連邦崩壊の影響で中断していた交渉は、1月20日にサビーロフ首相率いる代表団がモスクワに赴くことにより再開した[2]。この場で特に議論されたのが、連邦・共和国予算の編成、税制といった問題であった。これらの問題は、翌21日のエリツィン－シャイミーエフ会談で肯定的に受けとめられた。そして翌22日に行われた代表団による交渉において、昨年12月に仮調印されていた政府間経済協力協定が各条項ごとに改めて検討された後、全14条の協定として両国政府により最終的に締結された（調印者はガイダール副首相とサビーロフ首相)[3]。

内容的には、「ロシアソビエト連邦社会主義共和国」及び「タタールソビエト社会主義共和国」の「ロシア連邦」及び「タタルスターン共和国」への国名変更に伴う修正以外に、前文及び7か条（第3条、第8条～第13条）が仮調印協定をそのまま踏襲している一方で、第2条1項の「相互の」の削除、第4条の「国防省」の「統合連邦軍」への変更、第5条の「当事国」の「共和国及び共和国間」への変更と「もしくは経済主体」の挿入、第6条第1項の「精製、採掘及び販売する」の「精製、採掘及び販売を統制する」への変更といった、技術的・表現上の変更がなされた。

その他重要と思われる変更もなされた。第一に重要な変更点は、第1条第1項における「それらの（＝当事国の）領土」、「それらの管轄」という表現が「タタルスターン共和国の領土」、「その［＝タタルスターン共和国－筆者による補注］財産」に変更された。タタルスターン共和国の土地その他の資源が国民財産であることが明確にされたのである。また第2項では、「自国の領土」

が「各共和国の領土」に変更され、ロシア連邦及びタタルスターン共和国双方の領土であることが明確にされた。第二に、第2条第2項において、前述の協定案にあった「及び共和国間の製品、商品及びサービスの移動の問題」が削除された。その理由は不明であるが、後述するように、1992年8月15日の条約案では、この問題はロシア連邦及びタタルスターン共和国が共同して行使する権能（＝共同管轄）として扱われている（条約案第2条第16号参照）。第三に、「ロシアソビエト連邦社会主義共和国中央銀行タタルスターン共和国総局」の地位変更を予定した権能拡大と金融‐信用政策を別の特別協定に委ねる第7条が全面削除されたことである。これらの問題については、後に8月15日の条約案がタタルスターン共和国の独自権能として規定していることから、1月22日の交渉の時点では別途協定で取り決める必要性がなくなった（あるいはタタルスターン共和国の権能として認める方向で調整できた）と考えられる。第三は、仮調印協定になかった有効期間が5年と定められたことである。

　ところで、サビーロフ首相によると、ガイダール副首相は、ロシア政府はこれらの協定テキストが印刷され、他の共和国に知られることを欲しないと強調したと言われる[4]。この発言には、二国間交渉（及びその成果）があくまで例外扱いであり、また内容的にも他の連邦主体に知られたくないタタルスターン共和国だけへの特別扱い（譲歩）であり、さらにはこのことを他の連邦主体に波及させたくないという、連邦中央の本音が窺われる。そしてこうした本音が発せられたのは、この協定がその後の一連の協定とともに、タタルスターン共和国をロシア連邦とは別個自立した国家として扱い、従って両者がいわば国家連合的な関係にあることを前提として締結された内容となっているからに他ならない[5]。それ故、タタルスターン共和国政府は、この協定を「ロシア連邦と平等原理に基づいて締結した最初の文書」であり、「タタルスターン共和国の主権確立の道における、もう一つの、きわめて重要な一歩」であると高く評価したのである[6]。従って、憲法制定や国家主権に関するレフェレンダムの実施に示されるように、タタルスターン共和国がさらなる国家主権の確立のために二国間条約交渉への環境を整えようとしたことは、十分に窺えるのである。

次は、全連邦レベルでの連邦条約作業への影響に関してである。前述の
1991 年 12 月 6 日ロシア共和国大統領・最高会議議長指令により創設された権
能区分提案作成作業グループは、12 月 12 日には、前文及び 7 条の「ロシアソ
ビエト連邦社会主義共和国及び同構成共和国間の権限（компетенция）区分に
関する調整的提案についての条約」案[7]を纏めた。標題が示すように、この案
は重大な問題を孕んでいた。すなわち、権限区分問題は共和国との関係ではこ
の条約に基づいて解決されるのに対して、地方、州などの他の連邦主体との権
限区分問題は法律で処理するとしている点である。これは、連邦主体の同権性
の観点から全連邦主体との統一的連邦条約の締結可能性を認めていたエリツィ
ン政権自体にとって、8 月クーデタ後の政治的力関係の変化、連邦中央と地方
の力関係における中央の相対的優位の形成に伴う方針変更もしくは軌道修正に
すぎない。しかし、連邦主体の側にとって、それは単なる軌道修正にとどまら
ない政治的後退もしくは裏切りを意味する。また、連邦関係は連邦憲法及び連
邦法に則して実現されるとする（これは、いわゆる「条約的連邦関係」を否定
したものと理解される）一方で、連邦及び共和国は、条約という形式によって
自らの「権能 полномочие」の一部を委譲することができるとされ、ここから、
連邦と共和国との二国間条約締結の可能性を認めるのである。

　もっぱら共和国のみを条約対象とする意味での制約を有していたこの案は、
同年 12 月 23 日の憲法委員会において、条約締結対象をすべての連邦主体に拡
大するかたちで修正を施された[8]。そして、それは、翌 1992 年 1 月 20 日、「ロ
シア連邦の連邦国家権力機関とロシア連邦を構成する共和国、州、地方、自治
州、自治管区の権力機関との間の管轄対象及び権能の区分に関する協定」案[9]
として連邦最高会議幹部会で審議された。

　この案が改めて各連邦主体に審議のために送付されると、地方、州は支持し
たが、当然ながら、共和国からは反対の反応が示された[10]。たとえば、協定案
の前文では、共和国の国家主権宣言規定を発展させる旨の言及がなされている
が、共和国主権は、本質的に、ロシア連邦憲法路線への追従プランに成り下が
っている、といった批判が共和国側からなされた[11]。また、わずか 1 か月前に

は共和国との「条約」とされていたものが「協定」に切り下げられ、このこと
によって地方、州と同格化されたといった二重の反発もあった[12]。この点につ
いて、1993年10月29日の「インターファクス」通信とのインタビューにお
いて、シャイミーエフ大統領が次のように述べていることは興味深い。すなわ
ち、「私が連邦条約に常に反対してきたのは、それには当初からすべての地方
や州が主体と認められるという誤りが存在していたからである。何故なら、そ
れらはロシアそのものであって、連邦を創設するのは国家たる共和国である
が、その際、条約に基づき権能を中央に委ねることによって創設するのであ
る」[13]。この発言の後段の部分と関連して、タタルスターン共和国が連邦条約
に反対して調印しなかったのは、権限区分に関する相違（タタルスターン共和
国が下から上へ、すなわち共和国権能をまず確定してから、それを連邦に移譲
するという考え方をとるのに対して、ロシア連邦は残余の原則に従って、すな
わち、憲法上ロシア連邦の管轄とされない管轄が連邦主体の管轄となるとの考
え方をとる）が原因であった。このような反発もあり、「協定」案は「条約」
案に戻されたが、ここで生じた連邦主体間の連邦条約をめぐる気分の差は解消
されることはなかった[14]。

　たった今見た状況は、ロシア連邦との二国間条約による関係構築を唱えてき
たタタルスターン共和国にとって、独立主権国家としての立場をよりいっそう
明確にする必要性を認識させたと言える。そのことは、連邦条約作成作業への
不参加、締結拒否の立場をより明確にすることで、連邦中央との独自条約に基
づく関係構築の指向を鮮明にしたのである。こうした姿勢は、連邦統一条約の
実現を指向する連邦中央がにわかに受け入れるはずもなかった。もっとも、
P. アブドゥラティーポフのように、このようなタタルスターン共和国の立場を
理解する者が連邦レベルにいなかったわけではなかった[15]。

　以上のようなロシアとタタルスターンとの関係は、連邦関係をめぐる意見の
相違による亀裂が生じたことから、2月から3月にかけていわば「冷戦状態」
に陥った[16]。しかし、こうした事態はまた、統一連邦条約の調印が日程にあが
っている段階において、後述するように、タタルスターン共和国が特権的にロ

シア連邦との二国間条約交渉の再開を連邦中央に促す要因でもあったことに注意しなければならない。

（二） 統一連邦条約の拒否と共和国レフェレンダム

ソ連邦崩壊後一旦は再開された二国間交渉は再び停滞した。それでは、この状況は如何に打開されたのであろうか。そして、前述した二つのベクトルのその後の展開、すなわち、一方における連邦中央主導の連邦条約作業の完了（タタルスターン共和国の不参加）、他方におけるタタルスターン共和国における国家主権問題をめぐるレフェレンダム実施（連邦中央の強い反対）といった事情は、この状況打開に如何に関わったのであろうか。以下では、この二つの事情について検討し、次いで交渉の帰趨（結論先取的に言えば、交渉は再開された）については項を改めて見ていくことにする。

⑴　連邦中央の事情

エリツィン＝連邦指導部は、タタルスターン共和国による主権国家志向への具体的取り組みを独立・分離主義的として危機感をもって臨み、前述したような対応をとった。その一方で、ソ連崩壊以降新たな連邦関係に向けて取り組んできた全ての連邦主体との統一連邦条約作業を仕上げ、3月31日にはその締結（調印）にまで漕ぎつけることができた[17]。それは、1990年7月最高会議幹部会令「連邦条約について」以降続けられた作業の成果であった。この条約は、タタルスターン共和国及びチェチェン共和国が調印に参加しなかったとはいえ、この時期の政治状況の緊張を緩和したこと、連邦の一体性・領土的統一を確保することを可能にしたこと、共和国の主権と州、地方、市の連邦主体性を認めたこと、連邦と連邦主体の管轄対象と権限の区分を明確にしたこと、などの意義を有していた[18]。すなわち、統一連邦条約は連邦と連邦主体との妥協として締結されたが、それは連邦主体に対して共和国への特別な地位の保証、地方・州などの地位の向上、連邦主体権限の拡大といった利点を与える一方で、連邦中央にとっては連邦の一体性・領土の統一を確保することを可能にしたのであった[19]。しかし、条約は、連邦国家権力機関と連邦主体国家権力機関との

間の管轄対象及び権能の区分に関する取決めにとどまり、1922年のソ連邦創設条約とは異なり、新たな連邦を創設するものではなく、また内容的には原則的に連邦国家の性質と両立しない規定、もしくは国家連合（コンフェデレーション）にとって特徴的な規定（共和国を「主権的」とする定義、構成主体の非同権性、主体の同意なしの連邦条約の不可変更に対する厳格な要求）を含んでいることに注意しなければならない[20]。つまり、今回の統一連邦条約の締結は、条約原則に基づく連邦構造の構築、ひいては連邦条約に基づく新たな連邦関係、すなわち条約的連邦関係の形成を意味するものとはならなかったのである。

　統一連邦条約は、4月6日〜21日に開催された第六回人民代議員大会において来たるべき新連邦憲法の一部となることが決定された。すなわち、4月10日、大会は3月31日締結の連邦条約を圧倒的多数で承認（賛成848、反対10、保留40、棄権2）するとともに、連邦条約の内容をロシア連邦憲法の構成部分とすることを決定したのである[21]。そして4月21日、大会はこの決定に基づいて、法律「ロシアソビエト連邦社会主義共和国憲法（基本法）の修正及び補足について」を採択し、連邦条約の締結に伴う憲法改正を行ったのである[22]。連邦条約の内容を憲法に取り込んだことは、形式的には、現行1978年ロシア共和国憲法に基づいて「主権的連邦国家」たるロシア連邦を構築することを意味するものであった。この基調は、その後、1993年6月以降の憲法協議会での議論を経て、大統領提案の憲法案、最終的には1993年の新憲法に受け継がれていくことになる。このように条約内容を憲法に取り込んだことにより、ロシア連邦は形式的には憲法的連邦制の性質を帯び、連邦と連邦主体との関係は主として条約ではなく憲法・連邦法に基づいて規制されることになった。

　それとともに、憲法上、連邦条約における共和国の「主権的共和国」たる地位が「連邦管轄以外について自らの領土における全権を行使する国家」たる地位に変わったことは、共和国の主権性の理解との関連で、新たなロシア連邦構造・新たな連邦関係を構築するうえでなお解決すべき点を残した。つまり、共和国がいわば「疑似国家」的性質を憲法上保持したことにより、国家主権性を

主張する解釈的余地（具体的には主権国家を強調する独自憲法の制定、そしてそれはロシア連邦憲法に抵触する）、それに連動する共和国その他の連邦主体によるいっそうの地位の向上・権限の拡大を求める運動の可能性が残ることになったのである[23]。つまり、連邦条約の締結及びその内容の連邦憲法への受容は、ロシア連邦の一体性及び領土的統一を維持する（ロシア連邦内の構成部分として充足させる）うえで大きな役割を果たしたとはいえ、共和国、州などの遠心化ないし自立化を完全に押しとどめるものとはならなかったのである。従って、ロシア連邦にとって連邦の一体性を維持するためには、タタルスターン共和国との二国間交渉が必要悪であり不可欠であると認めざるをえなかったと言える。

(2) タタルスターンの事情

　この間の中央優位で進行している政治状況を打開して、中断している条約交渉を再開するためには、共和国民意を糾合してタタルスターン社会の総意としての条約締結に向けた決意を連邦に示すことが不可欠であった。そのためにシャイミーエフ指導部が選択したのがレフェレンダムであった。その実施の表向きの理由は、1991年10月24日の国家的独立令で表明された主権国家指向、すなわちロシア連邦との平等な主権的関係の確立をソ連崩壊後に再確認するというものであった。そして、1992年2月21日、共和国最高会議は、レフェレンダムで国家主権問題を国民に問うことを決定したのである[24]。

　レフェレンダムで問われた質問は、「あなたは、タタルスターン共和国が主権国家であり、ロシア連邦及びその他の共和国、国家と同権的な条約に基づいて関係を結ぶ国際法上の主体であることに同意しますか。」というものであった。ここには、ロシア連邦と対等な立場で権能移譲に関する独自の相互条約の具体的締結の意思確認こそが、レフェレンダム実施の真の理由であったと見ることができる。このことは、1992年3月16日にタタルスターン共和国最高会議が決定した「1992年3月21日に指定されたタタルスターン共和国レフェレンダム問題の定式化の説明について」[25]において、「共和国のロシア連邦からの国家的分離（обособление）及びその領土変更の問題」はレフェレンダムの対

象ではない（第2項）としたうえで、「タタルスターン共和国は、権能委譲条約（Договор о делегировании полномочий）に基づいてロシア連邦との関係を改善することを支持する」（第3項）と明確にしたから窺うことができる。

ロシア連邦は、タタルスターン共和国がレフェレンダムで国家主権問題を問うことを決定したことについて、ロシア連邦からの離脱を求めないとのこれまでの一貫した主張にもかかわらず、それが連邦からの離脱を意味し、従って連邦の一体性すなわち連邦崩壊をもたらしかねないとの危機感をもった[26]。この危機感は、3月5日のロシア連邦最高会議によるタタルスターン共和国の憲法及び一連の法令の違憲性に関するロシア連邦憲法裁判所への訴えとなって示された[27]。12日にこれを受理した連邦憲法裁判所は、翌13日、先の2月21日付決定における「タタルスターン共和国は国際法上の主体であり，ロシア連邦及びその他の共和国、国家と同権的条約に基づいて関係を樹立する」という部分について、違憲の判断を下した[28]。この決定で注目すべきは、連邦憲法裁判所は、ロシア連邦最高会議が強調していたタタルスターン共和国のロシア連邦からの離脱（独立）問題については何らの判断もしなかったことである。3月19日の連邦最高会議は、この連邦憲法裁判所の決定を踏まえて、レフェレンダムが実施された場合に一連の措置として、3月13日付憲法裁判所決定を侵害して実施されたレフェレンダムは法的効力を持たないことの宣言、「共和国最高会議及び同大統領に対して、そしてそれに基づいてタタルスターン共和国最高国家権力機関とロシア連邦最高国家権力機関との間の権限区分に関する相互条約をロシア連邦と締結することを薦める」などの決定を行った[29]。

(3) レフェレンダムの意義

こうした連邦中央の反発にもかかわらず、レフェレンダムは予定どおり3月21日に実施された。当時の共和国総人口約360万人中、投票資格者約261万人で、参加者（約213万人‐投票資格者の81.6%）のうち、賛成約131万人（61.4%）、反対約80万人（37%）であった[30]。タタルスターン社会の糾合という観点で投票結果を見ると、人口の約46%（約166万人）を占めるタタール人以外からも賛成票が投ぜられたこと、とりわけ人口の約40%（約144万人）

を占めるロシア人から一定程度の賛成票が投ぜられたことが窺える。とはい
え、反対投票も無視しうる数ではないし、また居住地別で見た場合、都市部や
地方では民族構成によって賛否の比率が異なるが、全体的に見た場合、地方で
は賛成票が圧倒的であった（75%）のに対し、都市部では半分を超える程度
（54%）、最大都市のカザンに至っては反対票（50%）が賛成票（47%）を上回
った。これらから窺えるように、結果は必ずしもタタルスターン社会の総意形
成を示すものとはならず、それまでシャイミーエフ政権に批判的であったタ
タール民族主義運動のみならず親連邦派も政権批判を強めることとなった。とは
いえ、シャイミーエフ政権はレフェンダムを実現させたという「成功」によ
り、ソ連邦崩壊後の新たな政治環境のもとでの連邦中央に対する一定の地歩回
復を遂げることができたと言える（その限りにおいて、レフェレンダム中止を
訴えてきたエリツィン大統領（＝連邦指導部）はシャイミーエフ大統領（＝共
和国指導部）に政治的敗北を喫したことになる）[31]。6月に開催された官製の
「全世界タタール人会議 Всемирный конгресс татар」は、シャイミーエフ指導
部とタタール民族運動の穏健的部分との連携によるこの「成功」を印象づける
ものとなった[32]。

　レフェレンダム結果の二国間交渉への影響という観点で見ると、レフェレン
ダム後のタタール民族主義運動（とりわけ急進的なそれ）が共和国主権、条約
交渉に対してよりいっそう強硬な姿勢を示したという点において、それが二国
間条約交渉上の新たな環境変化をもたらす（しかもタタルスターンに有利に働
く）要因となったと指摘することができる。たとえば、タタール民族運動「ミ
ッリ・メヂリス Милли меджлис」は、3月29日に採択した先のレフェレンダム
総括に関する決定[33]において、主権的共和国たるタタルスターンは国際法上の
主体であり、自らの民族の意思により他の国家には加盟せず、あらゆる国家
的・社会的問題を独立して解決するのであり、そして、タタルスターン共和国
とロシア連邦及びその他の国家との関係は「同権的な国家条約」に基づいて打
ち立てられるとした。また、4月18日開催の「タタール社会センター ТОЦ」
第八回総会は、その決議第1号の中で、レフェレンダムがタタルスターン共和

国の国家独立を法律上確証したと述べたうえで、共和国最高会議に対して、ロシア連邦との「不平等条約」を支持する共和国代表団内の若干の委員に対して信任せず、またロシア連邦との新たな条約案をロシア連邦がウクライナ、カザフスタンなどの独立国家と交わした形式で作成することを提案したのである[34]。ここで重要なことは、シャイミーエフ指導部が対連邦における基本方針を支持されたばかりでなく、条約交渉を含めて連邦中央に対する関係でより強硬な立場をとるよういわば後押しされたことである。この点は、シャイミーエフ大統領がレフェレンダム結果に関して行った23日の記者会見で、連邦条約への不参加、連邦との同権的条約の締結を改めて主張したことの背景として理解しなければならない[35]。そして、後述する23日のエリツィン大統領とシャイミーエフ大統領との電話会談の背景をなすことになるのである。

　このようにして、タタルスターン共和国は、レフェレンダム後の連邦中央に対する相対的優位の形成に伴う新たな政治環境の中で、本格的な条約交渉を指向することになる。

第二節　本格的交渉

（一）　基本合意（プロトコル）

　以上見てきたように、国家主権に関するレフェレンダムの実施、また連邦中央主導の統一的連邦条約の締結とタタルスターン共和国の不参加といった事情は、この間の二国間条約交渉の断絶をもたらしたわけではないが、その過程を複雑なものにしたことだけは確かである。すなわち、ソ連邦崩壊後の交渉再開後の複雑さは、交渉遅延要因としての連邦レベルの連邦条約交渉、共和国レベルの新憲法・レフェレンダム実施問題という二つの要因が介在したことにより、レフェレンダム実施及び連邦条約締結（第六回人民代議員大会におけるその内容の憲法への取り込み）以降の条約交渉をタタルスターンの相対的優位のもとでの条約交渉の提案→連邦中央による第六回人民代議員大会以降への延期要請、猶予期間後の本格的交渉の再確認、といった経緯として要約することがで

きる。以下では、レフェレンダム実施後の交渉経緯について、順次検討してい
く。

　さて、レフェレンダム実施を決めた第12期共和国最高会議第8会期閉会後
のロシア連邦とタタルスターン共和国との関係がいわば「冷戦」状態にあって
も、条約交渉は、水面下で、すなわち実務レベルでは続けられていた。たとえ
ば、3月2日には、ガイダール首相とサビーロフ首相の会談がモスクワで行わ
れ、国債発行問題を含め、既に締結された政府間経済協力協定の実施経過が検
討された[36]。また、アブドゥラティーポフ最高会議民族会議議長は3月19日
の連邦最高会議での報告の中で、3月16日のカザン訪問において、ロシア国
家の一体性及び国境維持問題で合意を得るとともに、二国間で懸案となってい
た国語、市民権といった問題の権限委譲が解決されたと述べていた[37]。こうし
たいわば「細い」交渉努力は、3月21日のタタルスターンにおけるレフェレ
ンダム結果の衝撃にもかかわらず、23日のエリツィン大統領とシャイミーエ
フ大統領との電話会談という「太い」交渉を成立させることになったのであっ
た。ここで重要なことは、こうした交渉を行わざるを得ない事情がロシア－タ
タルスターン双方にあったことであり、その打開のために権能委譲に係る交渉
の開始が確認されたことである[38]。

　先の電話会談での合意に基づき、作業グループレベルでの交渉が進められる
ことになった。リハチョーフ副大統領を団長とするタタルスターン共和国代表
団は、29日、交渉のためにモスクワに到着したが、その際、レフェレンダム
結果と主権国家としてのタタルスターンの地位に立脚した条約構想を携えてき
たといわれる[39]。レフェレンダム結果を追い風にして交渉を自らの主導で有利
に運ぼうとするタタルスターン共和国側の意図がここに現れた。つまり、レフ
ェレンダムは、タタルスターン共和国側の主張する共和国の国家主権性が国民
の総意であって、交渉当事者でさえ妥協・譲歩の余地のない確固たるものであ
ることを示したのであり、今や、そのことを内容とする包括的な条約案を提起
する好機であると、タタルスターン共和国側は判断したのである。

　交渉日程もタタルスターン共和国側にとって好都合であった。何故なら、連

邦中央が連邦条約の調印日までに何とかタタルスターン共和国を参加させよう
としたのに対して、作業グループレベルの交渉は連邦条約調印前日の30日か
ら始められたからである[40]。それが交渉上タタルスターン共和国に有利にはた
らいたことは言うまでもない。また、4月6日の第六回人民代議員大会の開催
までに、相互的権能委譲条約を仮調印もしくは締結することが課題とされたこ
とも重要である[41]。何故なら、わずか一週間の間にせめて仮調印しうるまでに
条約を仕上げるためには、タタルスターン共和国の提案した包括条約案を土台
にしなければ不可能であったからである(この時期までに、ロシア側が提案可
能な条約案をもっていたことを窺わせる事実はない)。さらに、交渉3日目の
4月1日に、統一連邦条約締結に際して、ロシア連邦とバシコルトスターン共
和国との間で「連邦条約への補足」の取決めが暴露されるというスキャンダル
が発生し、タタルスターン共和国がロシア連邦のダブルスタンダード的対応を
非難する一幕もあった[42]。

　かくして、交渉はタタルスターン共和国側に有利に進行し、4月2日には共
同コミュニケが発表されるとともに、「1992年3月30日から4月2日までモ
スクワ市で行われた協議総括に関するプロトコル」[43]と題する包括的な暫定協
定(プロトコル)が締結された。代表団が合意に達した事項は、以下の3項目
である。

1. タタルスターン共和国とロシア連邦との特別の地位関係を確立する必要
   性
2. 1992年1月22日の経済協力に関するロシア連邦及びタタルスターン共
   和国の政府間協定の迅速な実現、並びに単一の経済圏に基づくタタルスタ
   ーン共和国の経済主権の強化を目的とした経済協力のいっそうの発展
3. 市民権、タタール語及びロシア語の同権的機能といった問題の規制を含
   む、民族、宗派及びその他の差異に関わらない人権保障の確保

　それとともに、協議の中で、タタルスターン共和国が提起した権能委譲に関
する条約案とロシア連邦側の統一連邦条約へのタタルスターン共和国の加盟提
案が審議された。

62 第一部　1994 年条約の締結とその意義

この協定の意義に関して、タタルスターン側代表団長のリハチョーフ副大統領は、ロシア連邦が領土的一体制を維持しつつタタルスターンと特別もしくは独自の関係を結ぶことを公式文書に初めて残すことについて両当事者が合意した点で、協定は大きな意味をもったと述べた[44]。実際、人権保障などの法的問題、両国におけるロシア語及びタタール語の同権的使用の問題について、両者の間で合意が得られた。他方で、タタルスターン側交渉団の一員である И. タギーロフは、このプロトコルはロシア連邦とタタルスターン共和国の特別な関係を樹立する必要性を謳う以上の成果はないと、批判的な見方をしていることは興味深い[45]。

前述した今回の交渉目的によれば、残された交渉課題は、このプロトコルに基づいて少なくとも仮調印可能な条約案を仕上げることであった。しかしながら、協議はロシア側（代表団長ブールブリス国務長官）の要請により、中断することになった。その理由は、4 月 4 日のリハチョーフ副大統領の記者会見によると、タタルスターン側提案の条約案は建設的な内容を有していることから、これをロシア側の作業グループや専門家が再度入念に検討するためとされた[46]。タタルスターン共和国主導の交渉展開をここで一端断ち切ろうとするロシア側の意図を、ここに看取することができる。

自ら提案した条約案の検討のためというロシア側による理由もあって、こうした交渉中断にもかかわらず、タタルスターン側は、リハチョーフ副大統領の発言に見られるように、交渉の展望にはきわめて楽観的であった[47]。シャイミーエフ大統領は、4 月 14 日の第一回共和国実業界代表者会議において、「ロシア連邦との交渉のプロセスは続いており、ロシアの一体性を崩壊させずに、わが共和国の地位の定式が必ずや見いだされるであろう」と述べて、交渉進展が順調なこと強調した[48]。また、彼は、4 月 22 日の共和国権力機関代表との協議における開会演説の中で、タタルスターン共和国とロシア連邦との間の権能の相互委譲条約への移行が、共和国の主要かつ基本的な政策路線であること、その実現のためには時間が必要であるが、事を急ぐことなく、平穏に進まなければならないとも述べて、今後とも連邦との交渉が継続すると確言した[49]。こう

した、条約交渉に対する一見して楽観的な発言の一方で、タタルスターン共和国指導部は、条約交渉が必ずしも単純かつ簡単ではなく、複雑な過程であることをも認識していたことにも注意しなければならない[50]。

4月の第六回人民代議員大会閉会後、交渉継続に向けた一連の準備交渉がもたれた。すなわち、5月8日にはサビーロフ-ガイダール会談がなされ、1月22日に締結された政府間経済協定の実施過程と二国間経済協力のいっそうの進展の問題が討議された[51]。また、5月13日のリハチョーフ-ブールブリス会談では、6月に実務交渉を継続させることと、経済、科学、教育、文化に関する一連の問題をめぐる相互協定の準備とに関して、協議が成立し、そしてこの目的を実現するための作業班を設立することが決められた[52]。その後、これらの実務会談を経て、6月11日にはエリツィン大統領とシャイミーエフ大統領との頂上会談が行われ、条約案の作成交渉を継続させる必要性が確認された[53]。さらに、この会談に基づき6月17日にモスクワで再度もたれたリハチョーフ-ブールブリス会談では、相互条約締結を目的とする二国間交渉の「構想的・組織的観点」が審議され、6月26日にカザンで定期会合を開催することが決められた[54]。

この間の一連の会談から窺えるように、条約交渉は本格的・包括的な条約案作業という新たな段階（もっとも、タタルスターン共和国にとっては、4月初めの時点で完了したはずの段階）に入ることになる。これは、7月のカザンでの新たな交渉ラウンドとして実現する[55]。

（二）　条約案の仕上げ

たった今述べたように、ロシア側の要請により中断された交渉は、7月2日、タタルスターン側リハチョーフ副大統領、ロシア側ヤーロフ（Ю.Ф.Яров）最高会議副議長を団長とする代表団会議がカザンで行われたことにより再開した。これは、タタルスターン代表団及びロシアの代表団双方の作業委員会による定例協議として位置づけられる会議であった[56]。すなわち、それは来るべき本格的交渉に向けての事前的・予備的折衝の場であった。何故なら、この会議

64 第一部 1994 年条約の締結とその意義

において、タタルスターン側から条約案が改めて提示されるとともに、今後の交渉実施（その目的は権限区分に関する相互条約の作成）の手はずが整えられたからである。

それでは、本格的交渉に向けて如何なる合意がなされたのであろうか。会談終了後に IO. ヤーロフ及び B. リハチョーフ両者が発表したコミュニケ[57]によると、まず、条約の詳細な準備のために専門家グループを創設する必要性と、7月〜8月中にこのグループによる交渉プロセスを促進させることの2点が決定された。そして、専門家グループが今後条約案を検討する際には次の点に依拠すべきことが示された。すなわち、① 主権的タタルスターン共和の地位、② タタルスターン共和国の国際法上の主体的地位の確定、③ 領土的一体性の原則、④ 民族的帰属、信仰及びその他の差異に関わらない人権の無条件の遵守、⑤ 民族の歴史、伝統、文化、言語、及び民族的尊厳の尊重、⑥ 広範囲にわたる問題に関する管轄対象及び権能の配分の調整、である。今回の協議はこれでもって終了したが、ロシア側にはタタルスターン側提案の条約案を持ち帰って検討するという重要な問題が課されたことになる。

この会談の後、7月13日のタタルスターン共和国大統領指令[58]及び同14日のロシア連邦大統領指令[59]により、ロシア連邦とタタルスターン共和国双方において権能委譲条約の準備交渉のための代表団が組織された（ロシア側団長ブールブリス国務長官、タタルスターン側団長リハチョーフ副大統領）。その際、これら代表団の交渉権限に関して興味深い相違が見られた。すなわち、ロシア側代表団が交渉及び協定仮調印のための全権を付与されたのに対して、タタルスターン共和国側代表団は、交渉並びに条約及び協定の仮調印のための全権を付与されたのである。しかもそのことを、タタルスターン共和国は交渉前に承知していたのである[60]。この相違からは、第一にタタルスターン側が条約の仕上げを前提にしたうえで、協定の仮調印まで予定していたのに対して、ロシア側は協定の仮調印までしか予定していなかったこと、従って、第二に今回の交渉では条約交渉は完了しないことがあらかじめ決まっていた（ロシア側はそう考えていた）、という問題点を引き出すことができる。こうして、本格的条約

交渉に向けた準備が整えられたとはいえ、それは両当事者にとって交渉の完了を意味するものではなく、交渉継続の可能性も想定されていたのである。

かくして、8月3日から4日にかけて、タタルスターン及びロシア双方の代表団による作業会談がモスクワで行われ、交渉の新たなラウンドが始まったのである[61]。今回の交渉の目的は、先にタタルスターン側から提案された条約案に対する代替案がロシア側から示されたこともあり、これまで棚上げされた主権問題の解決を含め、条約案作成作業を仕上げることとされた。ここで注意すべきは、後述するように、ロシア側代替案とは、既に提案されたタタルスターン側条約案に対して個別的提案を付記したものであり、ロシア側が新規に提案する独自案ではなかったことである。

この作業会合において両者の代替案が検討された結果、ロシア連邦とタタルスターン共和国の相互関係について「新たなより高度な段階」での交渉を可能とする「文書」が作成された[62]。そしてこの文書は、当事者によって「権能の相互委譲に関する条約 Договор о взаимном делегировании полномочий」となるべきものと理解されたのである。内容上、タタルスターン側から提案された、共和国の排他的権能に関する新たな編を条約案に導入することがロシア側によっても承認されたこと、タタルスターン共和国の国際法上地位を含む国家主権性の問題についても条約に明確に盛り込まれること、さらに共同管轄をめぐる問題についても双方の立場が著しく接近したこと、などが注目すべき点として挙げられる[63]。そして、8月12日には、この文書を条約案のかたちで纏めるためにモスクワからのロシア側専門家チームとの作業会合を実施し、そこで調整が成功すれば、8月末には、代表団の全体会合によって条約テキストを最終的に仕上げることができるとの見通しが、タタルスターン側代表団長のリハチョーフ副大統領によって述べられた[64]。

条約交渉の見通しについて、ロシア側は如何に考えていたであろうか。この会議とは別に、ロシア側交渉代表団長 Г. ブールブリスがタタルスターン共和国サビーロフ首相と個別に会談した際、彼は、9月15日までには条約は締結されるであろうとサビーロフ首相に対して請け合ったといわれる[65]。また、ロ

シア側副代表団長の B. ティシュコーフ（В.А.Тишков）も「ロシースカヤ・ガゼータ」紙特派員とのインタビューで、9月中旬までに条約は合意に達し、エリツィン及びシャイミーエフ両大統領により締結されるであろうとの期待を表明した[66]。このように、ロシア側交渉責任者が9月15日（もしくは中旬）までには、条約交渉は完了し、条約締結に至ると表明したことは、注目されるべき点である。

さて、先の8月初旬の交渉で予定された作業を行うために、14日、カザンにおいて専門家による作業会合が行われた[67]。ここでの議題は、「ロシア連邦とタタルスターン共和国との間の管轄対象及び権能の相互委譲（移管）に関する条約案」として纏められた合意文書の最終検討であった。その結果、タタルスターン共和国独自の法制度を創設する問題、対外経済活動、予算、信用－金融政策といった一連の原則的な問題点に関して合意がなされたが、対外経済活動に関する問題についてはさらなる仕上げが必要とされた[68]。そして、合意された文書は、翌15日、「ロシア連邦とタタルスターン共和国との連邦条約案『国家権力の管轄対象及び権能の相互委譲（移管）について』」（全6条）と題して纏められたのである[69]。

かくして、1991年8月以降ロシア連邦とタタルスターン共和国の間で進められた二国間条約交渉は、とりあえず条約案として纏められた包括的な文書を仕上げる段階にまで至ったのである。しかし、それは最終段階ではなかった。何故なら、この条約案は形式的には、専門家グループにより条約形式に即して纏められたモデル案の域を出てはいなかったからである。また内容的には、各所に双方の代替案が散見される、すなわち未だ合意されていない問題を各所に含んだいわば暫定的な合意文書であったからである。いずれにしても、それは、当事者双方が8月末、あるいは9月15日もしくは中旬には締結できると期待もしくは予想したものではなく、さらなる交渉に基づくよりいっそうの仕上げ作業を要する文書であったのである。

第三節　条約案の内容

（一）　形式上の問題

　前節末尾で指摘したように、8月15日に専門家グループにより作成された
「ロシア連邦とタタルスターン共和国との連邦条約案『国家権力の管轄対象及
び権能の相互委譲（移管）について』」（以下、「1992年条約案」―巻末資料2
参照―と呼ぶ）は、内容・形式上如何なる問題点を孕んでいるのか。こうした
問題点を摘出して、それに検討を加えることが、本節の課題となる。内容的問
題、すなわち条約案の逐条的検討に入る前に、形式的問題、すなわち名称及び
署名主体について、問題点を指摘しておく。

　まず条約案の名称について、その名称から、第一に条約の目的あるいは内容
の問題、第二に締結主体に関わる問題、の二つの点を指摘することができる。

　第一の条約内容もしくは内容の問題とは、具体的には上記『』中の表現に関
わる。すなわち、「国家権力」の「管轄対象（предметы ведения）」及び「権能
（полномочия）」を「相互委譲（移管）взаимном делегировании (передаче)」す
るとは何を意味するのか、という問題である。ここで特に指摘したいのは、
「国家権力」という表現である[70]。「国家権力機関」ではなく「国家権力」が用
いられていること、しかもそれが単数表記で使われている理由は何か。国家を
意味するのか、それとも国家権力機関を意味するのかは曖昧である。確かに、
国家権力の一般的な辞書的説明によれば、国家権力とは国家の重要な属性であ
るが、それを国家機関（＝国家権力機関）の意味として用いることも可能であ
る。その場合、単数形の国家権力とは国の最高機関を意味することになる。
他方で、国家権力が国家の重要な属性であるということから、文脈によっては
国家権力を国家と解釈してもあながち間違いではないとすれば、条約案中のそ
れを国家とすることも可能となり、国家権力の管轄対象及び権能とは国家の管
轄対象及び権能であることになる。またそれらの相互委譲（移管）の主体が国
家自体かそれともその機関かでは、大きな違いが生じることは言うまでもな

68 第一部 1994年条約の締結とその意義

い。

第二の締結主体の問題とは、具体的には、この条約（案）がロシア連邦とタタルスターン共和国との間、すなわち「国家」間の条約であるということである。条約名称を文字どおり理解すればそのようになる。しかし、ここでも、第一の問題と同様、この条約がロシア連邦とタタルスターン共和国との間の国家間条約として理解してよいのか、実はそれは国家権力機関の間の条約と理解するべきではないのか、という疑問が生ずるのである[71]。この点に関連して、タタルスターン共和国側交渉団の一員であるP.ハキーモフ（Р.С.Хакимов）は、この条約を国家権力機関同士の条約としなかったのは、連邦国家権力機関はタタルスターン共和国が参加しなかった3月31日締結の連邦条約と連邦憲法を遵守しなければならないが、タタルスターン共和国はそのような機関と二国間の権能委譲に関する条約を締結するわけにはいかない、と述べている[72]。こうした発言の背景には、次のようなP.ハキーモフの問題認識が存することに注意しなければならない。つまり、タタルスターン共和国はロシア連邦内にとどまるのか否か、とどまるとして如何なる関係もしくは地位においてとどまるのか、より具体的には連邦といわゆる「連合した」関係を如何に構築するかという問題は、「連合した」関係を共和国権能の一部を連邦機関に委譲する関係として捉えることを意味する、と[73]。これは、彼が共和国の主権国家性、国際法上の主体性を重視する立場に立っているからに他ならない。

次に、条約案末尾に記されている署名主体については、次のような問題点を指摘することができる。つまり、既に指摘したように、条約案に署名したのは条約案作成の共同作業にあたった専門家チームの代表であった。すなわち、タタルスターン側は交渉代表団の副団長でもあるハミドゥーリン（Ф.Г.Хамидуллин）副首相が、ロシア側は代表団の専門家顧問で連邦最高会議民族院立法活動保障部門主任かつ法学者のЛ.ボルテーンコヴァであった。ここで問題点として指摘されるのは、たとえばロシア連邦議会国家会議の審議に付される連邦法案のテキスト末尾には連邦大統領の署名が付される（法案提出者の名は付されない）のに対して、何故この条約案には両国の最高指導者たる大統

領の署名が付されていないのか、ということである。ここから、条約案と名づけられているとはいえ、実は調印あるいは締結に向けられた文書ではなく、作業グループによるその後のさらなる交渉のための暫定的合意文書ではないか、という疑問が生ずるのである。実際、その後の交渉におけるこの条約案の取り扱われ方を見ると、まさにこの疑問は正鵠を得ていると言うことができる。要するに、この条約案は、いわば正規の（調印・締結用の）条約案に至る前の交渉上の叩き台的な試案的な性格をもった条約案であって、エリツィン大統領及びシャイミーエフ大統領によって調印されるまでには、なお交渉による仕上げを要する文書であったのである。

　以上のような条約案の形式上の問題点は、内容上の問題点からも補強されるであろう。次節では、条約案に内在する内容上の問題点、換言すれば、条約案における不一致点は如何なる部分について存在し、そしてそれは如何なる意味をもっているのかといった点を検討することにする。

（二）　内容上の問題

　公表された条約案には、前文を初めとして各所に双方の側の代替案が付記されており、内容的に確定されていない箇所が少なからず存在している。これは、当事者双方においてまだ合意が得られていない、あるいは将来の検討に委ねるとされていることを意味する。以下では、これらについて、双方により何らかの対案が付されている条項に即して、内容上の問題点を見ていくことにする（何ら付されていない第３条［ロシア連邦及びタタルスターン共和国の公務員の発行する法文書のロシア連邦及びタタルスターン共和国領土における効力に関する規定］は除く）。

(1)　**前文について**

　前文に存在する不一致点は４箇所である。第一に、冒頭において、この条約の締結主体として、「ロシア連邦とタタルスターン共和国の国家権力の全権代表」という表現が将来の検討に委ねるという条件付きで暫定的に採用された。この表現は、ロシア側専門家による代替案「我々、ロシア連邦連邦国家権力機

関とタタルスターン共和国国家権力機関の全権代表」とタタルスターン側専門家による代替案「各々の国家権力の全権代表によって代表されるロシア連邦とタタルスターン共和国」との折衷である。この折衷の原因は、タタルスターン側の主張する表現が国家間の条約であることを意味づけるものであったのに対して、ロシア側の主張がそれを否定し、あくまでも国家権力機関の間の条約としたいとの意志表明であったことによる（こうした国家間かそれとも国家権力機関の間かの問題は本節（一）で既に触れた点とも関連する）。

　第二に、第2段における「民族自決権」、「ロシア連邦憲法の一部としての連邦条約」、及び「タタルスターン共和国国家主権宣言」の対応ないし取扱いに関して、ロシア側はこれらを「尊重する」との表現で一括することを提案している。それに対して、タタルスターン側は前二者についてはロシア側と同様「尊重する」との表現を採用する一方、「タタルスターン共和国国家主権宣言」については、これを切り離して「承認する」との表現を提案している。「タタルスターン共和国国家主権宣言」がタタルスターン共和国にとって特別重要な文書であることへの強いこだわりをここに看取することができる。

　これに対して、第三の不一致点である第3段は、ロシア側の強いこだわりを感じさせる。すなわち、領土的一体性に関して、タタルスターン側が「ロシア連邦とタタルスターン共和国の一体性を維持するとの志向に依拠し」との表現で、この問題を二国間の一体性として、しかもそれを「志向」レベルにとどめようとしているのに対して、ロシア側は、端的に「領土的一体性の原則に立脚し」と表現することで、連邦レベルでの領土的一体性（すなわち連邦的一体性）を主張しているからである。ロシア側としては、タタルスターン共和国は連邦から独立しないで、連邦との一体性について同意していることの担保を、こうした表現により確保しようとしたと考えられる。

　最後に、第四の不一致点は、タタルスターン共和国の国際的地位に関する第9段である。タタルスターン側は、共和国の主権国家としての明確かつ確固とした国際的地位を志向して、「タタルスターン共和国の国際的な法主体性、タタルスターン共和国の国際関係及び対外経済関係への主権国家としての参加を

確立し」との表現を提案した。これに対して、ロシア側はタタルスターン共和国の国際法上の地位及び活動を基本的に承認しながらも、その「主権国家としての参加」には否定的であり、当該表現を「自主的な参加」に変更するという対案を提示した。その理由としては、現行連邦憲法（1978年ロシア共和国憲法の1992年改正版）第81条の2第1項が「ロシア連邦を構成する共和国は、ロシア連邦の憲法及び法律に抵触しない限り、…国際的及び対外経済上の関係における独立した参加者である」と謳っていたことから、この規定との整合性（合憲性）が配慮されたことが窺われる[74]。

(2) 第1条について

　第1条は、タタルスターン共和国の専管事項（排他的権限）として13項目を挙げている。ロシア側－タタルスターン側の双方もしくは一方から代替案が付されている箇所は、第1条本文1箇所と第1号～13号中の4箇所との、計五箇所である。これに加えて、タタルスターン共和国側から第14項が新設規定として提案されている。さらにロシア連邦側から、第9号～13号について専門家により改めて仕上げをすべき旨の提案がなされている。以下では、最後のロシア側提案を除き、代替案の示された箇所について見ていくことにする[75]。

　まず第一に、タタルスターン共和国の独自権能について定める第1条について見ると、本文の「タタルスターン共和国―主権国家―は、国家権力のあらゆる権能（полномочие）を自主的に行使する」という表現については、合意がなされた。ただし、タタルスターン側は、この本文中の「国家権力のあらゆる権能（полномочие）」という表現の前に「以下を含む」の文言を加えるべきとの提案を行っている。ここでの問題の焦点は、主権国家たるタタルスターン共和国権力の全権性、換言すれば共和国主権性を列挙された項目との関連で如何に理解するのか、逆にいえば、第1号～13号の列挙の理解―限定的か例示的か―がタタルスターン共和国権力の全権性（国家主権性）に如何に関わるのかという点にある。ロシア側がこの表現で合意したのは、タタルスターン共和国権力の全権性（国家主権性）を基本的に承認したうえで、その全権性（国家主

権性）は列挙された13項目に限定されるとの理解によるものと考えられる。それは、実質的には制限的主権を意味する。それに対して、タタルスターン側は主権国家の全権性を強く主張する立場から、列挙項目は国家権力全権性を例示する権能にすぎないと理解する。この点を明確にする意味で、「以下を含む」との文言を付け加える提案がなされたと考えられる[76]。つまり、「以下を含む」を加えるか否かは、合意された部分の文言の意味の理解に大きく作用し、そしてそのことが、ロシア連邦内でのタタルスターン共和国の位置付け方にも影響を及ぼすことになるのである。

　第二に、第2号はいくつかの分野におけるタタルスターン共和国の立法権能を認めている。その中には「予算及び予算編成手順、税、銀行」に関する立法権能も含まれている。ロシア側は、「自らの」の文言を冒頭に付けて「自らの予算及び予算編成手順、税、銀行に関して」にすることを提案した。その趣旨は、タタルスターン共和国は自らの予算問題、税問題、銀行問題に関する立法権を有するにすぎないことを明確にすることであったと考えられる。逆にいえば、連邦の予算問題、税問題、銀行問題についても立法権能を有するといった解釈上の余地を残さないための予防措置でもあった。こうした意図は理解できるが、その趣旨でいえば、本号の他の問題もしくは分野の立法権についても、同様に「自らの」を付すべきとの提案を行わなければ整合的ではなくなるが、そのような提案はなされていない。

　第三に、土地等の所有に関する第3号については、両者から代替案が示された。ここでの主要な問題は、タタルスターン共和国の所有する資産の範囲もしくは種類に関してである。すなわち、タタルスターン側は、1992年1月22日締結の経済協力に関する政府間協定第1条でタタルスターン共和国の所有とすることで合意された「土地、地下資源、自然資源」の他に、「また同じく、タタルスターン共和国領土に存在し、タタルスターン共和国国民の排他的財産及び所有であり、かつタタルスターン共和国の管轄下にある、国営企業、国営組織、その他の国有動産及び不動産」という文言を追加することによって、タタルスターン共和国の所有範囲の拡大を提案したのである。ロシア側は、タタル

スターン側の代替案に対して、「タタルスターン共和国に存在する国営企業、国営組織、その他国有の動産及び不動産は、補足協定に定める手続きに従ってタタルスターン共和国国民の排他的財産及び所有に移される」との対案を提示した。これは、「所有（権）」と「管轄（権）」を区別して、たとえ本来連邦所有下にある国営企業等であっても、それがタタルスターン共和国の管轄下にある（あるいは移った）場合には、共和国の所有となるとの趣旨である[77]。これに対して、その取扱いについては別途の補足協定に委ねようとするのがロシア側の提案である。かつてソ連邦崩壊時、ロシア連邦はロシア連邦所在のソ連邦直轄企業・組織をロシア連邦所有とした経緯があったが、今度はタタルスターン共和国所在の連邦直轄企業が同じ運命に遭遇しようとしているのである。政府間経済協力協定締結のときはタタルスターン側が譲歩した取扱いがなされたが、今回、問題が蒸し返されたと言える。タタルスターン側の立場は、1992年11月に制定された共和国新憲法第9条として規定された[78]。ロシア側の代替案は、ある意味でさらなる交渉のもとで合意を得ようとする妥協案である。

　第四に、第7号は、タタルスターン共和国と諸外国との外交関係に関する規定である。その際、諸外国における外交機関を如何なる組織にするかについて両者の意見が対立した。すなわち、タタルスターン共和国は、「外国との関係を樹立し、また条約を締結し、国際組織の活動に参加し」に続けて、「外交代表部及び領事部を交換する」と規定して、外国に共和国独自の「外交代表部及び領事部」の設置権を主張した（既に述べた1991年12月の政府間経済協力協定締結後、旧ソ連邦構成共和国（モルドヴァ、ベラルーシ、ウクライナ、キルギスタン、カザフスタン、バルト諸国）との間とはいえ、同趣旨の協定（商業－経済協力原則に関する協定）が締結されたことに伴い、この主張は実質的には実現されていたことに注意しなければならない）。これに対して、ロシア側代替案は、「タタルスターン共和国によるロシア連邦外交代表部及び領事部への出向問題を解決する」というものであった。一見してわかるように、これはタタルスターン側の主張する独自の外交部・領事部設置を端的に否定し、それに代えて、ロシア連邦外交部・領事部への出向が認められる。より厳密には、

「出向問題」との表現からわかるように、出向それ自体が認められているのではなく、問題として認められているのである。タタルスターン共和国にとって、国際法上の国家主権性を実質化する意味でも、独自の外交機関を諸外国に設置する権限は重要であった。他方、ロシア連邦にとって、タタルスターン共和国の国際関係上の地位をロシア連邦の外交関係の枠内での名目的・形式的なものにとどめなければ、ロシア連邦の対外的な国家主権は意味をなさなくなるのである。その意味で、タタルスターン共和国の対外的な国家主権（性）はロシア連邦の国家主権によって（それを通じて）実現される。

　最後に、タタルスターン側の独自提案として、「主権国家としての地位から生じ、かつ本条約によって共同管轄に関わらないその他の権能を行使する」との規定が置かれた（第14号）。これは、既に第一で指摘した本文への代替案と同趣旨の問題を孕んでいる。すなわち、列挙された13の権能はあくまで例示であり、タタルスターン共和国はそれ以外の権能も有しているとの主張である。ロシア側の対案がないのは、この第14号は、第一の点で指摘した第1条本文の問題と連動しており、そこで処理すれば済むと考えられたと推量される。

(3)　第2条について

　第2条は両国が共同して行使する対象（共同管轄）を定めた規定で、全部で19項目が列挙されている。そのうち、第3号、第4号及び第16号に両者いずれかの代替案が付されている。

　まず国防に関する第3号は、それ自体がタタルスターン側による2項目の提案となっている。すなわち、第一は、「当事国の防衛及び安全。タタルスターン共和国領土における軍備、軍事技術の研究及び開発の組織及び管理。武器、弾薬、軍事技術、及びその他の軍事資産の売却。しかるべき権能の実現への当事国による参加の形式と分担は個別協定によって定められる」という提案である。第二は、「兵役の召集及び服務の手続きの定立。軍事政策の決定、並びにタタルスターン共和国の利害に関わるロシア連邦軍の軍隊の行動、軍事施設の配備と結びついた問題の解決。国民経済の動員準備の組織化。防衛複合体企業の管理、民需転換の共同実現」という提案である。これらは一見して、軍事問

題についてタタルスターン共和国として要求すべき項目を列挙したという印象を受ける。注目すべきは、多くの検討すべき問題を含んでいると思われるこの号について、ロシア側が何らの対案も示さなかったことである。ロシア側にとって、まずこれら各項目（問題）について交渉・協議をすることが先決である、換言すれば、議論はいまだ対案を提起して成案を得る段階には達していないと考えていたのではないか。そのことは、この問題について両者の見解の相違が大きく、合意交渉の難航を予期させる。その後の交渉経緯によると、翌1993年6月22日、この号に含まれる諸問題のうち、軍需産業に関する問題についてのみ個別協定が締結され、その他についてはなお交渉継続とされた。そして1994年条約の最終テキストにおいて、上記提案は、連邦管轄と共同管轄とに分散された[79]。

　次に、第4号は国際交流・対外経済活動について、「国際的及び対外経済的交流の調整及びそれらの実現」といういわば一般的表現で規定する。この内容自体は、政府間経済協力協定において既に合意されていた。それが共同管轄とされることについて、ロシア側が異論を提起し、しかるべく編集し直して前文に移したうえで、規範ではなく指針とすることが提案された（ちなみに、前文の第9号には、ロシア側は「タタルスターン共和国の国際的な法主体性、タタルスターン共和国の国際関係及び対外経済関係への自主的な参加に立脚し、」との代替案を提案している）。この号では新たな提案が追加されているが、関税問題に関して、タタルスターン側からは、「タタルスターン共和国及びロシア連邦の関税部門は個別協定に基づいて行動する」との提案がなされた。最終的には連邦管轄とされるこの問題について、ロシア側からの対案は提示されなかった。また、外交代表部設置問題については、第1条第7号の場合と同様の対立が再現された。すなわち、タタルスターン側が「外国及び国際組織との関係におけるタタルスターン共和国の利益代表部」との提案により独自組織の設置を主張したのに対して、ロシア側はそれを認めず、あくまで「ロシア連邦の外交代表部及び領事部へのタタルスターン共和国代表の出向に関する問題の解決」にとどめようとしたのである。

第三に、法保護機関・保安機関の活動等に関する第 16 号については、合意された本文に加えて、ロシア側から「合法性、法秩序及び公共的安全の確保」という項目を追加する提案がなされた。

最後に、第 2 条第 1 号〜 18 号の共同権能がいわゆる例示的列挙であることを明示する第 19 号（「相互の合意により定められたその他の諸権能（полно-мочия）」）を置くことについては両者で合意がなされたが、なお、ロシア及びタタルスターン両当事者の専門家から、「共同権能（совместные полномочия）の実現メカニズムに関する個別規定を作成すること」が共同提案された（これは、後に、1994 年 2 月 1 日の条約案において個別規定化されることになる）[80]。

(4) 第 4 条について

国家権力機関の立法権に関するこの規定に関しては、「ロシア連邦及びタタルスターン共和国の共同管轄の分野における権能の行使に関する紛争は、本条約に従って調整手続きにより解決される」とする第 3 項に対して、タタルスターン側から、「本条約」の前に「ロシア連邦及びタタルスターン共和国の立法」を追加することが提案された。共和国立法を紛争解決の準拠法の一つとすることにより共和国の立法的関与を確保するという、タタルスターン側の意図は明確である。なお、現行 1978 年（1992 年 4 月改正版）ロシア連邦憲法は、共同管轄に係る諸問題について、連邦により「立法原則」が制定され、共和国はそれに基づいて法採択を含む法的規制を行うものとし（第 81 条の 1 第 2 項）、そして紛争が生じた場合にはロシア連邦憲法裁判所によって解決されると規定していた（第 81 条の 5 第 2 項）[81]。

ところで、本条に続けて、「ロシア連邦の連邦国家権力機関の権能に関する条文を導入することを提案する」とのロシア側提案が置かれている。これは、第 4 条全体を上記提案の内容の規定に書き換えるということを意味するのではなく、第 4 条に続けて独自の規定として「ロシア連邦の連邦国家権力機関の権能」についての規定を置くという意味である。提案の趣旨は、タタルスターン共和国の権能（共和国管轄）を定める第 1 条（及び両国の共同権能を定める第 2 条）に対応する規定として、連邦国家権力機関の専管事項（排他的権能）を

定める規定を想定していると考えられる。そうであるならば、この箇所に置く（第4条に続けて第5条として置く）のではなく、少なくとも第2条の次に置く方が、体系的に適切である[82]。

(5) 第5条について

本条約に従って両当事者の首都に置かれる代表部の性格については、合意がなされなかった。すなわち、ロシア側が「常設」代表部を主張したのに対して、タタルスターン側は「全権的」代表部を主張した。代表部を特別に意義づけようとするタタルスターン共和国の意図が窺われる。タタルスターン側の主張は、その後の交渉の中で受け入れられた[83]。

(6) 第6条について

条約の効力等を定める最終第6条において、タタルスターン共和国側から「条約は調印の時から発効する」との項目の新規追加が提案され、今後の調整に委ねられることになった。

以上、両当事者の提案がなされている箇所、すなわち合意に達していない箇所を中心に見てきたことから、これらの中には容易に合意に達せられない点もあることが示された。前述したように、8月初旬の時点で想定していた8月末もしくは9月中旬締結の可能性について、8月15日条約案の時点でも、当事者が依然として抱いたとしたら、それは彼らがこれらを1か月足らずの間に解決できると考えたからに他ならない。その場合、見てきたように、条約案に存する未確定部分は、少なくとも1か月足らずで解決できるような内容ではないことから、締結に至る可能性はほとんどないと言わざるを得ない。実際、当事者もそのような条約案を8月初旬に想定したとおりに作成できなかったが故に、すなわちその後のさらなる交渉の必要性を認識したが故に、当初予定した締結のための条約案ではなく、その後の交渉のための相違点を明確にした取り纏めを条約案という形式で公表したのではないか。そうであるならば、その後の条約交渉を取りまく連邦及びタタルスターン共和国の政治環境を考慮すると、条約締結はさらに遠のくことになる。

実際、今回の条約案がたった今見てきたように纏められて以降、最終成文が

確定する 1994 年 2 月に至るまでに、1992 年末のタタルスターン共和国新憲法の制定及び 1993 年末のロシア連邦新憲法の制定という、新たなかつ重大な影響要因が存在していたとはいえ、なお一年以上にわたる困難かつ複雑な交渉が待ちかまえているのである。次章では、この交渉過程について検討することにする。

⑴ Письмо Президента Республики Татарстан М.Ш.Шаймиева Президенту Российской Федерации Б.Н.Ельцину о позиции Татарстана по вопросу вступления в Содружество Независимых Государств.　テキストは次の論文に掲載されている。И.Р.Тагиров,А.С.Бушуев, Новые документы о переговорах между Россией и Татарстаном 1991-1994 гг., 《Гасырлар Авазы - Эхо веков》, No. 3/4, 2013, стр.97.

⑵ См. 《Известия Татарстана》, 21 января 1992 г.

⑶ テキストについて、указ.Белая книга Татарстана. Путь к суверенитету (Сборник официальных документов), стр. 34-37;Сборник договоров и соглашений между органами государственной власти Российской Федерации и органами государственной власти субъектов Российской Федерации о разграничении предметов ведения и полномочий, М.:Известия, 1997, стр. 219-222.

⑷ См. указ. Республика Татарстан : новейшая история, стр. 282.

⑸ И. レークシン（И.В.Лексин）は、この協定及びその後締結された一連の協定から、「ロシア連邦とタタルスターン共和国が分離した国家的構成体として解釈されていることは明白である。「共和国間関係」、個々の領土、「共通の」（統一の、ではない）経済圏、…、すべてこれらは実現された関連が文字どおり国家連合的性質を有すること物語っている」と述べている。См.И.В.Лексин, Договорное регулирование федеративных отношений в России, М.:УРСС, 1998, стр. 104.

⑹ 《Советская Татария》, 28 января 1992 г.

⑺ ДОГОВОР о согласованных предложениях по разграничению полномочий между государственными органами РСФСР и республик в составе РСФСР (проект 12.12.1991) (《Конституционный вестник》, No.9,Декабрь 1991 г.,стр.115-119;Из истории создания Конституции Российской Федерации. Конституционная комиссия:стенограммы, материалы, документы (1990-1993 гг.).Том 2: 1991 год,М.: Волтере Клувер, 2008, стр. 690-694). なお、О. ルミャーンツェフは、この案を憲法委員会で承認したのは「条約的連邦関係」論者の機先を制するためであると述べる。См.О.Г.Румянцев, Основы конституционного строя России, Москва:Юристъ, 1994, стр. 181.

⑻ 《Конституционный вестник》, No.13,Ноябрь 1992 г., стр. 287. 締結主体を全連邦主体に広げた委員会修正案（ПРОЕКТ ДОГОВОРА ОТ 26 декабря 1991 г. О согласованных предложениях по разграничению полномочий между государственными органами Российской Федерации и государственными органами республик в составе Российской Федерации, краев, областей, автономной области, автономных округов）として、1991 年 12 月 26 日に委員会作業グループにより提出された条約案がある。Указ.Из истории создания Конституции Российской Федерации.Том 2, стр. 696-702.

⑼ О проекте Соглашения о разграничении предметов ведения и полномочий между федеральными органами государственной власти Российской Федерации и органами власти республик, краев, областей,автономной области, автономных округов в составе Российской Федерации.Указ.Из истории создания Конституции Российской Федерации.Том 3:1992 год. Книга третья (Строительство конституционной Федерации), стр. 70-77.

⑽ См.Р.Г.Абдулатипов и др.,Федерализм в истории России.Книга третья. Часть первая указ., стр. 266.

⑾ См. 《Известия Татарстана》, 30 января 1992 г.

⑿ См.Р.Г.Абдрахманов,Э.Маврина,Республика Татарстан. Модель этнологического мониторинга, М.:Институт этнологии и антропологии РАН,1999, стр. 44.

⒀ 《Известия Татарстана》, 29 октября 1993 г.

⒁ Р.Г.Абдулатипов и др., указ.Федерализм в истории России.Книга третья. Часть первая, стр. 267.

⒂ Р. アブドゥラティーポフは、「イズヴェスチヤ・タタルスターナ」紙とのインタビューで、「タタルスターン共和国がロシア連邦機関と包括的協定を締結するならば、この条約は、共和国憲法の中に含められなければならない」、「私は、何か、たとえば権限踰越の点に、タタルスターンを非難する理由を見ない。何故なら、権限区分に関する条約がないからである。旧ソ連邦憲法はロシアにもタタルスターンにも何も残さなかった。従って、ソ連邦中央が崩壊した今日、ロシア連邦内の相互関係をできるだけ速やかに決定しなければならない」、「ロシアとタタルスターンの間に矛盾は存在しない。一定の矛盾が存在するのは、連邦権力機関とタタルスターン権力機関の間である」などと述べていた（《Известия Татарстана》, 8 февраля 1992 г.）。

⒃ Указ. Республика Татарстан : новейшая история, стр. 307.

⒄ 「統一連邦条約」とは、ロシア連邦中央が三つのカテゴリーの連邦主体（① 共和国、② 地方、州、モスクワ市及びサンクト - ペテルブルグ市、及び ③ 自治州及び自治管区）との間で個々に締結された三つの権限区分条約を総称した表現であって、1990 年代以降の連邦と連邦主体間の新たな連邦関係構築のための作業過程において登場してきたいわゆる大文字の連邦条約（Федеративный договор）のことである。

80 第一部 1994年条約の締結とその意義

テキストとして、см.Федеративный договор. Документы. Комметерий,М.:Издание Верховного Совета Российской Федерации, 1992.

⒅ См. М.В.Баглай, Б.Н.Габричидзе, Конституционное право Российской Федерации. Учебник для вузов, М. ИНФРА・М-КОДЕКС, 1996, стр.262.;К.И.Куликов,Уровни суверенитета Удмуртии и Татарстана, Ижевск:УИИЯЛ УрО РАН, 1999,стр.8; А.Н. Чертков,Асимметрия субъектов Российской Федерации и ее преодоление,в кни. Субъекты Российской Федерации:Законодательство, организация власти и управления. Сб. науч. тр., М.:РАН ИНИ ОН, 2000, стр. 16.）なお、ムハメートシン共和国最高会議議長は、1992年4月の第六回人民代議員大会前に行われたインタビューで、現段階におけるロシア連邦の一体性の維持における連邦条約の糾合的役割を認めつつ、調印しなかった理由については、別途二国間交渉を主張し実際行ってきた経緯とは別に、連邦と共和国の権限関係は、かつてノヴォ－オガリョヴォ交渉の中で進められてきた新ソ連邦条約（＝同盟条約）の原則に基づいて、換言すれば、共和国からの中央への権能の委譲の関係でなければならない点、また連邦条約はタタルスターン共和国が主張している主権的性格、共和国単独の予算制度、土地などの共和国所有権などについて規定していない点を挙げた。См.《Известия Татарстана》, 4 апреля 1992 г.

⒆ 統一連邦条約がこの間の激しい政治的状況を緩和するとともに、ロシアの新たな連邦構造の性質を規定する「きわめて重要な妥協」であったことについて、см. Ю.Л.Шульженко, Конституционный контроль в России, М.:Издательство ИГиП РАН,1995,стр.103;И.П.Ильинский, Б.С.Клылов, Н.А.Михарева, Новое федеративное устройство России, 《Государство и право》, 1992 г., N 11, стр. 31.

⒇ См.Г.И.Герасимов,История современной России :поиск и обретение свободы. 1985-2008 годы.Учебное пособие для вузов, М.:Институт общественного проектирования, 2008,стр.78. 内容上の問題点について、см.А.С.Асочаков,И.А.Умнова,От Договора до Конституции.О трудностях зарождения ногого российского федерализма, 《Российская Федерация》, No. 12/1995, стр. 21. なお、И.П.Ильинский,Б.С.Клылов, Н.А. Михарева によると、半年以上にわたる条約作成過程を経て、連邦国家権力機関と連邦主体国家権力機関の間の管轄対象及び権能の区分が条約の主たる内容とすることで合意に達した（указ. статья,стр.30）。

(21) О Федеративном договоре (Ведомости Съезда народных депутатов Российской Федерации и Верховного Совета Российской Федерации от 1992 г. , N 17 , ст. 898).

(22) Шестой съезд народных депутатов Российской Федерации. Документы, доклады, сообщения, М.:Издательство 《Республика》, 1992, стр. 46-84. 条約内容が憲法に含められる一方で、他方で条約それ自体は失効することなく存続したことから、後に、国内法体系上の憲法と条約の関係についての解釈の余地を残すことになった。

第二章 1992年8月条約案 *81*

⑵ 統一連邦条約及び1978年ロシア共和国憲法第78条1項の共和国への独自国家的
地位の付与が「主権パレード」を改めて再燃させたことについて、см.М.В.
Глигич-Золотарева, Правовые основы федерализма, М.:Юристъ, 2006, стр. 188.

⑵ 決定「タタルスターン共和国の国家的地位の問題に関するタタルスターン共和国
レフェレンダムの実施について О проведении референдума Республики Татарстан по
вопросу государственном статусе Республики Татарстан」(《Известия Татарстана》, 25
февраля 1992 г.)。

⑵ О разъснении формулировки вопроса референоума Республики Татарстан, назначен-
ного на 21 марта 1992 года) (《Известия Татарстана》, 17 марта 1992 г.; 《Известия
Татарстана》, 18 марта 1992 г.; 《Советская Татария》, 18 марта 1992 г.).

⑵ タタルスターン共和国のレフェレンダム実施に対する連邦レベルの反応について
は、たとえば3月5日のロシア連邦最高会議アピール「タタルスターン共和国の人
民、最高会議及び大統領へ」(《Российская газета》, 3 марта 1992 г.) を参照。3月18
日には、エリツィン大統領が「タタルスターン共和国最高会議宛アピール」を発し
ている (см.《Российская газета》, 20 марта 1992 г.)。

⑵ Постановления Верхового Совета Российской Федерации 《Об обращении Верхо-
вого Совета Российской Федерации в Конституционный Суд Российской Федерации》
от 5 марта 1992г. (Ведомости Съезд народных депутатов Российской Федерации и
Верхового Совета Российской Федерации, 1992, N12, ст. 617).

⑵ 決定「1990年8月30日付タタルスターン共和国国家主権宣言、1991年4月18
日付タタルスターン共和国憲法（基本法）の修正・補足に関するタタルスターン共
和国法律、1991年11月29日付タタルスターン共和国レフェレンダムに関するタ
タルスターン共和国法律、1992年2月21日付タタルスターン共和国国家的地位の問
題に関するタタルスターン共和国レフェレンダムの実施に関するタタルスターン共
和国最高会議決定の合憲性審査に関する件について По делу проверке конституцион-
ности Декларация государственном суверенитете Татарской ССР от 30 августа
1990года, Закона Татарской ССР от 18 апреля 1991года 《Об изменениях и дополнен-
ниях Конституции (Основного закона) Татарской ССР》, Закона Татарской ССР от 29
ноября 1991 года 《О референдуме Татарской ССР》, постановления Верховного Совета
Республики Татарстан от 21 февраля 1992 года 《О проведении референдума Респу-
блики Татарстан по государственном статусе Республики Татарстан》」は、6項目にわ
たる判断を行った（レフェレンダム問題については第6項）。См.Конституционный
суд Российской Федерации：Постановления, Определения. 1992-1996, М.:Новый
Юрист, 1997, стр. 524-536. なお、連邦憲法裁判所の判断に対する批判的コメントと
して、см.А.А.Белкин, Комментарии к решениям Конституционного Суда Российской
Федерации. 1992-1993, Санкт-Петербург:Издательство Санкт-Петербургского универси-

тета, 1994, стр. 23-53.

㉙　См.《Российская газета》, 21 марта 1992 г.　なお、シャイミーエフ大統領が3月20日に行ったラジオ演説は、この決定への反発の意味を込めながら、改めてレフェレンダム実施の必要性を国民に訴えるものである。彼は、「ロシア連邦の一体性を侵害することなく、権限委譲条約を基礎にした連邦関係の刷新」を通じて共和国の国家体制を確立することについて、連邦中央が理解しないことを理由に挙げた（см.《Известия Татарстана》, 20 марта 1992 г.;《Советская Татария》, 20 марта 1992 г.）

㉚　См.《Российская газета》, 23 марта 1992 г.;《Вечерняя Казань》, 26 марта 1992 г. 本文での民族構成別人数については、上記新聞の他、Всесоюзная перепись населения 1989 года.Национальный состав населения по регионам России（http://www.demoscope.ru/weekly/ssp/rus_nac_89.php?reg=42［2018 年 4 月 27 日閲覧］）に拠った。

㉛　See, Georgi M. Derluguian, Ethnofedralism and Ethnonationalism in the Separatist Politics of Chechnya and Tatarstan:sources or Resources, *International Journal of Public Adminisiration*, No. 22, 1999, p. 1408. なお、今回のレフェレンダムは、シャイミーエフ大統領が 1991 年 8 月クーデタへの同情的とも疑わせる曖昧な態度をとり続けてきたことについて、エリツィン大統領へのある種の「うしろめたさ」を払拭する機会でもあり、レフェレンダムの成功は払拭したことを意味した。

㉜　1992 年 6 月 19 日〜 23 日にカザンで開催された全世界タタール民族大会はロシア連邦以外の世界 12 か国の代表 100 名以上が参加したが、サビーロフ首相が議長を務め、シャイミーエフ大統領が基調演説を行っていることに示されているように、官製大会であった。この大会の議事録について、см.Бөтендөнья татар конгрессы. Стенографик хисап (Всемирная конгресса татар (первый созыв). 19 июня 1992 года. Стенографический отчет) Казань：Татарстан Министрлар кабинеты (Кабинет Министров Татарстана). 1992. シャイミーエフ指導部とタタール民族主義運動との関係は 1990 年代以降必ずしも一貫したものではなく、たとえば 1991 年 8 月クーデタへのシャイミーエフ指導部の対応をめぐりぎくしゃくし、同年 10 月 15 日のいわゆる「解放記念日」を契機にした議会・政府への圧力行動の後、運動は急進派と穏健派に分裂し、前者がイスラムを強調してより一層急進化する中でシャイミーエフ指導部に対して批判的立場をとる一方で、後者はシャイミーエフ指導部に対して建設的反対派の立場をとることで、対連邦中央との関係で協同歩調をとるようになった。

㉝　Об отношении к провенденному референдуму Татарстана (Суверенная Татарстан. Документы. Материалы. Хроника. Том 3.Модель Татарстана, М.:ЦИМО, 1998, стр. 183).

㉞　См.Суверенная Татарстан. Документы. Материалы. Хроника. Том 2. Современный национлизм татар, М.:ЦИМО, 1998, стр. 234.

第二章 1992年8月条約案 *83*

⒄ 23日のレフェレンダム結果に関する記者会見での発言について、см.《Независимая газета》, 24 марта 1992 г.

㊱ См. 《Известия Татарстана》, 5 марта 1992 г.; 《Советская Татария》, 5 марта 1992 г.

㊲ См. 《Российская газета》, 20 марта 1992 г. Р. アブドゥラティーポフによれば、この時期、限定的とはいえ、タタルスターン共和国を連邦統一条約に同調させる好機が到来したのに、連邦中央は状況を把握することができずこの機会を失してしまった。
См. Федеративный договор заключен. Что дальше? (Обмен мнениями у Председатель Совета национальностей Верховного Совета РФ Р.Абдулатипов) в кни. Л.Ф.Болтенкова,От НКВД до федерализма, М., 2008, стр. 98.

㊳ См. 《Известия Татарстана》, 28 марта 1992 г.; 《Независимая газета》, 27 марта 1992 г.

㊴ См. 《Российская газета》, 30 марта 1992 г.; 《Советская Татария》, 31 марта 1992 г.

㊵ См. 《Вечерняя Казань》, 31 марта 1992 г.; 《Известия Татарстана》, 31 марта 1992 г.

㊶ См. 《Российская газета》, 30 марта 1992 г.

㊷ См. 《Независимая газета》, 4 апреля 1992 г. 「連邦条約への補足」の取決めは、31日の条約調印式の数時間前まで、調印を渋っていたバシコルトスターン共和国を調印のテーブルに着かせるために連邦中央がとった最後の切り札であった。

㊸ ПРОТОКОЛ по итогам консультаций делегаций Российской Федерации и Республики Татарстан 30 марта-2 апреля 1992 г. в г.Москве（указ. Белая книга Татарстана. Путь к суверенитету (Сборник официальных документов), стр.37-38;《Известия Татарстана》, 3 апреля 1992 г.;《Независимая газета》, 4 апреля 1992 г.）なお、交渉の成果について、см.《Советская Татария》, 7 апреля 1992 г.

㊹ См. 《Российская газета》, 8 апреля 1992 г.

㊺ См.И.Р.Тагиров, Очерки истории Татарстана и татарского народа. (XX век), Казань:Татарское книжное издательство. 1999, стр. 397.

㊻ См. 《Казанские ведомости》, 8 апреля 1992 г.,цит, по указ.Республика Татарстан:новейшая история. События. Комментарии. Оценки. Том 1, стр. 350-351. これについては、ムハメートシン最高会議議長も、第六回人民代議員大会前に行われたインタビューで、この大会までに条約の仮調印に漕ぎ着けたいというタタルスターン共和国の希望に対して、ロシア側の申し入れにより延期されたが、大会後にはカザンで開催されると期待していると述べた（см.《Известия Татарстана》, 4 апреля1992 г.）。

㊼ См. 《Российская газета》, 8 апреля 1992 г.

㊽ См. 《Советская Татария》, 16 апреля 1992 г.; 《Вечерняя Казань》, 22 апреля 1992 г.

㊾ См. 《Известия Татарстана》, 24 апреля 1992 г.

㊿ 条約交渉が複雑な過程であることの認識については、ムハメートシン最高会議議

84 第一部　1994 年条約の締結とその意義

長が 5 月 20 日の第 12 期タタルスターン共和国最高会議第 10 会期において述べて
いる。同時に、彼は、交渉を複雑にしている責任がロシア側にあるとも述べる。
См. Ф.Х.Мухамедшин,Республика Татарстан:от референдума до договора,
Казань:Татарское книжное издательство, 1995, стр. 17.

(51)　См. 《Советская Татария》, 12 мая 1992 г.; 《Известия Татарстана》, 12 мая 1992 г.

(52)　См. 《Известия Татарстана》, 15 мая 1992 г.; 《Советская Татария》, 16 мая 1992 г.

(53)　См. 《Советская Татария》, 20 июня 1992 г. この会談では、防衛産業の民需転換、
農業への融資などの具体的な問題も議論された。См.Пресс-центр Президента Респу-
блики Татарстан, 13 июня 1992 г. (http://shaimiev.tatarstan.ru/news/view/40734
[2018 年 4 月 26 日閲覧])。

(54)　См. 《Известия Татарстана》, 19 июня 1992 г.

(55)　См. 《Советская Татария》, 26 мая 1992 г.

(56)　См. 《Известия Татарстана》, 3 июля 1992 г.; 《Вечерняя Казань》, 3 июля 1992 г. 交
渉再開当日の 7 月 2 日、タタール民族主義運動の組織である「全ロシアタタール社
会センター（ВТОЦ）」幹部会は、共和国人民へのアピールを発して、この交渉にお
けるタタルスターン指導部の立場を共和国の主権を侵害するものとして批判した
（см. 《Вечерняя Казань》, 3 июля 1992 г.）。

(57)　См. 《Известия Татарстана》, 4 июля 1992 г.

(58)　О делегации Республики Татарстан для переговоров по подготовке Договоров о
делегировании полномочий между Российской Федерацией и Руспубликой Татарстан
(указ. Белая книга Татарстана. Путь к суверенитету (Сборник официальных доку-
ментов), стр. 42-43). なお、代表団はリハチョーフ副大統領外 11 名からなり、これ
に 4 名の専門家顧問グループが帯同した。

(59)　О делегации федеральных органов власти Российской Федерации для переговоров
по разграничению полномочий с Республикой Татарстан (Собрание актов Президента
и Правительства Российской Федерации, 1992 г., N 3, ст. 130).

(60)　タタルスターン共和国がロシア側代表団が限定された交渉権限しかもたされなか
ったことを交渉前に承知していたことは、ロシア連邦大統領指令がタタルスターン
共和国で報じられたのが 7 月 21 日であり、本文で指摘した代表団の権限について
も正確に報じられていることから指摘できる。См. 《Известия Татарстана》, 21 июля
1992 г. なお、この時期、7 月 22 日には、ロシア連邦とタタルスターン共和国の政府
間交渉も並行して行われた（タタルスターン共和国政府団長は M. サビーロフ、ロ
シア連邦政府団長は E. ガイダール）。См. 《Известия Татарстана》, 25 июля 1992 г.

(61)　См. 《Вечерняя Казань》, 3 августа 1992 г.; 《Известия Татарстана》,7 августа 1992 г.

(62)　См. 《Известия Татарстана》, 7 августа 1992 г.

(63)　См.там же.

⑹　См. 《Известия Татарстана》, 6 августа 1992 г.

⑹　См. 《Советская Татария》, 4 августа 1992 г.

⑹　См. 《Вечерняя Казань》, 7 августа 1992 г.

⑹　См. 《Вечерняя Казань》, 17 августа 1992 г. ところで、8月12日付のロシア連邦最高会議副議長宛同民族会議の公開書簡は、8月13日から15日までの三日間、6名の専門家の条約作業への参加への同意を求めているが、ここで、条約案の名称が「『ロシア連邦国家権力機関とタタルスターン共和国国家権力機関との間の管轄対象及び権能の区分に関する条約』案」となっており、「相互委譲」の文言を欠いている点で15日の条約案の名称と異なっていることが注目される。См.указ. Белая книга Татарстана. Путь к суверенитету (Сборник официальных документов), стр. 41-42.

⑹　См. 《Известия Татарстана》, 18 августа 1992 г.

⑹　Проект Договора. О взаимном делегировании (передаче) предметов ведения и полномочий государственной власти. 条約案末尾には、ロシア連邦及びタタルスターン共和国それぞれの専門家指導者（ロシア側 Л. ボルテーンコヴァ、タタルスターン側 Ф. ハミドゥッーリンの署名が付された。なお、8月15日という日付は、この条約案の末尾に付された日付による。条約案が一般紙上等で公表されたかについては不明である。ロシア連邦及びタタルスターン共和国の当時の主要新聞において公表に関する記事を見つけることができなかった。テキストについては、см.указ. Белая книга Татарстана. Путь к суверенитету (Сборник официальных документов), стр. 43-49.

⑺　Популярный юридический энциклопедический словарь (М.:Большая Российская Энциклопедия. 2000) によれば、「国家権力」とは、国家の重要な属性として、国家機関に付与された権力的統治機能を意味し、その際、この国家機関は広義では国の国家機関総体をさし、狭義では最高（中央）機関（民主主義国家では一般に権力（三権）分立のもとに三つの国家機関によって担われる）に帰属するとされる（см.стр. 155-157）。

⑺　М. ストリャローフ（М.В.Столяров）は、今回の条約案ではなく1994年2月に締結された条約に関してであるが、「ロシア連邦とその主体との間の関係」と「ロシア連邦国家権力機関とその主体の国家権力機関の間の関係」とが概念的に混同されることにより、類型上異なる二つの条約（「ロシア連邦とその主体との間の条約」と「ロシア連邦国家権力機関とその主体の国家権力機関との間の条約」の同一視がもたらされることを指摘する。そして、連邦憲法第11条が規定しているのは後者であり、それは国家権力機関の管轄対象及び権能の区分する条約であって、ロシア連邦及び連邦主体の管轄対象を区分する条約ではないとする。そのうえで、今回のロシア連邦とタタルスターン共和国との間の条約は原則からの例外であることを指

86 第一部 1994 年条約の締結とその意義

摘する。См.М.В.Столяров, Договор как способ разграничения предметов ведения и полномочий,в кни. Договор Российской Федерации и Республики Татарстан：пять лет развития, Казань：Государственный Совет Республики Татарстан, 1999, стр. 200.

⑺ См.《Советская Татария》, 15 августа 1992 г.

⑺ См.там же. M. ストリャローフは、「連合した（アソツィイーロヴァンノエ）」という用語は国家連合的意味として特徴づけられると指摘する（см.М.В.Столяров,указ. статья, стр. 200.）。なお、Г. クルジュコーフ（Г.И.Курдюков）は、用語法の問題として、「連合主体［アソツィイーロヴァンヌイ スブィエークト］ассоциированный субъект」が国際法史上、植民地体制との関係で用いられたこととの関連で、「連合した［アソツィイーロヴァンノエ］ассоциированное」よりも「結合した［オブィェヂニョーンノエ］объединенное」が適切であると述べる。См.Г.И.Курдюков, Конституция и договоры в нормативно- правовой системе Республики Татарстан,в кни. указ. Договор Российской Федерации и Республики Татарстан：пять лет развития, стр. 90.

⑺ 1978 年制定（1992 年 12 月 10 日改正分まで含む）の「ロシア連邦 – ロシア憲法（基本法）」テキストについては、см.Конституция (Основной закон) Российской Федерации-России, М.:Известия, 1993. なお、1991 年 12 月 6 日に公表された新憲法案は、「主権的民主国家である」（第 1 条）タタルスターン共和国は「外国と関係を結び、国際条約を締結し、外交及び領事代表を交換し、国際組織の活動に参加する」（第 68 条）ことを謳っており、タタルスターン側提案はこの基調に即したものであった。タタルスターン共和国新憲法案テキストについては、см.《Советская Татария》, 31 декабря 1991 г.

⑺ 代替案が提示されていない箇所は、条文上の文言として双方が合意しているという意味で問題ないというにすぎない。個別協定や他の合意に委ねられる場合のように、文言上の合意が得られたとしても内容上問題があり改めて合意しなければならない条項も存在する。たとえば、条約案第 1 条第 11 号（旧ソ連邦の対外債務の弁済に関する）や第 13 号（金備蓄量及びダイヤモンド保有量に関する）がそうである。これらは、シャイミーエフ大統領が、1993 年 1 月 21 日のエリツィン大統領との会談後、いまだ解決されていない問題として指摘した条項である。См.Журнал《Татарстан》, N 1,январь 1993 г., цит. по Республика Татарстан:новейшая история. События.Комментарии. Оценки, Казань:Фонд《Казанские истории》, 2007, стр. 22.

⑺ 共和国管轄を設定し、そこに如何なる権能を列挙するかという問題は、管轄の区分と権能列挙の方法との関連の問題でもある。1993 年 12 月制定の現行ロシア連邦憲法では、連邦管轄及び共同管轄には具体的権能が列挙されたが、共和国管轄としては具体的権能は明示されず、連邦管轄及び連邦及び連邦主体の共同管轄に係るロシア連邦の権能以外における共和国権力の全権性が規定された（第 73 条）。後述す

る 1994 年条約では連邦管轄・共同管轄・共和国管轄の三区分がそれぞれ一定の権能を列挙しているが、その際、連邦管轄・共和国管轄は限定的列挙、共同管轄は例示的列挙となっている。なお、И．ウムノーヴァ（И.А.Умнова）は、憲法論としては、連邦主体の管轄対象を厳格に列挙しない方が連邦管轄及び共同管轄に関わらない「残余の管轄」を連邦主体に付与することを可能にするので、連邦国家の民主性にふさわしいと述べ、三区分（連邦管轄・共同管轄・共和国管轄）よりも二区分（連邦管轄及び共同管轄）の方が適切であると述べる。См.И.А.Умнова, Конституционные основы современного российского федерализма, М.:Издательство《Дело》, 1998, стр. 186-187. なお、「残余の［остаточный］管轄」をめぐる問題について、см. В.Невинский, Остаточная (исключителиная) компетенция субъектов Российской Федерации：понятие, содержание и проблемы реальзации, в кн. Российский федерализм：конституционные предпосылки и политическая реальность. Сборник докладов, М., 2000.

⑺　タタルスターン側の提案は、前述した 1991 年 8 月 15 日付タタルスターン共和国大統領令「タタールソビエト社会主義共和国の国家主権及び財産権を確保するための措置について」（「共和国領土に存在する連邦及びロシアの管轄するすべての企業及び組織は、タタルスターン共和国の資産と宣言」すると定める）の基準―それは、1992 年 1 月 22 日締結の経済協力に関する政府間協定第 1 条第 2 項（「当事者は、タタルスターン共和国領土において相互の利害を考慮しかつ両者の合意によって形成される連邦資産共和国（タタルスターン共和国）資産」及び共同資産が存在することを承認する）で、一旦譲歩した―に則したものとなっている点は、興味深い。

⑺　1992 年 11 月 6 日に共和国最高会議によって採択された「タタルスターン共和国憲法」第 9 条は、次のとおりである。

　　「第 9 条　土地、地下、水、森林及びその他の天然資源、動植物界、国家予算財源、国立銀行の資産、タタルスターン人民の文化的・歴史的財、並びに共和国の経済的独立、物質的・精神的文化の保持を保障するその他の資産は、全国民の財産である。」

　　（テキストについて、см.Конституция Республики Татарстан. Казань:Татарское книжное издательство, 1993.）

⑺　「産業の防衛部門における管轄対象及び権能の相互委譲に関するロシア連邦政府とタタルスターン共和国政府の協定」参照（см.указ. Белая книга Татарстана. Путь к суверенитету (Сборник официальных документов), стр. 68-71）。

⑻　1994 年 2 月 1 日の条約案では、第 2 条の最終号として、「⑵ 相互の合意により定められたその他の権能」が置かれた（указ. Белая книга Татарстана. Путь к суверенитету (Сборник официальных документов), стр. 56）。

⑻　1978 年制定（1992 年 12 月 10 日改正分まで含む）の「ロシア連邦 – ロシア憲法

88　第一部　1994 年条約の締結とその意義

（基本法）」テキストについては、注 ⑺ 参照。

⑻　1993 年 1 月 21 日のエリツィン‐シャイミーエフ会談において、ロシア側から条約案第 5 条として新設されることになる。См.《Российская газета》, 29 января 1993 г.

⑻　第 5 条は、1994 年 2 月 1 日公表の条約案では第 6 条、同 2 月 15 日締結文では第 8 条となったが、文言はいずれもタタルスターン側提案のもので確定した。

第三章

1994 年条約

第一節　憲法改革下の交渉

（一）　共和国憲法改定制定と条約交渉

　前章で検討したように、1991 年 8 月 15 日公表の条約案は、ロシア連邦及び
タタルスターン共和国にとって争点（未解決点）となっている問題を明確化し
た作業文書であった。従って、それは、ロシア連邦とタタルスターン共和国が
引き続き交渉を行うことを不可欠とした。しかもその交渉は、未解決問題につ
いて 1 つ 1 つ合意を形成する過程であり、そしてそれは最終の締結に向けた必
要かつ不可欠な段階とされた。しかし、後述するように、この過程は円滑には
進まなかった。ロシア連邦及びタタルスターン共和国にとって、それぞれの新
憲法制定にさきがけて、二国間条約を確定しておく必要性が大きかったにもか
かわらず、ロシア連邦及びタタルスターン共和国双方における憲法改革をめぐ
る状況が一種の障害となったからである。換言すれば、ロシア連邦レベル及び
タタルスターン共和国レベル双方において、条約交渉とほぼ同時並行的に進行
していた憲法危機の状況が、当の条約交渉に大きな影響を及ぼしたのである。
後述するように、事態は当事者の予想もしくは期待に反して、連邦レベルでの
憲法問題をめぐる大統領と議会の対立・紛糾、タタルスターン共和国での新憲
法の制定というかたちで展開した。

　以下では、タタルスターン共和国レベルでの憲法制定過程及びロシア連邦レ
ベルでの憲法危機及びその打開の過程との関連で、二国間条約交渉が如何に展

開したのかについて、前者については本項で、後者については次項で順次検討していく。

　さて、タタルスターン共和国における新憲法制定問題に関しては、たとえば1990年9月14日のシャイミーエフ大統領発言に見られるように、同年8月のタタルスターン共和国国家主権宣言後、直ちに共和国新憲法制定の必要性が提起されたことに始まり、1992年に入り、3月の共和国レフェレンダムを経て11月6日に制定された[1]。新憲法は、タタルスターン共和国は「権能（полно-мочие）及び管轄対象の相互委譲に関する条約に基づきロシア連邦－ロシアと連合した（アソツィイーロヴァンノエ）主権国家であり、国際法上の主体である」と規定する第61条のようなきわめて注目すべき条項を含んでいた。この規定自体について、連邦中央は、先の7月2日の協議で合意された三原則との関係、特に、ロシアの領土的一体性原則との関係で、「ロシア連邦－ロシアと連合した（アソツィイーロヴァンノエ）」との文言がロシアからの分離・独立を志向するものとして問題視した[2]。他方で、主権志向を表現する「主権国家」という表現については、条約案でタタルスターン共和国国家主権宣言が尊重されている（タタルスターン共和国は認めることも提案した）こともあり、連邦中央はこれを黙視したのである。

　ロシア連邦にとって、共和国新憲法制定自体についてまず問題とされるべき点は、タタルスターン共和国はそもそも連邦憲法の採択をまって共和国憲法を制定すべきであるにもかかわらず、それを尊重しなかったことである。つまり、連邦中央にとって、タタルスターン共和国を含むロシア連邦内共和国による新憲法制定は、連邦憲法改革の実現すなわち新連邦憲法の採択まで自重すべきである、換言すれば、共和国による新憲法採択は連邦憲法の採択をまって行うべきであるということである。このことについて、ルミャーンツェフ憲法委員会責任書記は、共和国による憲法制定は緊急の課題ではない、何故なら連邦憲法改革の段階はまず現行連邦憲法の規定の実現、続いて新連邦憲法の採択、それから共和国新憲法の準備・採択として進行すべきであると述べている[3]。10月中旬、「共和国首脳会議」が連邦－共和国間の新たな調整機関としてエリ

ツィン大統領のもとに創設されたのもそのためであった[4]。共和国首脳会議は、11月24日の会議において、第七回人民代議員大会に向けた決議を発して、新連邦憲法はロシアの統一・一体性を保証するものとなるべきとの認識を示した[5]。この認識は、翌日、モスクワで開かれたエリツィンーシャイミーエフ会談でも支持された[6]。

　第二に問題とされるべき点は、前述の第61条に示されたように、いまだ草案段階にありかつ内容についてなお交渉途中にある文書（＝条約案）があたかも確定・成立したものとして憲法に書き込まれたことであった。このことは、条約交渉をめぐり連邦中央のタタルスターン共和国に対する不信を招くとともに、11月～12月中には締結に向けた準備が完了する見通しにあったにもかかわらず、交渉それ自体の停滞をもたらしたのである[7]。それは、23日開催の連邦最高会議憲法委員会でのリハチョーフ副大統領の条約案の説明に対する24日のルミャーンツェフ憲法委員会責任書記の反応に窺うことができる。すなわち、タタルスターン共和国新憲法に関する聴聞を目的とした憲法委員会の拡大会議において、参加したリハチョーフ副大統領は、条約案を連邦中央との最適な関係を構築するもの─共和国の主権的地位、連邦主体としての国際法上の権利として説明した。その意味で、条約案は基本的にはロシア連邦と「連合した（アソツィイーロヴァンノエ）構成員」たるタタルスターン共和国との条約となる。その際、彼は、共和国が決してロシアからの離脱ではなく、ロシアとの関係改善を指向しているにすぎないことを強調する（彼によれば、「ロシア連邦と連合した国家」という概念は、ロシア連邦との統一（единство）、同盟（союз）を証するものであった）[8]。リハチョーフ副大統領のこうした説明に対して、ルミャーンツェフ憲法委員会責任書記は、24日の連邦議会最高会議・民族会議の合同会議において、共和国憲法を連邦基本法に適合させるまでは、権能委譲に関する如何なる条約も締結すべきでないと述べた[9]。

　このように、タタルスターンによる新憲法の制定と同憲法における条約（案）の言及は、タタルスターンに対する連邦中央の不信を増大させるとともに、タタルスターン共和国新憲法の連邦憲法との適合という問題を不可避にしたので

ある。それにより、条約交渉過程それ自体が停頓することになった。連邦中央にとって、後述する連邦レベルでの憲法改革（新憲法制定）問題というパースペクティヴの中での条約交渉を如何に進めるかという問題に、タタルスターン共和国新憲法制定に如何なる対応をすべきかという問題が新たに付け加わることになった。

　タタルスターン共和国の新憲法制定が1992年9月以降の条約交渉を停滞させる一因となったとはいえ、それを克服・打開する道がまったく閉ざされたわけではなかった。何故なら、タタルスターン共和国新憲法は、採択と同時に施行に移されず、施行までの間に、新憲法の見直し・連邦基本法との調整を図る時間的余裕が残されていたのである。つまり、新憲法施行法（Закон о порядке введения в действие Конституции Татарстан）[10]が上程されるまで約二週間ほどの期間が新憲法見直し・連邦基本法との適合化のために確保されたのである。このような手続きをとったのは、この期間を利用して、先のルミャーンツェフ発言や連邦最高会議の民族国家構造・民族間関係委員会の決議[11]に示された連邦側からの新憲法見直し・連邦基本法との適合化要請に応えるためであった。そのために、法律には、新憲法制定を考慮して、タタルスターン－ロシアの条約－憲法的関係に係る規定の連邦基本法との適合に関する提案を連邦最高会議に行うとする規定が置かれた（第11条）。条約交渉の必要性を認めている連邦中央にとって、こうした要請を行うことにより、共和国新憲法制定によって醸成された新たな状況のもとで交渉を再開しても、条約を締結するまでには新憲法中の問題部分の実施は凍結されるとの期待を抱くことができたと言える[12]。

　かくして、翌1993年初め、タタルスターン共和国新憲法制定後の新たな状況下で、条約交渉が、エリツィン大統領とシャイミーエフ大統領との頂上会談及びそれに続く新たな交渉ラウンドとして実現されることになる。ロシア連邦新憲法をめぐるこの間の政治環境の変化も、交渉再開の好機となった。すなわち、1992年夏以降の連邦レベルにおける連邦改革＝憲法改革（ハズブラートフ最高会議議長主導）をめぐる対立（大統領＝執行権力優位の憲法を制定するのか、それとも議会＝立法権力優位の憲法を制定するのか）が、同年末の第七

回人民代議員大会において、В. ゾーリキン（В.Д.Зорькин）連邦憲法裁判所長官の示した調停案により、打開されたかに見られたからである[13]。

　1993年1月6日にモスクワでエリツィン－シャイミーエフ両大統領の頂上会談が開催され、両国の経済協力の経過について意見交換がなされるとともに、条約準備問題が詳細に検討された。この会談の結果、1月21日に新たに交渉がもたれることとなった[14]。この会談に続いて、チェルノムィールディン（В.С. Черномырдин）ロシア連邦首相とサビーロフタタルスターン共和国首相の実務会談が10日から15日にかけてモスクワで開催され、両国の経済実施上の重要問題が話し合われた[15]。15日、エリツィン大統領は指令を発して、21日に行われる交渉のための代表団メンバーに自身に加えて、チェルノムィールディン首相、シャフラーイ副首相、ヤーロフ副首相からなる構成を決めた。この指令[16]によると、会議の目的はタタルスターン共和国の国家法的地位の問題と両国権力機関の管轄対象及び権能の相互配分（взаимораспределение）の問題であった。

　かくして、21日の会談は予定どおりに行われ、そして翌22日には共同コミュニケが公表された。それによると、「交渉の過程において、管轄対象及び権能の相互委譲に関するロシア連邦国家権力機関とタタルスターン共和国国家権力機関の間の条約案が審議された。両当事者は、政治的・法的問題、及び経済的問題について意見を交わした。今日的条件のもとでは、ロシア連邦とタタルスターン共和国の関係は条約・憲法的土台に基づいて展開されなければならないことが述べられた。条約案作業の枠内において、経済、環境保護、対外経済活動その他の問題に関する協定を第一義的に準備することの合意がなされた。特に重視されたのが犯罪との闘争の問題であった。両大統領は、代表団及び専門家の作業を積極的に評価した。会議で検討された問題については合意に達成した。両大統領が交渉に関与したことは、条約案作業に対して新たなはずみとなった」[17]。

　共同コミュニケの末尾にあるように、両大統領が条約内容の核心に関与するようになったことが、今回の交渉の特徴であった。また、コミュニケでは条約

案内容の具体的審議の詳細を窺うことはできないが、注目すべき点として、連邦の排他的権限を規定する条約案第5条の扱いの問題について何ら言及されていないこと、すなわち未解決のまま残されたことが指摘できる[18]。この規定は、既に述べたように、1992年8月15日公表の条約案第4条の末尾に連邦側による連邦の権限を定める特別の条項を設けるべきとの代替案として置かれていたものであった。この条項の取扱いに関するタタルスターン側の立場は、内容を問題にするというよりは、そもそも条約案になかったこの条項がロシア側の提案によって導入されたことに対する共和国の立場を明確にするものであった。また、この交渉ではいくつかの残された問題が確認されていた。シャイミーエフ大統領によると、それは、ロシア連邦の対外債務支払いへのタタルスターン共和国の参加の問題、連邦の金及びダイヤモンド備蓄における共和国の備蓄割合の問題、並びに予算問題であった[19]。そして、これら基本的問題のうち、最後の予算問題がほぼ合意に達しているとされた。

　このようにして、今回の交渉は両大統領の参加もあって、合意形成すなわち条約締結に向けて大きな進展が見られたのである。これを受けて、次回交渉は2月中旬とされた。条約交渉のこうした進捗状況を踏まえて、シャイミーエフ大統領は、条約はまもなく成立するであろうと楽観的な見通しを示した[20]。

（二）　連邦憲法危機下の協定締結

　前項で見たように、タタルスターン共和国新憲法制定により惹起した条約交渉をめぐる環境悪化にもかかわらず、シャイミーエフ大統領が楽観的な見通しを示したように、再開した交渉は条約締結に向けて大きな進展を見せた。しかし、この間の条約交渉を取りまくもう一つの不安要因が、この楽観論を否定することになった。その不安要因とは、連邦レベルにおける憲法（＝憲法改革）危機である。

　エリツィン大統領（政府）とハズブラートフ最高会議議長（議会）の個人的・機関的対立に発展した新連邦憲法制定をめぐる危機は、前述したように、昨1992年12月の第七回人民代議員大会において、ゾーリキン憲法裁判所長官

の調停による大会決定（「ロシア連邦の憲法体制の安定について」）に基づく妥協でもって一時的に沈静化したかに見えた[21]。しかし、それも長くは続かず、前述した1月の条約交渉後、大統領と議会の対立が再燃したからである。エリツィン大統領は、大会前の3月7日、大会に対して四つの問題（① ロシア連邦が大統領制共和国であることに同意するか、② ロシア連邦の最高立法機関が二院制であることに同意するか、③ 新ロシア連邦憲法はロシア連邦の多民族的人民を代表する憲法会議によって採択されねばならないことに同意するか、④ ロシア連邦の各市民は土地を所有者として占有、使用及び処分できることに同意するか）を突きつけた[22]。3月10日に開催された第八回（臨時）人民代議員大会は、これに応えて、先の第七回人民代議員大会の憲法体制安定化決定を無効にするとともに、現段階でのレフェレンダム実施を時期尚早とし、さらに大統領・執行権力の憲法遵守義務を再確認するなど、政府＝執行権力を議会の支配下に置くことにより、最高会議が大統領に対して優位に立つべきとの大会路線を示したのである[23]。大会のこうした姿勢に反発して、3月20日、エリツィン大統領は憲法危機克服のための特別統治体制の導入を試み、また4月25日には正副大統領の信任と新憲法案・審議会法案に関する投票の実施を決めたことによって、大統領－議会をめぐる状況はいわば臨界状態に達した[24]。

　4月25日に実施された全ロシアレフェレンダムによりエリツィン大統領は信任されたが、それはエリツィン大統領の権力を強固にしたわけでもなければ、議会との間の対立自体の解消をもたらしたわけでもなかった[25]。エリツィン大統領は、議会との対立状況を打開し新連邦憲法作成プロセスを自らのイニシアティヴで進めていくために、連邦主体に一定の譲歩を行うことを余儀なくされた[26]。このことは、4月29日の政府会議に各共和国指導者を招き、連邦主体に憲法案を正式に提案したことや、4月30日に公表された大統領憲法案に1992年3月締結の連邦条約をそのまま取り込んでいることからも窺われる[27]。

　以上のような連邦レベルの憲法改革をめぐる政治状況の変化、とりわけ4月末のレフェレンダム後の状況、またたった今見たようなエリツィン大統領による連邦主体への追従的姿勢、二国間条約交渉をめぐる政治環境に如何なる影響

を及ぼしたのであろうか。その徴候は、これまでの連邦憲法案の審議拒否一辺倒から参加へのシャイミーエフ大統領による方針変更に現れた。このことは、5月12日連邦大統領令[28]によって設置された「ロシア連邦憲法案の仕上げに関する作業委員会」名簿にシャイミーエフ大統領の名が掲載されたことからも明らかである。これについて、シャイミーエフ大統領は、連邦憲法案の審議への参加は「タタルスターン憲法施行法」に基づくものであって、タタルスターン共和国の利益に関わるプロセスには参加すると弁明して、連邦憲法制定過程への参加の意思を明確にした[29]。

　しかし、シャイミーエフ大統領のこうした立場は、必ずしもタタルスターン共和国議会に受け入れられたわけではなかった。何故なら、議会の中では、タタルスターン‐ロシアの条約関係が調整されない間は、連邦憲法案の審議に参加すべきではないとの意見が相変わらず勢いを持っていたからである[30]。そうであるからこそ、5月17日に開催されたタタルスターン共和国第12期最高会議第16会期（25日まで開催）は、当初、新連邦憲法案の審議問題を議事日程に含めなかったのである[31]。しかし、二日後の19日になって、最高会議は、シャイミーエフ大統領の同意のもとに連邦憲法案の審議問題を議事日程に含めることを決定した[32]。こうして、シャイミーエフ大統領の方針は受け入れられ、最高会議第16会期を境に、タタルスターン共和国は連邦憲法案の審議に参加することになった（後述するように、この会期と前後して、条約交渉プロセスが動き出した）。この転換は、懸案となっていたタタルスターン共和国の国家的地位をめぐってロシア‐タタルスターン双方の間で何らかの妥協（＝打開策）が見いだされたことを示唆するものであった。しかも、それは17日ないし18日の間に急遽実現したと思われる。何故なら、5月18日、フィラートフ（С.А.Филатов）連邦大統領府長官は、タタルスターン共和国は連邦憲法案の審議に参加するであろうとの発言を行って、タタルスターン共和国指導部が連邦憲法案の審議に参加する方針であることを示唆していたからである[33]。

　このようにして、ほぼ5月中旬には、一方でエリツィン大統領の連邦主体重視、他方でそれに呼応するシャイミーエフ大統領の連邦憲法案審議への参加を

めぐる方針転換により、条約交渉再開に向けた新たな環境が設えられることになった。シャイミーエフ大統領及びムハメートシン最高会議議長の連名による5月10日付のエリツィン大統領宛公開書簡[34]は、その端緒となった（これは、4月末に公表された新連邦憲法案（＝大統領案）へのシャイミーエフ大統領の要望を兼ねたものであった）。書簡は次のような内容であった。つまり、条約交渉はエリツィン、シャイミーエフ両大統領のイニシアティヴで両国政府の参加のもとで行われ、条約案及び一連の協定案が準備されてきたが、最近になり、タタルスターン側の原因によることなく条約交渉が凍結され、達成された合意も実現に至っていない。こうした事態は、ロシア指導部がロシア連邦国家主権宣言やロシア連邦の新たな民主的原理に基づく再編への忠誠度をタタルスターン共和国住民に疑わせるものとなっている。さらに、相互的関係の規制におけるかかる不確定状態は、今後、ロシア連邦における新たな権力及び管理構造を組織する際に現実的困難を、またロシア連邦構造におけるタタルスターン共和国代表部の不存在をもたらしかねない。タタルスターン共和国の認識では、共和国の新たな国家的地位の正式承認と、条約及び相互協定の形式で定式化されたタタルスターンとロシアとの連合に基づく条約 – 憲法的関係に係る規定を新連邦憲法案に盛り込む時機が熟した。

　5月10日付公開書簡はただ単にロシア側の条約交渉態度を非難するだけではなく、前述した連邦憲法案審議への参加というある種の譲歩を伴うことによって、ロシア側に対して二国間交渉再開への決断を促す文書でもあった。何故なら、翌11日には、モスクワで、シャフラーイ副首相 – リハチョーフ副大統領の会談が行われ、ロシア – タタルスターン関係を法的・政治的に如何にして調整すべきかといった問題が話し合われたからである[35]。そして、ムハメートシン最高会議議長が5月23日の会議でロシア連邦新憲法案に関する報告の中で、前述したこの公開書簡を基調とした発言を行い、タタルスターン側の努力にもかかわらず、ロシア側の原因で交渉が進展しないことへの不満を表明することにより、ロシア側に対して交渉再開を改めて促したのである[36]。

　かくして、翌24日から25日にかけて、シャフラーイ副首相が秘密裏にカザ

ンを訪問し、シャイミーエフ大統領、サビーロフ首相及びムハメートシン最高
会議議長と交渉に向けた本格的な会談が行われることとなった[37]。そこでは、
ロシアにおける事態、連邦新憲法、ロシアとタタルスターンとの相互関係、交
渉再開、また新たな両国関係を新憲法に規定する必要性といった問題について
議論され、そして27日にモスクワでロシア－タタルスターンの最高レベルの
代表団による交渉を行うことが決められたのである。同席したムハメートシン
議長によると、シャフラーイ副首相は10経済協定のうち6協定の調整案を携
えてきたが、それは来たるべきエリツィン大統領との会談時に調印を予定して
準備されたものであった。また、相互条約については、いまだ二つの問題―ロ
シア－タタルスターン関係を如何に定式化するか、及び連邦対外債務支出への
参加条件に際しての金備蓄・ダイヤモンド備蓄における共和国の持分―が未調
整であるとされた[38]。

　5月27日、会談は予定どおりモスクワで行われた[39]。会議後公表された共同
コミュニケ[40]によると、会議では、まず第一に、両国の個別協定の準備経過が
検討された。環境保護、高等教育、石油・石油化学製品の売却及び輸送、並び
に所有問題の各分野における協定が準備され、近い将来、両国政府によって調
印されることが確認された。また、関税規制の問題、銀行業務、税政策、予算
の各分野における協力の問題に関する協定作業が、継続中とされた。第二に、
国家権力機関の管轄対象及び権能の相互委譲に関する両国の条約案の準備経過
が検討された。これら2つの他に、会談では、進行中の連邦憲法プロセスの進
展について意見交換がなされた。その際、タタルスターン側は、先の5月25
日最高会議決定に基づいて、ロシア－タタルスターンの条約－憲法関係につい
ての個別規定を含めるべきことを主張した[41]。

　この会談の後、政府間協定締結作業が進められ、まず6月5日には高等教
育、原油・石油化学精製品の生産及び輸送、及び環境保護協力の三つの分野に
おいて、協定が5年の期間で結ばれた[42]。また6月22日には、チェルノムィ
ールディン首相を団長とするロシア連邦政府代表団がカザンを訪問し、所有問
題、防衛産業部門における管轄対象及び権能の相互委譲、並びに関税問題にお

ける関係規制の三つの分野について、政府間協定が締結された[43]。締結後の記者会見において、チェルノムィールディン首相は、権限及び責任を最大限地方に移管することが必要であるとの考えを示したが、他方で、ロシア－タタルスターンの相互関係に関する個々の規定を新連邦憲法に取り入れることについては適切ではないとの考えも示した[44]。

　かくして、サビーロフ首相によれば、予定されている12の協定のうち、残りは五つとなったが、それらがすべて締結された後、ロシア－タタルスターンの国家間条約が7月に締結される予定とされた[45]。しかし、7月締結の予定は実現されなかった。何故そうなったのか。そして、それにもかかわらず、何故に条約交渉が再開し、そして1994年の締結に至ったのか。二国間交渉の最終段階について、次節で検討することにしたい。

第二節　条約案の仕上げ

（一）　新連邦憲法問題と条約交渉

　前節の最後でサビーロフ首相が予想した7月条約締結の可能性は、そもそも存在したのであろうか。それを理解するためには、少なくとも、6月以降10月の議会ビルの武力鎮圧で終局を迎える連邦中央レベルにおける新たな政治的・憲法的危機の問題、それと関連した将来的な連邦中央－地方関係のあり方をめぐる連邦主体間の思惑（共和国とその他の連邦主体の間の相違）といった相関連した問題を検討しなければならない。以下、これらの問題について論じていく。

　まず、連邦レベルにおける憲法危機（またその回避に向けた動き）に関して見ると、1993年4月の全ロシアレフェレンダム後、大統領案と議会案を同列的に検討・協議して妥協案を模索する場として、6月2日付大統領令に基づいて、憲法協議会が6月5日に開催された[46]。しかし、憲法協議会の作業は、実質的にはエリツィン大統領の主導のもとに進められた。6月16日付大統領令及び同日開催の憲法協議会第2回総会は、それを示していた。つまり、前者の

大統領令[47]は、次のような日程を立てたのである。まず憲法協議会の作業を 16 日で打ち切り、この間の議論で示された憲法案の基本的内容を検討するために憲法案作成作業委員会を新たに設け、そしてこの作業委員は 25 日までの期限で草案を作成して大統領に提出し、大統領はそれを 26 日再開の憲法協議会の審議に付す、と。同日開催の憲法協議会第二回総会はエリツィン大統領提案の「新ロシア連邦憲法案に関する声明」を採択して、新憲法案の骨子を示した[48]。それによると、連邦議会と大統領 - 政府はそれぞれ連邦の立法権力、執行権力機関であり、大統領は国家元首とされる。また、ロシア連邦は連邦権力機関との関係で平等である「連邦諸主体─共和国、地方、州、連邦的意義を有する市、自治州、及び自治管区─から構成される連邦国家」とされた。さらに声明の末尾において、「ロシア連邦の国家権力機関と連邦主体の国家権力機関との管轄対象及び権能の区分は、ロシア連邦憲法及び連邦条約に基づく」とされ、連邦条約にも言及されたことが注目される。

　連邦最高会議は、エリツィン大統領主導による憲法協議会運営（憲法案作成作業）に反発した。このことは、6 月 9 日、最高会議が自らの代表を憲法協議会作業に派遣するにあたり設定した活動原則によって理解することができる[49]。それによると、憲法協議会が統一憲法案を作成することについては認めるが、新憲法採択手続きを決定するのは大統領の諮問機関たる憲法協議会ではなく、立法機関である最高会議及び人民代議員大会である。その趣旨は、憲法協議会による憲法制定作業におけるエリツィン大統領のイニシアティヴを、採択という最終段階において自らに取り戻そうとする点に、最高会議側の意図があった。しかし、それが先の大統領令によって否定されると、6 月 25 日、最高会議はその後の協議会への参加を拒否し、独自の憲法作業を進めていくことになる[50]。そして、7 月 12 日の憲法協議会最終総会において、大統領案をベースにした第 1 編と 1992 年 3 月の連邦統一条約を第 2 編とする新連邦憲法案が採択されたのである[51]。最高会議は、この憲法案を大統領に過度の権限を与えるなどと批判して承認せず、独自の憲法案作成作業を継続していった[52]。ちなみに、タタルスターン共和国は、こうした 4 月以降の連邦レベルにおける憲法

＝政治闘争からいち早く距離を置き、6月以降、24日のタタルスターン共和国大統領及び最高会議議長共同の「声明」[53]による憲法協議会からの代表団の召還に示されたように、憲法協議会の作業に参加せず、あくまでも権能（полномочий）の相互委譲条約に基づく連邦との関係構築を指向する姿勢を示したのである[54]。その結果、憲法協議会による憲法作業は、名実ともに大統領主導のもとに行われることになった。

　結局、憲法協議会という新たな場の設定による妥協の模索も新憲法制定をめぐる大統領側と議会＝最高会議側との対立を解消するものとはならず、一時的な妥協、危機の引き延ばしに過ぎないものとなり、かえって対立を尖鋭化させることになった。すなわち、大統領側と最高会議側の地方＝連邦主体を巻き込んだかたちでの対立が深刻化したに過ぎなかったのである。そして、エリツィン大統領－ハズブラートフ最高会議議長の個人的確執をはらむ大統領側と最高会議側との対立は、9月21日のエリツィン大統領による議会停止と、それに反発して議会にたてこもった最高会議側を大統領が武力鎮圧したことにより、エリツィン大統領の政治的イニシアティヴが確保されたことで当面の解決を見た。そして、10月政変後に再開された憲法協議会では大統領憲法案に基づく作業が進められ、11月4日の憲法協議会作業グループによる調整が終了した後、新憲法案（全2編9章137条）が確定した。憲法案は、翌5日の大統領指令「ロシア連邦憲法案に対する作業の完了について」により、若干の技術的編集を経た後、7日に大統領に提出される一方で、10日に主要紙に公表され、12月12日のレフェレンダムにおいて採択されることになった[55]。

　かくして、連邦―連邦主体の国家権力機関間の権限区分関係の実現方式としての条約が憲法上認められる（第5条第3項）とともに、管轄対象の連邦管轄―共同管轄―共和国管轄の三区分化が憲法上確定されることになった（第71条、第72条、及び第73条）。また、第2編最終・経過規定において、1992年3月の統一連邦条約は憲法内化（条約規定と憲法規定が抵触する場合は、後者が効力を有する）された。これらが、後述するように、1992年のタタルスターン共和国憲法との異同も含めて、連邦中央とタタルスターン共和国との条約交

102　第一部　1994年条約の締結とその意義

渉に新たな問題点を提起することになったことは言うまでもない。

　それでは、このような連邦レベルにおける政治的・憲法的危機状況にあって、地方＝連邦主体は如何に対応したのであろうか。タタルスターン共和国とは異なり、連邦条約を締結し憲法プロセスに参加していた多くの連邦主体は、連邦条約と新憲法との関係をめぐり、このプロセスに重大な関心を寄せていた。しかし、連邦主体の関心の寄せ方には、共和国とその他の連邦主体との間に重要な相違が看取された。たとえば、5月15日に公表された「共和国最高会議首脳声明」は、大統領案を受け入れることはできない、まず連邦条約を実行する措置が講じられるべきである、反憲法的方法での憲法採択は受け入れられない、と述べていた[56]。同じく5月26日の「声明」においては、「連邦条約の実現と憲法改革の実施は統一的プロセスである。連邦条約を新ロシア連邦憲法と有機的に結びつけることによってのみ、連邦条約の実現が保証される」とともに、「連邦条約の枠組みによって規制されない関係は、連邦権力と共和国を含む連邦主体との相互的条約及び協定に基づいて調整される」とされた[57]。連邦条約と憲法との有機的結合が主張されるとともに、連邦条約とは別に個別条約締結の可能性を提起していることが注目される。

　他方、地方、州といった共和国以外の連邦主体の対応は如何なるものであったのか。それは、6月25日の40地方・州の憲法協議会全権代表者会議によるハズブラートフ最高会議議長宛「ロシア連邦憲法案の準備、調整及び採択の仕上げに関する地方・州全権代表者の声明」[58]により窺うことができる。新連邦憲法案採択の条件を列挙したこの声明において、「ロシアは憲法的連邦である」とともに、「ロシア連邦憲法に明示されている個々の例外を除いて、ロシア連邦構成共和国、地方、州、自治州の連邦主体の地位は、平等である」ことが新憲法採択の条件とされたのである。こうした要求は、その後、スヴェルドロフスク州によるウラル共和国創設宣言に見られたように、シベリアの一部の州による地位の見直し（共和国との平等化＝共和国化）といった具体的な動きとなって現れたのである[59]。エリツィン大統領は、こうした問題を憲法協議会の次の段階で調整することを約して、自重を求める声明を発した[60]。注目すべきは、

その中で、こうした州の動きが連邦の国家連合化を将来しかねない一部共和国の地位拡大要求への反応であるとして、共和国を批判している点である（もっとも、ペルミ州のようにスヴェルドロフスク州の動きに批判的な州もあることからわかるように、共和国との平等化の問題に関しては地方・州が必ずしも一枚岩ではなく、そこが連邦指導部から突かれる地方の弱みであった）[61]。

このように、ロシア連邦は条約 – 憲法的連邦かそれとも憲法的連邦かの選択問題が連邦主体における共和国と地方、州との間の相違・対立となって現出している状況は、新連邦憲法における連邦構造ないし連邦 – 地方関係をいかにして確定するかという問題の解決を困難にした。そして、憲法作業との関連では、連邦条約と憲法の関係、換言すれば連邦条約を憲法に如何に取り込むかという問題の解決を困難にする要因となったのである。これについては、憲法協議会における作業過程において、一方での憲法案からの連邦条約の削除要求と他方での連邦条約のまるごとの取り込みといった両極論がともに否定され[62]、その結果、11 月 10 日公表の新憲法案（及び採択された新憲法）においては、連邦条約の若干の内容が取り込まれただけで、総体としては取り込まれなかった[63]。条約 – 憲法的連邦か憲法的連邦かの選択問題は、後者を選択することで解決されることになった。このことが、作業の最終段階で共和国主権概念も削除されたことと相まって、少なからぬ数の連邦主体が 12 月 12 日のレフェレンダムにおいて新連邦憲法に反対した大きな理由になったのである[64]。

タタルスターン共和国の立場も同様であった。たとえば、シャイミーエフ大統領は、既に 10 月末の「タタール・インフォルム」通信とのインタビューでは、新憲法案から主権共和国概念が削除されるならば、憲法採択に関するレフェレンダムにはタタルスターン共和国民は参加しないだろうと警告したり、また 11 月初旬のエリツィン大統領及び連邦指導部との会談において、タタルスターン共和国指導部が従来の立場—連邦条約に署名しなかったので、前述の連邦構成主体指導者協議会でのこの条約の運命にかかる協議に参加することは好ましくない—を維持していること、さらに、一連の政府間協定及び相互条約の作業を論理的に完遂するまで継続する必要性があることを連邦指導部に想起さ

せたのである[65]。タタルスターン共和国最高会議も、11 月 26 日、この案に批
判的な内容の決定を行った。すなわち、決定「ロシア連邦憲法案について」[66]
によると、第一に、新憲法案はロシア連邦の民主的改造に向けたタタルスター
ン共和国の一貫した立場を反映していない。第二に、1992 年 3 月 21 日の共和
国レフェレンダムの結果と共和国憲法第 61 条から生ずるタタルスターン共和
国の立法発議を考慮して、タタルスターン共和国の地位をロシア連邦憲法案に
規定すべきとされた。そして最後に、12 月 12 日予定のレフェレンダムまでに
しかるべき修正を憲法案に行うことが求められた。

　以上のような政治状況を考慮すると、タタルスターンにとってもロシアにと
っても、二国間条約締結に向けた本格的交渉の機会の設定が困難であったこと
が理解される。換言すれば、先のサビーロフ首相の 7 月条約締結の予想がほと
んど現実性のない日程であったということである（とはいえ、当時の困難な状
況下にあっても、実務的会合が継続していたことは、7 月 27 日〜 28 日、モス
クワでのサビーロフ首相とゲラーシチェンコ（В.В.Геращенко）ロシア中央銀
行総裁との会談が行われたことからも確認される。そこではロシア中央銀行と
タタルスターン共和国国立銀行との相互関係の問題が話し合われるとともに、
その過程で、銀行業務の分野における権能区分に関する政府間協定締結が合意
された）[67]。しかもその後の経過が示すように、連邦憲法問題が何らかのかた
ちで解決されない限り、条約締結の年内日程すら設定できなかったのである。
年内締結が不可能になったことについては、シャイミーエフ大統領が1994 年
の新年挨拶の中で、次のように述べたことからも理解できる。すなわち、「中
央における相次ぐ出来事のもとで、昨年は、社会領域において我々の選択した
優先度と政治的針路の現実性を再度説得力をもって確証した。最高権力諸機関
における絶えざる緊張と変化は、交渉のプロセスを終結させてロシア連邦との
条約を結ぶ機会を与えなかった」[68]。

　しかし、前述したように、タタルスターン共和国を含め連邦主体が新連邦憲
法案に否定的な反応を示したとはいえ、新連邦憲法制定の問題自体がほぼ既定
化されることで、政治問題としては二義的となっていった。このいわば間隙を

ぬって、条約交渉再開に向けた新たな動きが展開されることになる。すなわち、エリツィン指導部にとって、連邦レベルでの政治的イニシアティヴを確保した後も、地方（連邦主体）との関係においてはいまだ解決すべき問題が残されていることが認識され、これを解決するためには、後述するタタルスターン共和国との条約交渉の再開が不可欠であったことが新たな交渉再開の動機となったのである[69]。他方で、この間、二国間交渉を主張し続けてきたタタルスターン共和国にとって、ロシア側が憲法問題に煩わされなくなったことは本格的交渉に向けた好機であった。何故なら、ムハメートシン最高会議議長が12月1日のインタビューで述べたように、タタルスターン共和国は、新憲法が12月12日に採択されてもそれを「ドラマ化」するのではなく（大げさに扱うのではなく）、交渉による妥協の結果として相互条約を締結し、そしてそれを憲法に規定するという立場をとっていたからである[70]。つまり、二国間交渉を主張するタタルスターン共和国にとって、新連邦憲法制定問題はさして重大な問題ではなく、それが意味あるとすれば連邦中央にとっての懸案事項が解決されたことで、交渉を妨げる要因が一つ除去されたことになるにすぎなかったのである。

（二）　条約案の作成

　新連邦憲法作業をめぐり停滞した条約交渉は、新連邦憲法制定の見通しが立ったことにより、再開への糸口を見いだした。交渉再開の必要性をいち早く認識していたシャフラーイ副首相は、自らの事前選挙運動のための地方視察の途上、12月2日にカザンを訪問し、シャイミーエフ大統領と会談した。この会談において、ロシア－タタルスターン間の条約案作業を継続させる必要性、またその調印を加速させる必要性が、両者によって強調されたのである[71]。非公式な会談の場（＝条約交渉の場）とはいえ、条約交渉を継続（＝再開）して締結を急ぐ必要性が、両者によって確認されたことは重要である。この必要性について、シャイミーエフ大統領は、新ロシア連邦憲法に関するレフェレンダムによる憲法採択及び連邦議会選挙後の23日に開催された共和国協議会におい

106 第一部 1994年条約の締結とその意義

て、タタルスターン共和国憲法及びロシア連邦憲法に基づいて交渉プロセスを
継承して条約を締結することが必要である、と公式に表明した[72]。

(1) 懸案事項の協議

かくして、連邦憲法制定問題の解決（そして1994年1月初旬の新議会の招
集）というエリツィン政権にとっての喫緊の政治課題が処理された後に醸成さ
れた政治環境のもとで、タタルスターン共和国新憲法制定及びロシア連邦新憲
法制定作業をめぐり停滞していた交渉プロセスが動き出した[73]。すなわち、1
月18日、リハチョーフ副大統領率いるタタルスターン側代表団とヤーロフ副
首相率いるロシア側代表団による一連の政治的協議及び折衝がモスクワで始ま
ったのである（25日まで）[74]。

ここでの重要な課題は、権能及び管轄対象の区分に関する相互条約案の審議
であった。この問題について、シャイミーエフ大統領は、同じ18日の共和国
協議会において、タタルスターンとロシアとの包括的条約作業の進捗について
触れながら、条約交渉を双方の憲法に基づいて促進する合意が達成されたと述
べていた[75]。協議の結果、一連の原則的な政治的・法的問題について合意が得
られた。また、残された五つの政府間協定のうち、三つの分野—銀行業務分
野、対外経済活動分野、及び予算・財政分野—について議論された。その結果、
いくつかの原則的な問題に関して両者の立場上の歩み寄りと合意がなされると
ともに、2月初旬に交渉を継続することが決められた[76]。また、両大統領によ
る会談もこの協議と並行して開くことが予定された[77]。なお、1月20日から
22日にかけて、サビーロフ及びチェルノムィールディン両首相を中心とした
政府間協議がこの交渉の一環として開催されたが、そこでは、両国の社会 - 経
済発展の問題、軍需産業体企業の危機離脱の問題、並びに後述の大統領会談で
の合意に即した政府間協定の準備経過の問題が話し合われた[78]。

1月21日、エリツィン大統領及びシャイミーエフ大統領による頂上会談が
行われた。この会談では、① 交渉プロセスの促進、②「管轄対象の区分及び相
互委譲に関する条約」案、及び ③ 政府間協定案の準備が、特に考慮すべき点
とされた[79]。これらの点に関して、会談終了後モスクワから帰還したシャイミ

ーエフ大統領が、次のように詳細に述べている。つまり、① については、3月1日にタタルスターン共和国で連邦議会再選挙が実施されるので、共和国住民の積極的参加を促す意味で、それまでに条約という形で連邦と共和国の関係を確定する必要がある。② については、条約文書の個々の規定の検討作業は続いているが、2月初旬までに最終テキスト案の検討は結着しているので、条約テキスト作業に対する大きな支障はない。問題は政府間協定をめぐる作業であり、まだ基本的な、しかしまったく克服されていない困難が五つの政府間協定—銀行活動、予算、法保護機関活動の調整、国防問題、並びに対外経済活動—の準備交渉に存在している。そして注目すべきは、彼がまたしても、これらの協定を締結することなしには条約は締結されないが、10日もすれば協定作業を終えて条約調印に至るであろうと、楽観的な見通しを述べたことである[80]。

たった今見たシャイミーエフ大統領の楽観的な見通しに基づく日程に関しては、タタルスターン側交渉団団長のリハチョーフ副大統領も1月24日のインタビューで、2月4日にロシア及びタタルスターンの公式代表団による交渉の作業ラウンドが始まり、そして翌日にはエリツィン及びシャイミーエフ両大統領の会談が予定されている（この間に条約案が検討される）、と述べていた（この具体的日程については、サビーロフ首相が翌25日に行った記者会見で、準備作業が来週に予定されていること、続いて2月初旬には両大統領の会談が予定されていると述べたこととも符合する）[81]。

⑵　2月1日条約案の作成

こうした見通しは、今回はある程度の現実性を帯びていた。何故なら、エリツィン‐シャイミーエフ会談を軸とする一連の交渉の結果が新たな条約案として纏められたからである。すなわち、前文及び全7か条からなる「ロシア連邦国家権力機関及びタタルスターン共和国国家権力機関による管轄対象及び権能の相互委譲に関する」条約案[82]（以下、「1994年条約案」と呼ぶ）が、2月1日に作成されたのである（しかし、一般に公表されることはなかった）。

この条約案は、1992年条約案と比べて大幅に変化した。そのことは、① 共同管轄に関する第1条が全面削除されて、タタルスターン共和国は条約に基づ

いてロシア連邦と結合し、権能を自主的に行使するとする新たな第1条となった、② 共同管轄に関する第2条は、多くの箇所で修正、削除等が行われる一方で、新規条項も追加された、③ 補足協定の締結及び協議機関に関する規定が第5条として新設された、といった点に見ることができる。

　他方、ロシア側‐タタルスターン側双方の対案が付されている未解決部分は、前文と第2条第3号及び同第18号の3箇所にすぎなかった。すなわち、前文については、1992年条約案第5段の「共通の経済圏の維持を指向して」という文言が、「領土的一体性及び共通の経済圏の維持を指向して」となった。その際、ロシア側から「指向して」を「保証して」に代える提案がなされた。ロシア側は1992年条約案にはなかった連邦の「領土的一体性」をタタルスターン共和国に認めさせることに成功したが、さらにそれを保証・確保する目的で、「保証して」の表現を提案したのである。また、連邦と共和国の共同管轄を定める第2条については、軍事・防衛関係の第3号における対案は、1992年条約案においてタタルスターン側から提案していたのと同じ「当事国の防衛及び安全の保障」との表現の再提案であった（1992年条約案において、タタルスターン側は第3号について二つの提案をしていたが、第一の提案中の文言の中で唯一採用されなかったのが、この文言であった）。最後に三つ目の未解決部分は、立法権に関する第18号である。ロシア側が「行政法、行政訴訟法、労働法、家族法、地下資源法、環境保護法」といった主として実体法を共同管轄として提示したのに対して、タタルスターン側は「刑事訴訟法の原則、民事訴訟法の原則、調停手続き法の原則、行政訴訟法の原則」といった手続き法（訴訟法）、それも原則を提案したのである。個別手続き法については共和国管轄とするのがタタルスターン側の主張であった。なお、ロシア側提案は、1992年条約案中の共同管轄であった行政訴訟法を除いて、他は共和国管轄とされた法律であった。

　このように未解決部分が3箇所に減ったことは、この間の交渉の成果であった。確かに、1992年条約案において代替案の付記された条項は、新たな文言による修正（たとえば、共同管轄における権能行使をめぐる紛争解決に関する

第4条第3項、条約発効に関する第7条第2項など）や削除（たとえば、外国との関係におけるタタルスターン共和国利益の代表に関する1992年条約案第2条第4号に関するロシア側－タタルスターン側双方の代替案の削除、第2条第16号をロシア側代替案を含めて削除など）によって合意を見た。しかしそれ以上に、条約案中の未解決部分が減った理由は、1992年条約案において多くの懸案事項を含んでいた共和国管轄規定（第1条）が全面削除されたことにあった（タタルスターン側代替案4に対して、ロシア側代替案3）。つまり、1994年条約案は、1992年条約案が共和国管轄及び共同管轄を規定していたのと異なり、また1994年条約が共和国・共同及び連邦の三つの管轄を規定していたのとも違って、権限関係に関して共同管轄のみを規定するだけであった。この点は、先のシャイミーエフ大統領の楽観的見通しにもかかわらず、交渉の最終段階になっても、条約の根幹をなすロシア連邦とタタルスターン共和国の権限関係を確定・調整する交渉が難航したことの要因であった。

　1994年条約案が1992年条約案に比べて上記のような大幅な変更のもとに纏められたことは、条約案を最終的に仕上げ締結するためにさらなる交渉を必要とした。2月3・4日、残された懸案を最終的に処理して条約案を仕上げる目的で、両国の公式代表団による作業交渉が、リハチョーフ副大統領とチェルノムィールディン首相・ヤーロフ副首相・シャフラーイ副首相との間で行われた[83]。この交渉の中で、2月1日の条約案はさらに大幅に変更されたのである。すなわち、共同管轄規定に加えて、1992年条約案にあった共和国管轄規定がほぼそのままの内容で復活し、また連邦管轄規定は1992年3月の統一連邦条約の連邦管轄規定、そしてそれを踏襲する1993年連邦憲法の連邦管轄規定の内容を伴って新設されたのである（詳細については、後述する）。条約体系上、連邦とタタルスターン共和国との権限関係は調整されたかに見えるが、内容的には、条約の内部で、また条約と連邦憲法との間での矛盾・抵触の問題を生じさせることになった。

　最終的には1994年条約案の大幅変更をもたらした条約作業は、綿密で厳しい交渉にあって短期間で完了した。その経緯について資料的に確認することが

110 第一部 1994 年条約の締結とその意義

できず推測することしかできないが、7 日のタタルスターン共和国最高会議に
おいて、シャイミーエフ大統領は、「共和国における社会・経済的及び政治的情
勢について」と題する一般演説（報告）の中で、まもなく条約が成立すると述
べた[84]。これを受けて、8 日の最高会議がこの報告を承認する中で、「権能及び
管轄対象の相互委譲に関するタタルスターン共和国とロシア連邦との間の条約
の準備過程の加速化」に係る措置をとる決定をしたことに、その一端を窺うこ
とができる[85]。

　その際注意すべきは、最高会議は条約成立の見通しに関する報告を受けただ
けで、条約案について実質的な審議をしなかった（あるいはできなかった）こ
とである。2 月 15 日の条約調印までに、最高会議による条約審議が行われた
形跡はない。また調印後の 4 月 18 日に再開された最高会議に関する報道から
は、条約内容が報告されたことは窺われない[86]。連邦レベルにおいても、調印
前の議会審議は行われなかった。その理由の一つとして、1993 年 12 月の総選
挙の後 1 月 11 日に新議会が開会したが、フラクション・委員会構成の問題に時
間をとられていたことが挙げられる（調印後の 2 月 18 日、国家会議は、通常
の審議日程とは別の「政府時間」において、シャフラーイ民族・地域政策問題
相が政府代表として条約報告を行い、それに対して代議員が質問を行うだけで
閉会した）[87]。このように、今回の条約交渉は、実質的に立法機関抜きで行わ
れたことに特徴があり、またそのことで条約手続上の点で問題を残すこととな
った。

　とはいえ、2 月 15 日までには条約案が最終的に仕上げられた（それは、後
述するように 2 月 1 日案と大きく異なる内容のものであった）。何故なら、同
日、モスクワで催された条約調印式において、エリツィン大統領及びシャイミ
ーエフ大統領によって「ロシア連邦国家権力機関とタタルスターン共和国国家
権力機関との間の管轄対象の区分及び権能の相互委譲に関するロシア連邦とタ
タルスターン共和国との条約」として正式に調印されたからである（チェルノ
ムィールディン首相及びサビーロフ首相がそれぞれ副署した）。その後、条約
テキストは連邦及び共和国の主要新聞紙上で公表されたが、ロシア及びタタル

スターンの一般市民はこれにより初めてその全容を知ることができたのである[88]。この点で、民主主義の原則一般から、また特殊には情報公開の点から、今回の条約過程の問題性を指摘せざるを得ない。

⑶　条約名称の確定

　その内容及び世論の反応については次節で検討することにして、ここでは、締結された条約の名称に関して注意すべき点を指摘しておく。既に見てきたように、条約名称は交渉過程で様々に呼ばれてきたが（二つの条約案及び最終条約の名称を見比べただけでもそれは理解される）、それには理由があった。つまり名称とは、当事者が合意し、そしてそれを体現するものでなければならない。名称が最終的に定着するまで長い時間を要したことは、条約内容をしかるべく確定することに時間がかかり、そしてそのことが今回の条約交渉が困難であったことを物語るものであったのである。ロシア及びタタルスターン双方が求めていたもの、直接的かつ具体的には、それぞれの権限（＝管轄対象及び権能）を拡大しつつその区分を明確にすることであった。条約はそれを確認する一つの法的・政治的形式にすぎない。そして、この条約の必要性こそ、ロシア連邦の崩壊とタタルスターン共和国の連邦離脱を回避するために、一方でのタタルスターン共和国による主権国家性の主張、他方でのロシア連邦による連邦統一・領土的一体性の主張を調整することにあったのである。このような事情が条約内容はもちろんのこと、条約名称の確定作業にも反映されたことが、名称がなかなか確定されなかったことの要因であったのである。

　たった今述べたことは、「相互委譲 взаимное делегирование」という表現に見て取ることができる。つまり、条約名称は、タタルスターン共和国とロシア連邦の国家権力機関の間の権限関係をめぐる問題を管轄対象の「区分」と権能の「相互委譲」によって解決することを表現しているのである。後者の権能の「相互委譲」という表現は、1992年条約案以降一貫して用いられてきたが、連邦レベルの統一連邦条約（1992年3月）及びロシア連邦憲法（1993年12月）では使われない表現であった（いずれも「管轄対象及び権限の区分」という表現）[89]。これは、シャイミーエフ大統領が我々が求めているのは相互委譲に関

する条約であると主張してきたことの反映でもあった[90]。その意味は、主権国家として既に有している自らの権能について、その一部もしくは全部を自らと対等な国家的地位にある条約相手国に委ねる点にある。タタルスターン共和国の主権国家性の主張がここに反映されているのである。そして、1992年3月の統一連邦条約及び1993年ロシア連邦憲法が「管轄対象及び権能の区分」という表現を採用したことを考慮するならば、今回の条約名称は、連邦中央にとって、連邦の統一及び一体性の危機を回避するための、まさに妥協の表現であること、そしてこの妥協は連邦憲法（第5条第3項）の抵触をも考慮したものであることが理解されるのである。つまり、連邦憲法案作成過程の当初において、憲法委員会は権限問題に関して、連邦または連邦主体による権能の一定部分の条約による「委譲」、すなわち、権能「委譲」条約の締結を想定していたが、最終段階で憲法案に盛り込まれたのは権能の「区分」条約規定であった。このことから理解されるように、「委譲」という表現の採用は、法的議論を超えた当時の複雑かつ激しい政治的力関係の帰結であったということである[91]。タタルスターン共和国との条約締結後、ロシア連邦は7月のカバルダ・バルカール共和国との条約及び8月のバシコルトスターン共和国との条約において「相互委譲」という語を用いているが、それも一部の共和国に対する連邦中央の超憲法的とも言える譲歩・妥協であった[92]。

　条約調印と同じ15日、懸案となっていた五つの政府間協定のうち、四つの協定—対外経済活動分野の権能区分問題、銀行問題、金融‐信用政策及び関税政策、連邦及びタタルスターン共和国相互の予算関係、並びに犯罪その他の法侵害との闘争の調整—が、チェルノムィールディン首相とサビーロフ首相によって締結され、この時点で11の政府間協定が締結された[93]。また残された国防問題についても、3月5日にタタルスターン共和国内での連邦の軍隊・施設の配備、共和国市民による連邦軍補充等の問題に係る政府間協定として締結された（3月5日までに締結された11協定を含む全12の協定テキストについて、次頁【表‐1】を参照）。この協定は、他の協定と異なり、権限区分条約締結後に締結されたこともあり、連邦憲法及びタタルスターン共和国憲法に加え、

【表 - 1：ロシア連邦政府 – タタルスターン共和国政府間協定】

締結日	対　象
1991.12.06	経済協力
1993.06.22	所有問題
1993.06.05	原油及び石油化学加工の販売及び輸送
1993.06.05	高等教育
1993.06.05	環境保護分野での協力
1993.06.22	防衛産業分野における管轄対象及び権能の相互委譲
1993.06.22	税関業務問題における諸関係の規制
1994.02.15	犯罪その他の法侵害との闘いの調整
1994.02.15	対外経済連携分野における権能の区分
1994.02.15	銀行業務、金融・信用及び通貨政策の分野での РФ-РТ の権能
1994.02.15	РФ-РТ 間の予算相互関係
1994.03.05	軍事分野

（出典：Суверенный Татарстан,М.:ИНСАН,1997, стр. 143–181）

当該条約をも根拠規定として挙げている（協定によって、そもそも連邦憲法で共同管轄とされず、条約により共同権能とされた内容（条約第3条）が具体化された）。

　以上見てきたように、エリツィン及びシャイミーエフ両大統領による署名・調印でもって 1991 年 8 月 12 日に始まったロシア連邦とタタルスターン共和国との間の二国間条約交渉のプロセスは完了した。条約の最終確認の最終手続きとして通常行われる「批准」手続きは、とられることはなかったし、また議会による承認も行われなかった[94]。しかし、他の連邦主体がそれに続くという意味で、換言すればタタルスターン共和国の条約が他の連邦主体による連邦中央との同様の条約締結指向を刺激したという意味で、ロシア連邦中央にとっては、連邦主体との条約交渉の新たな始まりとなった[95]。その際、条約交渉における議会の軽視、条約規定の連邦憲法・連邦法との不一致の顕在など、タタルスターン共和国との条約交渉上見られた問題点も、この過程に引き継がれてい

ったのである[96]。

第三節　1994年条約の検討

（一）　条約案に即した内容把握

　以上のように、1990年～1994年にわたって続けられたロシア連邦とタタルスターン共和国との間の個別条約交渉の結果、「ロシア連邦国家権力機関とタタルスターン共和国国家権力機関との間の管轄対象の区分及び権能の相互委譲に関する条約」（以下、本節では「1994年条約」と呼ぶ）が締結された。それでは、この条約内容は如何なるものであろうか。本節では、時間的かつ空間的内容把握を念頭に置いて、条約案レベル及び連邦憲法レベルにおいて比較検討を行っていくことにする。具体的には、1994年条約の内容について、1992年条約案及び1994年条約案の二つの条約案を軸にした内容上の変化・変遷という時間的観点での比較検討を行う一方で、他方では、1994年条約と1993年連邦憲法との異同＝法規範的空間における問題点を摘出するという規範的検討を行うことで、条約内容の法的政治的意義もしくは問題点を確定していくことになる。前者について（一）で、後者については項を改めて（二）で検討することにしたい。

　ところで、条約案レベルでの比較検討に関して、既に、1992年条約案の内容については当事者提案の代替案の異同を踏まえた検討を行い、また1994年条約案の内容についても、代替案の付されている条項に即して検討することにより、1992年条約案との異同を簡単ながら指摘しておいた。従って、ここでの課題は、既になされたこれらの比較検討を踏まえつつ、同時に1994年条約案との異同を意識しながらいわば時間的幅の中で1994年条約内容を検討することとなる。以下では、1994年条約の内容を前文から始めて体系に即して順次検討していく。

⑴　前文について

　前文は、締結当事者であるロシア連邦国家権力機関及びタタルスターン共和
国国家権力機関の全権代表者が条約を締結する際に依拠すべき原則として、以
下の7点を列挙している（リハチョーフ副大統領は、後に、これらの原則によ
って示される前文の内容は、条約がロシア連邦憲法という新たな現実を自覚し
たうえで「ロシア国家全体の強化のために両当事者を統合、動員する条約」で
あることの証左であると述べている[97]）。

①　ロシア連邦憲法及びタタルスターン共和国憲法への依拠

②　一般に承認された民族自決権、すなわち、同権、自発性及び意思表明の
　　自由の原則への立脚

③　領土的一体性及び経済圏の統一の維持の保証

④　歴史的及び民族的伝統、文化、言語の維持と発展の促進

⑤　市民的平和、民族間の合意及び民族の安全の保障への配慮

⑥　民族的帰属、信仰、居住地、及びその他の相違に関わらない人と市民の
　　基本的権利及び自由の優越性の実現

⑦　国家としてのタタルスターン共和国が、ロシア連邦憲法、タタルスター
　　ン共和国憲法、並びにロシア連邦の国家権力機関とタタルスターン共和国
　　の国家権力機関との間の管轄対象の区分及び権能の相互委譲に関するロシ
　　ア連邦及びタタルスターン共和国の条約によってロシア連邦と結合し、国
　　際関係及び対外経済関係に参加することの考慮

　これらは、1994年条約案前文と比較すると、まずロシア連邦及びタタルス
ターン共和国の国家主権宣言の考慮に関する部分（1994年条約前文第2段）
が削除されている他に、上記③及び⑦で修正が施された。③は、1994年条
約案で「…を指向し」を「…を保証し」に代えるべきとのロシア側対案が提示
されていた箇所であるが、今回それが採用された。もう一点の変更は、1994
年条約案の「共通の経済圏」が「経済圏の統一」に代えられたことである。こ
の「統一」という語は、その前の「領土的一体性」の「一体性」とともに、ロ
シア側が重視する鍵概念であった。⑦については、1994年条約案におけるタ

タルスターン共和国は「主権国家として国際関係及び対外経済関係の主体」であるとの文言は大幅な修正を受け、タタルスターン共和国は「国家としてロシア連邦憲法、タタルスターン共和国憲法及びロシア連邦国家権力機関とタタルスターン共和国国家権力機関との間の管轄対象の区分及び権能の相互委譲に関する条約によってロシア連邦と結合する」とされた。二国関係がロシア連邦及びタタルスターン共和国の両憲法及び条約によって構築されることが明確にされた。それとともに重要な点は、1994年条約案にあった「主権的国家」という表現から「主権的」が削除されたことである。タタルスターン共和国は、国家の主権性は独立国家を示すものとして、これを主張してきたが、ロシア側からの強い反対により「国家として」という文言で最終的には双方の妥協が成立したのである。

　それでは、1992年条約案をも含めたうえでの変化という観点から比較した場合、如何なる点が指摘できるであろうか。まず第一に、1994年条約案前文のうちで唯一引き継がれなかったのが、「ロシア連邦及びタタルスターン共和国の国家主権宣言を考慮し」（1994年条約案前文第2段）という文言であった。そもそもこれは、1992年条約案において合意を得た「ロシア連邦国家主権宣言」と「タタルスターン共和国国家主権宣言」を採用して、当初の「…を配慮し」を「考慮し」に代えて成った表現であった（その際、「民族自決権」の文言は受け継がれなかった）。つまり、両者の国家主権宣言は、1994年条約案段階までは、条約締結に際して配慮すべき原則として見なされていたことになる。それが最終段階で削除されたのは、「国家主権宣言」の扱いというまさに政治問題化しやすい表現は回避する、という当事者の了解の結果であったと言える[98]。少なくとも、国家主権あるいは主権といった語にきわめて敏感であったロシア側にとって、それは意味のある判断であった。こうした判断は、1992年条約案前文第3段の内容（「ロシア連邦とタタルスターン共和国の一体性」あるいは「領土的一体性」への依拠あるいは立脚を謳う）が1994年条約案において上記①（前文第2段）として引き継がれた（国家主権宣言の配慮から憲法への立脚として）ことにより補填された。

第三章　1994 年条約　*117*

　第二に、前述した上記 ③（前文第 4 段）の変化も興味深い。「共通の経済圏の維持を目指し」て合意された 1992 年条約案第 5 文節の表現は、1994 年条約案では、1992 年条約案第 3 段にあったロシア側提案の「領土的一体性」の文言が新規に採用され、「領土的一体性及び共通の経済圏の維持を目指し」となった（前述したように、「目指し」についてはロシア側から「保証し」の対案が示された）。そして 1994 年条約になると、新たに「統一」の語が追加され、また「共通の」という表現が削除され、さらにロシア側提案の「保証し」が採用されたことになり、その結果、「領土的一体性及び経済圏の統一を保証し」となったのである。このような変遷を見ると、ロシア側の主張（提案）が逐次採用され、その都度タタルスターン側が譲歩するという、この問題をめぐる交渉過程の実情が看取される。

　同じく第三に、前述した上記 ⑦（前文第 8 段）の変化も注目される。もともと 1992 年条約案では、タタルスターン側から 2 種の代替案のかたちで、タタルスターン共和国の国際法上の主体性及び国際的及び対外経済的関係における主権国家としての参加が謳われていた。1994 年条約案は、これら 2 点を纏めるかたちで「タタルスターン共和国は主権国家として国際的及び対外経済的関係の主体であることを考慮して」との表現で合意されたのである。すなわち、この時点では、タタルスターン共和国の主権国家性及び国際関係・対外経済関係における「主体」たること（この語は新たに採用された）が合意されていたのである。しかし、1994 年条約では、前述したような大幅な変化がなされた。こうした変遷から看取されることは、第一に、交渉のほぼ最終段階まで、タタルスターン側が主張してきた「主権国家性」それ自体がロシア側の理解を得ていたことである。しかし、1994 年条約段階では、主権国家性が国際舞台にも及ぼされるのか否かについていずれとも受け取れる曖昧な表現となった。そして、この曖昧さはある種の妥協によってもたらされたことが窺われる。しかし、1994 年条約は、タタルスターン共和国を憲法・条約によってロシア連邦と結びつける（連邦内の主体として）ことで、国際舞台における主権国家性を認める余地をなくしたのである。これは、これまでの交渉の流れに対するいわば

どんでん返しであった。何故、このようなロシア側の巻き返しが、交渉の最終段階でしかも短い交渉期間の中で可能となったのか。それを証明する資料はないが、リハチョーフ副大統領の次の発言から推測することができる。すなわち、前文の当該部分はタタルスターン共和国の法主体性の中に「戦略的内容」を据えるとともに、連邦と地域の二つの国家権力機関レベルの間の調整を深めていくことを前提とするものであり、特に後者に基づいて、権能区分が明確になされ、共和国や連邦の排他的権能が確定されることになった、と[99]。すなわち、タタルスターン側のこの譲歩は、1994年条約案になかった共和国管轄規定を復活させることでいわば補償されたと考えられる。

(2)　準拠法について

　1994年条約第1条は、両国国家権力機関の管轄対象の区分及び権能の移譲をロシア連邦憲法、タタルスターン共和国憲法及び本条約によって実現すると規定する。これは、ロシア連邦とタタルスターン共和国との関係は、憲法－条約的関係であることを意味するものであり、条約的連邦関係を規定する1994年条約案第1条を全面的に変更した結果である。つまり、1994年条約案は、ロシア連邦とタタルスターン共和国は本条約に基づいて結合（連合）するとしたうえで（第1項）、タタルスターン共和国は国家権力の権能を自主的に行使する（本条約で別の定めがない限り）と規定していた。第1項は、条約に基づく連邦関係を謳う点において、タタルスターン側の主張が受け入れられていること、またその関係を「結合する（連合する）」という文言で表現している点において、「結合する」を主張するロシア側と「連合する」を主張するタタルスターン側双方の妥協の結果と考えられる。第2項は、タタルスターン側が提案する1992年条約案第1条（共和国管轄）本文を基本的に引き継いだ規定となっている。その際、「主権国家」と「すべての」という表現が削除された。それは、「主権国家」という表現は、前文で既に用いられているので、必要ないと思われたのか、それとも条約本文（具体的規定）の中での使用にロシア側が難色を示したか、のいずれかによるものと考えられる。

　たった今指摘した理由から、1994年条約案第1条第1項は、1994年条約第

1条には引き継がれずに、国家としてのタタルスターン共和国がロシア連邦と結合するとの趣旨が、前文（第8段）に受け継がれた。その際、条約のみへの準拠ではなく、ロシア及びタタルスターン双方の憲法も準拠法とされることによって、条約的連邦関係から憲法的あるいは憲法 – 条約的連邦関係への移行が明示された[100]。その限りにおいては、前文と第1条との整合が図られた。また第2項については、1994年条約第1条には引き継がれず、その基本的内容は1994年条約で復活した共和国管轄に関する規定（第2条）が受け継いだ。

このように見ると、1994年条約案第1条は、条文上1994年条約で全面的に否定されたかに見えるが、内容的には他の箇所（前文及び第2条）に部分的とはいえ受け継がれた。その限りにおいて、この規定をめぐる交渉は、ロシア側の主張の全面的採用（＝タタルスターン側の全面的譲歩）に終わったと見ることはできず、タタルスターン側の主張もある程度配慮されたと言うことができる。

(3) 共和国管轄について

共和国管轄に関する第2条は、1992年条約案が14項目において規定していたものが、1994年条約案ではなくなり、1994年条約が15項目において改めて復活させたものである。それは、1992年条約案第1条における不一致点が、1994年条約案段階では調整がつかないため見送られた（連邦管轄規定がないこととのバランスも考慮された）が、1994年条約において第2条として調整されたことを意味している。問題は、如何なるかたちで復活もしくは調整されたかである[101]。重要と思われる点を以下に指摘する。

第一に、「タタルスターン共和国は自らの憲法と法律を有する」と定める第1項は、1992年条約案第1号及び第2号を合体させた規定となっている。また、第2項は、第1条に関して前述したように、1994年条約案の準拠法に関する第1項にほぼ同様の表現で存在していたものから、「自主的に」を削除し、また新たに権能主体を「タタルスターン共和国」から「タタルスターン共和国の国家権力機関」とすることにより成った規定である。そして1994年条約案の規定が、1992年条約案第1条の「タタルスターン共和国—主権国家—」の

表現から「主権国家」を、また「すべての権能」の表現から「すべての」を削除してつくられた規定であることは、前述したとおりである。

第二に、土地、天然資源、共和国所在の連邦企業の扱い（1992年条約案第1条第3項）に関して、特に共和国所在の連邦企業の扱いについては、前述のようにタタルスターン側及びロシア側双方から対案（簡潔にいえば、共和国管轄の「国有財産」を広くとるか、狭く限定するかとの選択）が提起され、合意には達していなかったが、この問題の解決は管轄と所有とを分離したままで個別協議によるとすることについては合意されていた。1994年条約（第2条第2項第6号）は、タタルスターン側提案に即して作成されたが、共和国の「国有財産」の範囲についてはロシア側の主張を取り入れるとともに、「問題を解決する」という表現により、タタルスターン共和国の所有権を具体化しなかった。それとともに、共和国所在の「国有財産」の具体的分割問題は、その範囲を「連邦所有の対象を除き」との文言を導入して限定するとともに、個別協定による解決とした。総じて、共和国所有対象を限定的に捉え、そして共和国所在の連邦直轄企業等の資産の配分については、両者の協議で解決していこうとするロシア側の主張に沿った収拾案となった[102]。とはいえ、1992年の統一連邦条約及び1993年のロシア連邦憲法が共同管轄としたことと比較するならば、一定部分についてタタルスターン共和国の所有権が認められたことの意義は大きい。

第三に、共和国の外交・対外経済活動を規定する第11号は、① 国際関係への参加、② 外国との関係樹立、③ ロシア連邦の憲法・国際的義務・タタルスターン共和国憲法・本条約に抵触しない限りでの外国との協定締結、並びに④ しかるべき国際組織の活動への参加の4点について、タタルスターン共和国の管轄を認めた。これらのうち、① 及び ② は、1992年条約案（第7号）において双方から異論なく引き継がれた項目である。③ については、1992年条約案においては「条約の締結」であり、双方からの異論はなかった。しかし、「条約」が「協定」に変更されたこと、また締結においては「憲法及びロシア連邦の国際上の義務、タタルスターン共和国憲法並びに本条約に抵触しない」という制

限もしくは限定が付されたことと相まって、ロシア側の立場が強く反映された[103]。このことは、④に関して、1992年条約案時点でとりあえず纏められた「国際組織への参加」(これについては、前述したようにタタルスターン側及びロシア側双方が代替案を提起した)がほぼそのまま踏襲されたことにも示されている。何故なら、ロシア側はタタルスターン共和国の対外活動を承認しつつも、できるだけそれを抽象的なかたちで表現しておきたかったからである。

　最後に注目すべき点として、1992年条約案において、タタルスターン側が13項目の共和国権能以外に「主権国家としての共和国の地位から生ずるその他の権能」を第14号として提起したのに対して、1994年条約はこれを採用しなかったことが挙げられる。従って、条約第2条の共和国管轄は15項目に限定して列挙されることになった。1992年条約案中の旧ソ連邦の債務等に関わる第11項目〜第13項目が1994年条約では削除されたが、内容的には上記の問題点があるとはいえ、項目的にはほぼ対応していた。項目数の増加は、たとえば1992年条約案第2項が1994年条約では複数項目に細分されたことによる。その意味で、タタルスターン側の提案を採用しなかっただけのように見える。しかし、1994年条約の段階で例示列挙を認めず限定列挙にしたことは、後述する共同管轄が例示列挙をとっていること、また1992年3月の統一連邦条約及び1993年のロシア連邦憲法が連邦主体(共和国)は連邦管轄及び共同管轄以外において全権を有すると規定して、連邦主体(共和国)管轄のある意味での非限定性をとっていることからして、実質的な点において、タタルスターン共和国に不利な規定になっている[104]。タタルスターン側がこうした規定に同意したのは、ひとまず最低限の共和国管轄が回復・確保されたことで満足し、共同管轄の拡大については、交渉によって協定化すれば済むと判断したと考えられる。

⑷　共同管轄について

　1994年条約の共同管轄を1994年条約案と比べると、何も修正されずに引き継がれた規定が14、新規規定が3、削除された規定が2で、その他は修正もしくは部分的削除された規定が6、合計で21規定が23規定(号)になった[105]。

つまり交渉の最終段階において、ほぼ半数の規定に何らかの変更が加えられたことになる。それは如何なる変更で、またどちらを利するものとなったのであろうか。

新規の規定とは、弁護士業務・調停・公証機関に関する第18号、国家権力機関・地方自治機関体系の組織化の一般原則の確立に関する第20号、及び土地などの天然資源の共同利用に関する第22号である。いずれも1992年条約案にもなかった規定であり、交渉の最終段階で提起され合意に至った規定である。これらのうち、第18号及び第22号は共和国管轄とのバランスの点で注目される。すなわち、第18号は「弁護士業務及び公証機関の問題を解決する」（第1条第3号）に、また第22号は「土地…及びその他の天然資源」（第1条第6号）に、それぞれ対応している。共和国管轄と共同管轄との間でバランスをとることで、これらの問題を新規に採用することの妥協と合意が成ったと考えられる。

削除された規定は、1994年条約案の抵触法に関する第19号及び知的所有権に関する第20号である。前者については、1992年条約案及び1994年条約案において合意された内容であった（1994年条約が「連邦抵触法」（第4条第14号）という文言で連邦管轄としていることが注目される）。また後者は、1992年条約案が共和国管轄としていたものを、1994年条約案が共同管轄として引き継いだ規定であった。これらの規定については、タタルスターン側の妥協的側面を垣間見ることができる。

部分的に削除・修正されて引き継がれた規定について、特に二つの点だけ見ておく。第一は、防衛・軍事関連に関する第3号である。当初、1992年条約案第3号は、防衛・軍事関連規定に関して、前述したように、タタルスターン側による二つの代替案として、次の10項目を含むものであった。① 当事国の防衛及び安全。② タタルスターン共和国領土における軍備及び軍事技術の研究及び開発に対する組織及び指導。③ 武器、弾薬、軍事技術、及びその他の軍事資産の売却。④ しかるべき権能の実現の際の当事国の参加の形式と分担の個別協定による決定（以上、第1段の代替案の内容）。⑤ 兵役の召集及び服務

の手続きの確立。⑥ 軍事政策の決定。⑦ タタルスターン共和国の利害に関わるロシア連邦軍部隊の行動、軍事客体の配備と結びついた問題の解決。⑧ 国民経済の動員準備の組織。⑨ 防衛複合体企業の管理、⑩ 民需転換の共同実現（以上、第2段の代替案の内容）。

1994年条約案においては、上記第一の代替案のうち ① を除く ② ③ ④ について合意に達した（上記 ① については、タタルスターン側が改めて提案した）。また、第二の代替案のうち上記 ⑥、⑦ 及び ⑨ を除く4項目（⑤ ⑧ ⑨ ⑩）について合意が得られた。その際、上記 ⑤ は「ロシア連邦軍の召集及びタタルスターン共和国市民による兵役服務手続きの確定」という文言に修正され、上記 ⑨ は「民需転換の共同実現問題」の部分のみ受け継がれ、「防衛複合体企業の管理」は削除された。こうして、1994年条約案第2条第3号は、7項目（① ロシア連邦軍の召集及びタタルスターン共和国市民による兵役服務の手続きの確立、② 当事国の防衛及び安全、③ 国民経済の動員準備の組織、④ タタルスターン共和国領土における軍備・軍事技術の研究及び開発の管理、⑤ 武器、弾薬、軍事技術及びその他の軍事資産の売却、⑥ 民需転換の共同実現の問題、⑦ しかるべき権能の実現の際の当事国の参加の形式と分担の個別協定による決定）を有する規定として纏められた（一部未解決部分を含む）。こうした規定内容に至る経緯から注目すべきは、タタルスターン側の主張がこの間の交渉により多くの点で認められたことである。しかし、交渉の最終段階でのロシア側の巻き返しにより、タタルスターン側の得たものが減少したことがわかる。つまり、1994年条約で合意に達したのは、1994年条約案の上記 ① 及び ② を除く5項目であった。その際、上記 ⑤ は「〜の問題」がつけ加えられた表現になり、また上記 ⑥ は「〜の問題」が削除された。そして、重要な点は、削除された上記 ② が連邦管轄（第4条第11項）とされたことである。さらに上記 ⑤ は、前述のように「〜の問題」という表現で共同管轄として残されたが、連邦管轄（第4条第11号）においても「〜の手続きの決定」という表現で上記 ⑤ それ自体が採用されたことは、その管轄上の帰属を曖昧にしかねない問題を生むことになった[106]。

124 第一部 1994年条約の締結とその意義

　第二は、対外経済活動・外交関連問題に関する第5号についてである。1992年条約案では「国際的及び対外経済的交流の調整及びそれらの実現」（第2条第4号）について合意された以外に、双方から代替案が提示された。1994年条約案（第2条第5号）では、まず既に合意された国際交流・対外経済交流の調整に関して、「及びそれらの実現」という文言が削除され調整された。また双方から提案された代替案については、タタルスターン側提案のうち協定に基づく関税業務の遂行に関する部分のみが採用された。しかし、1994年条約では、1992年条約案の合意部分（＝1994年条約案での修正版）のみが残された。1994年条約案で合意されたタタルスターン側提案の関税業務に関する部分は共同管轄としては採用されなかった。関税問題は、第4条（連邦管轄）第6号の「関税規制」として置かれた。

　最後に、無修正のまま引き継がれた規定のうち、共同管轄が限定列挙なのかそれとも例示列挙なのかという問題に関連して、第23号について見ると、これは、1992年条約案（第19号）において既に合意されていた規定であった（「共同権能実現メカニズムに関する個別規定」を置くロシア及びタタルスターン共同の提案が付されている）。1994年条約案及び同条約もこれをそのまま引き継いだ。共和国管轄の場合とは違い、今後生ずるであろう新たな管轄問題について交渉（協議）の余地を残す意味で両者の思惑が合致したものと考えられる。

⑸　連邦管轄について

　1994年条約は、第4条において、1992年条約案及び1994年条約案にはなかった連邦管轄を条約交渉の過程において初めて17項目にわたり限定列挙した。その際、これらの項目は、1992年の統一連邦条約（第1条）及び1993年ロシア連邦憲法（第71条）における連邦管轄を踏襲したものとなっている。連邦管轄規定のこうした導入の仕方は、条約交渉において管轄対象・権能の十分な審議・検討がなされた結果というよりも、政治的配慮の結果であったと言うことができる。そしてこのことが、既に指摘したように、共和国管轄や共同管轄とのいわば重複もしくは類似の規定の存在という問題を生じさせることになる

のであった。つまり、最終的に連邦管轄規定が設けられた理由は、1994年条約案になかった共和国管轄を復活させることとのバランスが考慮されたこと、換言すれば、タタルスターン側による共和国管轄復活の要求に対してロシア側が譲歩した代償として、連邦管轄の新設がタタルスターン側の譲歩として実現される、といった双方の政治的配慮がはたらいた結果と見ることができる。

たった今述べたことと併せて、連邦管轄が1992年連邦条約及び1993年連邦憲法のそれをそのまま受け継いだことに関連して、連邦における権限関係（換言すれば、管轄対象・権能の配分の仕方）に関して微妙な問題が生じた。つまり、連邦条約及び連邦憲法における権限関係・管轄区分の考え方は、共和国管轄・連邦管轄・共同管轄の三区分を前提として、共和国管轄を連邦管轄及び共同管轄の「残余」として関係づけるものであった。1994年条約は前提たる三区分を継承したが、後者の関係づけは採用せず、共和国管轄・連邦管轄を限定し、共同管轄をいわば例示的（協議的）に扱った[107]。その意味で、1994年条約は、管轄対象・権能の配分の問題について妥協的に解決したのであり、その結果として、主として共同管轄における連邦及びタタルスターン共和国各々の権能をめぐって曖昧さを残し、また実践上の問題を招くことになったのである。

⑹　その他の問題について

条約第5条以下の規定は、主たる目的及び内容である当事者の権限（管轄対象及び権能）関係の明確（確定）化を手続き的その他により補完する規定である。これらの規定に関して、以下のような問題点を指摘することができる。なお、法文書の効力に関する第5条は1992年条約案（第3条）で成文を見た後、まったく変更なしに1994年条約に受け継がれたので取りあげない。

まず第一は、条約実施立法に関する第6条第3項に関わる。つまり、ある分野の共同管轄に属する問題を実現するために具体的に権能を行使する際に連邦及びタタルスターン共和国の間で紛争が生じた場合の問題である。1992年条約案（第4条）においては、「本条約による調整手続きに従って解決される」との文言で合意したが、併せてタタルスターン側から「ロシア連邦及びタタルスターン共和国の法（законодательство）」を準拠法として加える提案がなされ

た。他方で、ロシア側からは、連邦国家権力機関の権能に関する規定を置くことが提案された。いずれの提案も具体的権能を強化あるいは明確化しようとする意図の現れであった。これら両提案を含む準拠法の部分はその後の交渉において調整がつかなかったため、1994年条約案では、提案部分は採用せず、「本条約により合意された手続きに従って」を「当事者の合意した手続きにより」に変更しただけの規定となった（第4条第3項）。1994年条約（第6条第3項）は、「ロシア連邦及びタタルスターン共和国の共同管轄」を「ロシア連邦国家権力機関及びタタルスターン共和国国家権力機関の共同管轄」に変更して受け継いだ。こうした調整結果は、前述したように、実践上の曖昧さを抱える共同管轄について、その都度具体的に協議して解決を図るという方向性を示した点で妥当な結果である。それとともに、統一連邦条約（第6条第3項）及び連邦憲法（第125条第3項《6》号）がロシア連邦憲法裁判所による解決を定めたことと比較すると、司法機関とはいえ連邦機関によるコントロールが緩和されている点で、タタルスターン側にとって、当初の提案が採用されなかったとはいえ、最低限受け入れられる結果となった。

　第二は、補足協定の締結・合同機関の設立に関する1994年条約第7条である。これは、1992年条約案にはなく、1994年条約案（第5条）になって初めて採用された規定である。これは、1994年条約案が共和国管轄をなくし共同管轄規定のみとした結果、当事者の協議による解決（協定による補充）を行う余地が広がったことへの対応策である。1994年条約は、1994年条約案第5項後文の「合同委員会」設立の部分を簡明にして、前文と併せて「共同の機構、対等な原則に基づく委員会を創設する」とした。「対等な原則」が確保される限り、タタルスターン共和国が拒否する理由はない。

　第三は、代表部の設置をめぐる問題である（第8条）。1992年条約案（第5条）は相互の合意により代表部をモスクワ及びカザンそれぞれに設置することについては合意を見たが、如何なる性格の機関とするかについては、タタルスターン側が「全権代表部」、ロシア側が「常任代表部」をそれぞれ提案した。両者の相違は、機関の格上げの問題であった。つまり、タタルスターン共和国

は、この時期、既に存在していた「常任代表部」ではなく、ソビエト時代の「大使館」を想起させる「全権代表部」という名称を提案したのであった[108]。1994年条約案（第6条）はタタルスターン側提案を採用して、モスクワ及びカザンそれぞれに相互の合意による「全権代表部を設置する」と定めた。1994年条約も若干の修正を施してこれを引き継いだ。厳密にいえば、「相互の合意により」が削除され、「設置する」が「有する」に変更され、さらに「国家権力機関」の語が「タタルスターン共和国」の前に挿入された。それは、ロシア連邦との国家的対等を主張するタタルスターン側の要求が受け入れられたことを意味した。

　最後に、条約改廃に関する第9条に関して、問題点を指摘しておく。まず条約発効を定める第2項について、1992年条約案（第6条）では合意された成文はなく、タタルスターン側が「条約は署名の時から発効する」との規定を第2項として提案した。1994年条約案（第7条）はこれをそのまま採用したが、1994年条約では「署名後7日経過により発効し、そして公表される」と変更された。「公表」が明記されたこと、逆にいえば1994年条約案まで明記されなかったことは、主観的には当事者が条約公表を認識していなかったこと、客観的には条約交渉及びその過程で作成された条約案の情報公開が不十分であったことを物語っている。

　次に条約の期限に関して、1992年条約案は「条約の有効期限は、＿＿＿である。」との第3項を有していた。それは、条約期限を定めること自体については合意がなされ、それを何年にするかは今後の交渉によるとの意味であった。しかし、この規定は1994年条約案では全面削除され、1994年条約も同様であった。第1項があれば十分とのその後の認識によると推量される。しかし、第1項が一方的手続きによる改廃・補足を禁じていることからすると、一方当事者が反対する限り条約は無期限に効力を有することになる。その意味では、この削除を要求したのがタタルスターン側であり、ロシア側は条約締結による連邦維持のためにそれをやむなく受け入れた（譲歩した）と推測される。ロシア側が何らかの期限をつけるべきとの立場であったことは、後に連邦法による権

128 第一部 1994 年条約の締結とその意義

限区分条約規制の方針のもと、条約内容を連邦法制に合致させることを義務づけたり、無期限の条約締結を認めない方針をとったことから確認することができる[109]。

（二） 連邦憲法に則した問題点

⑴ 考慮すべき問題点

　これまで、1994 年条約の内容について条約案との比較の観点で検討してきた結果、それがロシア連邦及びタタルスターン共和国による妥協と譲歩の所産であることの一端を看取することができた。それとともに、そうした妥協と譲歩が、条約内容に無視し得ない問題点を孕ませる要因となったことも指摘した。それでは、この条約は、ロシア国内法体系における位置づけの問題をひとまず措くとして、ロシア連邦の最高規範たる連邦憲法に則した場合、如何なる問題を孕んでいるのであろうか。本項では、この問題を 1993 年連邦憲法との比較において検討していく。

　その際、以下のような点を考慮すべきである。まず、1994 年条約が 1990 年〜 1994 年の連邦憲法改革の中にあって連邦中央とタタルスターン共和国との交渉の結果締結されたこととの関連で、1993 年連邦憲法における権限区分を含む連邦関係に関わる規定も、次のような前史を有していたことである。つまり、具体的には、1992 年に締結された統一連邦条約（タタルスターン共和国は締結しなかったが）の内容が 1993 年新ロシア連邦憲法に継承されている点を考慮して、1994 年条約を理解すべきという問題である。1992 年連邦条約は、新憲法制定前の 1978 年ロシア共和国憲法の最新改正版（1992 年改正）において、付則としてまるごと取り込まれたことは、既に述べた[110]。1993 年連邦憲法は、それとは違い、連邦条約については経過規定で言及するにとどめ、その内容の一部を憲法規定化した。換言すれば、1993 年連邦憲法における連邦関連規定は、1992 年の統一連邦条約を含む 1978 年憲法から継承された内容であるということである。こうした経緯は、1994 年条約を 1993 年連邦憲法と比較するうえで、換言すればその合憲性を問題にするうえで考慮すべき点であ

る。

　また、条約のいわば政治的性格から考慮すべき点が存する。つまり、前述の条約交渉が政治的側面（＝妥協の側面）を有し、締結された条約それ自体が政治的妥協の産物という性格を有していたことから推定されるように、条約（及び協定）の内容を確定するに際して、ロシア連邦及びタタルスターン共和国の交渉当事者が当時の連邦憲法及び連邦法との関係（整合性すなわち合憲・法性）を意識しつつ、合意（条約締結）を優先させたことは、1993年連邦憲法との比較を行う際に考慮しなければならない。換言すれば、連邦憲法及び連邦法との何らかの抵触を承知しつつ、つまりは法的判断よりも政治的判断を重視して、条約内容を確定させたことが考慮されなければならない[111]。従って、条約を連邦憲法と比較する場合、あるいはその合憲性を問題にする場合、連邦憲法及び連邦法に則して厳密な法律的検討を行い、その違憲（法）性を指摘したとしても、そのことが条約を適切に理解したことにはならない[112]。

　さらに、以上の点とは性格を異にするが、1994年条約が準拠法としてあげている1993年ロシア連邦憲法上の関連規定について簡単に見ておくことが必要である。1993年連邦憲法は、第5条第3項において、ロシア連邦原則の一つに連邦国家権力機関とロシア連邦主体国家権力機関との間の管轄対象及び権能の区分を挙げる。それとともに、第11条第3項ではこの原則の実現形式として、連邦憲法、権能区分に関する連邦条約及び個別条約の三つが規定されている。そして、連邦と連邦主体の権限区分関係については、第71条〜73条において、連邦管轄、共同管轄及び連邦主体管轄がそれぞれ定められた。連邦主体管轄については具体的事項の列挙方式ではなく、その他（「残余」）の権能として規定された。第76条は、これらの管轄を調整するための連邦憲法律に始まり連邦主体法令に至る法規制メカニズムを規定した。特に第2項では、共同管轄対象について、第一義的に連邦法律が、そしてそれに基づいて連邦主体法令が制定されるとされた。また第4項では、連邦管轄対象及び共同管轄対象以外のものについて、連邦主体が独自の法規制（法律その他の法令制定を含む）を行うことができるとした。これらに加えて、第2編最終・経過規定において、

第 5 条の連邦原則が再確認されるとともに、1992 年連邦統一条約の内容が憲法の内容と一致しない場合には、関連する連邦憲法律が効力を有する（優先する）旨が謳われた。

要するに、連邦憲法が権限区分問題に関して定めている内容として、① 権限区分の実現形式として条約形式を採用することができる、② 連邦管轄対象及び共同管轄対象は限定列挙されている、③ 連邦主体の管轄対象については具体的に明示されず、連邦管轄対象及び共同管轄対象以外のすべて（＝「残余の管轄対象」）とされる、④ 上記管轄対象に関する法規制については、連邦法が連邦主体法に優先する、といった点が確認される。

これらを考慮しながら、以下では、連邦とタタルスターン共和国との間の権限関係に限定して、① 連邦憲法上の連邦管轄が条約上の共和国管轄となっている場合、② 連邦憲法上の連邦管轄が条約上共同管轄とされている場合、及び ③ 連邦憲法上の共同管轄が条約上共和国管轄とされている場合に即して検討していく[113]。

⑵　連邦管轄の共和国管轄化

まず第一に、連邦憲法により連邦管轄の帰属とされている問題が 1994 年条約では共和国管轄にも当てはまる例として、市民権、特赦、国立銀行の創設の問題が挙げられる。

まず、市民権（国籍）問題に関して、連邦憲法第 71 条第 в 号は「ロシア連邦における市民権」を連邦の管轄として規定する（そしてこの規定は、条約第 4 条第 2 号において踏襲されている）。他方で、条約は、第 2 条第 8 号において「共和国市民権の問題を解決する」ことを共和国管轄としている。ここで注意すべきは、連邦憲法は共和国市民権制度を禁止してはいないという点である。確かに、国家にとって、市民権（国籍）問題は国家の固有の権利（専管的事項）である。換言すれば、それを国家の特性を示すものと理解するならば、国家としてのロシア連邦がそれを有することに問題はない。連邦憲法がロシア連邦における市民権問題を連邦管轄とした所以である。それでは、連邦国家内の一主体としてのタタルスターン共和国についてはどうか。共和国市民権を独

自に定立することが連邦憲法違反ではないとするならば、条約がタタルスターン共和国市民権について共和国管轄としても、連邦憲法に抵触することはない。これは、連邦市民権の他に連邦内に限定された制度として共和国市民権を認めるか否かという問題とは別個の問題である。タタルスターン共和国が共和国市民権制度をあえて導入した理由は、単に憲法違反にならないということだけではなく、前述の国家の特性としての市民権制度という点と関連する。つまり、タタルスターン共和国にとって、タタルスターン共和国とはロシア連邦と連合する国家という独自の地位を有する、すなわち国家的特性を有すると考えられているのである[114]。

　次に、特赦の問題について見ると、条約第2条第5号は、「タタルスターン共和国裁判所により有罪判決を受けた者の特赦を行う」と述べて、共和国の特赦管轄を認めている。連邦憲法第71条第о号及び条約第4条第13号により特赦は連邦管轄とされることから、上記条約規定は憲法に抵触すると指摘される。またそれは、連邦憲法第89条第в号に規定する連邦大統領の特赦権を侵すものとされる[115]。

　最後に国立銀行創設の問題について見ると、連邦憲法は連邦国立銀行の創設について直接には触れないで、わずかに第71条第ж号が「金融・通貨・信用・関税の規制、通貨発行、価格政策の原則、連邦銀行を含む連邦経済部門」の問題を連邦管轄としている。これは、条約第4条第6号として同様に規定されている。条約は他方で、「国立銀行を個別協定に従って創設する」ことを共和国の独自の管轄としている（第1条第12号）。ここでの「国立銀行」とは一国家一銀行としてのそれであり、その意味での国立銀行の創設権は連邦にあると理解する場合、この規定の連邦憲法との異同が問題とされる[116]。また第4条第6号の規定する「国立銀行」の創設とは、共和国独自の国立銀行の創設を意味するのみならず、ロシア連邦の国立銀行（もしくは中央銀行）の創設も含むと解する場合にも、異同の問題が生ずるであろう。こうした条約規定の連邦憲法との異同問題は、条約と同日締結された政府間協定において一定の解決を見た。すなわち、創設される国立銀行とはタタルスターン共和国の国立銀行であり、

しかもそれが連邦により創設される連邦中央銀行の構成部分とされることにより、上記連邦管轄とされた金融・通貨の法的規制に基づく連邦中央銀行と共和国国立銀行との機能上の連携が確保されたからである[117]。従って、協定も踏まえたうえで、改めて条約規定を理解するならば、上記共和国の国立銀行創設が共和国独自の銀行であって、連邦レベルの銀行を意味するものではないと解釈される。ただし、名称はともあれ共和国が「国立銀行」を創設する権利を有するのかという問題は残される。この点は、タタルスターン共和国は「主権的国家」として独自制度を保持すべきであると主張することについても言えることである。条約により一連の共同権能が規定されたが、それらは例示的である。前述の軍事分野に係る3月5日の政府間協定に見られるように、その範囲はさらなる当事者の合意(協定)により拡大されることになるのである[118]。

(3) 連邦管轄の共同管轄化

次に、連邦憲法により連邦の排他的管轄に帰属する諸問題が共同管轄の中に移管されている例として、通貨政策、価格政策の問題を挙げることができる[119]。まず通貨施策について見ると、連邦憲法第71条第ж号は、経済・金融政策に関わる一連の問題を「通貨の発行」業務を含めて連邦管轄としている。条約はこれに対応して、第4条第4号で同一規定を置いた。他方、第3条第8号で「通貨政策」が単独で共同管轄として規定された。つまり、問題は、条約が連邦憲法に文言上は存在しない「通貨政策」の問題を共同管轄として置いたが、その内容は連邦憲法の連邦管轄(また条約の連邦管轄)として置かれている「通貨発行」の問題を含むものと考えられる点にある。前者は後者を含むが故に、後者の権能を含むより広い権能を共同管轄としていることは、共同管轄における共和国権能の範囲の問題を捨象したとしても、少なくともこの問題について一定程度の共和国権能が認められていること、すなわち共和国の関与が認められることを意味する。これは、この問題をもっぱら連邦の問題(連邦管轄)としていることと矛盾する。

価格政策についても同様である。連邦憲法第71条第ж号は、「価格政策の原則」を連邦管轄とした。条約は一方でこれを連邦管轄(第4条第6号)として

そのまま受け継ぎ、他方で共同管轄として「価格政策の調整」問題を規定した（第3条第6号）。これは、少なくとも共和国が連邦の価格政策の一端に関与できることを意味する。なお、「調整」という文言が用いられていることに注意しなければならない。これは、他の共同管轄についても見られる文言で、共同管轄対象に関する連邦と共和国との協働を意味する[120]。

(4) 共同管轄の共和国管轄化

　最後に、連邦憲法により共同管轄とされている問題が条約において共和国管轄として再配分されている例を挙げることができる。これには、国際関係・対外経済関係をめぐる問題、法規制分野の範囲をめぐる問題、権利・自由の保障をめぐる問題、そして弁護士・公証人役場をめぐる問題が挙げられる。

　まず共和国の国際関係・対外経済関係への参加をめぐる問題について見ると[121]、条約第2条11号は「国際関係に参加し、諸外国との国交を樹立し、またロシア連邦の憲法及び国際上の義務、タタルスターン共和国憲法並びに本条約に抵触しない協定を諸外国と締結し、しかるべき国際組織の活動に参加する」と規定する。これが、「ロシア連邦主体の国際関係及び対外経済関係の調整、ロシア連邦の国際条約の遂行」を連邦と共和国との共同管轄と定めているロシア連邦憲法第72条第o号との関係で問題とされる（条約第3条第5号は、「国際関係及び対外経済関係の調整」という表現で共同管轄としている）[122]。とりわけ、連邦憲法に規定する「調整」とは連邦憲法第76条第2項（及び第5項）の定めにより連邦法によるとされていることから、共和国がこの問題を自らの管轄に帰属するものとして独自に解決することはありえない、つまり、タタルスターン共和国独自の管轄とすることはできない。

　次に、法規制分野の範囲に関して見ると、条約がこの問題を共和国管轄（第2条第4号）としたことは、連邦憲法規定との異同を示している[123]。つまり、連邦憲法第72条第1項第к号は、① 行政法、② 行政訴訟法、③ 労働法、④ 家族法、⑤ 住宅法、⑥ 土地法、⑦ 水法、⑧ 森林法、⑨ 地下資源法、⑩ 環境保護法の10法分野を共同管轄として規定する（1992年統一連邦条約では、知的財産権分野を加えて11の法規制分野が共同管轄とされていた）。条約は、

連邦憲法の共同管轄規定をそのまま引き継ぐ（第3条第21号）一方、他方で、その一部を共和国管轄としたのである。すなわち、条約第2条第4号は、「法規制を行う」として五つの社会関係―① 行政関係、② 家族関係、③ 住宅関係、④ 環境保護分野の関係、そして ⑤ 自然利用分野の関係―を共和国の管轄（法規制権能）とした。これらのうち、① ～ ④ は共同管轄（連邦憲法及び条約の）と重複するものであり、⑤ は共同管轄として規制する3分野（土地法、水法、並びに地下資源法）を一つに括ったものとなっている（共同管轄中の行政訴訟法及び労働法の2分野を除く残り8分野について、実質的には共和国管轄とされている）。この問題は、そもそも、連邦全土における包括的・統一的法規制と共和国における個別的・地域的法規制という観点から連邦－地方（連邦主体）の協働により解決しなければならない。その意味で、共同管轄及び共和国管轄双方に同内容の権能が規定されていることは、憲法抵触問題としてだけでなく、一国（連邦国家を含む）における法規制それ自体の問題として捉えなければならない問題である。

　人及び市民の権利及び自由の保証の問題については、やや複雑な問題状況に置かれている。つまり、連邦憲法は、第71条第1項第 в 号で「人及び市民の権利及び自由の規制と保護」を連邦管轄として、また第72条第1項第6号で「人及び市民の権利及び自由の保護」を共同管轄として、この問題を連邦管轄及び共同管轄に重複して規定しているのである。1994年条約は、連邦憲法をほぼそのまま引き継ぎ、第3条第1号で「人及び市民の権利及び自由の保障」を共同管轄とする一方、他方で第4条第2号で「人及び市民の権利及び自由の規制と保護」を連邦管轄とした。条約は、それとともに、共和国管轄として、「人及び市民の権利及び自由の保護を保障する」と規定する（第2条第1号）。この規定で注目されるのは、共和国管轄には「少数民族の保護」が規定されていないことである。「保障」か「保護を保障する」かという表現上の違いをどの程度重視するかはともかく、両者が「人及び市民の権利及び自由」について実質的には同様の配慮を行っている。その意味で、共和国管轄規定の存在は連邦憲法に抵触するという疑義が呈されることになる。それとともに重要なこと

は、「人及び市民の権利及び自由」に関わる問題において、連邦及び共和国の権限あるいは権能が不明確となっていることである。すなわち、この問題のイニシアティヴは連邦・共和国のいずれかにあるのか、あるいは共同で行使する場合にはそれは如何なる権能配分によるのか、といった点が明確になっていないのである。

　土地その他の天然資源の利用の問題に関しては、1994年条約は第3条第22号において「土地、地下資源、水その他の天然資源の共同利用の問題」を共同管轄と規定した。他方で、また、条約は第2条第6号において、「土地、地下資源、水その他の天然資源の占有、利用及び処分の問題、…を解決する」ことを共和国の管轄とした。ここで注目すべきは、共和国管轄の方が共同管轄よりも「土地、地下資源、水その他の天然資源」に対する権能の範囲が広いことである（「利用」権能に「占有」及び「処分」の権能が加えられている）。そもそも、共同管轄規定（第3条第22号）は、連邦憲法第72条第1項第в号の「土地、地下資源、水その他の天然資源の占有、利用及び処分の問題」に対応するものである。条約は、「占有」及び「処分」を除く「利用」のみを、しかもその際、「共同利用」する権能を共同管轄として引き継いだのである。従って、1994年条約が連邦憲法の共同管轄における権能（「占有」、「利用」及び「処分」）をそのまま共和国の権能として、すなわち共和国管轄として規定する場合、そこに憲法との抵触の問題が生じることになる。

　最後に、弁護士や公証機関の問題について見ると、連邦憲法は「弁護士業務、公証機関」の問題を共同管轄としている（第72条第1項第л項）。条約は、一方で当該連邦憲法規定を「弁護士業務、調停及び公証機関」という表現で共同管轄（第3条第18号）とした。他方、条約は、「弁護士業務、公証機関の問題を解決する」ことを共和国管轄（第2条第3号）とした。連邦憲法が共同管轄に置いた「弁護士業務、公証機関」の問題が、条約では共和国の管轄とされたことは、明らかに連邦憲法との異同を示している[124]。

　以上、挙げた例から理解されるように、違憲性の問題があるとして指摘されるのは、条約自体がある問題について一方では連邦管轄に規定しながら、他方

では共和国管轄にも規定するという点に起因している[125]。1993 年憲法制定以前の交渉段階であればいざ知らず、制定後の交渉において、ロシア及びタタルスターン双方の交渉担当者がこうした点に気づかなかったとは考えられない。あえてそれを行った点こそ、まさに条約が政治的妥協の産物であったことを物語っている。しかし、この妥協も許容されなくなる。2000 年以降、プーチン大統領による中央集権的連邦構造の構築に伴う連邦関係の見直し、具体的には連邦中央と連邦主体との間の権限区分条約に基づく連邦関係の見直しが推進される中で、この問題（条約の憲法との異同の問題）は回避することを許さない喫緊の課題となるからである[126]。

（三）　評　価

前項で見てきたように、1994 年条約がそれ自体政治的な妥協の産物であり、内容的に多くの問題を抱えていたことから、条約交渉過程の様々な段階においても締結後においても、様々な政治的立場から議論がなされてきたし、また批判・評価も行われた。本項では、締結後の評価に限定するとともに、評価主体を交渉当事者（ロシア連邦及びタタルスターン共和国の指導者）とタタルスターン共和国内世論に限定して、1994 年条約に対する評価を概観することにする[127]。

⑴　当事者の自己評価

まず、タタルスターン共和国の当事者（＝指導者）による 1994 年条約の評価を取りあげる。1994 年条約に関するタタルスターン共和国の公式見解が最初に示されたのが、2 月 18 日のシャイミーエフ大統領の記者会見であった[128]。彼は、タタルスターン共和国による国家主権宣言採択後のモスクワとカザンの間で展開された社会・経済的及び政治的コンテキストを強調した。彼によれば、条約を通じて、両憲法、並びにロシア及びタタルスターンの主権の相互承認が行われたのであり、その際、両当事者が主権と領土的一体性を守ることを相互に義務づけた点に国家建設における新規性が見いだされる。ここで、共和国主権と領土的一体性が確保されたことが条約の意義として評価されていることに

第三章　1994年条約　*137*

注目したい。シャイミーエフ大統領は、3月2日のニジネカームスク市の企業視察に際して行われた演説[129]の中で、条約は二つの主権国家間の合意であり最高レベル（＝国家元首レベル）で調印されたものであるとして、条約当事者としてのタタルスターン共和国の主権国家性を強調した。それとともに、条約の法的基礎には両国の憲法が存在すること、条約は経済的その他の分野での両国の一体性を保障するものとなること、さらには、今後二つの主権的、同権的国家—ロシア連邦とタタルスターン共和国—が各々の憲法及びこの条約の規定に基づいて一つに結合することに、条約の重要な意義があると強調された。ここで注目すべきは、彼が連邦憲法とタタルスターン共和国憲法との矛盾がこの条約によって止揚されている（調整されている）との理解を示していることである[130]。さらに彼は、3月6日の共和国婦人向け国際婦人日記念メッセージにおいて、この歴史的文書（＝条約）は「恒久的な意義を有する。タタルスターンとロシアの間で初めて、両国の憲法の枠内で同権、自発性及び意思表明の自由の原則に基づいた条約が締結されたのである」と述べた[131]。これらの発言から窺えるように、この条約が対等な主権的国家間の合意のもとに締結されたこと、その意味で、タタルスターン共和国の主権が承認されたことが意義づけられたのである。

　共和国の主権性がいわば一貫して強調されるのに対して、条約の意義づけにおける国家的平等性について、その強調の度合いは微妙な変化を示すようになる。何故なら、シャイミーエフ大統領は1996年の共和国国家主権宣言六周年記念に係る演説で、条約は「権能の相互委譲」に関する条約であることに特別の意義があるのであり、また当時の紛争状況を打開して社会に安定をもたらした点で、ロシア連邦のみならずタタルスターン共和国にとって「善きもの」であったと述べて、ロシア連邦の一体性に果たした役割の点で条約の意義を強調しているからである[132]。こうした強調点の微妙な変化は、その後、特に1990年代半ば頃から始まる連邦中央による条約締結実践に対する規制への対応の中で、シャイミーエフ指導部がとった立場の変化を示している。

　次に、条約交渉のタタルスターン側責任者であったリハチョーフ副大統領は

条約を如何に評価したであろうか。彼は、先の2月18日の記者会見で、大統領発言に付け加えて、この条約の対象及び目的はタタルスターン共和国あるいはロシア連邦の地位を決定することではなく、国家主権宣言採択後にタタルスターン共和国で展開されている路線の承認である、こうした目的は達成され、そしてそれはタタルスターンが国際社会で広く承認を受けることを意味する、と述べた[133]。条約はタタルスターン共和国の主権国家路線が国内外（連邦中央及び国際舞台）で承認されたことを意味するとの認識を、この発言の中に看取することができるであろう。また、3月12日のインタビューにおいて、彼は条約の法的性質に関して次のように述べている[134]。まず条約の合法性について、連邦憲法（第11条第3項、第73条及び78条）、統一連邦条約（第8条）、タタルスターン共和国憲法（第61条）の規定からして、条約は合法的文書である。また、条約上の両国の相互関係はタタルスターン共和国憲法第61条（国際法上の主体としての主権国家の地位を規定する）と相違するのではないかという問題と関連して、タタルスターン共和国はロシア連邦と国家として結合する（объединить）のであり、ロシア連邦によるタタルスターン共和国の政治的承認及びタタルスターン共和国によるロシア連邦の国家主権の承認こそが条約の主要な成果であるとされる。彼は、この点に、条約に内在するいわば妥協的性質を見ている。つまり、条約は連邦内の単なる内部的取決め（連邦中央と地方との）ではなく、さりとて国際社会における主権国家間の国際条約ではないという、ある種の妥協的性質を有しているのである。このことを、彼は、条約は「国際的地位」（それはタタルスターン共和国が一度も国家的独立を主張しなかったことの帰結である）を有するのでなく、国家間的地位（междугосударственный статус）を有すると述べる。国家元首による調印という事実、またタタルスターン共和国が国家として承認されていることの事実から、条約はある種の国家的性格を有するのである（この点は1992年の統一連邦条約と相違する点である）。

　最後に、条約交渉の直接の担当者ではなかったが共和国指導部の一員であるムハメートシン最高会議議長の評価を紹介しておく。彼によれば、条約の歴史

的意義は、ロシア側が国家主権宣言及び共和国の地位向上に関するレフェレンダムの結果のみならず、共和国憲法を「その政治的・法律的構成において完全に」承認したと認めていることにある[135]。それとともに彼は、条約が単に連邦中央から共和国へとあるいは上から下へと権限を移転したのではなく、それらの権限を区分したことを意義づけている。またタタルスターン共和国の主権問題について、彼は、条約は連邦権力によるタタルスターン共和国主権の事実上及び法律上の承認となったことを強調した。それとともに、彼によれば、条約締結により、タタルスターン共和国はロシアと単一国家に結合した主権的共和国の地位を高めただけではなく、ロシア連邦再編の道を敷いたのである[136]。

　以上要するに、タタルスターン共和国指導部は、条約とは当時の特殊な政治的状況において一定の目的を達成するための妥協の成果であり、それによって、一方でのタタルスターン共和国の主権国家性（ロシア連邦内での特別な地位）が承認され、他方でのロシア連邦崩壊の危機的状況を回避してその一体性領土的統一を確保・保障した点に、条約の意義を見たのである。

　タタルスターン共和国指導部のこうした評価に対して、ロシア側当事者は如何なる評価を下したのであろうか。最も早い評価は、2月15日の条約調印式におけるエリツィン大統領の発言、すなわち、「このような条約は、ロシア連邦憲法と共和国憲法との間の矛盾を取り除くための唯一の憲法的かつ文明的な形式である」との発言に見られる[137]。注目すべきは、シャイミーエフ大統領と同様に、エリツィン大統領もまた条約締結によって両憲法の矛盾が取り除かれたと評価している点である。彼によれば、条約は連邦憲法と共和国憲法との憲法的・法的不一致の調整形式であり、この理解の前提として、条約とは連邦と共和国との間の矛盾を政治的・法的に調整する妥協形式だからであるとの認識があった。換言すれば、タタルスターン共和国との条約とは、長期の二国間交渉の結果による妥協の産物（形式）であると理解されている。

　それと同時に、重要なことは、この条約が単にタタルスターン共和国との間に採用された個別形式ではなく、連邦憲法との憲法的矛盾を抱える他の共和国との関係で、ひいては連邦中央との間で矛盾を抱える連邦主体との関係であま

ねく採用されるべき形式であると、エリツィン大統領が考えている点である（その後の新たな連邦関係の構築が連邦主体との個別条約に基づくという、いわゆる「連邦条約パレード」の招来を示唆している）。このことは、彼が2月24日に連邦議会に発した教書の中で、「連邦権力と連邦主体との間の管轄対象及び権能の区分に関する条約は、連邦関係の最も重要な自動調整メカニズムである。この種の条約がタタルスターン共和国と結ばれた」と述べていることからも看取しうる点である[138]。

　このように、ロシア‐タタルスターン間の妥協の所産である個別的条約が、連邦内の中央と地方との関係、換言すれば、連邦と地方（連邦主体）との間の法的・政治的その他の矛盾を解決するための方式として積極的に捉えられているのである。この考えは、その後直ちに、シャフラーイ副首相がその他すべての連邦主体との条約案作成作業計画に着手したように、エリツィン大統領及び指導部によって実施されていくことになる[139]。条約の意義がこうした二側面において理解されている点は、注意する必要がある。

　次に、タタルスターン共和国との交渉でロシア連邦側の中心的役割を担ったC.シャフラーイの条約評価について見ると、まず条約締結直前のマスコミとのインタビューの中で、彼は、条約の意義ないし必要性について、それによってロシア連邦の統一が確固たるものとなったとしたうえで、「タタルスターン共和国においては三年もの間、ロシア連邦憲法、ロシア連邦法が作用しておらず、そのことにより遅かれ早かれ政治的その他の問題を惹起しかねない状況にあって、条約は、こうした不確定の時期に終止符を打つ」ものであると意義づけた[140]。つまり、タタルスターン共和国との間に醸成されていた一定の政治的状況が条約締結を余儀なくさせた要因であった。こうした政治的要因とともに、C.シャフラーイはもう一つ、条約締結を余儀なくさせた要因として法律的要因を挙げる。すなわち、当時、タタルスターン共和国との正常な「国家内関係」を確立するための十分な法的基盤がなかったことが、条約締結を余儀なくさせた要因であったのである[141]。その意味で、法的形式として採用された条約は、両国関係の法的規制にとってあくまで補足的・例外的な役割を果たすに

すぎないものと理解された。これらの要因に関連して、彼は後に、「タタルスターンとの条約についていえば、それはモデルではない。共和国における分離主義的傾向をなくし、そして90年代初めの地域的紛争を防止するという差し迫った政治的必要性によって何よりも引き起こされたが故に、それは特別なものである。それ以外に、タタルスターン共和国は、…特別の立場にあった。すなわち、…連邦条約に署名しなかったのであり、それ故、こうした状況では特別の法律的対応が要請されたのである」と述べている[42]。条約とは、C. シャフラーイにとって、特別の状況のもとで特別の問題を解決するために特別に採用された法的措置（妥協）であったのである。

　それでは、条約が法的・政治的妥協であることは、条約の目的やタタルスターン共和国主権問題との関連で如何に理解されるべきであろうか。この点について、C. シャフラーイは次のように述べる。条約の目的は、タタルスターン共和国の地位を高めたり低めたりすることではなかったし、連邦主体の同権性原則を謳うロシア連邦憲法の存在をも考慮すべきであったので、両当事者ともに意図的にこの問題を避けた、と[43]。ただ、彼は、連邦管轄及び共同管轄における連邦権能以外での共和国権能の全権性を定めるロシア連邦憲法第73条は共和国の政治的主権の存在（制限的とはいえ）を認めており、それはタタルスターン共和国の要求に適うものであった。また、連邦憲法との関係について、C. シャフラーイによれば、条約内容は連邦憲法の一連の規定（条約締結の可能性を認めるロシア連邦憲法第11条第3項や、権能の委譲を認める同第78条など）に則しているという意味で、合憲性を有している。この点については、前述したように、条約には連邦憲法と矛盾する点が少なからず存在することを承知したうえで、あえて行っている発言であることに注意しなければならない。

　以上、ロシア指導部もタタルスターン共和国指導部同様、1994年条約を一定の政治状況のもとでなされた政治的妥協の結果として積極的に評価するとともに、今後の連邦関係の「正常化」のために条約を積極的に利用しようとしたことが理解される。このことは、両指導部が、条約締結の際に抱いていた目的

142 第一部　1994 年条約の締結とその意義

が相対的とはいえ達成されたとの認識をもっていたことを意味する。次の問題は、こうした認識を世論も共有していたのか、ということになる。

⑵　世論の評価

　たった今見たように、1994 年条約はロシア連邦及びタタルスターン共和国双方の指導部によって特定の政治的問題・矛盾を克服するために行われた政治的・法的な妥協（文書）であると積極的に意義づけられた 1994 年条約は、世論に如何に受け入れられるであろうか。とりわけ、それはタタルスターン共和国の利益に即したものとして受けとめられたのであろうか。結論を先取って言えば、前述の共和国指導層の立場は、締結直後に実施された世論調査でタタール人の 60％ 及びロシア人の 70％ が支持し、反対は 29％ であったことに示されたように、世論の支持を得たと言うことができる[144]。穏健的タタール民族主義組織の「全ロシアタタール文化 - 啓蒙センター」議長が、権利と公正の原則に基づく関係の新たなモデルを樹立し、ロシア国家を連邦制原理に基づいて統一したとして、条約を支持したことなどは、共和国指導部の立場が広く支持された一例である[145]。しかし、条約締結に積極的に反対する人々や、またとりあえず条約締結を受け入れてもそこに胚胎する様々な問題を指摘する批判的な人々もいた。そのような人々の主張について、以下では、急進的タタール民族主義者及び親ロシア＝連邦派の二つの立場を取りあげて見ていくことにする。

㋐　急進的タタール民族主義者

　タタルスターン共和国の独立を望む急進的民族主義者にとっては、如何なるかたちであれ連邦への共和国の帰属を認めた条約は、タタルスターン共和国の主権国家性を侵害しているが故に受け入れられるものではなかった。彼らは、条約がタタルスターン共和国をロシア連邦の通常の主体、すなわち他の連邦と同じ主体として扱っていることから、それはタタルスターン共和国憲法を否定するものであると批判した[146]。急進的タタール民族主義運動の「主権」は、共和国指導部が行った連邦との条約交渉は「共和国の主権化路線」を裏切るものであると非難する声明を発した[147]。2 月 19 日〜 20 日にかけて開催されたミッリ - メヂリスの第二回大会（クルルターイ курултай）では、条約締結反対の

立場に立つこうした急進的民族主義的立場が明確に示された。大会は、条約は
タタルスターン共和国憲法及び1992年3月のレフェレンダムで示されたタタ
ルスターン共和国人民の意思を侵害している、それと関連してミッリ－メヂリ
スは条約に同意するか否かに関するレフェレンダムを実施する権限を有すると
決議した[148]。この大会でミッリ－メヂリス議長に選出された「イッチファク
Иттифак」党指導者の Ф.バイラーモヴァ（Ф.А.Байрамова）によれば、条約締
結によって共和国は1989年まで戻されたのである。彼女はまた、条約はタタ
ルスターン共和国の国家体制にとって危険な文書であり、そしてシャイミーエ
フ大統領が条約は不平等であると立証しない場合には、レフェレンダムを実施
しなければならないとも述べた[149]。さらに後に、「ロシアとの条約締結以前に
は、我が党は共和国主権の実現の事業において指導部と協力する用意があった
とすれば、1994年2月以降、「イッチファク」党は強い反対の立場に移った。
我々はモスクワとの協調政策に断固として反対する」と述べている[150]。

　1993年3月の第三回大会以降急進化した「全タタール社会センター
（ВТОЦ）」は、前述の急進的民族主義政党と同様の立場から、指導部及び条約
を批判した。つまり、彼らは、ロシア連邦との関係は対等な国家同士の条約関
係に基づいて構築されなければならない、換言すれば、国際法上の原則に依拠
した国際条約に則って樹立されなければならないとの立場から、1994年条約
に反対した。条約は、共和国にとっては国家主権宣言で謳われた独立からの後
退でしかなかった[151]。また、タタルスターン共和国の主権国家化を志向してき
た「主権」運動も、その政治声明の中で、タタルスターン共和国指導部が条約
を締結したことは共和国の主権化路線を完全に変更する行為であり、人民の審
判を受けなければならないと批判した[152]。

　最後に、「タタルスターン共和党」最高会議フラクションが4月の共和国最
高会議で行った批判は、条約交渉にも関わる批判点を含んでいる点で注目され
る[153]。すなわち、条約は、同権的原則に基づいて妥協的な解決を実現した点で
積極的意義を有するとの評価を受けた。そのうえで、次のような批判が条約及
び協定になされた。条約は、主権国家、国際法上の主体としてのタタルスター

ン共和国の発展を法的に確立した文書にはなっていない。条約や協定は、タタルスターン共和国が主権国家として機能するうえで不可欠な権利を規定していない。特に、信用‐金融政策や対外経済活動といったタタルスターン共和国の自主性を発揮するうえで不可欠な機能が連邦機関に移譲されている。そして、注目すべき点として、条約・協定がこれまでマスメディアなどで公表されてこなかった事実が批判され、これを直ちに公表すること、また条約・協定を独立の専門家の鑑定に委ねること、さらに最高会議内の委員会にタタルスターン共和国憲法との合致問題の検討を委ねること、などを求めた。

要するに、急進的タタール民族主義者の条約に対する批判は、条約は1990年以来タタルスターン共和国が目指してきた主権国家化を実現していないというものであり、そうした条約（及び協定）を締結したタタルスターン共和国指導部が強く批判されたのである。

(イ)　親連邦派

親連邦派の1994年条約に対する批判は、基本的にはロシア連邦の崩壊への危惧・危機感から発している。彼らは、ロシア連邦との友好的連邦関係の中でタタルスターン共和国の民主化を実現していこうとする立場に立つ。従って、条約締結による連邦中央との連邦関係の確立が連邦中央‐タタルスターン共和国関係の現段階での緊張緩和・政治的安定をもたらしたことは歓迎される。タタルスターン共和国の独自性を主張しつつも連邦中央との連携・協調を重視する政党、たとえば、共和国親ロシア政党である「統一と合意」が2月22日の政治会議第2回会議において、条約締結に関連した一連の問題を審議し、条約はタタルスターンとロシアの運命にとって歴史的意義を有するとの肯定的評価を行ったことは、こうした立場を示している[54]。しかし、条約が秘密裏に準備されたことを含めてその他の点においては、条約は両国関係に内在する如何なる問題も解決するものではなく、かえって連邦を危殆に追いやるとして批判する（従って、後述するように、連邦レベルにおけるロシア民族主義的立場とは一線を画するのである）。

タタルスターン共和国選出の国家会議代議員（「ヤーブロコ」派）の И. グラ

チョーフ（И.Д.Грачев）も、こうした二面的な評価を行う[155]。彼は、条約は二様の解釈を許容している、そこには連邦権能がタタルスターン共和国領土に及ぼされることが明確かつ一義的に書かれていない、条約は長期的に見ると、ロシア連邦崩壊の起点となりうると述べている[156]。また彼は、3月5日の国家会議内の記者会見においては、条約は連邦憲法に抵触する、またその締結は時期尚早である（何故なら、タタルスターン共和国内の情勢はタタルスターン側になお多くの譲歩を強いることができたから）といった理由で、条約を批判する[157]。しかしながら、彼は、3月8日の新聞インタビューでは、こうした批判に加えて条約がきわめて曖昧であると批判しつつも、タタルスターン共和国指導部が不合理かつまったく非現実な、そしてロシアにとって破壊的な考え、すなわち絶対主権的な独立タタール国家の樹立を否定したことを、条約の積極的な意義として評価する[158]。要するに、И.グラチョーフもまた、条約は連邦の交渉に際しての過大な譲歩や連邦憲法との抵触といった問題を孕んでいるとして批判しつつも、ロシア連邦の崩壊を防ぎその一体性を維持した点に条約の意義を認めるのである。

　条約に対するこうした二様の対応は、タタルスターン共和国内の親ロシア派を、条約をタタルスターン共和国への一方的譲歩・敗北の証として、また連邦を国家連合化するものとして強烈に批判する連邦レベルのロシア民族主義者と区別する点であろう。たとえば、民族主義者のC.バブーリン（С.Н.Бабулин）は、「条約によれば、タタルスターンはロシア連邦と結合するのであって、他の主体とともにロシア連邦を構成するのではない。条約には、ロシア連邦に比較してより大きな法律的効力が付与されている。この場合、連邦の非対称性は、実際には、事実上の国家連合制に転化している」と、述べる[159]。ロシアの急進的民族主義者にとって、条約締結がロシア連邦を国家連合化するものであり、またタタルスターン共和国の分離主義に対する敗北であった。こうした彼らの条約締結に対する不満はタタルスターン指導部よりも連邦指導部に向けられ、なかでも、この条約による新たな連邦関係を構築する可能性を承認するかの如き発言を行ったC.シャフラーイは、激しい批判にさらされたのである[160]。

146 第一部 1994年条約の締結とその意義

(1) 1990 年 9 月 14 日のタタルスターン共和国憲法委員会第一回組織会議において、シャイミーエフ大統領は、国家主権宣言後の時期はその実現の端緒的段階、すなわち緊急に新憲法を準備する必要性を証明したと、述べている（см.《Советская Татария》, 16 сентября 1990 г.）。なお、共和国の新憲法制定過程を主導したのが、1990 年 8 月 31 日に創設されたこの憲法委員会（委員長はシャイミーエフ最高会議議長［当時］）であった（決定「タタールソビエト社会主義共和国憲法委員会の創設について」［《Советская Татария》, 5 сентября 1990 г.］）。新憲法制定過程の詳細は省くが、1991 年 8 月の保守派クーデタ後、議論は加速され、同年末（1991 年 12 月 6 日）には憲法委員会提案の憲法案（「タタルスターン共和国憲法（基本法）」案）が全人民討議のために公表された（全 7 編 17 章 175 条の憲法案テキストについて、см.《Советская Татария》, 31 декабря 1991 г.）。草案は妥協的・折衷的の性格をもつものであったが、それは、エリツィン政権がソ連邦解体を本気で考えていることに愕然としたタタルスターン指導部が連邦中央との決定的な対立を回避しようとした結果でもあった（新憲法案及びそれを提起したシャイミーエフ指導部が共和国内外から激しい批判にさらされたことについて、塩川信明『ロシアの連邦制と民族問題―多民族国家ソ連の興亡 III―』（岩波書店、2007 年、118-120 頁参照）。とはいえ、ソ連邦崩壊後のロシア連邦及びタタルスターン共和国レベルでの連邦改革の中にあって、共和国新憲法制定作業は着実に進められた。そして、1992 年 4 月の憲法委員会で新たな憲法案が纏められ、10 月 10 日の憲法委員会において、憲法案が最終的に仕上げられ、最高会議に上程されることとなった。かくして、11 月 6 日、「タタルスターン共和国憲法」（全 7 編 15 章 167 条）として採択された（テキストについて、см.《Советская Татария》, 7 ноября 1992 г.）。さらに、11 月 30 日の第 12 期最高会議第 13 会期に法律「タタルスターン共和国憲法の実施手続きについて」が上程され、一部修正を経て全体として承認された（см.《Советская Татария》, 1 декабря 1992 г.）。

(2) ゾーリキン憲法裁判所長官は、タタルスターン共和国憲法第 61 条の「連合した［アソツィイーロヴァンノエ］地位」を批判し、その削除を要求した（см.《Российская газета》, 3 декабря 1992 г.）。また憲法学者の A. コヴァレーンコ（А.И.Коваленко）は、第 61 条との関連で、タタルスターン共和国指導部がロシアから独立した国家法上の地位を共和国に付与しようとしたことは、指導部が分離主義的立場をとるとともに、連邦憲法の規範的最高性を軽視していることを証明していると批判している（см.Коваленко А.И.Конституционное право Российской Федерации, М.:Артания. 1995, стр. 83）。なお、B. チールキン（В.Е.Чиркин）による第 61 条の「連合した国家」批判について、см.В.Чиркин, Государственная власть субъекта федерации,《Государство и право》, N10,2000,стр. 8.

(3) См.《Российская газета》, 12 ноября 1992 г.

(4) 「共和国首脳会議」は 10 月 15 日に最初の会議を開き、新憲法採択の可能性を与えるために、12 月 1 日開催の人民代議員大会を来年 3・4 月に延期することを最高会議に要請するアピールを採択した（《Российская газета》, 16 октября 1992 г.）。会議は 10 月 23 日付大統領令「共和国首脳会議の創設について Об образовании Совета глав республик」により公認された（Ведомости Съезда народных депутатов Российской Федерации и Верховного Совета Российской Федерации, 1992, N 44 , ст. 2522)。

(5) См. 《Российская газета》, 27 ноября 1992 г.

(6) См. Встреча Президента РТ М.Ш.Шаймиева с Президентом РФ Б.Н.Ельциным (http://shaimiev.tatarstan.ru/news/view/40532 [2018 年 4 月 27 日閲覧])。この会談では、1993 年中には条約作業が仕上げられるべきとの認識がもたれ、その際、ロシア連邦の一体性の維持の重要性に立脚すべきとされた。

(7) См. 《Независимая газета》, 4 ноября 1992 г.

(8) См. В.Н.Лихачев, О новой Конституции Республики Татарстан, в кни. Из истории создания Конституции Российской Федерации. Конституционная комиссия : Стенограммы, материалы, документы (1990-1993гг.). Том 3:1992 год, М.:Волтерс Клувер, 2008, стр. 607.

(9) См. указ. Из истории создания Конституции Российской Федерации. Конституционная комиссия : Стенограммы, материалы, документы (1990-1993гг.). Том 3:1992 год. Книга третья (Строительство новой Федерации), стр. 478. なお、О. ルミャーンツェフは、タタルスターン共和国への対応に示されるように、いわば強硬な連邦主義者であり、タタルスターン共和国最高会議幹部会は、彼の存在を二国間交渉の阻害要因として名指しで非難した。См. 《Советская Татария》, 14 ноября 1992 г.

(10) Ведомости Верховного Совета Татарстана, N 11-12, 1992, ст.182. この会期の唯一の議題が新憲法施行法の採択であり、その法案は一部修正のうえ、承認された (см. 《Советская Татария》, 1 декабря 1992 г.；《Вечерняя Казань》, 2 декабря 1992 г.)。

(11) См. 《Советская Татария》, 25 ноября 1992 г.

(12) См. О.О.Сенатова, Татарстан в октябре 1992 года (http://www.igpi.ru/monitoring/1047645476/1992/1092/16.html [2018 年 4 月 27 日閲覧])。

(13) 調停案の趣旨は、翌 1993 年 4 月 11 日に新連邦憲法に関するレフェレンダムを実施すること、そのための憲法案を両者協議して作成することである。それは、それまでの間、大統領・議会両者は憲法体制の安定化のために協力（いわば政治的休戦）することを要請するものであった。

(14) См. 《Известия Татарстана》, 7 января 1993 г.

(15) См. 《Советская Татария》, 16 ноября 1993 г.；《Известия Татарстана》, 19 января 1993 г.

(16) Распоряжение Президента Российской Федерации от 15.01.1993, N 33-рп. О составе

участников переговоров 21 января 1993 года представителей высших органов власти
Российской Федерации с представителями высших органов власти Республики Татар-
стан о государственно-правовом статусе Республики Татарстан и взаимораспределении
предметов ведения и полномочий между органами власти Российской Федерации и
Республики Татарстан. タタルスターン側代表団の構成については、文書的にも確認
することができなかった。なお 18 日には、シャフラーイ副首相及びヤーロフ副首
相とリハチョーフ副大統領との 21 日の準備を含めた協議がモスクワで行われた
(《Известия Татарстана》, 20 января 1993 г.)。

⑴⑺　КОММЮНИКЕ по итогам встречи делегаций Российской Федерации и Республики
Татарстан. См. указ. Белая книга Татарстана. Путь к суверенитету (Сборник офици-
альных документов), стр. 51-52.

⑴⑻　См. 《Российская газета》, 29 января 1993г.

⑴⑼　См. Журнал 《Татарстан》, N 1, январь 1993г., цит. по Республика Татарстан: новейшая
история. События. Комментарии. Оценки. Том 2. Казань: Фонд 《Казанские истории》,
2007, стр. 22.

⑵⑼　2 月 7 日、シャイミーエフ大統領が共和国最高会議第 19 会期で行った報告「タタ
ルスターン共和国における政治的及び社会 - 経済的状況について」を参照。Из
выступления по вопросу "О политическом и социально-экономическом положении в
Республике Татарстан" на XIX сессии Верховного Совета РТ 7 февраля 1993 г.
См. О щущается стремление понять друг друга (http://history-kazan.ru/kazan-vchera-
segodnya-zavtra/retrospektiva/ novejshaya-istoriya-s-avgusta-1990-goda/5179-812
[2018 年 4 月 27 日閲覧])。

⑵⑴　12 月 12 日付大会決定「ロシア連邦の憲法体制の安定について О стабилизации
конституционного строя Российской Федерации」(Ведомости Съезда народных депу-
татов Российской Федерации и Верховного Совета Российской Федерации от 1992 г.,
N 51, ст. 3016) は、翌 1993 年 4 月 1 日に憲法原則をめぐるレフェレンダムを実施
し、そのために 3 月 31 日までに基本規程の草案を作成することを決めた。大会決
定の邦訳について、『ロシア政策動向』第 12 巻第 2 号、No. 175, 1993 年、5-6 頁参
照。なお、注⒀参照。

⑵⑵　См. 《Известия》, 10 марта 1993 г.

⑵⑶　大会は、エリツィン大統領の問題提起に対して、一連の決定、すなわち「最高国
家権力機関及び公務員によるロシア連邦憲法（基本法）の遵守について」(3 月 11
日)(《Российская газета》, 13 марта 1993 г.)、「ロシア連邦における憲法改革の実現
施策について（「ロシア連邦の憲法体制の安定に関する」第七回ロシア連邦人民代
議員大会決定について）」(3 月 12 日)(《Российская газета》, 13 марта 1993 г.)、「全
ロシアレフェレンダムについて」(3 月 13 日)(《Российская газета》, 17 марта 1993

г.）でもって応じた。最後のレフェレンダム実施については、大会に参加していた
サビーロフタタルスターン共和国首相は、現在の危機から脱出するためには経済問
題に専念すべきで、レフェレンダムを実施すべきときではないとして、反対を表明
した（см.Восьмой и девятый (внеочередной) съезды депутатов Российской Федерации
: Документы, сообщения,заявления. М., 1993, стр. 77-78）。なお、大会における大統
領－議会との対立状況の中で、地方による連邦条約締結・実現問題に関する主張が
ほとんど無視されたこと、すなわち、大会冒頭、共和国指導者を代表して北オセチ
ア共和国最高会議議長によってなされた、まず地方の問題（連邦条約の法制化、連
邦国家構築の問題といった）を解決してから中央の問題（大統領－議会の権力関係、
新憲法制定問題といった）を解決すべきとの要求が大会代議員によって無視された
ことは、1993 年春のこの時期における連邦中央とタタルスターン共和国との条約交
渉をめぐる環境を考えるうえで、注意すべき点である。См.Эпоха Ельцина. Очерки
политической истории,М.:Издательство 《ВАГРИУС》, 2001, стр. 278.

⑭ エリツィン大統領は、3 月 20 日、テレビ演説で「国民へのアピール」を行い、危
機克服までの特別統治体制の導入と 4 月 25 日に正副大統領の信任問題及び新憲法
案に関する国民投票を実施することを盛った大統領令に署名したと述べた
（см.《Российская газета》, 23 марта 1993 г.）。翌日、最高会議は臨時の拡大会議を開
いて、「1993 年 3 月 20 日のロシア連邦大統領のロシア市民へのアピールについて」
の決定を行い、それを憲法原則に違反するものと見なし、大統領の一連の行為及び
決定の合憲性判断を憲法裁判所に求めた（см.《Народный депутат》, No.6,1993 г.）。

⑮ レフェレンダム結果について、см.《Российская газета》, 6 мая 1993 г.;《Россий-
ские весть》, 7 мая 1993 г.

⑯ この時期、エリツィン大統領とシャイミーエフ大統領との非公式意見交換の中で、
前者が近いうちに二国間条約を締結する旨を約束し、後者がこれへの見返りに新連
邦作成プロセスに参加することを約束したとの憶測が生まれたことについて、
см.А.Г.Касимов, Татарстан в мае 1993 года.Тенденции развития（http://www.igpi.ru/
monitoring/ 1047645476/1993/0593/16.html ［2018 年 4 月 27 日閲覧］）。

⑰ См.《Российские весть》, 30 апреля 1993 г.;《Независимая газета》, 30 апреля 1993г.
この場で、憲法協議会招集の考えも示された。なお、大統領提案の憲法案「ロシア
連邦憲法（基本法）案」のテキストについて、см.《Российские весть》, 30 апреля
1993 г. ルミャーンツェフ憲法委員会責任書記は、この大統領案について、権力バラ
ンスを大統領側に過度に傾けている、共和国に多くの権利を与えて、州・地方を不
利な立場に置いている、立法・司法府のいくつかの基本的権限を歪めている、とい
った理由で批判した（see, RFE/RL Daily Report , No. 83, 3 May 1993）。

⑱ Собрание актов Президента и Правительства Российской Федерации, 1993, N 20 ,
ст.1828.

150 第一部 1994年条約の締結とその意義

(29) См. 《Независимая газета》, 20 мая 1993 г.

(30) 既に共和国最高会議開催前の5月13日、ムハメートシン最高会議議長はインタビューに答えて、ロシア連邦憲法案の審議に参加するつもりはないと述べている（см. 《Известия Татарстана》, 14 мая 1993 г.）。また、彼は「自由」ラジオとのインタビューでも、ロシア連邦－タタルスターン共和国の相互条約が締結されるまでは、タタルスターン共和国議会は如何なる憲法案も審議しないと述べた（см. 《Российская газета》, 18 мая 199 3г.）。

(31) 17日の「午前 утренний」会議前に、最高会議代議員団代表者の協議会が開かれ、ロシア連邦憲法の2つの草案の審議の必要性が議論されたが、この問題を日程に含めるシターニン（А.В.Шитанин）代議員（親ロシア＝連邦主義的「民主政」会派所属）の提案は否決された（см. 《Известия Татарстана》, 18 мая 1993 г.）。

(32) См. 《Известия Татарстана》, 20 мая 1993 г.；《Независимая газета》, 20 мая 1993 г. 最高会議は、決定「ロシア連邦－ロシア新憲法案への対応について」を採択し、その中で、タタルスターン共和国の主権国家としての地位をロシア連邦が公式に承認すること、またタタルスターン共和国及びロシア連邦の間の条約－憲法関係を新憲法案に盛り込むことが必要であると決定した。決定テキストについて、см. 《Известия Татарстана》, 27 мая 1993 г.

(33) См. 《Независимая газета》, 19 мая1993 г.

(34) ОФИЦИАЛЬНОЕ ПИСЬМО Президенту Российской Федерации Б.Н.Ельцину. К проекту Конституции Российской Федерации. См. указ. Белая книга Татарстана. Путь к суверенитету (Сборник официальных документов). 1990-1995, стр. 24-25.

(35) См. 《Известия Татарстана》, 13 мая 1993 г.

(36) См.Ф.Х.Мухаметшин, Республика Татарстан: от референдума до договора. Казань: Татарское книжное издательство. 1995,стр.69.

(37) См. 《Вечерняя Казань》, 26 мая 1993 г. なお、ロシア連邦政府は、タタルスターン共和国との交渉と並行してチェチェン共和国とも条約交渉を進めていた。その結果、1993年1月14日の代表団会合の後に公表されたコミュニケによると、「ロシア連邦及びチェチェン共和国の代表団は「権能の相互委譲及び区分に関するロシア連邦とチェチェン共和国との間の条約」の準備及び締結に関するプロトコルに署名した。作業グループに対して、本年1月31日までに「条約案」への提案パケットを準備するよう委任された。1993年2月に「条約」批准のための次回代表団会合についての合意がなされた」（Россия-Чечня：цепь ошибок и преступлений,М.,1998, стр. 112-113）。ここで注目すべきは、条約名称が「ロシア連邦及びチェチェン共和国の代表団は「権能の相互委譲及び区分に関するロシア連邦とチェチェン共和国との間の条約」となっていること、また2月に条約締結を予定していることである。これについて、ロシア側代表団の一員であったシャフラーイ副首相は、結果的に条約締

結には至らなかったが、チェチェン共和国との間の権能の相互委譲及び区分条約を
ロシア史上最初のものである、何故ならタタルスターン共和国との間での権能の相
互委譲及び区分条約という定式化の先鞭をつけたのが、チェチェン共和国との間の
上記コミュニケ及びそれに基づくプロトコルであったからであると評価した（см.
С.М.Шахрай, Договоры о разграничении предметов ведения и полномочий как инстру-
мент региональной политики федеративного государства, в кни. Договорные прин-
ципы и формы федеративных отношений в России, Москва：ИНИОН
РАН,1999,стр.37）。その後、1996年5月26日に権限区分条約（Договор о разграни-
чении предметов ведения и полномочий между органами государственной власти
Российской Федерации и органами государственной власти Чеченской Республики）案
（全25条）が連邦大統領令として承認された（Собрание законодательства РФ, 1996,
N23, ст. 2751）が、締結には至らなかった。

(38) См. 《Известия Татарстана》, 26 мая 1993 г.

(39) 1時間10分にわたるこの会議の参加者は、タタルスターン側がシャイミーエフ大
統領、ムハメートシン最高会議議長、サビーロフ首相、コーベレフ（Г.В.Кобелев）
最高会議計画・予算委員会委員長である。ロシア側はエリツィン大統領、シャフラ
ーイ副首相、リャーボフ（Н.Т.Рябов）最高会議副議長、フョードロフ副首相である。
ロシア側参加者については複数の報道により相違しており、チェルノムィールディ
ン首相、ローボフ副首相、ヤーロフ副首相といった名を挙げる新聞もある
（《Известия Татарстана》, 27 мая 1993 г.;28 мая 1993 г.;29 мая 1993 г.）。なお、帰国後
のシャイミーエフ大統領の記者会見について、см.《Известия Татарстана》, 29 мая
1993 г.

(40) КОММЮНИКЕ по итогам встречи делегаций Российской Федерации и Республики
Татарстан 27 мая 1993г. в г.Москве. См.указ. Белая книга Татарстана. Путь к суверени-
тету (Сборник официальных документов), 1990–1995,стр.52–53.

(41) См. 《Вечерняя Казань》, 28 мая 1993 г.

(42) 各テキストについて、указ. Белая книга Татарстана. Путь к суверенитету (Сборник
официальных документов), стр. 57–65.

(43) См. 《Известия Татарстана》, 23 июня 1993 г. この日締結された防衛産業に関する
協定の名称だけが「産業の防衛部門における管轄対象及び権能の相互委譲に関する
ロシア連邦政府とタタルスターン共和国政府との間の協定」（前文＋12か条）とな
っていることが注目される。各テキストについて、указ. Белая книга Татарстана.
Путь к суверенитету (Сборник официальных документов), 1990–1995, стр. 65–73.

(44) См. 《Вечерняя Казань》, 25 июня 1993 г.

(45) サビーロフ首相の「インターファックス」通信とのインタビューについて、
см.《Известия Татарстана》, 26 июня 1993 г.

152　第一部　1994 年条約の締結とその意義

⑷　6 月 2 日大統領令「憲法協議会作業手順について」を参照（《Российские вести》, 4 июня 1993 г.）。憲法協議会（参加者全部で 95 名）は、当初、6 月 5 日から 16 日までの開催とされていた。ここで、検討対象とされた憲法案は、4 月 30 日公表の大統領憲法案「ロシア連邦憲法（基本法）案」（全 3 編 9 章 130 条）と 5 月 4 日公表の最高会議憲法委員会提案の憲法案「ロシア連邦憲法（基本法）」（全 6 編 24 章 130 条）である。後者のテキストについて、см.《Федерация》, 4 мая 1993 г. なお、憲法協議会での権限区分を含む連邦制に関する議論について、溝口修平「ロシアの非対称な連邦制―その制度的起源―」『ロシア・東欧研究』第 41 号、2012 年、66-69 頁参照。

⑷　Об организации дальнейшей работы Конституционного совещания (Собрание актов Президента и Правительства Российской Федерации,1993, N 25 , ст. 2375).

⑷　См.Конституционное совещание. Стенограммы. Материалы. Документы. 29 апреля - 10 ноября 1993 г. Том 10, М.:Юридическая литература.1995,стр.308-311;《Российские вести》, 17 июня 1993 г.

⑷1993 年 6 月 9 日最高会議決定「ロシア連邦大統領によって創設された憲法協議会へのロシア連邦最高最高会議の参加について Об участии Верховного Совета Российской Федерации в Конституционном совещании, созванном Президентом Российской Федерации」（Ведомости Съезда народных депутатов Российской Федерации и Верховного Совета Российской Федерации,1993, N 25 , ст. 913）によると、活動原則は、① 憲法委員会によって作成された草案、ロシア連邦大統領によって提示された草案、並びにその他の草案に基づく統一的新ロシア連邦憲法案の作成、② 1993 年 6 月 5 日の報告に見られたロシア連邦大統領の「ソビエトと民主主義は両立しない」というテーゼの拒否、③ 憲法協議会の決議は諮問的性格を有すること、④ 新憲法採択の憲法手続きは、ロシア連邦最高会議及び人民代議員大会によって定められること、の 4 点である。

⑸　「憲法協議会活動への今後の参加拒否に関する大統領及び憲法協議会参加者へのアピール К Президенту Российской Федерации и участникам Конституционного совещания」について、см.Ведомости Съезда народных депутатов РФ и Верховного Совета РФ,1993,N 27,ст.1027. また「新ロシア連邦憲法案に対する作業について О работе над проектом новой Конституции Российской Федерации」について、см. Ведомости Съезда народных депутатов РФ и Верховного Совета РФ.1993,N 27,ст.1025.

⑸　憲法案テキストについて、см.《Российские вести》, 15 июля 1993 г. なお、この憲法案は大統領型 - 議会型の「混合」共和制統治形態を指向するが、議会型共和制の特徴を強くもつことについて、см.В.А.Страшун, О 《смешанной》 форме правления в проекте Конституции Российской Федерации, 《Конституционное совещание》, N 2, октябрь 1993,стр.55-56. また、B. キコーティは、憲法協議会案における体系上の不十分な点〔憲法委員会案との比較における〕について、①「市民社会」を纏めて規定する章がない、② 人・市民の基本権が体系化されずに、羅列されているだけである、③ 財政・予算、国防・安全などの重要問題に関する編がない、④ 連邦主体の権力の組織化に関する原則規定がない、⑤ 労働権と休息権が同一規定に存在する、⑥ 連邦条約を第2編として導入した場合、第1編第9章「憲法改正及び見直し」は他の関連規定とともに、第3編としておくべきである、といった点を挙げている（В.А.Кикоть,Проект Конституции Российской Федерации:на финишной прямой, 《Конституционное совещание. Информационный бюллтень》, N 2, Октябрь 1993, стр. 39-41）。

(52) ルミャーンツェフ憲法委員会責任書記の批判について、see, RFE/RL Daily Report. No. 132, 14 July 1993.

(53) 「声明」（Заявление Президента и Председателя Верховного Совета Республики Татарстана）テキストについて、см.《Известия Татарстана》, 25 июня 1993 г.

(54) Hafeez Malik によると、タタルスターン共和国が憲法協議から離脱した背景には、タタルスターン共和国が他の自治共和国を巻き込んで連邦中央との条約交渉を有利に進めようとの戦術が連邦中央に阻止され失敗に終わったという事情があった。See, Hafeez Malik, Tatarstan's Treaty with Russia:Autonomy or Independence, *Journal of South Asian and Middle Eastern Studies*, Vol. XVIII, No. 2, Winter 1994, pp. 20-21.

(55) См.《Российские газета》, 10 ноября1993 г.;《Российские весть》, 10 ноября 1993 г.;《Известия》;10 ноября1993 г. レフェレンダムによる憲法採択という手続きについては、O. ルミャーンツェフ（この時期は「ロシア社会民主センター РСДЦ」の指導者）による批判（《Сегодня》, 7 декабря 1993 г.）やサハ（ヤクーチヤ）共和国による批判（《Сегодня》, 8 декабря 1993 г.）などに見られるように、少なからぬ批判が各方面からなされた。なお、レフェレンダムの結果採択された憲法テキストについて、см.Конституция Российской Федерации,М.:"Юридическая литература",1993.

(56) 「声明」（Заявление главВерховного Совета республик РФ о новом проекте Конституции России и процедуре ее принятия）に署名した共和国は、アドゥイゲーヤ、アルタイ、バシコルトスターン、カレリア、ハカシア、コミ、マリ・エル、モルドヴィア、サハ（ヤクーチヤ）、トゥヴァ、ウドムルトの11共和国である。См.《Независимая газета》, 15 мая 1993 г.; RFE/RL Daily Report. No. 94, 18 May 1993.

(57) 「声明」（Заявление Советаглав республик Российской Федерации при участии руководителей региональных и межрегиональных ассоциаций Российской Федерации）に署名した共和国は、アドゥイゲーヤ、アルタイ、バシコルトスターン、ブリヤート、ダゲスターン、イングーシ、カバルダ・バルカール、カルムィキヤ、カレリア、コミ、サハ（ヤクーチヤ）、北オセチア、トゥヴァ、ウドムルト、ハカシア、チュヴ

154 第一部 1994 年条約の締結とその意義

ァシの 16 共和国である。См.《Российские вести》, 28 мая 1993 г.;《Российская газета》, 29 июня 1993 г.

⒅ 「ロシア連邦憲法案の準備、調整及び採択の仕上げに関する地方・州全権代表者の声明」（Заявление полномочных представителей краев областей по завершению подготовки, согласования и принятия проекта Конституции РФ）について、см.《Российская газета》, 29 июня 1993 г.;《Российские вести》, 30 июня 1993 г. なお、列挙された項目が両紙で異なる（前者が 9 項目、後者が 10 項目）。

⒆ 7 月 1 日のスヴェルドロフスク州ソビエト決定「ロシア連邦を構成するスヴェルドロフスク州の地位について」は、「スヴェルドロフスク州の多民族からなる人民の意思を表明し、主体の同権性に基づくロシアの効率的な連邦構造の創設を目指し、そして、ロシア連邦のあらゆる民族の市民の権利を保護して、スヴェルドロフスク州人民代議員ソビエトは、スヴェルドロフスク州をロシア連邦を構成する共和国のレベルまで高めること（ウラル共和国）を宣言する」と述べている（《Российские вести》, 3 июля 1993 г.;《Известия》, 3 июля 1993 г.）。スヴェルドロフスク州に続いて、ヴォログダ州、アムール州、プリモーリエ地方などが共和国化への動きを示した（RFE/RL Daily Report. No. 138, 22 July 1993;《Независимая газета》, 7 июля 1993 г.）。こうした動きに対するエリツィン大統領の態度は、1993 年 11 月 9 日付大統領令「スヴェルドロフスク州代議員大会の活動停止について」によって示された。すなわち、「ウラル共和国」は廃止され、その創設主体であったスヴェルドロフスク州ソビエトは解散させられたのである（Собрание актов Президента и Правительства Российской Федерации,1993,N 46,ст.4447;《Сегодня》, 11 ноября 1993 г.）。

⒇ См.《Российская газета》, 7 июля 1993г.

(61) フィラートフ大統領府長官は、地方・州の共和国化要求それ自体もロシア連邦の国家連合化をもたらすとして批判するが、ペルミ州指導部もこれに同調する（см.《Независимая газета》, 7 июля 1993 г.）。経済的その他の州間格差という事情がこうした立場の相違の背景にあったのである。

(62) 7 月の憲法協議会案も 8 月の人民代議員大会憲法委員会案も、連邦条約を第 2 部としてそのまままるごと取り込んだことにより、連邦条約と憲法の「有機的結合」を実現している。憲法協議会案について、см.《Конституционное совещание. Информационный бюллетнь》, N 1, август 1993, стр. 111-155;《Российские вести》, 15 июля 1993 г. 人民代議員大会憲法委員会案について、см.Из истории создания Конституции Российской Федерации. Конституционная комиссия:стенограммы, материалы, документы (1990-1993 гг.) Т.4. Книга третья (июль-декабрь 1993 года), M.:Wolters Kluwer, 1993, стр.355-405.

(63) 11 月 4 日の新憲法案作成のための作業グループの会議で、最後まで調整のつかなかった問題の一つである連邦条約の扱いについて、憲法案からはずすが、その若干

の規定は取り入れることで調整が図られた。См.《Независимая газета》, 5 ноября, 1993 г.;《Комсомольская правда》, 5 ноября 1993г.　11 月 10 日に公表された新憲法案テキストについて、см.《Российские газета》, 10 ноября 1993г.;《Российские весть》, 10 ноября 1993г.;《Известия》, 10 ноября 1993 г.

⑹4 「ネザヴィーシマヤ・ガゼータ」紙によると、新憲法案に対して反対投票が賛成票を上回った連邦主体は、7 共和国（アドゥイゲーヤ、バシコルトスターン、ダゲスターン、カバルダ・バルカール、モルドヴィア、トゥヴァ、チュヴァシ）及び 10 州（ベルゴロド、ブリャンスク、ボルゴグラード、ヴォロネジ、カルーガ、クールスク、リペック、オリョール、スモレンスク、タムボフ）の 17 であった（см.《Независимая газета》, 18 декабря, 1993 г.)。「ソビエト・ロシア」紙によると、これらに加えて、ウリャノフスク、ペンザ、ペルミ州でも反対票が上回った（см.《Советская Россия》, 18 декабря, 1993 г.)。なお、レフェレンダム参加者のうち新憲法案反対者の率は約 40%であった（RFE/RL Research Report. Vol.3. No. 3,21 Feb. 1994, p. 6)。しかし、問題は、レフェレンダムがそもそも成立したのかということであった。中央選挙委員会の発表によると、レフェレンダム投票者数は全有権者中の約 55%で法律上成立したことになっている（RFE/RL Research Report. Vol. 3. No. 3.21 Feb. 1994, p. 6)。しかし、後の批判的分析によると、国全体では 50%に達しなかったといわれる（см.《Независимая газета》, 2 октября 1999 г.)。しかも、22 の連邦主体では、参加者数が 50%をきっていたのである。なお、タタルスターン共和国が新ロシア連邦憲法をめぐる国民投票に消極的態度をとってきたことについて、Cf.RFE/RL Daily Report. No. 210, 2 November 1993 ; No. 214, 8 November 1993. また、連邦議会選挙に対しても消極的であったことについて、《Независимая газета》（26 ноября 1993 г.) によれば、シャイミーエフ大統領は当面の懸案は選挙ではなく、経済問題、とりわけ支払い不履行問題であると述べている。

⑹5　См.《Известия》, 30 октября 1993 г. また 11 月初旬の記事について、см.《Известия Татарстана》, 6 ноября 1993 г.

⑹6　Постановление Верховного Совета Республики Татарствн о проекте Конституции Российской Федерации（《Известия Татарстана》, 27 ноября 1993 г.)

⑹7　См.《Известия Татарстана》, 30 июля 1993 г.

⑹8　《Известия Татарстана》, 1 января 1994 г.

⑹9　1994 年 2 月のタタルスターン共和国との二国間条約を嚆矢として、それに続く連邦主体との相互条約締結のプロセスは、まさに新憲法後の新たな連邦関係構築に向けて選択された解決策の結果であった。См.Р.С.Хакимов, Договорно-конституционное основы федерализма в России, в кни. Договор Российской Федерации и Республики Татарстан:пять лет развития, Казань:Государственный Совет Республики Татарстан, 1999, стр. 234.

156 第一部 1994年条約の締結とその意義

⑺ 12月1日の「イタリアテレビ」第一チャンネルのインタビューについて、см.《Известия Татарстана》, 3 декабря 1993 г.

⑺ См.《Известия Татарстана》, 4 декабря 1993 г.

⑺ См.《Известия Татарстана》, 24 декабря 1993 г. なお、「共和国協議会 Республикан-ское совещание」は共和国の省庁指導者、市・地区議会の代表、大統領府・最高会議・内閣の責任者により構成される。

⑺ 本文との関連で、1994年初めまでに、連邦レベルでの反対派の一時的排除及び新憲法採択によって、連邦中央及びエリツィン個人の立場が強まったことについて、см.В.В.Иванов,Нормативный конституционно-правовой договор:теория и практика. К критике современной теории государства, М.:Территория будущего, 2008, стр. 164.

⑺ 日程が18日から25日までという期間は、タタルスターン共和国大統領府報道センターによる発表である（см.《Известия Татарстана》, 28 января 1994 г.）。なお、代表団は20日からモスクワ入りしたとし、同日夕にはシャイミーエフ大統領もモスクワ入りしたとする新聞報道もある（см.《Известия Татарстана》, 22 января 1994 г.）。

⑺ См.《Известия Татарстана》, 19 января 1994 г.

⑺ См.《Известия Татарстана》, 22 января 1994 г.

⑺ См.《Вечерняя Казань》, 20 января 1994 г.

⑺ См.《Известия Татарстана》, 25 января 1994 г.

⑺ См.《Известия Татарстана》, 22 января 1994 г. この報道で条約（案）「管轄対象の区分及び相互委譲に関する条約」（案）との表現が使われたことは、1992年8月の条約案名称と正式に締結された条約名称との比較で注目される。ただし、1月28日のタタルスターン共和国大統領府報道センター発表の中では、「ロシア連邦とタタルスターン共和国との間の権能及び管轄対象の区分に関する条約」との表記がされていることにも注意しなければならない（см.《Известия Татарстана》, 28 января 1994 г.）。

⑻ См.《Независимая газета》, 25 января 1994 г.

⑻ См.《Известия Татарстана》, 25 января 1994 г.

⑻ ПРОЕКТ ДОГОВОРА Республики Татарстан и Российской Федерации "О взаимном делегировании предметов ведения и полномочий органами государственной власти Российской Федерации и органами государственной власти Республики Татарстан". テキストについて、указ. Белая книга Татарстана. Путь к суверенитету (Сборник официальных документов), стр. 53-57;указ. Республика Татарстан : новейшая история. События. Комментарии. Оценки. Том 2, стр. 204-206. この条約案の名称（「権能及び管轄対象の相互委譲」）が最終条約のそれ（「管轄対象の区分及び権能の相互委譲」）と異なっていることに注意しなければならない。なお今回もまた、条約案が新聞紙上等で公表されることはなかった。なお、条約案には、タタルスターン側代表団員

Р. ハキーモフ及び Ф. サフィウッーリン（Ф.Ш.Сафиуллин）、ロシア側代表団員
В. ミハーイロフ（В.А.Михайлов）及び Л. ボルテーンコヴァがそれぞれ署名したが、
これは、1992 年 8 月条約案が交渉団に随行していた専門家代表によって署名されて
いたことと異なる（なお、В. ミハーイロフのこの時期の肩書は不明だが、1993 年
から連邦民族・地域問題省で、С. シャフラーイのもとで働き、1995 年には同大臣に
就任している）。

⒀　См.《Известия Татарстана》, 5 февраля 1994 г.

⒁　См.《Известия Татарстана》, 8 февраля 1994 г. シャイミーエフ大統領は 2 月 12 日
付「ロシースカヤ・ガゼータ」紙とのインタビューでも同趣旨のことを述べている
（см.《Российская газета》, 12 февраля 1994 г.）。

⒂　共和国最高会議決定「タタルスターン共和国における社会・経済的及び政治的情
勢について О социально-экономическом положении в Республике Татарстана」第 4 項
参照（см.《Известия Татарстана》, 9 февраля 1994 г.）。

⒃　См.《Известия Татарстана》, 20 апреля 1994 г. ただし、サビーロフ首相が演説の中
で、条約締結が国民の不安を取り除いた旨の言及を行った。См.《Известия Татар-
стана》, 22 апреля 1994 г.

⒄　См.Государственная дума. Стенограмма заседаний. Весенняя сессия. Том 2.. 4-18
февраля 1994 года. стр. 609-631.

⒅　「条約」（ДОГОВОР Российской Федерации и Республики Татарстан "О разграни-
чении предметов ведения и взаимном делегировании полномочий между органами
государственной власти Российской Федерации и органами государственной власти
Республики Татарстан"）テキストについて、см.《Российские газета》, 17 февраля
1994 г.;《Известия Татарстана》, 18 февраля 1994 г.; указ. Белая книга Татарстана. Путь
к суверенитету (Сборник официальных документов), стр. 86-92. なお、調印式参加者
は、ロシア側がエリツィン大統領、チェルノムィールディン首相、アブドゥラティ
ーポフ連邦会議副議長、ミチュコーフ（М.А.Митюков）連邦議会国家会議第一副議
長、ヤーロフ副首相、シャフラーイ民族・地域政策問題長、タタルスターン側がシ
ャイミーエフ大統領、ムハメートシン最高会議議長、サビーロフ首相、リハチョー
フ副大統領、コーベレフ最高会議幹部会員である（см.《Известия Татарстана》, 16
февраля 1994 г.）。

⒆　ロシア連邦はタタルスターン共和国との条約締結後、7 月のカバルダ・バルカール
共和国との条約及び 8 月のバシコルトスターン共和国との条約において「相互委譲」
という語を用いている（カバルダ・バルカール共和国との条約テキスト、またバシ
コルトスターン共和国との条約テキストについては、それぞれ、см.《Российская
газета》, 23 июля 1994 г.,《Российская газета》, 4 августа 1994 г.）。しかし、1995 年以
降締結された連邦主体との同種の個別条約においては「区分」という語が統一的に

158 第一部 1994年条約の締結とその意義

使用された。また同年7月20日付 ロシア連邦大統領令で設置された連邦主体との条約準備に関する特別委員会の名称も、「連邦の国家権力機関とロシア連邦主体の国家権力機関との間の管轄対象及び権能の区分条約の準備に関するロシア連邦大統領附置委員会」とされた（Собрание законодательства Российской Федерации,1994,N 13,ст.1475;《Российская газета》, 23 июля 1994 г.）。「相互委譲」という語が用いられなくなったのは、「相互委譲」という語の使用が、対等な国家間関係を意識させるからに他ならなかったし、従って、連邦内の中央と地方との関係を取り決める文書には不適切な用語とされたのである。

⑼ シャイミーエフ大統領は、1996年8月のタタルスターン共和国国家主権宣言6周年に関連する論文の中でも、条約が「権能の区分」条約ではなく「権能の相互委譲」条約であり、それはタタルスターン共和国の原則的特性を示すものであったことを強調した。См. М.Ш.Шаймиев, "Шесть лет по пути укрепления государственности Республики Татарстан ",《Республика Татарстан》, 30 августа 1996 г.

⑼ См.Б.А.Страшун,Учитьвать политические последствия разделения полномочий между Федерацией и ее субъектами, 《Журнал российского права》, 1997.N.2, стр.29. なお、1990年代以降のロシア連邦内共和国の国家主権宣言や連邦－連邦主体間の権限関係に係る条約案作成過程において「権限委譲」という表現が用いられたことも忘れられてはならない。

⑼ И. ウムノーヴァは、これら3共和国との条約に用いられている名称（「管轄対象の区分及び権能の相互委譲」）は、連邦憲法第11条に従って規定される連邦及び連邦主体の国家権力機関の間の管轄対象及び権能の区分に関する条約の対象の枠を超えていると述べる。См.И.А.Умнова, О феномене договорных отношений в Российской Федерации (Политико-правовая оценка и пути преодоления юридических коллизий) в кни. Договорные принципы и формы федеративных отношений в России, М.: ИНИОН РАН,1999,стр.16. また、彼女は、ロシア連邦における連邦関係を定める場合に「相互委譲」という語を用いるのは不適切である、何故なら、この用語は既存の主権国家が結合した同盟としての連邦の形成の際に用いられるにすぎないからであるとも述べる（см.там же, стр. 110-111）。

⑼ 3月5日協定を含む12の協定テキストについては、см. Суверенный Татарстан, М.:ИНСАН.1997, стр. 143-181.

⑼ 「批准」手続きがとられなかった理由は、その手続きが国際法上、締結国により最終的に確認する行為として行われてきたことから、これを行うことが連邦内条約としてのタタルスターン共和国との条約（及びその後の連邦主体との条約）を国際法上の独立国家間の条約であると連想させることを避けるためであった。См. В.В.Иванов, Российский федерализм и внутригосударственная договорная политика, Красноярск:Красноярский государственный университет, 1997, стр. 84-85.

第三章　1994 年条約　*159*

⑼　国家会議代議員の B. ニコーノフ（В.А.Никонов）は、条約締結直後の「オープシ
チャヤ・ガゼータ Общая газета」紙とのインタビューにおいて、1990 年代のいわゆ
る「主権パレード」になぞらえて、「権限区分条約パレード」が出来する一定の危険
性を指摘する。См.В.А.Никонов, Эпоха перемен：Россия 90-х глазами консерватора,
М.:《Языки русской культуры》, 1999, стр. 250-251.

⑽　1990 年代半ばに始まった権限区分条約締結プロセスにおいて、① 多くの条約規
定の現行連邦憲法との不一致、② 立法機関の役割の無視、及び ③ 締結当事者によ
る条約条件の不履行といった、「きわめて重大な欠陥」が見られたことについて、
см.М.Х.Фарукшин, Правовое значение договоров о разграничении предметов ведения
и полномочий между федеральной властью и субъектами Российской Федерации, в
кни. Договор Российской Федерации и Республики Татарстан: пять лет развития,
Казань: Государственный Совет Республики Татарстан, 1999, стр. 225.

⑼　См.В.Н.Лихачев, Договор России и Татарстана как политический фактор современ-
ного федерализма, в кни. указ.соч., стр. 45.

⑼　このことは、シャフラーイ民族・地域政策問題相が 2 月 18 日の国家会議において
行ったタタルスターン共和国との条約交渉に関する説明報告の中で述べている。
См.《Государственная дума》. Стенограмма заседаний. Весенняя сессия. Том 2.. 4-18
февраля 1994 года. стр.611.

⑼　См.В.Н.Лихачев, Договор России и Татарстана как политический фактор современ-
ного федерализма, в кни. указ. Договор Российской Федерации и Республики Татар-
стан: пять лет развития. Казань, стр. 45-46.

⑽　憲法にはロシア連邦憲法のみならずタタルスターン共和国憲法も含まれることか
ら、管轄対象の区分及び権能の相互委譲を行う際に、両憲法の異同の問題が何らか
の影響を及ぼすことになる。連邦国家において、連邦憲法が国内法体系の頂点に立
つことは法理論上言うまでもないことであるが、当時、ロシア連邦ではこうした連
邦憲法を頂点とする国内法体系が必ずしも整備されていなかった（統一法圏の未確
立）ことを考慮しなければならない。両憲法への準拠に関連して、Я. ヴァーイダ
（Я.С.Вайда）は、ロシア連邦憲法とタタルスターン共和国憲法とは管轄対象の区分
において異なっていることから、これら憲法に同時に依拠することは二つの椅子に
座ることと同じであるというパラドックスを指摘する。См. Я.С.Вайда, Договорное
регулирование федеративных отношений между Россией и Татарстаном, в кн.Акту-
альные проблемы истории государственности татарского народа: материалы научной
конференции, Казань: Издательство 《Матбурт йорты》, 2000, стр. 165-166.

⑽　1994 年条約の共和国管轄のうち、1992 年条約案に存在しない新規内容を有する
条項は、人及び市民の権利・自由の保護に関する第 1 号、弁護士業務及び調停の問
題に関する第 3 号、並びに市民の代替的業務遂行手続きに関する第 9 号である。ま

160　第一部　1994 年条約の締結とその意義

　た、1992 年条約の第 1 条第 2 号が規定する立法権能のいくつかは、1994 年条約において連邦管轄に移されている（1994 年条約第 4 条第 13 号、第 21 号を参照）。

⑽　1993 年 6 月 22 日に締結された所有問題に関する政府間協定第 1 条（及び第 2 条）によって、国営企業・組織の資産、その他タタルスターン共和国に存在する国有財産は、第 2 条で連邦所有とされる客体を除きタタルスターン共和国の所有とされた。См.указ. Белая книга Татарстана. Путь к суверенитету (Сборник официальных документов), стр. 66.

⒀　他の連邦主体との条約締結に関する第 10 号も、1992 年条約案（第 1 条第 7 号）にはない連邦憲法等による「制限」がつけられた。

⒁　ロシア連邦国家権力機関とロシア連邦を構成する主権的共和国権力機関の間の管轄対象及び権能の区分に関する条約第 3 条及びロシア連邦憲法第 73 条を参照。テキストについて、см.указ. Федеративный договор. Документы. Комметерий и указ. Конституция Российской Федерации.

⒂　本文での削除項目及び新規項目を合算すると 22 項目となるが、それは、1994 年条約案の司法・法保護機関の幹部要員に関する第 10 号が、内容上、1994 年条約の第 17 号と第 19 号（法保護機関の活動調整などに関する）とに振り分けられていることによる。

⒃　本文の例のように、実質的には同一と思われる問題が若干表現を異にして連邦管轄、共同管轄及び共和国管轄に重複して置かれている場合が散見される。これは、交渉時の妥協により、て本来の目的である権限区分関係を明確にできなかったことを意味する。

⒄　第三部で扱う 2007 年の改定条約（「ロシア連邦国家権力機関とタタルスターン共和国国家権力機関との間の管轄対象及び権能の区分に関する条約 Договор о разграничении предметов ведения и полномочий между органами государственной власти Российской Федерации и органами государственной власти Республики Татарстан」）は、「ロシア連邦憲法及びタタルスターン共和国憲法に従い、タタルスターン共和国（国家）―ロシア連邦主体―は、ロシア連邦の管轄対象及びロシア連邦とタタルスターン共和国の共同管轄に係るロシア連邦の権能の範囲外において、国家権力の全権を保持する」と述べて（第 2 条第 1 項）、統一連邦条約・連邦憲法と同じ考え方を採用した。

⒅　この時期、タタルスターン共和国は、1990 年 4 月 10 日ソ連邦法律「ソ連邦、連邦構成共和国及び自治共和国の経済関係の原則について Об основах экономических отношений Союза ССР, союзных и автономных республик」（Ведомости Съезда народных депутатов СССР и Верховного Совета СССР, 1990, N16, ст. 270）第 5 条第 2 項に基づいて、モスクワ駐在の「常任代表部」を設置していた（第 5 条第 2 項は、「連邦構成共和国及び自治共和国は、ソ連邦の首都及び外国の首都に自らの費用で

代表部を置くことができる」と定める）。そして1994年7月、条約締結に基づいて、タタルスターン共和国は駐モスクワ「全権代表部」を設置した。その後、2003年11月14日タタルスターン共和国法律「タタルスターン共和国の代表部について О представительствах Республики Татарстан」（Республика Татарстан, 14 ноября 2003 г.）により、四種の代表部—全権代表部、常任代表部、代表部、及び商業経済代表部—が設けられた。2018年現在、タタルスターン共和国が外国及びロシア連邦諸地域に設置する「代表部」は19で、「全権代表部」(5)、「常任代表部」(4)、「代表部」(1)、及び「商業経済代表部」(9) とに区分される。このうち、「全権代表部」は、現在、ロシア連邦、カザフスタン、フランス、トルコ、及びトルクメニスタンに置かれている。См. Представительства Республики Татарстан（http://prav.tatarstan.ru/representative_offices.htm［2018年4月30日閲覧]）。

(109)　後述する1999年6月24日ロシア連邦法律「ロシア連邦国家権力機関とロシア連邦主体国家権力機関との間の管轄対象及び権能の区分の原則及び手続きについて」第32条第2項は、本法律発効時に存する条約もしくは協定は、発効時から3年以内（2002年6月まで）に本連邦法に合致させなければならないと定め、第12条第1項に定める連邦憲法第72条第1項（共同管轄）との合致を義務づけた。また、2003年7月4日連邦法律「連邦法律『ロシア連邦主体立法（代表）及び執行国家権力機関の組織化の一般原則について』への修正及び補足の導入について」によって、新たに締結される条約の期限は10年を超えてはならないとされるとともに（第1条第17項）、本法律発効時に存在する条約については2年以内（2005年7月まで）に連邦法によって承認されなければならないと定められた。条約締結を連邦法の規制のもとに置くことによって、条約内容を連邦憲法・連邦法に合致させることが、これら法律の意図であった。なお、1999年連邦法律のテキストについて、Собрание законодательства Российской Федерации, 1999, N. 26, ст. 3176. 邦訳について、樹神成訳・解説「ロシア連邦国家権力機関とロシア連邦構成主体の国家権力機関との間の管轄事項及び権能の区分の原則及び手続きについて」の連邦法律,「ロシア・ユーラシア経済調査資料」、No. 811, 27-37頁。また2003年連邦法律のテキストについて、Собрание законодательства Российской Федерации, 2003, N 27, ст. 2709.

(110)　1992年の統一連邦条約は、1992年4月21日法律「ロシアソビエト連邦社会主義共和国憲法の修正・補足について」により、1978年ロシア共和国憲法（基本法）に付則として取り込まれた。См.Шестой съезд народных депутатов Российской Федерации. Документы, доклады, сообщения, М.:Издательство 《Республика》, 1992, стр. 46-84.

(111)　連邦中央がタタルスターン共和国との間だけでなく、他の連邦主体との権限区分条約の締結時に連邦憲法との抵触を承知していたことについて、см. указ. Договоры между Российской Федерацией и ее субъектами: проблемы и перспективы, стр. 58. これを敷延するならば、ロシア‐タタルスターンの両者は条約をいわば超憲法的文書

と見ていたと理解することもできる。この点と関連して、М.グボグロー（М.Н.Губогло）は条約の政治的意味について論じながら、「条約はロシア連邦憲法及びタタルスターン共和国憲法を承認し配慮することで、これら各々に対して超越的立場を占めた」と述べている。См.М.Н.Губогло,Башкортостан и Татарстан. Параллели этнополитического развития. Очерки IV. Всходы реинтеграции. Серия "Исследования по прикладной и неотложной этнологий" Института этнологии и антропологии РАН. Документ N 80, М., 1994, стр. 26.

(112) たとえば、И.ウムノーヴァは、管轄対象及び権能の区分問題は、純粋法律的問題の枠を超え、政治的問題であるから、違憲・違法な条約は廃止しろと言っても何も得るところはないと述べる（см.И.А.Умнова,О феномене договорных отношений в Российской Федерации (Политико-правовая оценка и пути преодоления юридических коллизий) в кни. Договорные принципы и формы федеративных отношений в России, Москва: ИНИОН РАН, 1999, стр. 24.）。また、Б.ストゥーラーシン（Б.А.Стурашин）もほぼ同様の見解をとり、条約に対する厳格な法リゴリズム的対応の危険性を指摘し、条約の法律との不一致については現状では妥協しなければならないと述べる（см. Договорные формы и принципы федеративных отношений в России: Научно-практическая конференция в Институте законодательства и сравнительного правоведения при Правительстве Российской Федерации,《Журнал российского права》, N 2, 1992, стр. 29-30）。

(113) 本文で設定した３点について、см.Договоры между Российской Федерацией и ее субъектами: проблемы и перспективы, М.: Издательство МГУ, 2001, стр. 35; В.А.Черепанов, Федеративная реформа. М., 2007, стр. 117. また、条約の他の規定と連邦憲法（連邦法）との抵触条項については、см.там же, приложение N 1.

(114) 共和国市民権制度が連邦主体としての共和国の国家的特性の一つであることについて、см.И.А.Умнова,конституционные основы современного российского федерализма, М.:Издательство《Дело》, 1998, стр. 144-145.

(115) 本文で指摘した特赦管轄をめぐる問題性について、タタルスターン共和国の条約交渉当事者であったリハチョーフ副大統領が、「共和国はまったくユニークな権利—特赦権—を与えられた。今日、ロシア連邦でそれを有するのは、エリツィンロシア連邦大統領とシャイミーエフタタルスターン共和国大統領だけである」との認識を示していることは興味深い。См.В.Н.Лихачев, На стезе права и справедливости, М.:Издательство《Корпорация》, 1997, стр. 58.

(116) И.コニュホーヴァ（И.А.Конюхова）は、連邦の排他的管轄事項である国立銀行創設権を共和国に委譲したのは、憲法上の管轄対象の区分の重大な侵害と見なす。См.И.А.Конюхова, Современный российский федерализм и мировой опыт: итоги становления и перспективы развития, М.: ОАО《Издательский дом "Городец"》, 2004,

стр.329.

⑾ 1994年2月15日締結の銀行問題・金融－信用及び通貨政策の分野におけるロシア連邦とタタルスターン共和国の権能に関する政府間協定（СОГЛАШЕНИЕ о полномочиях Российской Федерации и Республики Татарстан в области банковского дела, денежно-кредитной и валютной политики）を参照。テキストについて、указ. Белая книга Татарстана. Путь к суверенитету (Сборник официальных документов), стр. 75-77.

⑾ Конституционные основы разграничения полномочий между органами публичной власти. Монография,М.:ИНФАВ-М,2016, стр. 57-8.

⑾ См.Договоры между Российской Федерацией и ее субъектами,М.:Издательство МГУ. 2001,стр.42;Е.В.Чурсина, Разграничение полномочий между органами государственной власти Российской Федерации и ее субъектов по предметам совместного ведения. Конституционно- правовое изучение, М.:МЗ ПРЕСС, 2006, стр.82. なお、Е. チュルシーナ（Е.В.Чурсина）は、市民の選択的業務の遂行の問題もこのカテゴリーに入れているが（там же, стр. 82）、条約はこの問題を共和国管轄（第2条第9号）としているし、また連邦憲法第71条にはこの問題は含まれていない。

⑿ なお、「調整 координация」の類型について、см.И.А.Умнова,Конституционные основы современного российского федерализма, М.:Издательство 《Дело》, 1998, стр. 128-132.

⑿ См.Договоры между Российской Федерацией и ее субъектами,МИздательство МГУ, 2001, стр. 44.

⑿ 本文で指摘した以外の問題点として、条約第2条第11号がタタルスターン共和国に連邦憲法が認めていないある種の「地域主権」を認めているという問題がある。これについては、см. В.В.Иванов,указ.Нормативный конституционно-правовой договор: теория и практика., стр. 168

⑿ См.Е.В.Чурсина, Разграничение полномочий между органами государственной власти Российской Федерации и ее субъектов по предметам совместного ведения. Конституционно- правовое изучение, М.:МЗ ПРЕСС. 2006, стр. 83.

⑿ Указ. Договоры между Российской Федерацией и ее субъектами は、条約と連邦憲法との異同対照表の中で、条約第2条第3号が連邦憲法第71条第м号と抵触すると記述しているが、これは明らかに第л号との取り違えである（см. стр. 83）。

⑿ См.К.Е.Колибаб, Договоры Российской Федерации с ее субъектов о разграничении предметов ведения и полномочий: необходимо участие законодателей, 《Журнал российского права》, N 8, 1998, стр. 8-9.

⑿ 連邦中央と連邦主体の間の権限区分条約の見直しの問題は、既に述べたように、連邦統一法圏の創出（連邦憲法・連邦法に連邦主体立法を合致させることによる統

一国内法体系の創出）の問題と相伴って、2000 年代のプーチン連邦改革の一環として位置づけられた。その結果、1992 年共和国憲法及び 1994 年条約は、一連の共和国立法とともに、連邦憲法・連邦法との異同・抵触を問題とされ、1992 年憲法は 2002 年 4 月に、また 1994 年条約は 2007 年 7 月にそれぞれ改正・改定がなされたが、異同・抵触の問題が全面的に解決されたわけではない。

(127)　評価主体の対象を本文のように限定したことから、共和国内の穏健的タタール民族主義の立場については特別に取りあげることはしなかった。その理由は、基本的には共和国指導部の推進する主権国家路線を支持し、また批判的であれ条約締結を支持する立場に立つからである。

(128)　記者会見には、条約交渉のタタルスターン側責任者であったリハチョーフ副大統領の他、ムハメートシン最高会議議長、サビーロフ首相、コーベレフ最高会議計画・予算金融委員会委員長が同席した。См.《Известия Татарстана》, 19 февраля 1994 г.

(129)　См.《Известия Татарстана》, 4 марта 1994 г.

(130)　シャイミーエフ大統領が条約締結をもって両憲法の矛盾が調整されたと述べたことは、条約と連邦憲法との異同（特に管轄をめぐって）が少なからず見いだされることと必ずしも矛盾するものではない。なお、条約がロシア連邦憲法とタタルスターン共和国憲法との矛盾を調整するとの点については、シャイミーエフ大統領の「リテラトゥールナヤ・ガゼータ」紙とのインタビューも参照。См.《Литературная газета》, 31 марта 1994 г.

(131)　См.《Известия Татарстана》, 6 марта 1994 г.

(132)　См.Республика Татарстан : время больших перемен, Казань:Издательство Кабинета Министерстов Республики Татарстан, 1996, стр.11-12.　本文で指摘したシャイミーエフ大統領によるロシア連邦の一体性の強調は、後の彼の発言、たとえば「タタルスターンとロシアの条約は運命的なものであって、それによって国家の一体性が維持されたのである」との発言によってさらに補強されることになる。См.《Российская газета》, 13 февраля 1999 г.

(133)　См.《Известия Татарстана》, 19 февраля 1994 г.　リハチョーフ副大統領は、後に、条約の主要な目的とは「タタルスターンとロシアの国民の歴史的結びつきの維持、2 つの国家に居住する国民の共通の経済的空間、文化的その他の結びつきの維持」（В.Н.Лихачев, На стезе права и справедливости,М.:Издательство《Корпорация》, 1997, стр. 37）であると述べる。彼はまた、タタルスターンにとっての意義として国家主権宣言・新憲法の政治的方針の実現、地域の安定した発展モデルの形成などの意義を挙げるとともに、新たな連邦関係の段階の開始といったロシアにとっての意義も指摘する。См.В.Н.Лихачев,Россия - Татарстан:пдлитико-правовые аспекты федерализма, в кни.Татары в современном мире,Казань: Фн, 1998, стр. 418-419.

(134)　См.《Известия Татарстана》, 12 марта 1994 г.

第三章　1994 年条約　*165*

(135)　この発言は、条約締結 5 年後に開催された学術会議においてなされた。См.Пять лет на пути демократической федерации, в кн. Договор Российской Федерации и Республики Татарстан: пять лет развития, Казань: Государственный Совет Республики Татарстан, 1999, стр. 10.

(136)　2000 年 8 月 28 日開催の学術実践会議「タタルスターン主権の十年－成果と展望」における発言。См.Ф.М.Мухаметшин,Суверенный статус Республики Татарстан открыл новую страницу в ее истории, в кни. Суверенитет Татарстана. Позиция ученых, Казань: Издательство 《ФЭн》, 2000, стр. 16

(137)　См. 《Известия Татарстана》, 18 февраля 1994 г.

(138)　См.Послание Президента Росии Бориса Ельцина Федеральному Собранию РФ:Об укреплении Российского Государства—основные направления внутренней и внешней политики—. 《Российская газета》, 25 февраля 1994 г. また、5 月 30・31 日のカザン訪問に際して、1990 年 8 月に連邦主体の権限拡大要求を支持して述べた「好きなだけとれ」との発言は今現在も生きており、タタルスターン共和国は条約においてこれを実現したと述べたことも同趣旨であろう。См. 《Российская газета》, 31 мая 1994 г.

(139)　国家会議連邦発展小委員会委員長 В. ルィセーンコ（В.Н.Лысенко）の「ロシースカヤ・ガゼータ」紙への寄稿記事による（《Российская газета》, 2 июля 1994 г.）。彼は、この中で、タタルスターン共和国との条約がタタルスターン共和国レフェレンダムに見られるこの間の独立指向に伴う政治状況の悪化を改善させたことの意義を認めつつ、事実上ロシア連邦を国家連合へと転化させる条約であるとの認識から、エリツィン指導部のタタルスターン共和国との二国間条約のモデル化（他の連邦主体への適用）には批判的立場をとった。彼は、5 月 24 日の国家会議開催の議会聴聞会「共和国憲法、地方、州、連邦的意義の市、自治州、自治管区の憲章のロシア連邦憲法との合致問題について」において、少なくとも議会が条約締結手続きに関する連邦法を採択するまで、シャフラーイ副首相の進める条約案作業の停止を求め、聴聞会の参加者の支持を得た。なお、議会聴聞会の提案について、см.Собрание законодательства Российской Федерации, 1994, N14, ст.1593.

(140)　См. 《Вечерняя Казань》, 14 февраля 1994 г.

(141)　本文で挙げた、連邦条約の調印に参加しなかったタタルスターン共和国（チェチェン共和国とともに）と個別条約を締結しなければならなかった主要な原因について、см. С.Г. Шахрай, Актуальные проблемы российского федерализма, 《Власть》, N 8, 1995, стр. 9.

(142)　См. 《Известия》, 6 апреля 1996 г.

(143)　См. 《Российская газета》, 17 февраля 1994 г.

(144)　См.К.И.Куликов,Уровни суверенитета Удмуртии и Татарстана, Ижевск:УИИЯЛ УрО РАН, стр. 13.

166 第一部 1994年条約の締結とその意義

⑭ 「全ロシアタタール文化－啓蒙センター」議長の発言について、см.《Известия Татарстана》, 25 февраля 1994 г.

⑯ See, V.Shlapentokh, R.Revita, M.Loiberg, From Submission to Rebellion : The Provinces Versus the Center in Russia. Westview Press : Colorado, 1997, p. 123.

⑰ См.《Вечерняя Казань》, 24 февраля 1994 г.

⑱ См.《Известия Татарстана》, 23 февраля 1994 г.

⑲ См.там же.

⑮⓪ См.Ф.А.Байрамова, Партия《Иттифак》- вчера, сегодня, завтра, 《Информационно-Методический БЮЛЛТЕНЬ》, август 1997 г.

⑮① See, Richard Boudreaux, Tatarstan Reaches Pact With Moscow, Drops Sovereignty Bid, *Los Angels Times*, 18 February 1994.

⑮② См.《Вечерняя Казань》, 24 февраля 1994 г.

⑮③ См.указ.Республика Татарстан: новейшая история. События. Комментарии. Оценки. Том 2, стр. 226.

⑮④ 2月22日の「統一と合意」の主張について、см.《Известия Татарстана》, 23 февраля 1994 г. なお、ロシア統一と合意党のタタール支部も、共和国指導部宛の条約締結を歓迎する電報の中で、条約が共和国の国家主権の実現に新たな展望を開くものと評価している（см.《Известия Татарстана》, 19 марта 1994 г.）。

⑮⑤ И. グラチョーフは、1990年から1993年まで共和国最高会議代議員で、「民主政」代議員団（タタルスターン共和国の連邦離脱に反対し、連邦との条約に基づく共和国の自由な民主的発展を志向する）の指導的メンバーであり、市場経済を支持するリベラルな立場に立つ。

⑮⑥ См.《Вечерняя Казань》, 3 марта 1994 г.

⑮⑦ См.《Независимая газета》, 6 марта 1994 г.

⑮⑧ См.《Вечерняя Казань》, 10 марта 1994 г.

⑮⑨ См.С.Н.Бабулин, Территория государства: правовые и геополитические проблемы, М.:Изд-во Московского университета,1997, стр. 142. なお、専門家の中にも、たとえば民族問題の専門家である В. コズローフ（В.И.Козлов）のように、С. バブーリンと同様の民族主義的見解をとる学者もいる。すなわち、「Б. エリツィンと彼の「コマンド」は分離主義的傾向を抑制することができなかったし、1994年初めにはタタルスターンとの権限の区分に関する上述の分離的条約に進むことを余儀なくされた。…この条約は、中央ロシア権力の明らかな敗北と見なすことができる。カバルダ・バルカール及びバシコルトスターンが既にタタルスターンの例に従い、さらに若干のその他の連邦主体もこれに倣った。このことは、前述したように、事実上、ロシアを国家連合に転換するものである」、と（см.В.И.Козлов, История трагедии великого народа. Русский вопрос, М., 1996, стр. 246.）。

第三章　1994 年条約　*167*

(160)　シャフラーイ民族・地域政策問題相は、条約締結後、タタルスターン共和国指導
部は連邦関係の機関車（＝動力）の称号を受けるに値するとして共和国指導部を讃
えるとともに、同じ道を進む準備ができており、かつ類似の条約を念入りに準備し
ているものが次に来るであろうと述べていた（см.《Сегодня》,25 февраля 1994 г.）。
なお、モスクワ及びカザンの民族主義者の不満について、see, V.Shlapentokh, R.
Revita, M. Loiberg, op. cit., p. 123.

第二部

条約的連邦関係の見直し

1994 年条約過程と 2007 年条約過程とが連邦とタタルスターン共和国に特化したレベル・範囲を検討対象とする第一部及び第三部に対して、両方に挟まれた第二部では、対象を連邦レベル及び連邦主体全般に広げて検討する。ここでは、1990 年代のエリツィン政権による権限区分条約プロセスへの対応と 2000 年代のプーチン政権による対応との相違に着目しながら、1994 年の権限区分条約締結に始まる条約締結プロセスへの具体的対応としての条約規制が如何に展開していったのか、具体的にはエリツィン政権がとった当初の行政的な条約規制から 1999 年の二つの連邦法に代表される法規制への転換及びその意義と、プーチン政権が連邦改革の一環としてエリツィン政権下の連邦関係・条約関係を見直し、連邦関係の地方優位から中央優位への転換の中で行った新たな権限区分構想の模索とその実現（立法化）の意義について検討する。それとともに、この間の連邦中央による条約規制の強まりに対して連邦主体がとった対応―条約破棄や独自条約の制定―の意義についても検討対象とする。

第四章

条約の立法規制

第一節　ソ連邦崩壊後の遠心化傾向

　1991年ソ連邦崩壊後のロシア連邦において醸成されたロシア連邦内構成主体、とりわけ共和国の遠心化傾向は、新生ロシア連邦に対して連邦制の維持及びロシア連邦の領土的一体性の確保という問題を焦眉の課題として提起することになった。この課題を果たしつつ、他方で地方（連邦主体）の主権性・自立性を尊重することを目的として、当時のエリツィン政権は、条約による新たな連邦関係を構築することで対応しようとした。1992年3月に締結された三つのカテゴリー別連邦主体との「連邦条約」やこの条約を締結しないタタルスターン共和国と1994年2月に結んだ二国間区分条約は、その現れであった[1]。これらの条約締結により所期の目的は達成されたかに見えた。しかし、タタルスターン共和国との権限区分条約の締結は、1994年～1998年に他の連邦主体にも波及した。この過程は、当初の問題をより鮮明に浮き上がらせ、いわば行き過ぎた遠心化（地方優位）とロシア連邦の弱体化をもたらした。エリツィン政権は、改めてこの問題の解決に取り組まざるを得なくなったのである。そして、その際にとられた方針が、1993年の新連邦憲法の制定後も連邦主体との個別区分条約に基づく連邦関係を尊重する立場を前提にして、この条約関係を連邦憲法及び連邦法の規制のもとに置くというものであった。この方針は、2000年代初めのいわゆるプーチン連邦改革過程の中で、新たな、すなわち従来の中央に対する地方優位の連邦関係の見直し、換言すれば条約的連邦関係を

見直すこととなる。そしてこの関係を、条約を連邦法規制の体系内に位置づける連邦関係へと転化することにより、強い連邦、集権的連邦制を指向する体制が構築されていくことになる[2]。

かくして、この転化の過程において、換言すれば、権限区分条約の法規制と新たな権限区分構想、そしてその具体化による新たな連邦関係の創出という過程において、権限区分条約自体の意義・役割は失われていくことになる（後述するように、タタルスターン共和国のみが新たな条約改訂を行うことになるのである）。それでは、1994 年条約以降、1998 年に至るロシア連邦と一連の連邦主体との間で締結された条約過程は如何に進行したのであろうか。タタルスターン共和国との条約締結以降、連邦中央と連邦主体との条約交渉は1990 年代後半まで続けられ、その結果、【表‐2】に示されるように、全部で46 連邦主体との間に 42 の条約が締結された[3]。

この締結過程を見ると、主として 1994 年〜 1995 年の共和国主体との条約交渉段階（タタルスターン共和国との条約を含め 7 条約）と、1996 年 1 月以降から1998 年までの州・地方その他の連邦主体との条約交渉段階（35 条約）との二つの段階に分けることができる[4]。その際、これらの段階の特徴をなす政治的もしくは外在的要因、これらの過程で締結された各条約の内容の比較検討、さらにはこれらの段階において連邦中央がとった対応策、といった一連の問題は、それ自体として検討すべき重要な課題となるが、以下では指摘するにとどめる。

第一段階は、連邦中央がとりわけソ連崩壊以降ロシアにおける憲法改革と新たな国家（連邦）構造の確立という喫緊の問題に取り組む中で、主として共和国の協力を必要としたことを指摘することができる。この点について、B. イヴァーノフ（В.В.Иванов）によれば、1992 年〜 1996 年において、連邦中央は、1992 年のショック療法による経済自由化、1993 年〜 1994 年の憲法改革と新たな国家（連邦）構造の確立、1995 年〜 1996 年の「チェチェン戦争」により課せられたエリツィン政権独自の政治的試練といった問題に直面していた[5]。これらの問題状況は、連邦中央とタタルスターン共和国との間の条約の影響もあ

って、一連の連邦主体に独自の条約締結を指向させ、連邦憲法及び連邦条約の規定にかかわらず（すなわち、関係なしに）、自らに有利なかたちでの条約を締結させることになった。たとえば、カバルダ・バルカール共和国は、1994 年7 月 1 日の条約で、ロシア連邦を構成する国家と自己規定したうえで、共和国管轄に関しては連邦憲法が連邦管轄及び共同管轄としていない「その他の管轄対象及び権能」を、共同管轄には「補足的協定に基づいて相互の取り決めにより定められるその他の管轄対象」を含めさせた[6]。またバシコルトスターン共和国は、1994 年 8 月 3 日の条約において、ロシア連邦を構成する「主権国家」（第 1 条）と規定して、その主権性を連邦中央に認めさせるとともに、共和国管轄に関しては連邦管轄及び共同管轄に関わらない「その他の管轄対象及び権能」（第 3 条第 18 号）とし、共同管轄の範囲については「相互の取り決めにより定められるその他の管轄対象及び権能」（第 4 条第 15 号）とした[7]。

　第二段階は、主として地方・州の共和国との平等化の過程であった[8]。こうした新たな条約交渉段階をもたらす契機となったのは、1995 年 12 月の国家会議選挙（共産党が第一党を占めた）や翌 1996 年 6 月及び 7 月の大統領選挙（エリツィン大統領は 7 月の決選投票で再選された）といった選挙要因であり、これら選挙キャンペーンにおいて、権限区分条約は、連邦中央＝エリツィン政権の政治手段として利用されたのであった[9]。その端的な例として、同年 6 月 3 日の大統領令により承認された「ロシア連邦における地域政策基本規定について」[10]は、共同管轄分野において可能なかぎり多くの権能を地方に付与することによって、権力の分権化を指向し、そしてそれを地域の経済的その他の特性に基づいて締結された条約及び協定によって立法的に具体化する方針を示すなど、地方優位の権限関係を基礎にした連邦関係の発展を示していた。

　他方で、このことは、行政 - 地域的単位である州、地方などの連邦主体にしてみれば、共和国と同様、条約締結により自らの権限及びその拡大を要求する好機となったことは言うまでもない。連邦中央が 1996 年 1 月 12 日にスヴェルドロフスク州とカリーニングラード州とそれぞれ締結した条約はその嚆矢となった[11]。管轄規定に関してスヴェルドロフスク州との条約を見ると、連邦管轄

174　第二部　条約的連邦関係の見直し

【表 - 2：連邦主体との個別区分条約】

締結日	締結主体	条約構成
1994.02.15	タタルスターン共和国	前文 + 9 条
1994.07.01	カバルダ・バルカール共和国	前文 + 11 条
1994.08.03	バシコルトスターン共和国	前文 + 10 条
1995.03.23	北オセチア共和国 - アラニヤ	前文 + 10 条
1995.06.29	サハ（ヤクーチヤ）共和国	前文 + 7 条
1995.08.25	ブリャート共和国	前文 + 9 条
1995.10.17	ウドムルト共和国	前文 + 10 条
1996.01.12	カリーニングラード州	前文 + 8 条
1996.01.12	スヴェルドロフスク州	前文 + 18 条
1996.01.30	クラスノダール地方	前文 + 10 条
1996.01.30	オレンブルグ州	前文 + 10 条
1996.03.20	コミ共和国	前文 + 9 条
1996.04.24	ハバロフスク地方	前文 + 18 条
1996.05.19	オムスク州	前文 + 19 条
1996.05.27	イルクーツク州・ウスチ - オルダ・ブリャート自治管区	前文 + 18 条
1996.05.27	チュヴァシ共和国	前文 + 18 条
1996.05.29	サハリン州	前文 + 18 条
1996.05.31	ペルミ州 コミ - ペルミャーク自治管区	前文 + 19 条
1996.06.08	ニジニ・ノヴゴロド州	前文 + 20 条
1996.06.11	ロストフ州	前文 + 20 条
1996.06.13	サンクト - ペテルブルグ市	前文 + 21 条
1996.06.13	レニングラード州	前文 + 21 条
1996.0613	トヴェリ州	前文 + 21 条

1996.11.29	アルタイ地方	前文 + 18 条
1997.07.04	ブリャンスク州	前文 + 18 条
1997.07.04	ヴォログダ州	前文 + 18 条
1997.07.04	マガダン州	前文 + 18 条
1997.07.04	サラトフ州	前文 + 18 条
1997.07.04	チェリャビンスク州	前文 + 18 条
1997.08.01	サマーラ州	前文 + 18 条
1997.10.30	アストラハン州	前文 + 19 条
1997.10.30	キーロフ州	前文 + 19 条
1997.10.30	ムルマンスク州	前文 + 18 条
1997.10.30	ウリャノフスク州	前文 + 19 条
1997.10.30	ヤロスラーヴリ州	前文 + 19 条
1997.11.01	クラスノヤルスク地方 タイムィル(ドルガン - ネネツ)自治管区 エヴェンキ自治管区	前文 + 20 条
1998.05.20	アムール州	前文 + 18 条
1998.05.20	ヴォロネジ州	前文 + 19 条
1998.05.20	イヴァノヴォ州	前文 + 18 条
1998.05.20	コストロマ州	前文 + 19 条
1998.05.20	マリ・エル共和国	前文 + 19 条
1998.06.16	モスクワ市	前文 + 19 条

(注)・締結された条約名称について、1994 年内に締結された条約は「ロシア連邦国家権力機関と○○国家権力機関との間の管轄対象の区分及び権能の相互委譲について」で、その後の条約名称は「ロシア連邦国家権力機関と○○国家権力機関との間の管轄対象及び権能の区分について」となっている。
・* 1997 年 11 月 1 日条約の名称は「管轄対象及び権能の区分について」である。

については全く定めがない（連邦憲法第71条が適用されることになる）。また共和国管轄については個別的権限として規定されず、連邦管轄及び共同管轄を除き「国家権力の全権」を有するという表現において、「全権」の中に含めるかたちになっている（条約第1条第2項。ちなみに、この表現形式は連邦憲法第73条の規定と同じである）。共同管轄については、連邦憲法第72条の定める14の共同管轄以外に、八つの管轄対象が具体的に定められた（条約第2条）。共同管轄数が少ない点は、州の国有財産の占有、利用及び処分の問題、州内の自然資源の区分、州の徴税権、国際的・対外経済的交流への自主参加、といった諸問題が別個に規定されていることで補填されている。カリーニングラード州との条約について見ると、共和国管轄及び連邦管轄については何らの定めを置かず（従って、連邦管轄は、連邦憲法第71条に、また共和国管轄は同第73条によることになる）、共同管轄についてのみ、連邦憲法上の共同管轄に加えて11の個別共同管轄を規定した。それとともに重要なことは、カリーニングラード州の飛び地という地理的特性に伴い、州の市民や経済主体の「経済的損失」を補償するために連邦国家権力機関がとるべき一連の具体的措置が定められていることである（条約第2条）。

　このような、連邦主体と締結された個別区分条約及びそれがもたらす事態に対して、連邦中央は如何に対応したのであろうか。次節では、この点、具体的には連邦中央による規制という点について検討する。

第二節　行政立法による規制

（一）　規制機関の組織化

　既に述べたように、1994年2月のタタルスターン共和国との条約締結以降、エリツィン指導部が大統領選挙対策といった政治的理由で連邦主体の条約締結指向を支援したこともあり、一旦は1992年3月の統一連邦条約に参加・締結した一連の連邦主体（最初は共和国、次いでその他の連邦主体）も、連邦中央との間にタタルスターン共和国と同様の条約締結を目指すようになった。とはい

え、エリツィン政権はこのプロセスを支援する一方で、その進行を何らかのかたちで規制しなければならないことの必要性とそのための措置をとることの緊急性は認識していた。こうした認識に基づいてとられた方針は、条約過程の進捗する現状（これは、タタルスターン共和国との条約をモデルとする）を法規制の軌道に乗せることを目的とする連邦法の制定であった。そのために、エリツィン政権は、1995年3月24日に権能の区分・相互委譲の問題に関する会議[12]を開催したり、また6月には議会聴聞会を開催したりして、その成果をもとに権限区分に関する連邦法案を大統領案として纏め上げ、これを国家会議に提起した。7月13日の会議では、大統領案とその代替案とが第一読会の審議にかけられたが、両案ともに否決されてしまった[13]。タタルスターン共和国との条約交渉実践を踏まえて権限の区分の原理・原則や手続きを規定化するという大統領法案は、連邦の利益を損ね、国家的一体性を弱め、ひいては連邦を壊しかねないなどといった批判を受けたことによる（代替案はこの批判を立法化したものであった）。法案否決は、政権の予期しない結果であった。条約の何らかの法規制の必要性については政権も議会も共通して認識していたものの、法規制の原則をめぐる不一致や大統領選を睨んだこの時期のエリツィン政権の政治的思惑に対する議会の反発などのために、権限区分に係る法案はその後も何回か提案されたにもかかわらず、採択されるまでには至らなかった。議会を頼ることなしに可能な行政立法による規制へと方針転換を余儀なくされたのである[14]。それは、具体的には、大統領令や政府決定によって条約規制を目的とする行政機関を創設することを意味した。

　次善の策として採用することになった行政立法による規制という考えは、既にタタルスターン共和国との条約交渉の最終段階において、エリツィン大統領が提起していたことであった。すなわち、彼は、1993年連邦憲法採択後の連邦執行権力機関の再編成に伴って公布した1994年1月10日大統領令によって、「連邦国家権力機関と連邦主体国家権力機関の間の権能区分を考慮して」、連邦政府直轄の連邦執行権力機関を廃し、その機能を連邦政府自体に委ねたのである（第8項第1段）[15]。これを受けて、2月4日、連邦政府は連邦執行権力

機関とロシア連邦主体執行権力機関の間の権能区分に関する提案を作成する目的で、シャフラーイ民族・地域政策相を長とする「連邦執行権力機関とロシア連邦主体執行権力機関の間の権能区分問題に関する政府委員会」を政府内に設置した[16]。委員会は上記目的の遂行とともに、1994年以降のロシア連邦における新たな連邦関係を条約に基づいて構築するという構想（条約に基づく連邦関係）を検討する役割を担うものとされた。

　タタルスターン共和国との条約締結後、一連の連邦主体との条約交渉が具体化する中で、エリツィン政権は上記政府委員会による条約プロセスの展開への対応に代わる新たな対応をとった。それが、7月20日大統領令によって創設された「連邦の国家権力機関とロシア連邦主体の国家権力機関との間の管轄対象及び権能の区分条約の準備に関するロシア連邦大統領附置委員会」）である（委員長は先の区分問題委員会と同様、シャフラーイ副首相がなり、42名の委員から構成された）[17]。この委員会の目的は、「ロシア連邦の連邦構造の憲法原則を実現し、連邦国家権力機関とロシア連邦主体国家権力機関の間の管轄対象及び権能の区分条約の準備に際しての協働と調整を確保するため」とされた。この委員会の創設により、条約案準備作業は、それまでの臨時に組織された特別作業グループに代わって委員会が行うことになった。そしてそのことは、C. シャフラーイが1998年7月15日大統領令でプーチン首相代行と委員長職務を交代するまでにほぼ半数の連邦主体との間で条約締結が行われたことに示されるように、条約作業の「流れ作業化」を意味したのである[18]。

（二）　権限区分原則の確定

　条約の準備が臨時的に組織された特別作業グループから恒常的な委員会による作業に移行したとして、この委員会が作業するにあたって準拠すべき規準もしくは原則は必ずしも明確ではなかった。それが明確にされたのは、1996年に入り3月12日に公布された大統領令「『ロシア連邦国家権力機関とロシア連邦主体国家権力機関の間の管轄対象及び権能の区分に関する作業手順、並びにロシア連邦国家権力機関とロシア連邦主体国家権力機関による自己の権能の一

部行使の相互委譲に関する規程』の承認について」によってであった[19]。この規程は、ロシア連邦国家権力機関とロシア連邦主体国家権力機関の間の管轄対象及び権能の区分に関する条約及び協定、並びに法律その他の法令の草案準備の統一条件を調整し創出することを目的とした。その第4項では、委員会は条約作成作業にあたり、以下の命題に準拠しなければならないと定められた。

①　連邦国家権力機関と連邦主体国家権力機関の間の管轄対象及び権能の区分原則は連邦法によって定められる

②　条約により区分されるのは、連邦国家権力機関と具体的な連邦主体国家権力機関の権能である

③　条約は、連邦主体の憲法上の地位を設定したり変更したりすることはできない

④　条約において、連邦憲法第71条・第72条各々の定めるロシア連邦の管轄対象やロシア連邦と連邦主体の共同管轄対象を除外したり再配分したりしてはならない

⑤　連邦条約の締結に参加しなかったり新たに創設された連邦主体との条約において、連邦憲法第72条に則したロシア連邦とロシア連邦主体間の共同管轄対象の完全列挙を含めることができる

⑥　条約において、具体的な連邦主体の地理的、経済的、社会的、民族的その他の特性に条件づけられた共同管轄対象を定めることができる

　これらの命題から窺えることは、規程は、権限区分条約（の締結）それ自体の存在を認めたうえで、条約は憲法上の連邦と連邦主体の間の権限関係に抵触してはならず、しかもその規制は連邦法によるとしていることである（しかしながら、前述したように、連邦法による条約規制は、議会の反対により頓挫した）。このように条約規制の方針（換言すれば、統一的法規制の方式）が具体的に示されたことの意義は大きい[20]。しかし、И. レークシンも述べているように、これら命題がもっぱら「勧告的」性格のものとして当事者に理解され、条約作業に決定的な影響を与えるものとはならなかったことは、これら命題の実効性に関わる問題として見過ごされてはならない[21]。

180 第二部 条約的連邦関係の見直し

　このことは、1996 年 11 月 25 日に大統領令「1996 年 3 月 12 日付大統領令第 370 号で承認された『ロシア連邦国家権力機関とロシア連邦主体国家権力機関の間の管轄対象及び権能の区分に関する作業手順、並びにロシア連邦国家権力機関とロシア連邦主体国家権力機関による自己の権能の一部行使の相互委譲に関する規程』への修正導入について」が、いわば奔流となった条約過程を規制するための追加措置として出されたことからも窺える[22]。これによると、上記委員会は、新たに連邦主体立法の連邦憲法及び連邦法との合致（調整）を検査する機能を与えられ、そしてこの検査結果、すなわち連邦主体の憲法、憲章その他の法令の連邦憲法及び連邦法との合致が、条約作業開始のいわば前提（＝出発点）とされたのである。

　この大統領令は、大統領選勝利による権力基盤の確保、チェチェン共和国との平和協定の締結による連邦崩壊の脅威の除去と相まって、区分条約締結作業を取り巻く状況を明らかに変化させることになった。確かに、【表 - 2】に明らかなように、1997 年以降も継続する区分条約締結の流れは、こうした状況変化のもとに見る必要がある。この変化は、大統領権力の実効性（強化）を図ることによって自立化する地方指導部（者）の監督を意図した 1997 年 7 月 9 日の諸地域への大統領全権代表制度の導入[23]に見られるように、従来の地方優位の連邦関係が連邦優位へと変化する前兆となったのである[24]。

　それでは、条約規制の新たな段階とは何か。それは 1995 年に指向されたが頓挫した連邦法による条約規制であり、そしてまた行政立法による規制の実践と連邦関係を取りまく環境変化（地方優位から連邦中央優位への）のもとでの規制メカニズムの構築であった。次節では、この問題について検討することにする。

第三節　連邦法による規制

（一）　二つの連邦法の制定

　1994 年以降相次いで締結された連邦中央と個別連邦主体との間の権限区分

条約は、前述したように、一連の大統領令の規制下に置かれたとはいえ、進行する条約締結過程から生ずる様々な問題を解決するには不十分であったことは否めない。あり得べき連邦中央と連邦主体との連邦関係を統一的連邦法圏のもとで規制するという観点での条約規制といった、より広い視野での条約規制メカニズムを構築することが必要であった。そのためには、前述した一旦は頓挫した権限区分の原則や手続きに関する連邦法の制定が待たれた。それは、1996年7月のエリツィン大統領再選後、改めて試みられることになった。

　エリツィン大統領は如何なる認識のもとでこうした試みを実行しようとしたのであろうか。それは、1997年3月7日にエリツィン大統領が連邦議会で行った年次教書演説（「権力の秩序は国の秩序（国内情勢とロシア連邦政策の基本方針について）」）[25]に窺うことができる。すなわち、「管轄対象及び権能の区分に関する条約の調印を連邦主体法令の連邦憲法・連邦法との適合鑑定の実施に条件づけるという課題が既に与えられている。この条件は絶対に遵守しなければならない。／政府は近いうちに連邦各主体の憲法及び憲章の基本的欠陥を明らかにし、整理し、憲法裁判所への審査請求を準備する必要がある」と述べて、連邦統一法圏のもとでの連邦法による条約規制を強調しているからである。そして、翌1998年2月17日に行った年次教書「力を合わせてロシアの浮揚を（国内情勢とロシア連邦政策の基本方針について）」[26]では、条約実践が連邦関係を規制する法令の不在への当然の対応であり、またそれがもっとも困難な時期に連邦統一を維持するうえで大きな役割を果たしたことを踏まえつつ、現在では、連邦関係をより効果的に調整する「梃子」を共同して創り上げる必要があることが強調された。

　このように、1994年以降の条約過程は肯定的に理解され、法規制はあくまでもこの過程の仕上げであり、そのことで連邦が強化・維持されると認識されているとはいえ、これまでの条約実践及びそれから結果する連邦関係への一定の見直しが示唆されている。ここに看取される微妙な認識上の変化は、7月15日の前述の大統領府付置区分条約案準備委員会委員長の交代人事（シャフラーイ委員長からプーチン大統領府第一副長官への交代）によるシャフラーイ委員

182　第二部　条約的連邦関係の見直し

長の推進した条約作業の流れ作業化に変化の兆候が見られるようになったり（委員長交代後の 6 月 16 日のモスクワ市との条約締結後、新たな条約締結が行われなくなった）、11 月 19 日、スィスーエフ（О.Н.Сысуев）大統領府副長官が、条約締結は間違っており、統一的国家を望むのであれば連邦中央と連邦主体との関係について統一的アプローチ及び原則が適用されなければならない旨述べたことから窺うことができる[27]。

　ところで、前述したように、エリツィン政権は当初、区分条約規制に係る連邦法案として、「管轄対象及び権能の区分の基本原理」に関するものと「管轄対象及び権能の区分の手続き及び原則」に関するものとの二つの法案を国家会議に上程したが、それらはいずれも採択されなかった。1999 年の 6 月と 10 月に制定された法律は内容・立法動機（趣旨）の点では一定の繋がりがあるとはいえ、法案としての形式的・直接的な繋がりを見出すことはできない。以下では、これら二つの法案が議会に時期を違えて別々に提案されたり、議会審議も別個に行われたりしながら制定に至るまでの紆余曲折を見ていくことにする。こうした限られた観点からでも、これら法律の孕む問題性を窺うことができるであろう。

　まず 1999 年 6 月 24 日制定の連邦法律「ロシア連邦国家権力機関とロシア連邦主体国家権力機関との管轄対象及び権能の区分の原則及び手続きについて」の審議歴について見ると、1996 年 3 月 21 日、「管轄対象及び権能の区分の手続き及び原則」に関する法案[28]が国家代議員集団と 2 名の連邦会議員共同による法案として国家会議に提出された。法案に付された提案説明書によると、法案の目的は、権限（管轄対象及び権能）区分のプロセスを調整することとされた。法案は、6 月 18 日の国家会議評議会により意見・提案の準備のため、大統領、連邦会議、政府その他関係機関に送付された後、大統領再選挙直後の 1996 年 7 月 18 日に国家会議の第一読会で審議・採択された[29]。法案は、12 月 25 日の会議の第二読会で採択された後、翌 1997 年 2 月 12 日の会議で第三読会で採択されるはずであった。しかし、同会議は、改めて第二読会での審議に差し戻した。翌 1997 年 4 月 16 日の会議において、上記法案は改めて第二読会

での審議に付された後、採択された[30]。審議に際して、B.ルィセーンコは法案担当委員会である連邦及び地域政策委員会を代表して、この間の修正作業を経て今回提案された法案は、第一に条約（及び協定）に対する連邦憲法及び連邦法の優越を定め、第二に既存の条約に対しては三か月以内に本法律との調整（一致）を義務づけ、そして第三に連邦主体代表機関及び連邦議会による条約承認手続きを導入することによって条約プロセスを代表機関のコントロール下に置くことを可能にしている、と説明した。その後、この法案は、4月25日の国家会議に付され、第三読会の審議を経て採択された後、連邦会議の審議のために送付されることになった[31]。

　しかし、連邦会議は、5月14日の会議でこれを却下するとともに、調整委員会の設置を国家会議に提案した（国家会議は6月17日決定でこれを受け入れた）[32]。調整委員会では、9月2日・23日の包括プロトコルによれば、16か条27項目にわたり調整作業が行われた。11月14日の国家会議はこの調整委員会案を採択した後、連邦会議に送付した[33]。しかし、12月3日、連邦会議はこの調整案を却下し、改めて新委員により構成される調整委員会の設置を提案した[34]。これに対して、12月24日の国家会議の承認により成立した委員会は、再度の調整案作成作業に入った[35]。この作業は、1998年秋の経済危機及びそれに続く短期間での首相の相次ぐ交代といった事情も重なり、一年以上にわたり続けられた（1998年3月12日〜11月12日までの4回の作業総括プロトコル[36]によれば、名称及び28か条について52の箇所が検討対象とされた）。1999年2月12日、調整委員会編集の法律は、国家会議により採択され、2月18日には連邦会議もこれを承認した[37]。しかし、3月3日にエリツィン大統領がこの法律への署名を拒否して、議会に差し戻したため、3月12日、国家会議は、大統領による拒否と関連した特別委員会を設置し、大統領提案のテキストを踏まえた調整作業にあたらせた[38]。6月4日、国家会議は、特別委員会により仕上げられた法律を採択した（連邦会議も6日にこれを承認した）[39]。かくして、6月24日の大統領の署名を得て、待望の権限区分の手続き・原則に係る連邦法律（第119-ФЗ号）が制定された[40]。

184　第二部　条約的連邦関係の見直し

　次に、10 月 6 日制定の連邦法律「ロシア連邦主体立法（代表）及び執行国家権力機関の組織化の一般原則について」について見ると、それは 1995 年 4 月 7 日に国家会議で採択された「ロシア連邦主体国家権力機関機構の組織化の一般原則について」という別の法律に遡る[41]。しかし、連邦会議がこれを却下し、また大統領が法定期間内に署名せず、最終的には拒否したことにより、この法律は棚ざらし状態に置かれてしまった。1995 年 12 月 8 日、国家会議は改めて、先の法律を再審議し承認した後、連邦会議に送付した[42]。しかし、翌 1996 年 2 月 7 日、連邦会議はこれを却下し、「連邦法律『ロシア連邦主体立法（代表）及び執行国家権力機関の組織化の一般原則について』に関する作業グループ」を連邦会議と共同して創設する提案を行った[43]。1996 年 10 月 23 日、国家会議は、連邦会議の上記合同機関設置の要請を拒否し、上記作業グループ名で言及されている法律名称と同様の新たな法案（「ロシア連邦主体立法（代表）及び執行国家権力機関の組織化の一般原則について」を第一読会で採択し、修正意見を求める目的でそれを大統領、連邦会議、憲法裁判所等に送付した[44]。

　その後、前述の 1999 年 6 月 24 日法の議会審議が膠着状況に陥ったことの影響もあり、法案が国会審議に提起されたのは翌 1997 年春となった。つまり、国家会議は、5 月 16 日、関係機関からの修正意見・提案を踏まえて法案を第二読会で審議・採択し、6 月 6 日には第三読会で採択して、これを連邦会議に送付した[45]。同 11 日、連邦会議はこれを却下するとともに、相互の不一致を調整するための調整委員会の設置を求めたのに対して、国家会議は 17 日の会議で、これに応じた[46]。合同調整委員会による作業は翌 1998 年春まで続き、前年 6 月 6 日に採択されたテキストは 55 箇所に修正を施されて纏められた。この調整案は 1998 年 5 月 13 日の国家会議で審議に付され、採択され、連邦会議に送付されたが、5 月 20 日、連邦会議はこれを却下し、生じた矛盾を除去する目的で改めて調整委員会の設置を国家会議に求めたのであった[47]。国家会議にとって、この決定はある意味予想外であった。何故なら、先の調整案は連邦会議との間の矛盾が完全に取り除かれたと報告されたうえで採択したからであ

った。7月16日、国家会議は、委員会により修正された法案（5月13日に採択し5月20日に連邦会議により却下された法律）を再審議の後、採択し、改めて連邦会議に送付したが、翌17日、連邦会議はこれを却下したうえで、調整委員会の設置を改めて要請した[48]。しかし、国家会議はこの要請に応じず、9月16日、7月16日の調整委員会案を改めて採択し、それを大統領に送付したが、9月28日、大統領は議会に書簡を発してこの調整案を拒否したため、10月14日、大統領による拒否に伴う委員会を設置し、ここでの作業に大統領及び連邦会議の代表を招聘することとした[49]。

　たった今述べた委員会の作業は、事情は不明であるが、1999年春まで続いたようである。というのも、委員会案（すなわち、前年に大統領により拒否された9月16日採択の法律に対して大統領の意見を考慮して仕上げられた調整案）が、6月23日の国家会議で審議に付され採択されたからである[50]。しかし、7月2日、連邦会議はこの調整案を却下し、相互の不一致を解消するための調整委員会設置をさらにまた提案したのである[51]。しかし、国家会議は連邦会議の新たな調整委員会設置の要請を受け入れず、9月22日、6月23日に採択した法律（7月2日に連邦会議により却下された）を改めて審議・採択し、これを大統領に送付した[52]。かくして、10月6日、エリツィン大統領が署名したことによって、連邦法律（第184-ФЗ号）「ロシア連邦主体立法（代表）及び執行国家権力機関の組織化の一般原則について」が成立したのであった[53]。

　それでは、これら二つの連邦法において、連邦中央と連邦主体との権限関係は如何に規制されることになったのであろうか。次節において、それぞれ検討していくことにする。

（二）　内　　容

(1)　6月24日原則・手続き法

　全5章32か条の体系を有するこの法律は、初めて「管轄対象」、「権能」、「権限」といった概念を次のように定義したことで注目される。すなわち、「ロシア連邦の管轄対象とは、その規制がロシア連邦憲法によってもっぱらロシア

186 第二部 条約的連邦関係の見直し

連邦の権限に対してなされるところの社会関係の領域である」(第2条第2項)。
また、「国家権力機関の権限とは、ロシア連邦憲法により定められ、かつロシア連邦憲法に従いロシア連邦主体憲法（憲章）によって採択された管轄対象にかかる国家権力機関の権能の総体である」(同第4項)。そして、「国家権力機関の権能とは、法令の採択、同じくその他の国家的－権力的作用の行使に対する国家権力機関の権利及び義務である」(同第5項)。要するに、国家機関の「権限とは管轄対象に対する権能の総体である」という概念関係が明確にされたのである。このように明確にされたことは、その後の学問上及び実務上大きな意義を有したが、この法が2003年7月に失効したことによってこれら概念上の関連は改めて曖昧になった[54]。

さて、この法律は、条約（及び協定）の締結、管轄対象及び権能の区分に係る原則について、次の8項目にわたり規定した（第3条～第10条)[55]。

① 合憲性原則（連邦管轄及び共同管轄の区分（配分）または再区分（再配分）における合憲性の遵守：連邦主体の地位変更、市民の憲法上の権利・自由の制限、連邦の国家的一体性の侵害及び連邦の国家権力体系の統一の侵害をもたらすような条約（及び協定）の締結の禁止）

② 連邦憲法・連邦法の最高性（条約（及び協定）の規定と連邦憲法及び連邦法との規定が抵触する場合、後者の効力が優先する）

③ 権限区分に際しての連邦主体の同権性（連邦主体は、条約の準備、締結を含む権限区分に際して平等である）

④ 連邦主体の権利・利益の制限の禁止（ある連邦主体と連邦との権限区分に際して、他の連邦主体の権利・利益を損ねてはならない）

⑤ 連邦の利益と連邦主体の利益の一致（条約（及び協定）の締結過程において、連邦と連邦主体の利益を調整する）

⑥ 締結の自発性（条約（及び協定）は、自発性の原則に基づいて行う）

⑦ 資源保障（権限区分に際して、関係国家機関が自らの権能を実現するうえで必要とする財政的、物的・技術的資源及びその他の資源をこれら国家機関に保障する問題を解決する）

⑧　締結の公開(条約(及び協定)の準備及び締結は公開で行う)

　これらの原則から明らかなように、連邦統一法圏のもとでの条約の合憲性や連邦利益と連邦主体利益との適合・調整が強調された。とくに、上記 ④ について、第 4 条は「ロシア連邦憲法及び連邦法の最高性」の見出しのもとに、「条約及び協定の規定がロシア連邦の管轄対象及び共同管轄に関して適用されるロシア連邦憲法、連邦憲法律及び連邦法の規定に抵触する場合、ロシア連邦憲法、連邦憲法律及び連邦法の規定が効力を有する」と規定した。これは、改めて第 32 条において、連邦法、連邦主体法律、条約(及び協定)を三年以内に本法に適合させることが求められた。ここでは、既存の条約 (協定) についても見直し(連邦法制との対応)が求められたこと(それも三年以内という期限付きで)が重要な意味をもったが、罰則規定的に失効すると明示していない点に後述の破棄過程に関わる問題を残した[56]。

　また法律は、条約(及び協定)の締結手続きを定める第 3 章において、二つの重要な規定を設けた。第一は、第 14 条第 1 項において、条約締結の可能性を ① 共同管轄に係る連邦法が存在する場合、当該共同管轄について条約締結が許されるのは、そのことの言及が連邦法で直接されている場合、② 共同管轄に係る連邦法が存在しない場合、上記条約を制定後の連邦法に適合させるという条件の場合に特定したことである。つまり、共同管轄の規制法がある場合にはその法が条約による区分を直接認めている場合、法がない場合には条約による区分を法が制定されるまでは認めるが、制定後は条約を法に適合させるという条件付きとする場合である。連邦法による権限区分関係の規制が明確に打ち出されている規定となっている。第二は、「ロシア連邦主体の政治的、経済的、社会的、地理的、民族的、及びその他の特性［особенность］」を考慮して、共同管轄対象を具体化することができると定める (第 14 条第 2 項)。連邦主体が有している何らかの「特性」によって、連邦主体独自の共同管轄の対象を設定することが可能とされる。この「特性」は、後に、権限関係の法制化に伴う権限区分条約の存在意義が疑問視される中で、具体的には後述するタタルスターン共和国との 2007 年条約改訂交渉の際に、タタルスターンにとっての条約

締結要件（タタルスターンの「特性」とは何か）として議論されることになるのである。

　この法で注目すべき最後の点として、既存の条約（及び協定）と本連邦法との適合の期限を定めたことである。すなわち、現在ロシア連邦内で効力を有する条約（及び協定）は、本連邦法発効の日から三年以内に、本連邦法に則して整備されなければならないとされたのである（第32条第2項）。これは、実質的には、既存条約（及び協定）の見直しを不可避にするものであり、実践的には、後述する条約破棄過程を結果することとなった。

　6月24日連邦法は、このようにして、条約締結過程に連邦・地方の各レベルの立法機関を関与させることで、条約と連邦法との間の法的衝突を防止する手続きを定めたと言える[57]。また、条約それ自体の観点からすると、1990年代の条約締結過程に見られた法的根拠の脆弱性は連邦法という根拠を与えられることで、それを通じた新たな条約締結の可能性とその法体系上の合法性が承認されることになったとも言うことができる。しかしながら、それは、連邦憲法及び連邦法の厳格な規制・制御下に置かれることへの代償であったことは否めず、その後の条約実践を見るならば、条約の法的意義自体を無に帰しかねない問題を孕んでいたのである[58]。

(2)　10月6日一般原則法

　上記6月24日原則・手続き法が権限区分それ自体を目的とし、多くの箇所で条約に言及しているのとは異なり、連邦主体の立法（代表）・執行権力機関の体系整備を目的とする10月6日一般原則法は、機関の活動原則や権能との関連で言及するにすぎない。すなわち、法は、第1条において、連邦主体国家権力機関の活動原則の一つとして「ロシア連邦国家権力機関とロシア連邦主体国家権力機関の間の管轄対象及び権能の区分」を挙げるとともに、それは「ロシア連邦憲法、管轄対象及び権能の区分に関する連邦条約、並びにロシア連邦憲法及び連邦法に基づき締結されたその他の条約によって実現される」とした（第1項e号及び第5項）。なお第5項は、連邦憲法第11条第3項が連邦法に言及していないこととの関連で、その合憲性が問題とされる[59]。

各機関の権能との関連では、立法（代表）機関の権能を定める第5条は、「連邦主体の条約の締結及び破棄」は立法（代表）機関の制定する法律によって定められると規定する（第2項3号）。これは、条約実践の過程で提起された立法機関の関与がなされないとの批判に応えるものとなっている。また最高執行国家権力機関については、「連邦法に従い、連邦執行権力機関と管轄対象及び権能の区分に関する条約、並びに自らの権能の一部の行使の相互委任に関する協定を締結する」権能が付与される（第21条第2項ж号）。さらに、執行機関としての最高役職者（共和国であれば大統領、州であれば知事）について、第18条が締結された条約及び協定に署名する権能（第7項a号）を定める。

　以上から分かるように、10月6日法は単独で条約実践を規制する立法として必ずしも十分な内容を有していない。この法が条約実践の現状と将来的な条約締結の規制法としての役割を果たすためには、前述の6月24日法の手続き的内容を取り込む必要があった。それは、換言すれば、条約規制を主に連邦主体の組織的・機能的体系化という側面から規制しようとする10月6日法と主に権限区分の原則・手続き的側面からの規制を目的とする6月24日法とを統合することの必要性を意味したと言える。10月6日法が2003年7月4日に6月24日法をいわば取り込むかたちで改正されたことは、その意味で必然であった。

　とはいえ、これら二つの連邦法が制定されたことにより、連邦憲法及び連邦法による条約に対する法規制の枠組みがとりあえず設えられたことは、大きな意義を有した。このことについて、たとえば、B. ルィセーンコは、1999年の二つの法（6月24日法と10月6日法）により以下の点が可能となったと評価した[60]。すなわち、① 中央及び地方との間の管轄対象及び権能の区分についての強力なメカニズム、② 地方との条約及び協定に対する連邦法の優位の強化、③ 地方の執行権力の指導者のみならず地方立法議会及び連邦会議の指導者の参加を伴う中央及び地方との間の条約及び協定の準備及び採択の民主主義的手続きの導入、④ 連邦主体に対してかつて連邦中央と締結した条約及び協定を当該連邦法と三年以内に適合させることの義務付け、⑤ 連邦憲法及び連邦立

法に合致しない条約及び協定を延長しない権利の連邦大統領及び政府への付与。⑥ 連邦主体の立法及び執行権力機関の間の関係を調整しかつ均衡を図ること、⑦ 連邦主体の指導者は三選されることはないという憲法命題の地方に対する義務付け、の6点である。

　しかし、その実態は、H. ヴァルラーモヴァが指摘するように、「それ［―本法］を採択したときから、如何なる管轄対象及び権能区分に関する条約も締結されなくなった（今後もされないであろう）、連邦関係規制のもっとも効果的かつ柔軟な制度は、最初は拙くかつ破壊的に利用され、それから簡単に投げ捨てられた」、といった体のものであった[61]。すなわち、法に則した条約に基づく連邦関係の健全な発展が図られるのではなく、事実上は条約否定（＝破棄）が意図されたのである。来るべき国家会議選挙・大統領選挙に向けたキャンペーン、議会による大統領弾劾、さらには大統領と地方との友好から対立への転換など、この間の政治状況を併せて考えるならば、1999年の二つの法が持つとされる条約規制立法としての実効性については疑問なしとしない[62]。この疑問の解決は、次章で見出されるであろう。

小　括

　以上見てきたように、1999年の二つの連邦法による権限区分条約規制は、条約内容及び締結プロセスに一定の歯止めをかけるという意味で一応の成果を挙げたということができる。しかし、それは連邦中央にとっては、既存の条約による連邦関係を前提にしたうえで基本的には新たな条約（及び協定）締結を規制するものであるかぎり、根本的な問題解決にはほど遠いものであった。ここでいう「根本的な問題解決」とは、連邦中央－連邦主体関係を抜本的に見直して前者に優位な関係を構築することにより強いロシア（＝集権的な連邦）を創出することを意味する。これこそ、2000年にエリツィン政権を引き継いだプーチン政権の焦眉の課題となった。一連の連邦改革の一環としてなされたこの問題解決の試みにおける要諦こそは、上記個別権限区分条約の「見直し」であった（言うまでもなく、1994年2月のタタルスターン共和国との条約もその対象とされた）。この見直しは、新たな連邦構想に即した条約に基づく連邦

関係から連邦法に基づく連邦関係への転換をもたらすことになるであろう。この問題の検討を、次の課題とする。

⑴　1994年のロシア連邦とタタルスターン共和国との間の区分条約については、拙稿「一九九四年ロシア連邦—タタルスターン共和国権限区分条約論—交渉過程を焦点に据えて—（一）（二）（三・完）」（『法学新報』第117巻第3・4号（2010）、同5・6号（2011）、同9・10号（2011））参照。なお、用語法の問題として、「権限 компетенция」、「管轄対象 предмет ведения」、及び「権能 полномочие」については、既に序論の注⑵で述べた。ここで一般的概念として用いる「区分条約」もしくは「権限区分条約」とは、「管轄対象及び権能の区分に関する条約」と同義である。ところで、上記1994年条約では「管轄対象の区分 ［разграничение］ 及び権能の「相互委譲 ［взаимное делегирование］」という表現が使われているが、断りのないかぎり「区分条約」と表記する（なお、「権限区分条約」を「権限分割条約」と表記する場合もある。中馬瑞貴「ロシアの連邦中央とタタルスタン共和国との間の権限分割条約」『外国の立法』232（2007年6月）号参照）。

⑵　2000年6月の連邦管区創設に始まるその後の一連の連邦改革について、ここでは主題との関連でのみ触れるにとどめ、直接の検討対象とはしない。なお、M.グリギッチ−ゾロタリョーヴァ（М.В.Глигич-Золотарева）は、プーチン連邦改革を総括して、① 法体系への補完性原理の導入の試み、② 権限の集権化、③ いわゆる「自主権能 добровольное полномочие」（共同管轄対象について、連邦主体が独自予算で執行する権能）の導入、④ 垂直的権力構造の強化、⑤ 複合的連邦主体における権限の再配分といった点を指摘しながら、過度の集権化の是正、地域への実効的権限委譲などの必要性を述べる（см. М.В.Глигич-Золотарева,Теория и практик федерализма: системный подход, Новосибирск: "НАУКА", 2009, стр. 458-474)。

⑶　42の条約以外に、条約案作成が判明している連邦主体として、まずチェチェン共和国に関して、前述したように（第一部第三章注 ⑶7）、1996年5月26日連邦大統領令によりチェチェン共和国との区分条約案（全25条）が承認され、同年6月30日までに共和国内での全人民討議にかけられることとされた（Собрание законодательства РФ. 1996, N23, ст. 2751）が、結局権限締結に至らなかった。またヴラジーミル州については、1996年6月3日に、区分条約（Договор о разграничении предметов ведения и полномочий между органами государственной власти Российской Федерации и органами государственной власти Владимирской области）案（全17条）が州行政府長決定（Постановление Губернатора Владимирской области от 3 июня 1996 г., N261）として採択され、同州より連邦中央への送付手続きがとられたが、その後この決定自体が2015年3月5日決定により破棄された（Постановление администрации Владимирской области от 05.03.2015, N 165. О признании утратившим силу постановления главы администрации Владимирской области от 03.06.1996, N 261 "О Договоре о разграничении предметов ведения и полномочий между органами государственной власти Российской Федерации и органами государственной власти Владимирской области"）。さらにハカシア共和国では、1997 年 3 月、現政府は条約の意義を認めないという立場から、前政権が準備してモスクワに送付した権限区分条約案を戻したとの報道がなされた。См. СИБТРАНСПРЕСС Лебедь отменяет договор, Восточно-Сибирская правда,10 марта 1997 г.（http://www.vsp.ru/1997/03/10/sibtranspress/［2018 月 5 月 30 日閲覧］。なお、この間に締結された権限区分条約（サラトフ、アムール、ヴォロネジ、イヴァノヴォ、キーロフの 5 州を除く）の比較分析について、中馬瑞貴「ロシアの中央・地方関係をめぐる政治過程―権限分割条約の包括的な分析を例に―」『スラブ研究』、No. 56（2009）参照。

　　なお、表中、条約締結主体数（46）と条約締結数（42）が相違しているが、それは、① ペルミ州及びコミ－ペルミャーク自治管区、② クラスノヤルスク地方、タイミィル（ドルガン－ネネツ）自治管区及びエヴェンキ自治管区、③ イルクーツク州及びウスチ－オルダ・ブリャート自治管区が、それぞれ共同して連邦中央と条約を締結したことによる。

　　なお、これら連邦主体は、その後、以下のように合併した。

① 2005 年 12 月 1 日、ペルミ州とコミ－ペルミャーク自治管区との合併により、新連邦主体としてペルミ地方の創設

② 2005 年 10 月 14 日、クラスノヤルスク地方、タイミィル（ドルガン－ネネツ）自治管区及びエヴェンキ自治管区との合併により、新連邦主体としてクラスノヤルスク地方の創設

③ 2006 年 12 月 30 日、イルクーツク州とウスチ－オルダ・ブリャート自治管区との合併により、新連邦主体としてイルクーツク州の創設

(4)　1996 年以降の段階においてもコミ、チュヴァシ、及びマリ・エルの 3 共和国が条約を締結している（см.А.Н.Алинин, Проблемы развития российской государственности в конце XX века в кни.Федерализм власти и власть федерализма,М.:ТОО "Интер Tex", 1997, стр. 82. なお、この論文は、1994 年～ 1997 年夏頃において締結された条約までを対象としている）。しかし、共和国との個別条約締結過程は鈍化し、1998 年のマリ・エル共和国との締結が最後となった。その背景に、連邦中央が共和国立法の連邦法との不一致状態を強く意識し始めたことが指摘されている。1997 年に共和国への大統領全権代表制が導入され、1998 年末までにこの制度が導入されない共和国は、タタルスターン共和国、バシコルトスターン及びサハ（ヤクーチヤ）の 3 共和国だけであった（См. Р.Ф.Туровский, Политическая география. Учебное пособие, Смоленск: Изд-во СГУ, 1999, стр. 156）なお、第五章注(5)参照。

⑸　См.В.В.Иванов, Российский федерализм и внутригосударственная договорная поли-
тика, Красноярск:Красноярский государственный университ, 1997, стр. 14.

⑹　О разграничении предметов ведения и взаимном делегировании полномочий между
органами государственной власти Российской Федерации и органами государственной
власти Кабардино-Балкарской Республики (《Российская газета》,2 июля 1994 г.).

⑺　О разграничении предметов ведения и взаимном делегировании полномочий между
органами государственной власти Российской Федерации и органами государственной
власти Республики Башкортостан (《Российская газета》,4 августа 1994 г.).

⑻　См.А.Н.Алинин,указ. соч., стр. 82.

⑼　См.Асимметричная федерация: взгряд из центра,республик и областей,
М.:ИИсСРАН, 1998, стр.40. なお、国家会議及び大統領選挙と権限区分条約との関連
について、上野俊彦「第二章　プーチン政権下の連邦制度改革と行政改革」（平成
15 年度外務省委託研究報告書『プーチン大統領の進める焦眉の制度改革（政治面）』
［2004 年 2 月］：http://www2.jiia.or.jp/pdf/russia_centre/h16_putin/04_ueno.pdf［31/
03/2013]）、6-7 頁参照。

⑽　Об Основных положениях региональной политики в Российской Федерации
(Собрание законодательства Российской Федерации, 1996, N 23, ст. 2756).

⑾　カリーニングラード州及びスヴェルドロフスク州との条約テキストについて、そ
れぞれ、см. указ. Федерализм власти и власть федерализма,стр.308–313 и 313–319. な
お、オレンブルグ州が 1995 年 12 月 9 日に連邦政府と五つの分野（経済問題、農工
複合体、州内の土地資源の占有・利用・処分、国際的・対外経済的連携、防衛産業）
における政府間協定を結んでいたことは、それが「区分条約に基づく」ものとされ
ているにもかかわらず、その締結（1996 年 1 月 30 日）の前である点で注目される
(Сборник договоров и соглашений между органами государственной власти Россий-
ской Федерации и органами государственной власти субъектов Российской Федерации
о разграничении предметов ведения и полномочий,М.:Известия, 1997, стр. 527-541)。
この個別問題に関する連邦政府との権能区分の協定化は、その後、他の州に波及す
ることになる。その際、区分条約締結と同時かその後に締結されるのが通常である。

⑿　3 月 6 日大統領令による（Собрание законодательства Российской Федерации,1995,
N 11, ст. 986)。この会議（научно-практическую конференцию "Проблемы разграни-
чения и взаимного делегирования полномочий между федеральными органами госу-
дарственной власти и органами государственной власти субъектов Российской
Федерации:опыт и перспективы"）の構成は、その後の条約規制法案の帰趨（議会に
よる否決）に関連して注目される。政府関係機関、連邦主体の代表や法学者が招聘
されたが、議会関係者は一人も招かれなかった。また、11 名からなる組織委員会に
は、リハチョーフタタルスターン共和国副大統領が選出されている。

⒀　См.Государственная Дума. Стенограмма заседания от 13 июля 1995 г. 議会で審議された二つの法案は権限区分問題の解決における二つの立場―① 連邦憲法よりも条約を重視する条約‐憲法的もしくは条約的立場（共和国憲法と連邦憲法との離齬は条約によって補修）及び ② 条約よりも連邦憲法（連邦法）を重視する立場（条約存在の可能性を認めつつ、それは条約が連邦憲法に適合する場合にのみとする）―を反映したものであった。大統領提案の手続き及び原則法案（Проект федерального закона о принципах и порядке разграничения предметов ведения и полномочий между органами государственной власти Российской Федерации и органами государственной власти субъектов Российской Федерации）については、法案説明に立った А. コテンコーフ（А.А.Котенков）は、法案審議の必要性と緊急性に関して、連邦憲法第 11 条第 3 項に定める条約を規制するしかるべき連邦法が存在しないことの問題を指摘し、法案は、憲法からのあり得べき逸脱を取り除くことは言うまでもなく、条約プロセスを遂行する手続きと原則を定める使命を帯びていると述べた。投票結果は、出席代議員 450 名中、賛成 51（11.3%）、反対 38（8.4%）、棄権 7（1.6%）、無投票 354 の結果、賛成票が出席代議員の過半数を占めなかったことにより、法案は否決された。他方、大統領案の代替案である基本原理法案（О проекте федерального закона об общих началах разграничения предметов ведения и полномочий между органами государственной власти Российской Федерации и органами государственной власти субъектов Российской Федерации）については、「ロシアの選択」会派の В. ミハーイロフが提案説明を行った。彼は、大統領案が上記 ① を反映したもの、換言すれば、エリツィン‐シャフラーイ‐シャイミーエフ路線を基調とするものであるとしたうえで、条約締結の必要性を認めつつも、それはあくまでも連邦憲法に適合する場合のみであるとし、大統領案よりも条約プロセスに対する規制を厳格にしているのは、現状の条約プロセスの行き過ぎ―たとえば、タタルスターン共和国との条約で先例を作ったタタルスターン共和国憲法と連邦憲法との不一致・矛盾は、条約締結を行った他の共和国憲法にも出来した―に歯止めをかけるためである、と述べた。出席代議員 450 名中、賛成 142（31.6%）、反対 23（5.1%）、棄権 2（0.4%）、無投票 283 の結果、賛成票が出席代議員の過半数を占めなかったことにより、法案は否決された。政権が予期しなかった、こうした否決という結果は、投票後、議長が議会担当委員会に対して政府と協議して採択されるような法案を準備するよう提案するという異例の事態をもたらした。そして、7 月 21 日の会議には、代替案である基本原理法案のみが投票にかけられたが、出席代議員 450 名中、賛成 192（42.7%）、反対 11（11%）、棄権 6（1.3%）、無投票 257 で、賛成票が出席代議員の過半数を占めなかったため否決された。そのため、再投票が行われたが、第一回の賛成投票者からの無投票者が増加したこともあり、賛成 176（39.1%）、反対 11（2.4%）、棄権 6（1.3%）、無投票 257 の結果、今回も賛成票（39.1%）が出席代議員の過半数を占めるこ

とができなかった（Государственная Дума. Стенограмма заседания от 21 июля 1995 г.）。その後、政府は修正を施した基本原理法案を 11 月 24 日の国家会議の審議にゆだねたが、出席代議員 450 名中、賛成 190（42.2％）、反対 26（5.8％）、棄権 3（0.7％）、無投票 231 の結果、賛成票は前回よりも若干増えたものの、出席代議員の過半数に達せず、再度否決された（Государственная Дума. Стенограмма заседания 24 ноября 1995 г.）。

(14)　См.В.В.Иванов, указ. соч., стр. 48.

(15)　Собрание актов Президента и Правительства Российской Федерации, 1994, N 3, ст. 190.

(16)　Комиссия Поавительства Российской Федерации по вопросам разграничении полномочий федеральных органов исполнительных власти и органамиисполнительных власти субъектов Российской Федерации (Собрание актов Президента и Правительства Российской Федерации, 1994, N6, ст. 500).

(17)　Комиссия при Президенте Российской Федерации по подготовке договоров о разграничении предметов ведения и полномочий между федеральными органами государственной власти и органами государственной власти субъектов Российской Федерации (Собрание законодательства Российской Федерации, 1994, N13, ст. 1475).

(18)　См.В.В.Иванов,указ. Нормативный конституционно-правовой договор: теория и практика, стр. 171.　なお、1998 年 7 月 15 日大統領令について、Собрание законодательства Российской Федерации,1998, N 29, ст. 3548.

(19)　Собрание законодательства Российской Федерации, 1996, N12, ст. 1058.　なお、連邦 - 連邦主体の執行権力機関の間で締結される協定については、この大統領令に基づき、翌 1998 年 2 月 2 日、「管轄対象及び権能の区分に関する協定遵守に対する規制 об обеспечении контроля за соблюдением соглашений о разграничении предметов ведения и полномочий между федеральными органами исполнительной власти и органами исполнительной власти субъектов Российской Федерации」に関する政府決定が出された（Собрание законодательства Российской Федерации, 1998, N6, ст. 753）。

(20)　В. イヴァーノフは、1994 年〜 1995 年にかけて締結された一連の個別条約によって修正された憲法上の管轄対象及び権能の列挙に対して、① 条約による修正の禁止、② 個別地域的事情を考慮した条約による補足的修正の許可という統一的アプローチを定めたとして、大統領令を評価する（В.В.Иванов, указ. соч., стр. 97, 181）。また、この大統領令によって 1996 年初めまでの個別条約締結に若干の状況変化が見られるようになったとする論者もいる（см.А.А.Торшенко, Оконституционности договоров о разграничении предметов ведения и полномочий между органами государственной власти РФ и органами государственной власти субъектов РФ, "Чиновник", 1998, N 3.）。

⑵1 См.И.В.Лексин, Институт договора о разграничении компетенции : возможности и пределы применения в современной России.《Право и власть》, N 2,2002, стр. 71. なお、この大統領令による権限区分作業手続き（＝権限区分に関する政府間協定）の遵守を監督する目的で、1998 年 2 月 2 日にロシア連邦政府決定「連邦執行権力機関とロシア連邦主体執行権力機関との間の管轄対象及び権能の区分に関する協定の遵守に対する監督確保に係る規程の承認について Об утверждении Положения об обеспечении контроля за соблюдением соглашений о разграничении предметов ведения и полномочий между федеральными органами исполнительной власти и органами исполнительной власти субъектов Российской Федерации」（Собрание законодательства Российской Федерации, 1998, N 6, ст. 753）が出された。

⑵2 О внесении изменений в Положение о порядке работы по разграничению предметов ведения и полномочий между федеральными органами государственной власти и органами государственной власти субъектов Российской Федерации и о взаимной передаче осуществления части своих полномочий федеральными органами исполнительной власти и органами исполнительной власти субъектов Российской Федерации, утвержденное Указом Президента Российской Федерации от 12 марта 1996 г. N 370 (Собрание законодательства Российской Федерации, 1996, N49, ст. 5553).

⑵3 Собрание законодательства Российской Федерации. 1997, N28, ст. 3421.

⑵4 B. イヴァーノフによると、① 上記権限区分委員会は連邦主体の憲法･憲章･法律の検査機能を付与され、② ある種の条約締結条件として、連邦主体の憲法･憲章その他の法令の連邦憲法･連邦法との合致が義務づけられ、③ 1997 年以降、条約は政治的妥協の道具もしくは地位の均等化の道具から奨励形態へと役割･意義を変化させた（см.В.В.Иванов, Внутрифедеративнные договоры 1998 года: новые шаги в сторону индивидуализации Федеративных отношений,《Конституционное Право. Восточноевропейское Обозрение》, N 2, 1999, стр. 48）。

⑵5 《Российская газета》, 7 марта 1997 г.（邦訳『ロシア東欧貿易調査月報』、1997 年 3 月号、31、33 頁）.

⑵6 《Российская газета》, 24 февраля 1998 г.（邦訳『ロシア東欧貿易調査月報』、1998 年 2 月号、10-56 頁）. この基調は、エリツィン大統領が翌年 3 月 30 日に議会で行った「年次教書」演説（「時代の画期にたつロシア（国内情勢及びロシア連邦の諸政策の基本方針について）」）にも見られる。すなわち、彼は、連邦中央－地方間の権限区分のプロセスが未完成にある中で統一的に規制する連邦法の不存在とその欠缺を条約が補塡していることを指摘し、条約に向けられた批判を考慮しつつ連邦憲法･連邦法体系のもとでの条約規制の必要性を述べていた（《Российская газета》, 31 марта 1999 г.（邦訳『ロシア東欧貿易調査月報』、1999 年 3 月号、59-119 頁）.

⑵7 См.《Известия》, 21 ноября 1998 г.

⑵ Проект федерального закона о принципах и порядке разграничения предметов ведения и полномочий между органами государственной власти Российской Федерации и органами государственной власти субъектов Российской Федерации. 法案提案説明書は、7 月 18 日の国家会議決定に付されている（Собрание законодательства Российской Федерации, 1996, N 31, ст. 3682）。

⑵ Государственная Дума. Стенограмма заседания от 18 июля 1996 г.

⑶ Собрание законодательства Российской Федерации. 1997, N 17, ст. 1958. В. ルィセーンコによる法案説明について、Государственная Дума. Стенограмма заседания от 16 апреля 1997 г.

⑶ Собрание законодательства Российской Федерации,1997, N 19 , ст. 2205. 採択されたテキスト（О принципах и порядке разграничения предметов ведения и полномочий между органами государственной власти Российской Федерации и органами государственной власти субъектов Российской Федерации）について、см. http://sozd. parliament.gov.ru/download /48A4A16C-1DD8-4DD8-9290-C314834BED85 ［2018 年 5 月 30 日閲覧］. なお、M. グボグローによれば、この法律は、連邦制の新たな段階、すなわち条約的段階の端緒となり（それは、憲法の規定する非対称的連邦原則を掘り崩すことになる）、① 合憲性原則（如何なる法令、条約・協定も連邦憲法の規定する共同管轄対象及び連邦主体管轄対象を再配分したり排除したりすることはできない）、② 連邦憲法・連邦法の優越性原則（あらゆる条約・協定よりも優越する）、③ 連邦主体の同権性原則（連邦主体は管轄対象及び権能の区分に関して同権である）、④ 連邦主体の権利・利益の制限は許されないという原則、⑤ ロシア連邦の利益を調整するという原則、⑥ 条約・協定の締結の自発性の原則、⑦ 権能行使の際の当該執行機関への物的等の資源保証の原則、⑧ 条約・協定締結の公開性の原則、といった一連の原則を含むものであった（彼は、これらのうち ① 〜 ③ を急進的な原則と見なした）。См. М.Н.Губогло,Федерализм власти и власть федерализма власти и власть федерализма. в кни. указ. Федерализм власти и власть федерализма, стр. 142-144.

⑶ 会議は、法案提出者のスィチョーフ（A.П.Сычев）議員の趣旨説明を聴いた後、質問もなく直ちに採決に入り、出席者 178 名中、賛成 23 名（12.9％）、反対 98 名、棄権 5 名、無投票 52 名で、賛成者が出席者数の過半数に達しなかったため、法案は却下（否決）された。Совет Федерации. Стенограмма двадцатого заседания Совета Федерации. 14-15 мая 1997 года, М., 1997, стр. 100-105. 決定について、Собрание законодательства Российской Федерации, 1997, N 21, ст. 2410. 国家会議の 6 月 17 日決定について、Собрание законодательства Российской Федерации,1997, N 16, ст. 3003.

⑶ Собрание законодательства Российской Федерации,1997, N 47,ст. 5373. Государственная Дума. Стенограмма заседания 14 ноября 1997 г. なお、採択されたテキスト（全5章32条）について、см. http://sozd.parliament.gov.ru/download/ 2B21AD62-420B-436B-B163-576397988F2F［2018年5月30日閲覧］.

(34) Собрание законодательства Российской Федерации,1997, N 50, ст. 5656. 連邦会議側委員として、タタルスターン共和国からリハチョーフ国家評議会議長が共同委員長として、シャイミーエフ大統領が委員として加わった。なお会議では、シャイミーエフ大統領が、法律が権限区分の原則及び手続きに関する法律であるにもかかわらず、権限の区分のみで手続きが規定されておらず、これでは連邦主体の権限は縮小されてしまうと述べて、法律承認に強く反対した。投票結果は、出席者178名中、投票者数122で、うち賛成73票（41.0%）、反対45票、棄権4票、無投票者56であった。賛成者が出席者総数の過半数に達しなかったため否決された（Совет Федерации. Стенограмма двадцать шестого заседания Совета Федерации 3 декабря 1997 года）。

(35) Собрание законодательства Российской Федерации, 1998, N 1, ст. 81.

(36) См.ПРОТОКОЛ итогового заседания согласительной комиссии палат Федерального Собрания Российской Федерации по выработке единого текста Федерального закона "О принципах и порядке разграничения предметов ведения и полномочий между органами государственной власти Российской Федерации и органами государственной власти субъектов Российской Федерации" (http://sozd.parliament.gov.ru/download/ B7C6510B-69A1-4EDE-80BD-6DF1A5FE1021［2018年5月30日閲覧］).

(37) 2月12日国家会議決定及び2月18日連邦会議決定について、Собрание законодательства Российской Федерации,1999, N 8, ст. 995 и Собрание законодательства Российской Федерации, 1999, N 9, ст. 1119.

(38) Собрание законодательства Российской Федерации,1999, N 12, ст. 1437. 特別委員会は4月21日及び5月18日に作業を行い、2月12日に国家会議が採択したテキストのうち、6箇所（第12条1項、第13条2項、第19条、第23条、第25条、及び第26条）について、大統領提案を受け入れて仕上げられた（см.ИТОГОВЫЙ ПРОТОКОЛ заседаний специальной комиссии по отклоненному Президентом Российской Федерации Федеральному закону "О принципах и порядке разграничения предметов веденияи полномочий между органами государственной власти Российской Федерации и органами государственной власти субъектов Российской Федерации" http://sozd. parliament.gov.ru/download/7BECAB50-7EE6-4520-87C9-937A3CA9DCA2［2018年5月30日閲覧］)。なお、3月3日の大統領書簡（Письмо от 3 марта 1999 г. N Пр-271）によれば、拒否理由に挙げられた条項は、第12条1項、第13条、第19条、第23条、第25条、第19条、及び第28条の7か条であった。

(39) 6月4日国家会議決定及び6月9日連邦会議決定について、Собрание законода-

тельства Российской Федерации.1999, N 24,ст. 2944 и Собрание законодательства Российской Федерации. 1999, N 24, ст. 2902.

(40) Федеральный закон.О принципах и порядке разграничения предметов ведения и полномочий между органами государственной власти Российской Федерации и органами государственной власти субъектов Российской Федерации (Собрание законодательства Российской Федерации, 1999, N26. ст. 3176). 邦訳について、樹神成訳・解説「『ロシア連邦国家権力機関とロシア連邦構成主体の国家権力機関との間の管轄事項及び権能の区分の原則及び手続きについて』の連邦法律」『ロシア・ユーラシア経済調査資料』、No. 811, 27-37 頁．

(41) Об общих принципах организации системы органов государственной власти субъектов Российской Федерации (Собрание законодательства Российской Федерации, 1995, N 16, ст. 1370).

(42) Собрание законодательства Российской Федерации. 1995, N 50, ст. 4899.

(43) Рабочая группа по дальнейшей работе над Федеральным законом "Об общих принципах организации законодательных (представительных) и исполнительных органов государственной власти субъектов Российской Федерации" (Собрание законодательства Российской Федерации, 1996, N 8, ст. 706).

(44) О проекте федерального закона об общих принципах организации законодательных (представительных) и исполнительных органов государственной власти субъектов Российской Федерации (Собрание законодательства Российской Федерации,1996, N 45, ст. 5070).

(45) 5 月 16 日及び 6 月 6 日の審議及び決定について、см.Государственная Дума. Стенограмма заседания 16 мая 1997 г. и Собрание законодательства Российской Федерации. 1997, N 22, ст.2557;Государственная Дума.Стенограмма заседания 6 июня 1997 г. и Собрание законодательства Российской Федерации, 1997, N 25, ст. 2880.

(46) 6 月 11 日連邦会議決定について、Собрание законодательства Российской Федерации, 1997, N 25, ст. 2832. 17 日の国家会議決定について、Собрание законодательства Российской Федерации, 1997, N 26, ст. 3003.

(47) 5 月 13 日の国家会議の審議及び決定について、см.Государственная Дума. Стенограмма заседания 13 мая 1998 г. и Собрание законодательства Российской Федерации, 1998, N 21, ст. 2177. 5 月 20 日の連邦会議決定について、Собрание законодательства Российской Федерации, 1998, N 22, ст. 2354.

(48) 7 月 16 日の国家会議の審議及び決定について、см.Стенограмма заседания 16 июля 1998 г. Собрание законодательства Российской Федерации, 1998, N 29, ст. 3529. 7 月 17 日の連邦会議決定について、Собрание законодательства Российской Федерации. 1998, N 30, ст. 3667. なお、この会議で、シャイミーエフ大統領は国家会議が採択し

た法律は一般的に不必要であり、連邦主体への干渉であり、連邦憲法の侵害であるとして、反対した（Стенограмма тридцать шестого заседания Совета Федерации от 17 июля 1998 года.）。

⑷　9月16日決定について、Собрание законодательства Российской Федерации, 1998, N 38, ст. 4777. 10月14日決定について、Собрание законодательства Российской Федерации, 1998, N 43, ст. 296.

⑸　Собрание законодательства Российской Федерации, 1999, N 28, ст. 3590.

⑸　Собрание законодательства Российской Федерации, 1999, N 28, ст. 3541.

⑸　Собрание законодательства Российской Федерации, 1999, N 40, ст. 4788; Государственная Дума.Стенограмма заседания 22 сентября 1999 г. なお、投票結果は、出席者450名中、賛成308（68.4％）、反対2（0.4％）、棄権2（0.4％）、無投票312であった。今回は、連邦憲法第105条第5項により、国家会議と連邦会議との不一致の場合、国家会議は再投票において代議員総数の3分の2以上が賛成した場合、国家会議の採択した法律は採択されたものと見なされる。今回の賛成投票が3分の2を超えるため、連邦会議の承認を経ることなく、大統領に送られ、大統領が署名したことにより、法律は成立したのである（同様の事態は1998年9月16日決定の際にも生じたが、この時は大統領が国家会議から送られた法律を拒否して議会に差し戻したため、成立には至らなかった）。

⑸　Федеральный закон.Об общих принципах организации законодательных (представительных) и исполнительных органов государственной власти субъектов Российской Федерации. Собрание законодательства Российской Федерации. 1999, N42, ст. 5005.

⑸　「権限」、「管轄対象」及び「権能」の三つの概念をめぐる議論について、см.В.А.Черепанов, Федеративная реформа в России.М.:Издательство 《Социально-политическая мысль》, 2007, стр. 745-780. なお、序論注⑵も参照。

⑸　И. レークシンは、これらの原則を条約（協定）の新たな法的基礎としてのもっともラディカルな点として説明している。См. И.В.Лексин, Институт договора о разграничении компетенции : возможности и пределы применения в современной России. 《Право и власть》, N 2, 2002, стр.72.

⑸　1999年6月24日法が2003年7月4日に連邦法律（第95-ФЗ号）「連邦法律『ロシア連邦主体法（代表）及び執行国家権力機関の組織化の一般原則について』への修正・補足の導入について」の採択に伴い失効した後、現在では、連邦法と条約の規範的効力関係は、上記2003年7月4日連邦法律（第95-ФЗ号）第26条の7により規制されることになる。また、現行条約の失効については、第5条において、本連邦法律発効の日から2年以内に連邦法による承認を受けるものとされ、承認されない場合には自動的に失効したものと見なされることになった。

⑸　См.Конституционное основы разграничения полномочий между органами публичной власти.Монография,М.:ИНФРА-М, 2016, стр. 52.

⑸ 1999 年 6 月 24 日法は条約の法的意義を無に帰せしめたと評価することについて、см. М.В.Столяров, Федерализм в российском измерении: записки политолога 1998–2009, М.:Изд-во РАГС, 2010, стр. 87.

⑸ なお、この規定を含む 10 月 6 日法（ひいては連邦憲法第 11 条第 3 項）の合憲性について、連邦憲法裁判所は、2000 年 6 月 7 日の決定において、ロシア連邦憲法第 11 条第 3 項は、管轄対象及び権能の区分に関する連邦条約及びその他の条約はロシア連邦憲法に適合していなければならず、それ故、これらの条約によってなされるあらゆるロシア連邦主権の制限又は分割は排除されることを意味していると述べたうえで、ロシア連邦憲法第 11、76、77 及び 78 条、連邦憲法律及び連邦法、並びにロシア連邦主体憲法（憲章）、法律その他の規範的法令との関連でのロシア連邦憲法第 71 条の意味するところにより、ロシア連邦憲法が定めたロシア連邦の管轄対象及び関係する連邦執行権力機関の権能を条約、協定によって委任したり、削除したり、もしくは別の方法で再配分したりすることはできないとした。Постановление Конституционного Суда РФ от 7 июня 2000 г. N 10-П. По делу о проверке конституционности отдельных положений Конституции Республики Алтай и Федерального закона "Об общих принципах организации законодательных (представительных) и исполнительных органов государственной власти субъектов Российской Федерации" (Собрание законодательства Российской Федерации, 2000, N25, ст. 2728). なお、この決定後、2000 年 7 月 29 日、10 月 6 日法の改正（Федеральный закон N 106-ФЗ от 29 июля 2000 г.）がなされ、連邦憲法及び連邦法侵害に対する連邦主体の責任（立法機関に対しては任期前の解散、執行機関の長に対しては解任）が定められた。この結果、連邦主体による連邦憲法・連邦法への立法適合のための作業が積極的に進められていった。См.И.А.Умнова, Конституционные основы современного российского федерализма: модель и реальность, в кни. К новой модели российского федерализма,М.:Издательство 《Весь Мир》, 2013, стр. 71.

⑹ См. В.Н.Лысенко,Федерация в начале XXI века, 《Независимая газета》, 11 апреля 2000 г. また、И. コニュホーヴァは、6 月 24 日及び 10 月 6 日の二つの法により、「連邦構造の法律原則の統一化、社会関係の規制における連邦法の役割の向上」の傾向が強まったと評価する。См. И.А.Конюхова, Современный российский федерализм и мировой опыт：итоги становления и перспективы развития, М.: ОАО 《Издательский дом "Городец"》, 2004, стр. 247.

⑹ См.Н.В.Варламова, Современный российский федерализм: конституционная модель и политико-правовая динамика, М.:Институт права и публичной политики, 2001, стр. 32-33. ちなみに、Н. ヴァルラモーヴァは、ロシア連邦を憲法に基づく連邦と理解する通説と異なり、ロシア連邦を条約に基づく連邦と理解する立場をとる。

202 第二部 条約的連邦関係の見直し

(62) См.В.В.Иванов, Нормативный конституционно - правовой договор: теория и прак-тика, М.:Территория будщего, 2008, стр. 202. В. イヴァーノフは10月24日法の非実効性について述べているが、その主張は10月6日法にも、要するに1999年の二つの規制法で構築された規制メカニズムについて言えることである。

第五章

プーチン連邦改革下の新たな権限区分構想

　1991年ソ連邦崩壊後のロシア連邦において醸成された連邦内構成主体、とりわけ共和国の遠心化傾向は、新生ロシア連邦に対して連邦制の維持及び連邦の領土的一体性の確保という問題を焦眉の課題として提起することになった。当時のエリツィン政権は、新たな連邦関係を連邦‐連邦主体間で締結された権限区分条約に基づいて構築することで、この課題を解決しようとした[1]。しかしながら、この解決策は、その後の条約過程が示したように、いわば予期せぬ奔流となって、行き過ぎた遠心化（地方優位）とロシア連邦の弱体化の契機を内在化したアンバランスな連邦関係をもたらした（その原因の一端に、エリツィン政権が行ったその時々の政治的思惑による地方（連邦主体）取り込み姿勢がある）。エリツィン政権の晩期においても、この関係を連邦憲法及び連邦法の規制のもとに置くという方針のもとに、問題解決が図られたことは既に述べたとおりである。そして、この方針を引き継ぎそして仕上げる目的で、後述する新たな連邦構想、とりわけ権限（管轄対象及び権能）区分構想のもとに解決したのが、2000年代初めのプーチン連邦改革であった[2]。その結果、エリツィン政権時代の地方優位の連邦関係は連邦中央優位の連邦関係へと転換されることとなった。つまり、条約から連邦憲法・連邦法へと重点移動した連邦関係の形成である。それは、従来の個別区分条約に代わって構想された新たな連邦関係、換言すれば、連邦と連邦主体間の新たな権限区分をめぐる関係に関する考え（＝構想）に基づくものであった。

　それでは、強力な一体的なロシア連邦を指向するプーチン政権の連邦改革の一部をなすこの新たな連邦関係もしくは権限区分関係は、如何なる考え（＝構

想）のもとに構築されたのであろうか。以下では、初期プーチン政権における1990 年代の連邦関係の見直し・転換に向けた政策及びそれに呼応する連邦主体側の反応としての個別権限区分条約の破棄、ならびに新たな連邦関係の構築に向けて作成された権限区分構想、という二つの問題について、前者については第一節で、また後者については当時作成された二つの構想案（シャイミーエフ案及びコザーク案）について第二節でそれぞれ検討することにより、2000 年代初めのプーチン政権下で新たに形成された連邦 - 地方（連邦主体）関係に内在する問題の一端を指摘することにしたい。その意味で、ここでは、ロシア連邦とタタルスターン共和国との間の新たな条約交渉（＝ 2007 条約の締結）がいわば如何なる環境のもとで行われたかという問題の手掛かりを得ることも意図して、特殊連邦中央タタルスターン共和国ではなく、中央 - 地方、連邦中央 - 連邦主体一般に視野を広げて検討していくこととする。

第一節　1990 年代連邦関係の見直し

（一）　政権初期の連邦改革

　既に述べたように、1998 年に大統領附置区分条約準備委員会の長がC. シャフラーイからB. プーチンに交代したときからと言える。確かに、1990 年代半ば以降の連邦中央と連邦主体との間の区分条約締結の流れに変化が生じたからである。すなわち、前述した1999 年6 月及び10 月に制定された二つの連邦法[3]に見られるように、連邦 - 連邦主体間の権限区分の原則、その実現形式として連邦憲法第5 条第3 項が認める条約の締結要件及びその手続き、さらには、連邦憲法第72 条第1 項に定める連邦と連邦主体との間の共同管轄事項が連邦法により規制されることになった。それに伴って、既存の条約はその見直しを3 年以内に行わなければならないとされ、またこの問題解決における連邦主体の怠慢については、検事による申立てや連邦大統領の改善提案といった制度化が図られることになったのである。言い換えれば、新たな条約を締結する場合には連邦法の定める締結手続きに則って行わなければならず、それととも

に既存の条約については、とくに共同管轄に係る部分の見直しが不可避とされた。そのことにより、連邦中央－連邦主体関係における条約の意義・役割は以前に比して低下した。そして、条約を自らの連邦中央との対立軸としていた連邦主体側の地位も低下し、ひいては、連邦－連邦主体関係は連邦中央の優位する連邦関係へと変容した。そのことは、言い換えれば、個別区分条約による連邦関係の規制から連邦法による統一的規制への転換、すなわち、連邦中央－地方の連邦関係を規制する立法メカニズムが相対的であれ確立されたことを意味した[4]。

　連邦関係におけるこうした変容は、2000年5月のプーチン大統領就任とともにより明確になった。彼は就任直後の5月13日付大統領令「連邦管区におけるロシア連邦大統領全権代表について」により、連邦地域を7連邦管区（中央・北西・北カフカース・沿ヴォルガ・ウラル・シベリア・極東）に分け、それと既存の大統領全権代表制を合体させる体制を導入した[5]。彼はこれに続けて、5月19日、連邦権力構造の垂直化を徹底する目的で、三つの連邦改革案（①「連邦会議編成手続きに関する新たな法案、②1999年10月6日のロシア連邦主体国家権力機関の組織化原則法への修正・補足、③1995年8月4日の地方自治の一般原則法への修正・補足）の法案を連邦議会に提出した[6]。この改革法案パケットの意図するところは、エリツィン時代に形成された連邦中央と地方（連邦主体）の水平的な連邦関係により弱体化したロシア連邦を強国としてのロシア連邦へと再編すること（国家＝連邦の強化）にあった。プーチン大統領は7月8日の連邦議会での演説[7]で、このような一連の改革政策を提起した理由について、次のように述べた。90年代以降、とりわけ新憲法制定後の連邦国家建設に向けた様々な連邦政策にもかかわらず、ロシアの連邦国家は未発達で不完全でしかなく、現に創出されたのは非集権的な国家であり、その原因は、90年代以降の当時としてはやむを得ない意識的・譲歩的な対地域政策にあった。これを克服するためには、全国家的課題を遂行することのできる強い国家（連邦）の創出が必要である、と。

　こうした、いわば国家強化のための改革は一定の成果をみせ、翌2001年4

月 3 日の年次教書[8]で述べられているように、国家の崩壊は押しとどめられ、国家の「分散化 расползание」の時期は過ぎたと言えるようになったとの認識が示された。他方で、今日なすべき最重要な課題の一つとして、共同管轄に係る連邦中央と地方（連邦主体）の間の権能の明確かつ具体的な区分の決定が挙げられるとともに、連邦執行権力機関の地域的構造体系の整備、そして中央－地方の予算間関係の整備が提起された。これは、連邦－連邦主体間の権限区分問題が、効率的な集権的国家の形成、中央－地方の国家権力体系の整備のもとに実現されるものとされた。このことはまた、連邦法による共同管轄に係る権限（管轄対象及び権能）区分の明確化が改めて提起されたこと、換言すれば、条約的連邦関係の法規制にとどまったエリツィン時代の法規制を見直して、憲法的連邦関係の構築を目的とする法規制への方針転換を明確にしたことを意味した。

　かくして、ロシア連邦を連邦憲法及び連邦法体系に則した垂直的な連邦関係に基づく強い連邦国家へと転換させるためには、国家機関の制度改革を連邦中央－地方の連邦関係の構造的改革へと連動させること、すなわち、エリツィン時代の非対称な連邦関係・脆弱な連邦構造を基礎づけている連邦－連邦主体間の権限区分関係及びその基盤たる個別連邦主体との間の区分条約の見直しが必要とされたのである。

　この方針は、2002 年年次教書[9]において改めて明確にされた。その際、後述するシャイミーエフ案からコザーク案への権限区分構想の転換、言い換えればシャイミーエフ案の否定とそれに代わって構想されたコザーク案との関連を念頭に置いて、この教書の内容は理解されなければならない。プーチン大統領はこの教書の中で、今日においても権限区分条約締結の実践可能性が合法的であることを認める一方、それが過去の歴史の一定の段階において要請されかつ必要であったという認識に立ち、結果として、その実践が連邦主体間の事実上の不平等（ひいては、様々な連邦主体に居住するロシア国民の間の不平等）を招いたこと、さらに、締結された多くの条約は「紙の上」のものに過ぎず、そのことは既に 28 の条約が破棄されていることから明らかであると指摘した。そ

のうえで、ロシアのような連邦国家においては地域的特性を考慮しなければならず、それ故、個々の地域との個別的条約を締結する必要性が生ずるとしても、事前に検討することもなくまた社会的合意も得ることなしに、こうした条約を他の主体の「目を盗んで」締結することは正しくない、と彼は述べる。従って、すべての条約は、連邦法による義務的な承認手続きにかけなければならないとされた。つまり彼の主張は、① 今日における権限区分条約締結の合法性の承認、② 一定の歴史的実践としての権限区分条約の締結の意義の承認、③ 結果としての歴史的実践の非承認（連邦主体間の不平等を惹起したこと、かつて有していた役割が現在では失われたこと）、④ 条約締結の必要条件としてのロシア連邦における地域的特性を重視する必要性の強調、⑤ 連邦法の手続きに則した条約締結の必要性の強調、といった論点として整理することができる。

　連邦と個別連邦主体との間の権限区分条約の存在については、現行ロシア連邦憲法（第11条第3項、第2編「最終及び経過規定」第1項）の認めるところであり、その締結の合法性を否定することはできない[10]。従って、憲法上、上記 ① は当然の指摘である。それでは政治的観点ではどうか。最初の権限区分条約は 1994 年にタタルスターン共和国との間に締結された。当時の連邦中央がソ連邦崩壊の轍を踏むことなく新生ロシア連邦を構築するにあたり採用した方式が、ロシア連邦内のすべての構成主体と統一的な権限区分条約を締結することであった。しかし、独自路線を指向するチェチェン共和国とタタルスターン共和国はこれに参加しなかった。そのため、エリツィン政権は、個別の権限区分条約の締結でもってこれら共和国を連邦につなぎ止めようとした。この策はチェチェン共和国については成功しなかったが、タタルスターン共和国については奏功した。その意味で、個別権限区分条約が当時において相応の役割・意義を果たした、との理解は妥当なものと言える。それ故、② も当然の指摘である。問題はこうした役割・意義の今日性である。タタルスターン共和国との条約締結後、他の一部連邦主体もこれに追随した結果、非対称な連邦関係、つまり連邦主体間の不平等がもたらされた。換言すれば、権限区分条約締結の

プロセスは、連邦主体の憲法上の地位の非対称、ひいては連邦憲法が謳う同権性の侵害をもたらすこととなった[11]。このことから、そして ② に関連して、タタルスターン共和国もチェチェン共和国も現在では連邦主体として連邦を構成していることから、条約締結の意義は今日では 1990 年代ほどには見られないとする ③ も、おおよそ妥当な認識であると言える。しかし、そうした認識でもって条約破棄の妥当性・不可避性を主張するとするならば、問題なしとは言えない（何故なら、条約改定の場合も考慮しなければならないからである）。

　以上のように、権限区分条約締結の合法性、その歴史的役割・意義の承認、それが実践上惹起した問題の存在を前提にしたうえで、この条約を如何に扱うべきかという問題認識のもとに提起されたのが、条約の法規制という観点である。このことは、④ 及び ⑤ と関連する。プーチン大統領は、④ として「地域的特性」重視の必要性を強調して、多民族連邦国家における地域重視・尊重の姿勢を窺わせているが、実はこの言葉に条約締結の要件としての、換言すればそれを制約する条件としての意味を込めているのである（後述のコザーク委員会による新たな権限区分構想案の策定作業の進捗状況が念頭に置かれている）。それでは、こうした要件のもとで認められる条約締結を規制する法は如何なるものでなければならないのか。プーチン大統領は ⑤ として連邦法による規制の必要性を強調し、そしてその限りにおいて、条約（及びその存在）を承認するのである（このことを理解するならば、彼が翌年 5 月 16 日の年次教書において、共和国生活の正常化に果たす条約作成・締結の意義を強調している場合の条約とは、あくまで連邦法の手続きに則った条約であることが理解される）[12]。

　しかしながら、如何なる内容の法であるかについては、彼はこの教書で明言していない。それが条約的連邦関係を見直して連邦中央の優位する強い連邦国家の再建というプーチン大統領の連邦改革の方針を規範化したものとなるであろうと推測しうるだけである。このことを明確にするには、「地域的特性」の重視とか連邦法の義務的手続きに則した条約締結とかを強調する年次教書それ自体の根拠にあたらなければならない。それが次章以下で検討する新たな権限区分の考え方（構想）である。その前に、この作業過程と強い相関を有する問

題、すなわち、プーチン大統領が教書において条約締結の今日的意義が失われたことの根拠として指摘している権限区分条約破棄の問題について、またそれとの関連で連邦主体が連邦中央との間の条約手続きに関して独自に立法化した条約法について、（二）及び（三）で検討することにする。

（二）　権限区分条約の破棄過程

　連邦主体による権限区分条約の破棄は、2001 年 12 月 21 日から 2003 年 5 月 20 日まで約二年半にわたって行われた。注目すべきは、この期間が、エリツィン政権晩期の 1999 年に制定された二つの連邦法の後に本格化した連邦レベルにおける新たな連邦関係あるいは連邦 - 連邦主体間の新たな権限区分関係の構想作業が進められていた時期とほぼ重なっていることである。その意味で、これらの条約破棄行為は、前述した 1999 年 6 月の原則手続き法により 3 年以内の連邦法との調整（適合）が求められていること（第 32 条第 2 項参照）、そしてそれを過ぎると条約は失効する可能性もあるという法手続き的観点を意識して始められたことを強く窺わせる[13]。他方で、上述の連邦中央による連邦改革の展開、それへの連邦主体側の政治的対応といったことも、こうした破棄行為が行われた理由如何の問題を考えるうえで考慮しなければならない点となる。この点に関連して、エリツィン政権のもとで権限区分問題の実務責任者であった C. シャフラーイが 2013 年の著作において、条約破棄の実践は当時の単一的国家構造に対する指向の高まりを反映したばかりでなく、連邦主義の思想・価値の普及が不十分であったことの証左でもある、と述べたことが注目される[14]。

　かくして、条約締結を行った連邦主体にとって、不可避となった期限内の条約見直しへの具体的対応として、如何なる施策がとられるべきなのかが、喫緊の課題となった。既に前章第一節で述べたように、1993 年連邦憲法時点での 98 連邦主体のうち、1994 年の連邦中央とタタルスターン共和国との間の権限区分条約締結以降 1998 年に至るまでに 46 連邦主体が締結し、そしてこれらにより締結された条約数は 42 であった。ここで注意しておかなければならない

点は、これらの条約には発効日に関する規定は存在するが、失効日もしくは効力期間を定める規定が存在しないことである。従って、条約を失効させるためには特別の意思表示が必要とされるのである。この点に留意して、これら46締結主体がとった対応を見ると、権限区分条約を破棄する意思表示を明確に行ったか否か、言い換えれば、条約破棄を目的とする特別の条約（失効条約）を締結したか否かで、【表-4】から明らかなように、対応は大きく二つのグループに分かれた[15]。

　まず失効条約を締結しなかったのが、タタルスターン共和国他12連邦主体（5共和国、1地方、2州、1連邦市、及び3自治管区で、条約締結主体全体の26％）である。これら連邦主体のすべてが明確な意思のもとに失効条約の締結に反対したわけではない[16]。しかし、タタルスターン共和国を始めとして、将来の条約再締結を見越して効力停止条約を締結しなかった連邦主体が確かに含まれていた[17]。また、サハ（ヤクーチヤ）共和国は失効条約を締結しなかったが、1999年6月24日の原則・手続き法が定める同法との三年以内の適合（調整）期間内に、現行条約を見直して、その一部を失効とする条約改正が行われ

【表-3：連邦管区別権限区分条約締結・破棄主体数】

連邦管区名	連邦主体数（％）	締結主体数（％）	破棄主体数（％）
中央	18（20.2）	7（15.2）	6（17.6）
北西	11（12.4）	6（13.0）	6（17.6）
北カフカース（南部）*	13（14.6）	5（10.9）	5（14.7）
沿ヴォルガ	15（16.9）	13（28.3）	9（26.5）
ウラル	6（ 6.7）	2（ 4.3）	1（ 2.9）
シベリア	16（18.0）	8（17.4）	3（ 8.8）
極東	10（11.2）	5（10.9）	4（11.8）
計	89（100）	46（100）	34（99.9）

＊　北カフカース連邦管区は2000年6月21日大統領令により、「南部連邦管区」に名称
　　変更。その後、2010年1月19日大統領令により、「北カフカース連邦管区」（7連邦主
　　体）と「南部連邦管区」（6連邦主体）に分割。

た。すなわち、現行条約のうち連邦憲法に抵触する一連の条項を破棄する条約
（2002年9月26日条約「ロシア連邦国家権力機関とサハ（ヤクーチヤ）共和
国国家権力機関との間の管轄対象及び権能の区分に関する条約への修正及び導
入について」）[18]を連邦中央との間で改めて締結することにより、1995年6月
29日締結の現行条約は当面維持されたのである。

　ここで、後述する失効条約締結グループとは異なり、このグループの条約特
有の問題が生じる。すなわち、条約はいつ失効するのか、という問題である。
確かに、上記1999年6月24日連邦法は3年以内に同法との適合（調整）を求
めたが、後述のグループのように従う場合は問題がないが、従わなかった・怠
った場合の定めがないため、3年超過後の条約効力がどのようになるかは不明
確であった。その欠陥は2003年7月4日の1999年10月6日法改正によって
補填され、2年以内の連邦法による承認を受けないと自動的に失効するとされ
た（2003年7月4日改正法第5条参照）。前述したサハ（ヤクーチヤ）共和国
の改正条約も、連邦法に承認されることなく、失効したのである。他方で、タ
タルスターン共和国は連邦中央との新たな交渉を持つことで、改正連邦法に則
した条約改定（新条約）を成し遂げることができたのである。バシコルトスタ
ーン共和国も、一時期、条約改定に向けて連邦中央と条約交渉の道を探った
が、連邦中央の対応は厳しく、連邦批判を強める共和国世論の収拾をめぐる不
手際から大統領は更迭され、新大統領のもとでの条約改定交渉に向けた努力は
なされることなく終わった[19]。

　他方、34の連邦主体（全主体数の74.0％）は連邦中央と33の失効条約（全
条約数の78.6％）を締結して、現行権限区分条約の破棄を明確に意思表示し
た。

　たった今述べた点について、【表－3】により連邦管区別に破棄主体を見る
と、沿ヴォルガ連邦管区が最も多く、9連邦主体が条約を破棄した（8失効条
約を締結した）。沿ヴォルガ連邦管区はもともと、当該連邦管区（全15連邦主
体）中13連邦主体が条約締結主体であった。従って、破棄率（破棄主体数／
締結主体数）は69.2％で、全連邦管区中一位を占める（また締結主体数（13）

212 第二部 条約的連邦関係の見直し

及び率（28.3％）並びに管区内での締結率（86.7％）においても、いずれも全
連邦管区中一位である）。

　こうした数値から、タタルスターン共和国を含むこの地域が条約締結及び破
棄に関して注目すべきかつ特徴的な地域であることが分かる。つまり、この地
域は、条約締結パレードの出発点（勃発地）であるとともに、2001 年 12 月に
始まる条約破棄（失効条約締結）パレードのそれでもあった（条約破棄の端緒
6 連邦主体中 4 主体が沿ヴォルガ連邦管区所属）。そして 2003 年 5 月の破棄過
程の終了において、この地域は破棄主体数の最も多い地域となったのである。
タタルスターンに始まる個別区分条約締結は、いわばパレードとなって連邦各
地に広がり、そしてプーチン連邦改革下の規制に直面することで退潮したが、
真っ先にそれに反応し、また真っ先にそれに対応（即応）したことがこの地域
の特徴であったのである。

　たった今述べたことに関連して、条約締結過程時の連邦中央との関係で地域
世論（社会）と指導部との自立化指向・利害の共通化という基調（それ故の指
導部・社会一体となっての連邦中央との条約交渉）が、破棄（失効条約締結）
過程では変化したこと、その要因として、指導部と社会との間での条約の評価
（意義づけ）に温度差（条約を自立・自立の具現もしくは実質的象徴と見なすの
か、卵を産まなくなった雌鶏 – 単なる象徴と見なすか）が生じたことを指摘す
ることができる。そのことが指導部の対連邦中央との関係に影響を及ぼし、指
導部による現実路線への選択をもたらしたのである。要するに、条約締結過程
が地域＝連邦主体指導部が地域内世論・運動を背景にした自立化指向の具現で
あったとすれば、条約破棄過程は、連邦中央による集権的連邦構造の構築化の
圧力を受ける中で、地域指導部が自己保身を含めて地域利害を維持するべくあ
えて地域世論（社会）と距離を置いて採用した現実主義的選択であったのであ
る。

　こうした観点から、2001 年 7 月の沿ヴォルガ 4 連邦主体（ペルミ州、ウリ
ャノフスク州、ニジニ・ノヴゴロド州、及びマリ・エル共和国）指導者による条
約破棄イニシアティヴ声明を始めとして、一連の連邦主体指導者の中から、条

約破棄により生じる不利益を認識しつつも、既存の条約は連邦法に抵触するようになったとか、その現実的意義を果たし終えたとかを理由にして、条約破棄を認める発言がなされたり、さらには大統領宛に条約破棄を要請する書簡が送られたりしたことを理解する必要がある[20]。こうした指導者の対応について、後述する連邦レベルでの権限区分構想をめぐる作業の進捗を意識した、連邦中央への忠誠心を進んで示す意味での日和見主義的立場を指摘することも可能である。シャイミーエフ大統領は、一部の連邦主体のこうした条約破棄の姿勢を評して、タタルスターン共和国が条約を締結したのであれば我々がそうしない理由があろうかといった表現に示されるように、条約締結が多分にムード的に行われたこと、このことが多くの連邦主体において条約破棄が簡単に行われた理由であると批判した[21]。

　それでは、第二の選択肢においてとられた権限区分条約の破棄は如何なる手続きで行われたのであろうか。それは、権限区分条約を締結した当事者によりこの条約を破棄するための条約（「管轄対象及び権能権限区分条約の失効に関する条約」）を新たに締結するという手続きによってである[22]。締結された失効条約は、締結主体名を除き、36条約すべて同一である。またその体系もすべて同一で、前文及び2か条からなる。前文は失効条約締結の趣旨について述べ、かつて締結された「権限区分条約の目的が達成されたこと」を理由に、権限区分条約それ自体（＝全体）を失効させるとした。第1条はこの条約発効日から権限区分条約が効力を停止するとし、そして第2条は効力停止条約の締結日及び発効日について定める。このように、この条約を締結するという行為それ自体が権限区分条約の目的が達成されたことを明確にしたことは、注目すべき重要な点である。また、失効条約という形式が採用されたことが、権限区分条約の破棄が決して上からの一方的な行為（連邦法による）ではなく、あくまでも当事者間の合意でなされたことの体裁を調える（取り繕う）ものであること、その意味で政治的行為であったということも同様に注目すべき点である。

　以上見てきたように、1994年にタタルスターン共和国との権限区分条約に端を発して形成された連邦関係、とりわけ連邦中央－連邦主体間の権限問題を

処理するうえで重要な役割を担ってきた権限区分条約は、それを連邦法規制下に置くというプーチン政権の方針により、期限内見直しを求められた。連邦主体によるそれへの対応は二分した。一部の連邦主体は対応しないこととした（条約の効力期限は連邦法の定める期限満了をもって失効することになる）。他の連邦主体は破棄条約の締結という対応で権限区分条約の失効を明確にした（その際、沿ヴォルガ連邦管区の地域的特性が見られたことは、前述したとおりである）。これらは、いずれにしても現行条約の効力に関わる対応であった。条約の法規制は統一連邦法圏への連邦主体法の適合という観点で言えば、連邦主体法制において、各連邦主体が権限区分条約を内部法制で如何に位置づけるか（具体的には連邦法に即して如何に位置づけるか）という問題にも対応しなければならなかった。次節ではこの点を主題として検討する。

（三）　条約法の制定状況

　たった今見てきたように、権限区分条約の破棄過程、すなわち権限区分条約失効条約の過程は、連邦中央主導で展開された後述する新たな構想に基づく連邦関係の法的規制の最終的仕上げと関連して連邦主体の側がとった一つの対応策であったことを確認することができた。それとともに、上記連邦主体がこの間にとったもう一つの対応が、上からの連邦統一法圏の構築、個別には連邦との権限区分条約の連邦法規制の圧力のもとでとられた、連邦、外国機関、他の連邦主体などとの条約（協定）に係る独自立法（以下、「条約法」[23]と総称する）の見直し（改正もしくは新規立法）による法規制であった。何故ならば、それが権限区分条約を含む連邦主体の条約締結権に関わっている、言い換えれば、連邦との権限区分条約を自らの法体系において如何に処理するかに関わっているからである。その意味で、外国及び同機関、国際組織機関等を他方当事者とするいわゆる国際条約（協定）のみを内容（対象）とする立法はここでの検討対象外とする。

　連邦主体によるこうした立法の試みは、1993年ロシア連邦憲法が一方で「ロシア連邦の対外政策国際関係、ロシア連邦の国際条約」（第71条к号）を連邦

管轄とし、他方で「ロシア連邦主体の国際関係及び対外経済関係の調整、ロシア連邦の国際条約の履行」（第72条第1項o号）を連邦と連邦主体との共同管轄としたことを根拠に、まず1990年代以降の国家主権（＝対外主権）を示す基本的権能として自己の憲法及び憲章並びに連邦中央との独自権限区分条約において具体化していった[24]。その意味で、連邦主体による条約法制定の試みは、連邦主体による国家主権化指向の契機を孕みながら、権限区分条約規制といわば連動したかたちで、規制されていくことになるのである。すなわち、1999年1月4日制定の連邦法律「ロシア連邦主体の国際的及び対外経済的連携の調整について」[25]及び2003年7月3日に改正された1999年10月6日連邦法とにより規制されていくことになる。それでは、連邦による権限区分条約法規制に対応した独自の独自法規制、すなわち条約法制定をめぐる連邦主体の対応には、如何なる特徴が見られるのであろうか。

　以下では、権限区分条約を締結した46の連邦主体について、条約破棄と条約制定の有無との関連に即して、権限区分条約が法において如何に規定されたかについて概観する[26]。破棄との関連で、次のように四つに分類することができる。それぞれの特徴について見ていくことにする。

⑴　条約破棄あり・条約法なし

　まず第一の類型として、条約破棄は行ったが、条約法は制定しない主体として、全部で23主体が挙げられる（ペルミ州、コミ－ペルミャーク自治管区、ウリャノフスク州、マリ・エル共和国、キーロフ州、マガダン州、チェリャビンスク州、サラトフ州、トヴェリ州、コストロマ州、イヴァノヴォ州、サハリン州、ロストフ州、アルタイ地方、ヴォログダ州、ヤロスラヴリ州、アムール州[27]、オレンブルグ州、ニジニ・ノヴゴロド州、レニングラード州、コミ共和国、ブリャンスク州、北オセチア－アラニヤ共和国）。

　この類型の特徴は、多くの州が含まれていることである（グループ全体の73.9％）。すなわち、全連邦主体89のうち州は46あるが、そのうち条約を締結したのが27州であり、うち17州がこの類型に含まれる。権限区分条約に係る法規制について、自ら行うのではなく、連邦に委ねるグループである。言い

216 第二部　条約的連邦関係の見直し

換えれば、連邦との間の権限区分問題は、連邦中央のもとで連邦法によって解決する（連邦法による規制）、連邦の改革路線に順応的な類型と言える。また、条約破棄過程の場合と同様、沿ヴォルガ連邦管区に所属する連邦主体の比重が大きいこと（17連邦主体中8連邦主体で半数近い）を地域的特徴として挙げることができる。

⑵　条約破棄あり・条約法あり

　第二の類型は、条約を破棄しかつ条約法を制定した11の連邦主体である（アストラハン州、ブリャート共和国、サマーラ州、ヴォロネジ州、ムルマンスク州、オムスク州、サンクト－ペテルブルグ市、クラスノダール地方、カリーニングラード州[28]、カバルダ・バルカール共和国、ハバロフスク地方）。

　まずこれら11の連邦主体について条約破棄と条約法制定との関連を時系列に見ると、第一に、5連邦主体は、条約破棄後に条約法を新規に制定している（ブリャート共和国、サマーラ州、ヴォロネジ州、クラスノダール地方、ムルマンスク州。第二に、条約破棄以前に既に条約法の制定を行った連邦主体が、4主体存在する（サンクト－ペテルブルグ市、カバルダ・バルカール共和国、カリーニングラード州、ハバロフスク地方）。第三に、条約破棄の前後に条約法制定を行った連邦主体として、アストラハン州とオムスク州が挙げられる[29]。アストラハン州については、破棄前後にそれぞれ二度の法制定を行っていることが、他の連邦主体と比較して注目される。

　このグループこそ、条約破棄後の独自法規制の内容が問題とされる。まず第一に、連邦との権限区分条約への言及に関しては、上記第一グループはクラスノダール地方を除く他の連邦主体が、それぞれの法で言及している。もっとも、クラスノダール地方条約法も、連邦と同地方の共同管轄条約を含む同地方名により締結される条約については言及している。第二グループについては、4連邦主体すべてが連邦との権限区分条約に言及している。最後に第三グループでは、オムスク州が言及しているのに対して、アストラハン州法は、州と連邦執行権力機関との間の協定（条約）という一般的な表現にとどまっている。要するに、グループ内11の連邦主体のうち、クラスノダール地方、アストラ

ハン州及びカリーニングラード州を除く9連邦主体の条約法が権限区分法に言及していることになる（【表‐4】に示されているように、これら3連邦主体も権限区分条約以外の連邦との条約については言及している）。

第二に、条約規制の特別法である1996年10月6日法との関連で、同法への言及について見ると、第一グループではブリャート共和国、クラスノダール地方の2連邦主体、第二グループではハバロフスク州、第三グループではアストラハン州の4連邦主体が1999年10月6日法に言及している（ただし、アストラハン州の1999年4月5日法は言及していないことに注意）。

次に、連邦中央との間の任意の条約締結の可能性について、法が権限区分条約を適用対象としているか否かで見ると、第一グループではブリャート共和国及びムルマンスク州、第二グループではなし、最後に第三グループでは2004年2月1日改正に至るまでのオムスク州の3連邦主体のみが連邦との権限区分条約を適用対象とする。これに対して、適用対象としないのは、第一グループのサマーラ州及びヴォロネジ州、第二グループのカバルダ・バルカール共和国及びハバロフスク地方、第三グループの2004年2月1日改正以後のオムスクの計5連邦主体である。結局、全11連邦主体中、5連邦主体の条約法が連邦との権限区分条約を適用対象外としたのである。

最後に、第二と第三の点、すなわち1999年連邦法への言及と権限区分条約の適用との関連で注意すべきは、第一グループのように条約破棄後に制定した条約法が権限区分条約を適用対象としていることと、第二グループのように条約破棄前に制定された条約法が破棄後においても権限区分条約を改正することなく適用対象としていることとの異同を如何に見るかという点である。この点については、第二グループのサンクト‐ペテルブルグ市が独自の法規制を維持していること、言い換えれば、連邦法による条約規制に抗していることが見て取れる[30]。何故ならば、サンクト‐ペテルブルグ条約法は1999年連邦法を含む連邦法一般について2016年3月時点においても言及していないからである（【表‐4】の言及・適用欄の○×○に注目されたい）。これと類似するのが、第三グループの2004年4月3日法までのアストラハン州であるが、権限区分条

約に言及していない点及び条約法が同条約を明確に対象としていない点で相違する（【表 - 4】の言及・適用欄の△×△に注目されたい）。

この第二の類型については、全体としては、連邦法による条約手続き規制へと収斂していく、言い換えれば、連邦法の条約規制との適合化が図られていく傾向を指摘することができる。ただし、第一グループのブリャート共和国及びムルマンスク州、第三グループの2002年2月1日改正法までのオムスク州が条約法で権限区分条約の適用を認めている点で注意を要する（前者が【表 - 4】の言及・適用欄の○○○、後二者は○△○に注目されたい）。

⑶　**条約破棄なし・条約法あり**

第三の類型は、条約破棄は行わないが、独自の条約法を制定したグループで、6連邦主体（バシコルトスターン共和国、タタルスターン共和国、クラスノヤルスク地方、スヴェルドロフスク州、イルクーツク州、モスクワ市）がここに含まれる（条約締結主体としては、12連邦主体である）[31]。

この類型では、バシコルトスターン共和国[32]、タタルスターン共和国、クラスノヤルスク地方が、上記1999年10月6日連邦法の2003年7月改正後に独自条約法を定めたのに対して、スヴェルドロフスク州、イルクーツク州及びモスクワ市は、改正以前に既に独自の条約法を定めたという違いが存する。しかし、後者においてもモスクワ市以外の二つの州では、上記連邦法改正を機に、新たな条約法が制定された。要するに、モスクワ市以外の連邦主体では、上記1999年10月6日連邦法の2003年7月3日改正後に、同連邦法の条約手続き規制をいわば意識した新法の制定がなされたということである。モスクワ市においては、当初の2001年3月28日法は、連邦中央との権限区分条約の締結を想定したものであった（ここで興味深い事実として、前年2月2日に当時のプーチン大統領代行がモスクワ市長と会談した際、彼がモスクワ市長の権限区分条約案準備及びその締結の考えを支持したと報道されたことである[33]）。しかし、上記1999年10月6日連邦法改正に伴って改正された2004年1月21日法には、同法への準拠・言及が随所に見られるようになったが、このことは、連邦法との合致・適合化を示すものとなった[34]。このような上記連邦法への準拠・

言及は、タタルスターン及びバシコルトスターンの両共和国の立法においても見ることができる。2006年12月1日バシコルトスターン共和国大統領令で承認された「連邦国家権力機関とバシコルトスターン共和国国家権力機関との間の管轄対象及び権能の権限区分条約案準備手続き」第1条、2008年9月5日タタルスターン共和国大統領令で承認された「タタルスターン共和国またはタタルスターン共和国政府の名により締結された条約案、協定案及びその他の法規案の準備手続き規程」第1条第2項参照[35]。両共和国の条約立法に特徴的な点として、バシコルトスターンの条約法について言えば、それが、2003年7月の1999年10月6日連邦法の改正により連邦レベルでの条約規制メカニズムが仕上げられることにより条約に基づく連邦関係が連邦法に基づく連邦関係に転換した結果、このメカニズムに従来の権限区分条約を如何に組み込むか（適合させるか）という点に向けられた試みであったことである。何故なら、それは、条約一般についてではなく、連邦中央との新たな権限区分条約の締結手続きに特化した法制を定めているからである。またタタルスターンの条約法について言えば、それは、後述する1994年条約に代わる条約（2007年条約）が連邦法による条約手続きに則して締結・承認された経験に即して、上記2007年条約の改定に向けた条約法制として制定された。

　条約法の内容との関連で権限区分条約への言及について見ると、タタルスターン共和国を除く5連邦主体の条約法が言及している。タタルスターン条約法が言及していないのは、前述したように、同法が2007年条約の後に制定されたことに基因しており、同条約失効後における条約（連邦国家権力機関とのその他の条約も含めて）を1999年連邦法の手続きに則して締結することを想定している。他方で、言及している5連邦主体について権限区分条約の適用の有無を見ると、バシコルトスターン共和国及びモスクワ市の条約法が適用するのに対して、クラスノヤルスク地方、イルクーツク州及びスヴェルドロフスク州の条約法は適用なしと定める（適用なしとする後者は、他の条約・協定との関連での準拠法として言及している）。これら二つのグループ間の相違は、連邦国家権力との任意の条約締結の可能性の点においても見られ、前者では可能性

【表 - 4：独自連邦主体条約法上の連邦との条約・連邦法言及の有無】

連邦主体	条約締結日	条約破棄日	条約法制定日	言及		適用の有無
				条約	法律	
タタルスターン共和国	1994.02.15	–	2008.09.05［2017.08.21 現在］	△	○	△
バシコルトスターン共和国	1994.08.03	–	2006.12.01［2006.12.01 現在］	○	○	○
サハ（ヤクーチヤ）共和国	1995.06.29	–*	–			
ウドムルト共和国	1995.10.17					
スヴェルドロフスク州	1996.01.12	–	1998.07.16［2005.10.28 失効］	○	△	×
			2005.10.28［2017.09.25 改正現在］	○	△	×
イルクーツク州 ウスチ－オルダ・ブリャート自治管区	1996.05.27	–	2000.04.06［2009.12.09 失効］	○	△	×
			2009.12.09［2016.03.29 現在］	○	△	×
チュヴァシ共和国	1996.05.27	–	–			
クラスノヤルスク地方 タイムィル（ドルガン－ネネツ）自治管区 エヴェンキ自治管区	1997.11.01	–	2014.01.31［2018.02.22 改正現在］	○	△	×
モスクワ市	1998.06.16	–	2001.03.28［2017.02.15 改正・現在］	○	○	△
アストラハン州	1997.10.30	2001.12.21	1999.04.05［2004.05.27 失効］	△	×	△
			2002.04.03［2004.07.12 失効］	△	×	△
			2004.05.27［2006.04.24 失効］	○	○	△
			2006.04.24［2016.09.15 現在］	○	○	△
オムスク州	1996.05.19	2001.12.21	1996.12.31［2002.02.01 失効］	○	△	○
			［2002.02.01 全部改正］	○	△	○
			［2004.02.04 改正 2017.10.31 現在］	○	△	×
ペルミ州 コミ－ペルミャーク自治管区	1996.05.31	2001.12.21	–			
ウリャノフスク州	1997.10.30	2001.12.31	–			
マリ・エル共和国	1998.05.20	2001.12.31	–			
キーロフ州	1997.10.30	2002.01.24	–			
マガダン州	1997.07.04	2002.01.30	–			
チェリャビンスク州	1997.07.04	2002.02.02	–			
サラトフ州	1997.07.04	2002.02.09	–			
ブリヤート共和国	1995.08.25	2002.02.15	2010.05.11［2015.12.21 現在］	○	○	○
トヴェリ州	1996.06.13	2002.02.19	–			
コストロマ州	1998.05.20	2002.02.19	–			

サマーラ州	1997.08.01	2002.02.22	2007.10.09［2014.11.10 現在］	○	△	×
ヴォロネジ州	1998.05.20	2002.02.22	2008.06.04［2016.04.29 現在］	○	△	×
イヴァノヴォ州	1998.05.20	2002.02.26	–			
サハリン州	1996.05.29	2002.03.04	–			
ロストフ州	1996.06.11	2002.03.15	–			
アルタイ地方	1996.11.29	2002.03.15	–			
ヴォログダ州	1997.07.04	2002.03.15	–			
ヤロスラヴリ州	1997.10.30	2002.03.15	–			
アムール州	1998.05.20	2002.03.18	–*			
オレンブルグ州	1996.01.30	2002.04.04	–			
サンクト‐ペテルブルグ市	1996.06.13	2002.04.04	1997.07.17［2016.03.23 現在］	○	×	○
ニジニ・ノヴゴロド州	1996.06.08	2002.04.06	–			
クラスノダール地方	1996.01.30	2002.04.12	2010.04.05［2017.07.25 現在］	△	○	△
レニングラード州	1996.06.13	2002.04.18	–			
コミ共和国	1996.03.20	2002.05.20	–			
カリーニングラード州	1996.01.12	2002.05.31	1996.08.01［1999.12 改正；2010.04.22 失効］	△	△	△
カバルダ・バルカール共和国	1994.07.01	2002.08.08	2000.01.15［2013.12.17 現在］	○	△	×
ブリャンスク州	1997.07.04	2002.08.09	–			
ハバロフスク地方	1996.04.24	2002.08.12	2000.04.26［2017.07.26 現在］	○	○	×
北オセチア‐アラニヤ共和国	1995.03.23	2002.09.02	–			
ムルマンスク州	1997.10.30	2003.05.20	2003.06.24［2017.11.10 現在］	○	△	○

【凡例】⑴条約法制定日：［　］内年月日は、当該年月日現在有効を意味する。

⑵言及：条約：○→連邦との権限区分条約の言及あり；△→連邦とのその他条約の言及あり；×→なし。

⑶言及：法律：○→ 1999.10.06 連邦法の言及あり；△→その他連邦法言及あり；×→なし

⑷条約適用の有無：ＰФとの権限区分条約に適用あり→○；適用なし→×。

⑸サハ（ヤクーチヤ）共和国（Республика Саха (Якутия)）：条約破棄日欄のアステリスクは、2002 年 4 月 29 日決定で、連邦憲法に抵触する一連の条項を破棄したかたちでの条約再締結を示す。

⑹アムール州：条約法欄のアステリスクは、法案が審議されていたことを示す。

⑺サマーラ州：△→協定（соглашения）については言及あり。

⑻ムルマンスク州：言及×→連邦憲法については言及あり。

⑼カリーニングラード州：失効前の内容；適用の有無→取引・経済・科学‐技術・教育その他の個別領域に関して締結される条約・協定に適用。

⑽クラスノダール地方：適用の有無→連邦と地方の共同管轄条約を含む連邦主体としての地方の名で締結される条約に適用。

222　第二部　条約的連邦関係の見直し

が認められるのに対して、後者では認められない。これらの相違が、1999 年
10 月 6 日法に直接準拠するか否かという点との関連が窺われる。

⑷　条約破棄なし・条約法なし

　最後に、条約破棄も独自の条約法制定も行わなかった類型について見ると、
これには 6 連邦主体が含まれる（ウドムルト共和国、ウスチ－オルダ・ブリャ
ート自治管区、チュヴァシ共和国、タイムィル（ドルガン－ネネツ）自治管
区、エヴェンキ自治管区、サハ（ヤクーチヤ）共和国）。この類型は、法形式
的には、条約締結（破棄）も独自の条約法制定も行わなかった連邦主体[36]と同
様、連邦中央－連邦主体の権限関係は連邦憲法及び連邦法による規制メカニズ
ムに委ねることになる。その場合、権限区分条約を締結しなかった連邦主体と
の相違はどこに求めたらよいのであろうか。これに関して、まずサハ（ヤクー
チヤ）共和国）については、【表－4】の凡例で指摘したように、2002 年 4 月
29 日決定で、1995 年締結の条約における連邦憲法に抵触する一連の条項の破
棄を決めたことに基づき、同年 9 月 26 日に改定条約を締結した点を挙げるこ
とができる[37]。次に沿ヴォルガ連邦管区に所属するウドムルト及びチュヴァシ
両共和国については、1990 年代の遠心化の政治状況の中でタタルスターン共
和国に発した権限区分条約パレードの政治的雰囲気の中でよりいっそうの経済
的その他の権限を求めてなされた締結であったことを主たる理由として挙げる
ことができる。最後に三つの自治管区については、単独で条約締結したのでは
なく、いずれも後に合併当事者となる隣接連邦主体との共同によりなされたこ
と、しかもそれが自らの意思・イニシアティヴというよりも、隣接連邦主体の
イニシアティヴ・影響力のもとで追随的になされたという側面を有しているこ
とを指摘することができる。その背景には、これら自治管区の経済的脆弱性に
起因するレシピエント的特性を見ることができる（これは、合併とも関連し
て、経済的に豊かな自治管区の独自性と比較されなければならない）[38]。この
点で、ネネツ自治管区及びハントゥィ－マンシ自治管区のように、権限区分条
約を締結せず、他の連邦主体と合併も行わずに、独自の条約法を制定した自治
管区も存在することに注目しなければならない[39]。

（四）　条約破棄の意義

　以上、権限区分条約を締結した連邦主体が、1999年の連邦による条約規制立法制定とその後の展開に伴い、如何に即応したのかという問題について、権限区分条約の破棄及び独自手続き法制定の2点に即して見てきた。

　前者について見れば、多くの連邦主体、とりわけ州が権限区分条約は歴史的役割を終えたとの理由で破棄していった事実が確認された。そのことは、そもそも条約締結が一種の政治的ブームの中で安易になされた（タタルスターン共和国を始めとする第一段階の条約締結にいわば追随してなされた）という批判を裏づけるものであった。地域的には、沿ヴォルガ地域の連邦主体による条約締結と破棄が他地域に比して際立っていることが確認され、それについては上記の政治的ブーム現象と地域における連邦主体間の格差との関連に注意すべきことが指摘された。

　また後者に関して言えば、独自の条約法制定の試みが連邦憲法及び権限区分条約締結過程と連動していること、また制定時期及び内容においても、条約締結・破棄過程並びに連邦法による条約手続き規制との一定の相関を示していること（すなわち、連邦法による条約手続き規制へと収斂していく）ことが確認された。つまり、独自条約法は条約締結・条約破棄との関連で前述の四つの類型に分類されるとはいえ、連邦中央による垂直的権力構造・統一法圏の方針・政策のもとに、いずれについても連邦法との適合の傾向（そのように改正、立法化されていく）が明らかになった。そして、この傾向、すなわち条約破棄や独自条約法の制定・改廃の傾向が、後述するように、プーチン政権下の連邦改革、またその一環としての権限区分条約の見直しによる新たな権限関係ひいては連邦関係の構築のための構想策定作業の推移と連動していることに留意しなければならない。

　このようにして、権限区分条約の締結―条約破棄―独自権限区分条約法の制定―連邦による条約規制（連邦法による条約手続き規制）との間の相当程度の相関性を踏まえると、連邦中央にとって条約・憲法的連邦関係を転換して新た

な憲法的連邦関係を構築するために適切な法制とは何か、そしてそれを如何に
して実現しなければならないのか、という問題が提起される。その際、何故に
多くの条約が破棄されたのかという問題との関連で注意すべき点を指摘した
い。それは、そもそも締結された条約内容に着目するならば、破棄された（即
ち締結された）条約の中には、連邦法の規定内容を引き写したり、宣言の寄せ
集めにすぎないような条約もあれば、タタルスターン共和国との条約のように
連邦憲法・連邦法では規制し得ない独自の内容を擁する条約もあったという点
である[40]。前者については、連邦憲法・連邦法との抵触部分があったにしても、
従来の連邦関係を根本的に変えるほどの内容ではないので、条約を破棄してそ
の内容を連邦法に移行させたとしても、連邦中央との権限関係に実質的変化は
なく、前述したように、このことが多くの条約破棄が行われたことの主要な意
味の一つであった（条約の存在自体については、政治的・装飾的意義はともあ
れ、法的意義はない）。しかし、後者については、条約内容が連邦憲法・連邦法
を侵害している事態の中で、それを破棄後に如何に連邦法制に取り込んでいく
のかという新たな問題が残る。連邦憲法・連邦法に抵触していることをもって
強制的に破棄・失効させることは、法的に可能であっても、政治的には困難で
ある。タタルスターン共和国との条約関係はまさにそのような体のものであっ
た。要するに、一方で権限区分条約に替えて新たに権限関係を規制する立法を
如何に仕上げるか、また他方で、それと連動して、従来どおり条約関係にある
連邦主体（＝タタルスターン共和国）との新たな連邦関係を如何に構想する
か、という二重の問題が喫緊の課題とされるのである。

　この問題、すなわち、プーチン政権のもとに2000年9月～2002年5月末に
検討され確定された新たな権限区分構想の問題を次節以下で考察することにし
たい。

第二節　新たな権限区分構想

（一）　シャイミーエフ構想

⑴　経　緯

　1990 年代半ば以降の地方（＝連邦主体）優位のもとで形成された従来の条約的連邦関係、すなわち権限区分条約に基づく連邦中央と連邦主体間の連邦関係は、エリツィン政権晩期の 1990 年代末以降、そして 2000 年のプーチン連邦改革による強い連邦国家への指向と相俟って、地方優位から中央優位の連邦関係のもと連邦憲法・連邦法に則した連邦関係へと転換されることになった。連邦法に基づく（もしくは則した）権限区分関係の構築、換言すれば、連邦と連邦主体間の管轄対象及び権能を法律に基づいて区分するという考えは、1990 年代のいわば行き過ぎた権限区分条約パレードへの対応として、検討され提起されていた[41]。たとえば、国家会議代議員であった B. ルィセーンコは、1996 年には、共同管轄対象に関してであるが次のように表明していた。すなわち、共同管轄に関して立法原則を制定し、それに基づいて各連邦主体は独自の法規制を行うべきである、と[42]。こうした考えは、前述した 1990 年代半ばの権限区分条約手続きの規制を目的とした大統領令[43]による規制を経て、1999 年の二つの連邦法に則した条約規制へと結実した。これによって、既存の権限区分条約の連邦憲法及び連邦法との整合（合致）が期限付きで求められるとともに、その遵守・執行に対する監督体制も整えられることとなった。またこうした連邦法の権限区分条約規制と連動して、この時期、連邦主体の側からは権限区分条約の破棄や、連邦法に準拠した独自条約法の改正や制定がなされていったことは、既に指摘した。

　このような連邦法による条約規制をさらに進め、そして仕上げていったのがプーチン政権であり、それは連邦中央と連邦主体の権限区分関係についての新たな構想に基づいてのことであった。

　たった今述べた新たな権限区分構想の作業は、2000 年 9 月 1 日ロシア連邦

226 第二部 条約的連邦関係の見直し

大統領令により創設された国家評議会のもとで行われることになった[44]。その
ことは、同年 9 月 29 日の第一回国家評議会幹部会において、連邦、地域及び
地方自治体レベルの権力機関の間の管轄対象及び権能の区分の問題が国家評議
会・同幹部会の優先的作業問題の一つと見なされ、この問題に関する提案を準
備する作業グループ（＝「連邦、地方及び地方自治体の権力レベルの間の権能
及び管轄対象の区分に関する提案準備 по подготовке предложений о разграни-
чении полномочий и предметов вед 係る作業グループ）をシャイミーエフ大統
領を責任者として設置することが決定されたことにより明確にされた[45]。そし
て彼は、翌 9 月 30 日のインタビューで、最近の連邦中央による共同管轄への
一方的介入を問題視して、次の会議では共同管轄に係る権能区分問題を議題と
したい旨の希望を表明した[46]。

　かくして設置された作業グループは、これ以後、翌年 2 月にかけて継続的に
作業を行っていくことになる。この間に行われたグループの活動内容の詳細は
明らかではないが、幹部会の会議等でその都度報告がなされた。まず 10 月 14
日の国家評議会幹部会第二回会議において、連邦、連邦主体及び地方自治体の
権力レベルの間の権限区分に関する提案準備、並びに連邦主体のための推奨す
べきモデル法案準備のための作業グループを一本化する提案、及び国家評議会
本会議の翌年第 1 四半期での審議のために「連邦、連邦主体及び地方自治体の
権力レベルの間の権能及び管轄対象の区分」問題を準備する提案がシャイミー
エフ大統領及び マゴメードフ（М.М.Магомедов）ダゲスターン共和国国家評
議会議長の両委員により報告された[47]。その内容は明らかではないが、シャイ
ミーエフ大統領は、後に行われたインタビューにおいて、連邦中央と連邦主体
との権能を明確に区分する構想を仕上げることはできるとの期待を表明し、こ
の構想の作成後に、ロシア連邦憲法への段階的な修正導入が行われ、その際
に、連邦中央と地域との間の条約の意義も最終的に決定されるであろうと述べ
ている[48]。

　11 月 22 日、「2010 年までの時期の国家発展戦略」をテーマに開催された国
家評議会第一回会議において、シャイミーエフ大統領により改めて作業状況に

関する報告が行われた[49]。さらに 12 月 26 日の第四回幹部会会議において、11月 21 日開催の第三回幹部会会議で承認された権限区分提案準備作業の進捗状況に関して、予定どおり「連邦、地域及び地方自治国家権力機関の間の管轄対象及び権限の区分に関する国家政策構想」[50]として、シャイミーエフ大統領により報告された。幹部会は、このシャイミーエフ報告を了承したのち、作業グループに対して国家評議会幹部会における審議の総括を踏まえて、2 週間以内に構想を仕上げて、評議会員に送付するよう依頼した[51]。

　翌 2001 年 1 月 30 日の第六回国家評議会幹部会は、構想案の進捗状況について、シャイミーエフ大統領による報告を聴取するとともに、プーチン大統領に対して権限区分問題を 2 月 21 日の国家評議会定例会議に上程するよう求めた[52]。これを受けて、シャイミーエフ大統領は作業部会を開催し、最終構想案の仕上げ作業に着手し、ほぼ仕上げるに至った。

　2 月 6 日、プーチン大統領は幹部会提案を受けて、「連邦、地方及び地方自治体レベルの権力間の権能及び管轄対象」を議題とする国家評議会を 2 月 21日に開催することを決めた[53]。前述の構想案は、2 月 20 日の第六回国家評議会幹部会において改めて報告された後、翌日の国家評議会に上程することが提案された[54]。しかし、この構想案は、翌日の国家評議会の定例会議に上程されず、またその後も上程されることはなかった。その理由については新聞報道で様々に伝えられたが、公式には議事録にもなく不明である[55]。しかし、後述する 21日の国家評議会で配布された Д. コザーク（Д.Н.Козак）のレジュメがいわば政治的理由を示している。それによれば、シャイミーエフ構想案が実現された場合、社会関係の効率的規制メカニズムは弱体化され、国の法体系の一体性は崩壊し、統一的法圏・経済圏の強化が促進されることにならないし、さらには平穏な情勢にある連邦主体に分離主義の台頭を招くことになる[56]。つまり、Д. コザークは、シャイミーエフ案がこれまでの地方優位の連邦関係を見直して中央優位の連邦関係を構築するという作業グループの使命を果たしておらず、依然として地方重視の基調で構想されているとして、批判したのである。それは、シャイミーエフ案の内容を実質的に否定するものであった。国家評議会への上

程がなされなかったことは、ある意味でプーチン大統領のシャイミーエフ大統領への「配慮」であったと言える（何故なら、案が評議会にかけられた場合、構想案及びシャイミーエフ大統領自身への批判は必定であったからである[57]）。彼のこれまでの政治的貢献などに配慮し、プーチン大統領はそうした事態を回避することで、意図的にいわば棚ざらし状態に置いたと考えられる。

それでは、シャイミーエフ構想案は、Д. コザークの批判するように、地方重視・優位の連邦関係を構想したものであったのであろうか。次に、この点について検討していく。

(2) 内　容

以上述べてきたように、シャイミーエフ構想案は国家評議会で審議されることなく終わり、その後の連邦改革に係る国家政策の基本として具体化されることはなかった。その意味で、シャイミーエフ構想案を実践的観点で検討する意義はないと言えなくもない。とはいえ、シャイミーエフ構想案に代わって採用された後述のコザーク構想案の問題点・意義を検討・評価するうえで、この構想案はいわば理論上の代替案として大きな意義を有していると考えられる。このような観点から、以下に示すシャイミーエフ構想案の構成に即して、内容を検討することにする[58]。

前文

1.　ロシアにおける連邦関係の状態と発展問題

　1.1.　ロシア連邦建設の憲法上の原則

　1.2.　ロシア連邦主義の基本的問題

　1.3.　連邦国家における諸行政レベルの自律性

　1.4.　構想の課題

　1.5.　地域政策の実効性の一貫した権能区分との関係

2.　連邦、地域及び地方自治権力レベルの間の管轄対象及び権能の区分実践の分析

　2.1.　管轄対象及び権能の区分に関する憲法上の規定

　2.2.　管轄対象及び権能区分の諸形態

2.3. 連邦主体の権能の範囲確定の問題

2.4. ロシア連邦の統一的法圏創出の原理と規準

3. 管轄対象及び権能の区分の概念上の原則

3.1. 管轄対象及び権能区分に対する一般的アプローチ

3.2. 補完性の原理

3.3. 共同管轄対象：共同の問題

3.4. 共同管轄対象に関する連邦法制定手続きの仕上げ。執行権力機関構造の最適化に際しての権能区分原理の適用

3.5. ロシア連邦主体法律の連邦レベルでの利用

3.6. 管轄対象及び権能の区分に関する条約及び協定の意義

3.7. 国家権力機関と地方自治機関の間の権能区分

4. 実践上の提案

　まず「前文」によれば、構想案の目的は、連邦国家権力機関と連邦主体の国家権力機関及び地方自治体の権力機関との間の権限区分（管轄対象及び権能）問題について統一的なアプローチを構築することにある。この目的のために、構想案は、権限区分問題の現状を検討し、その解決のための基本的アプローチを決定することを課題とする。そして、この問題解決は、国内的には、連邦全体、連邦主体及び地方自治体レベルにおいて人権擁護、経済効率の向上等の国家政策を実施するうえでの基本と考えられる。それとともに、こうした国内問題の解決が、国際的には、ロシア連邦が現代的連邦国家として国際関係に参加して、その潜在能力に値する役割を国際政治において果たすための存在条件でもあると見なされる。

　次に「1. ロシアにおける連邦関係の状態と発展問題」においては、まずロシア連邦制の現状に関して、ロシア連邦憲法が規定している連邦建設の諸原則を挙げたうえで（権限区分もその一つである）、連邦中央と連邦主体との間に生ずる軋轢が指摘される。その原因は、国家構造の形式としての連邦制にあるのではなく、連邦関係、とりわけ権限区分関係に存するとされる。それとともに、連邦関係（とりわけ、連邦制、連邦主体としての地域の強化という条件下

230 第二部 条約的連邦関係の見直し

で連邦権力が国の指導メカニズムを保持するプロセス）を真に確立することが客観的に困難であることが、連邦関係の樹立に否定的な影響を与えていると指摘される。要するに、ロシア連邦制の今日的な問題は、連邦制それ自体にあるのではなく、もっぱら連邦関係の未完成、とりわけ権限関係の未完成が連邦と地方との矛盾・軋轢を生み出している原因と把握されているのである（逆に言えば、連邦と地方の権限関係を明確にすれば、ロシア連邦が今日抱える諸問題は解消されるとの理解が、ここにある）。他方で、連邦関係自体に関わる問題を真に解決することも困難であるとの認識が示されている。ここで注目すべきは、地域の強化と連邦中央による国家指導とが両立困難であることが示唆されていることである。

とはいえ、ロシア連邦制の現状にまったく問題がないと認識されているわけではない。構想案は、問題点として、具体的に、① 共同管轄対象をめぐる権能の区分過程の未完成、② 現行の「予算連邦主義・бюджетный федерализм」モデルの不十分さ、③ 連邦立法及び地域立法の発展のテンポと質における差異を挙げている。これに加えて、「単一国家的思考の心理及びその長い伝統のもたらす否定的影響」を挙げ、「民主主義国家に固有の権力の当然な分権化、責任の下級機関への委譲、相異なる権力レベルの対話は、ロシアにおいては、時として連邦中央の弱さの特徴と理解されている」と指摘しているからである。

以上のような問題を抱えるロシア連邦の現状を「国の自己発展の巨大な潜勢力を地域の多様性と自律性の中に見る能力を基礎にもつ特別の世界観」である本来の連邦制の観点で改善するためには、構想案によれば、戦略的レベル、地域的レベル及び地方的（ローカル）レベルでの権力構造の見直しを図ることが不可欠とされる。構想案は、そのために、以下の課題を解決することを提起する。

① 連邦・地域レベルでの管轄対象及び権能の区分を立法的に確保するための方法の決定

② 管轄対象及び権能の区分に対応した連邦、地域及び地方自治の公権力機

関の組織編成の決定

③　管轄対象及び権能の区分の法規制形式における優先順位の設定

④　ロシア連邦の立法過程におけるロシア連邦主体の役割の明確化

⑤　規範的法令の体系上での条約及び協定の地位の決定

⑥　ロシア連邦憲法で使用される概念及び用語—とくに「管轄対象」、「権能」、「法原則」、「一般問題」、「一般原則」、「調整」など—の解明と立法上の確定

　これら諸点の解決、とくに①④のような権能区分自体に関わる問題の解決が、各連邦主体が当該地域の独自性を考慮した経済改革を実施する機会を促すものと強調される。このことも、この構想案の注目すべき点である。

　以上の連邦関係、とりわけ権限区分関係をめぐる総論を踏まえて、「2.連邦、地域及び地方自治権力レベルの間の管轄対象及び権能の区分実践の分析」では、権限区分の実践が具体的に分析される。構想は、まず、憲法上の権限区分に関する諸規定が、①憲法上定められた管轄対象の法規制手続き、②「複合的連邦主体」[59]関係の特性、③連邦 - 地方の執行機関同士の一部権能の相互委譲原理、④連邦国家機関と連邦主体国家機関の権限、並びに不一致をめぐる紛争の解決手続きを定めているとしたうえで、管轄対象及び権能に関して、憲法上検討すべき対象として四つのグループ—連邦管轄、共同管轄、連邦主体管轄、及び地方自治体管轄—を挙げる。そしてこれら権限区分は、連邦法、連邦憲法裁判所決定、権限区分条約（及び協定）、さらには憲法上の調整手続き（第85条第1項）によって規制されるとする[60]。これら規制形式のうち、条約が重視されていることは、連邦中央と連邦主体の相互理解のレベルを高め、連邦主体の政治状況を安定化し、国における中央 - 地域間の対立の脅威を取り除き、ひいては国家の領土的一体性を強化することを可能にする形式とされていることに看取される。

　構想案が連邦主体の権能の範囲を決定する問題を独自の見出しのもとに扱っていることは、権限区分問題における連邦主体への配慮という構想案に一貫する姿勢の現れである。連邦憲法は、連邦管轄及び共同管轄についてはそれぞれ

具体的管轄対象を列挙する（第 71 条及び第 72 条）が、連邦主体の管轄については具体的に列挙するのではなく、連邦管轄及び共同管轄の「残余」として抽象的に表現するにとどめている（第 73 条 - その際、当該領域の連邦主体権能についてはその全権性が担保される）。このことは、連邦と共同して実現される管轄、連邦の関与しないすべての管轄が連邦主体の管轄であることを意味する。連邦主体がこれらの管轄対象を遂行するための活動範囲や種類は大きく多様で、かつ複雑なものとなる。その意味で、連邦主体権能を決めるうえでの「残余」原理はきわめて妥当なものであると、構想案は評価する[61]。

　また構想案は、連邦憲法（及び連邦法）と連邦主体立法との矛盾の存在を今日的な政治的現実として認識し、その克服のために連邦の統一的法圏創出の問題も指摘するが、その際、微妙な表現が使われていることに注目しなければならない。すなわち、構想は「連邦及び地域の立法が連邦憲法に合致することはロシアが法治国家として確立するための担保である」[62]と述べる。ここで述べられている連邦憲法及び連邦法と地域（連邦主体）の立法との合致（あるいは後者の前者に即した調整）という考え（もしくは表現）は、統一法圏問題が2000 年代初めに実践的に解決されていく中で用いられたが、「連邦及び地域の立法が連邦憲法に合致する」との考えは、当時既にシャイミーエフ大統領が表明していたものであったのである。その趣旨は、連邦憲法に即してみれば連邦主体立法だけではなく、連邦立法にも問題があるということであった[63]。つまり、ロシア連邦におけるすべての法令は連邦憲法に合致していなければならないということは、連邦レベルの法令にも、連邦主体レベルの法令に関わることなのである。こうした考えは、統一法圏創出の原理として挙げる三つの原理（① 連邦管轄及び共同管轄における連邦法の優位、② 連邦・地域権力の「往復運動 встречное движение」の実現（連邦立法のみならず地域立法の変更を通じての問題解決）、③ 連邦主体管轄に関する連邦主体立法の優位）のうち、とくに第二の原理（②）にも反映されている。そして、地域（連邦主体）立法を連邦法に適合・合致させる場合、それが法関係の当事者にとって最善の法体制となるような規準に基づかなければならないのであり、従って地域立法が法関係

当事者の法的地位を改善するならば、変更されるべきは連邦法でなければならず、その逆ではないとされる。その意味で、統一法圏の創出という課題は、一方の立法を他方の立法に還元するためのキャンペーンではあり得ないし、あってはならないとされる。この一文が、地域立法を連邦立法に一方的に合致させるという実践に対する批判的表現であることは言うまでもない。

「3. 管轄対象及び権能の区分の概念上の原則」において、構想は、権限区分の原則・手続きに係る1999年6月24日連邦法に従ったいくつかの概念的定義を行っている。すなわち、「権能」とは、権力が一定の領域（管轄対象）内で具体的問題を検討・解決するための一定の行為を行う権利及び（または）義務である。「管轄対象」とは、国家及び国家構成体（主体）の管理下にある国家・社会生活の領域（その中で、権力・管理機関が任意の権能を行使する）と理解される。また「権限」とは、管轄対象及び権能を包含する包括的概念とされる。

そして、各レベルの権力機関の間で権限を配分する場合、「補完性 субсиди-арность」の原理に準拠して、それを最も効率よく行うことができる管理レベルに任せることが必要であるとされる[64]。構想案が、問題の解決にあたってそれを最も適切に遂行できる権力レベルの機関の権限に任せるべきであるという一般的意味での「補完性」の原理に言及したのは、連邦主体のイニシアティヴを重視する立場から連邦中央の権能の範囲を限定しようとする現れである。このことは、下級管理レベルで適切に解決できる問題をわざわざ上級レベルで行う必要はないということを意味する。この原則は連邦と連邦主体、連邦主体と地方自治体の間の協力体制の構築に適用するものとされる。

また、現段階においてアクチュアルな権能区分問題が共同管轄領域にあるとの認識から、共同管轄対象をめぐる連邦権力機関と連邦主体国家権力機関の相互作用は、法的観点から見て最も軋轢のある問題とされる。その際、共同管轄対象に関わる当事者の権能をより厳密・明確にすること、換言すれば、できるだけ具体的な権能に分割することにより、曖昧な権能をなくすことが必要になる。そのための重要な法的手段が共同管轄に関する連邦法の制定であり、それ

234　第二部　条約的連邦関係の見直し

は、現行法（1999 年 6 月 24 日の権限区分の原則・手続き法）として存在している。しかし、この法自体が見直し・改善を必要としていたのであり、その解決策の提案がこの構想それ自体の重要な課題であった[65]。

　まずなすべきは、現行立法（とくに、共同管轄対象をめぐる連邦法）の手続きを見直すことであり、そのためには、権限区分の体系に執行権力機関の構造や活動を対応させるための立法が必要とされる。これに関する構想案の具体的提案は、権限区分を考慮した連邦法律「連邦執行権力機関について」の制定であり、また連邦憲法律「ロシア連邦政府について」へのしかるべき修正の導入である[66]。

　次に、構想案は、連邦主体立法を連邦レベルで利用することを提案する。すなわち、連邦主体は、共同管轄に関して連邦法が存在しない場合に独自立法を制定することができるとされる。確かに連邦法が制定された場合、既存の連邦主体立法は連邦法と一致させなければならないので、そのことが連邦主体による立法イニシアティヴの行使を躊躇させる要因となっており、ひいては共同権能原則を無に帰すことになる。それ故、構想案によれば、連邦主体法の最良のものを連邦レベルで適用する（及ぼす）可能性を検討することが必要であるとして、三つの具体的提案を行う[67]。第一に、優先的手続きにより制定された最良の連邦主体立法を連邦執行権力機関が他の連邦主体に対してモデルとして推薦する。第二に、連邦議会が特別法を制定して、連邦法が採択されるまで連邦主体の法の個別規定を連邦全土に適用する。第三に、国家会議は連邦主体の法をしかるべき連邦法のコンセプトとして採択する。このように、連邦主体立法を連邦レベルで活用することによりあり得べき軋轢を回避し、またロシア立法の質の向上につながると強調されるのである。

　さらに構想案は、権限区分条約（協定）の意義を強調する。それは、「適用領域の範囲内における有効な道具」であり、連邦関係の発展、新たな解決の承認、国家権力の効果的行使、連邦と連邦主体の利害調整の手段となるとされる。その際、条約の憲法に対する従属的地位が強調される一方、条約は憲法に直接依拠し、かつそこから発するものとされる。そして、権限区分に関する条

約手続きがロシア連邦の憲法体制の原則とされる。その意味で、条約プロセスが止まっている、換言すれば条約破棄のプロセスが始まっている現状は、ロシアの統一もしくは一体性にとって重要な連邦と連邦主体の共通利益に対する危機・緊張を増大させるものとの認識が示される。要するに、条約（協定）の意義に関して言えば、「条約は、管轄対象及び権能の最適な区分の道具となったのであり、連邦国家の強化のために機能しているのである」[68]。従って、条約実践の結果見いだされた、具体的問題解決のための効果的メカニズムや中央と地域の権能と責任のバランスを連邦法規定の中で確保することが可能となる。

最後に構想案は、「4. 実践上の提案」において、連邦関係及び権限（管轄対象及び権能）区分プロセスを改善するための適切な措置として、以下の7点を挙げる[69]。

① 連邦大統領が国家会議に上程する最重要法案の国家評議会による事前審議

② 連邦憲法第72条の実現問題に関する連邦法の採択

③ 共同権能のより明確な区分・具体化及び共同権能分野における法の執行に関して、連邦国家権力機関と連邦主体国家権力機関の管轄対象・権能の区分の原則及び手続きに関する連邦法の修正・補足

④ 連邦主体立法への干渉解明のための連邦立法の鑑定実施、連邦主体権限への連邦中央の干渉、並びに連邦主体がしかるべき問題に係る独自法規制を実施したり、また必要な修正・補足を導入するための作業計画を作成することを困難ならしめるほどの不当で過度な細目化といった事例を解明するためのあらゆる連邦法・大統領令・政府法令の分析の実施

⑤ 立法（地域のみならず連邦の）上の不一致を除去するための合意手続きの組織的概略の作成、並びにこの不一致を除去するための司法手続きの概略及びメカニズムの作成

⑥ 連邦執行権力機関による連邦憲法第78条第2項[70]の実現問題を検討するための作業の活性化、並びに大統領附置管轄対象・権能の権限区分条約準備委員会と同様の機関の連邦レベルでの創設（この機関は連邦国家評議

236 第二部 条約的連邦関係の見直し

会の特別な部局間委員会とすることができる）

⑦ 連邦国家権力機関と連邦主体国家権力機関との間の権限区分条約（協定）を連邦主体の権能を明確化もしくは拡大するための恒常的な改善（その際、これらの条約（協定）は連邦主体の権能を縮小したり、法に従い実現される個々の既存の権能を奪ったりしない）、地域立法の規範の条約・協定の規範への合致、個々の共同管轄対象に係る連邦・地域権力機関の相互関係の最適メカニズムの新たな連邦法への規定化、条約要件の不履行もしくは不適切な履行に対する、このような状況から生じる財政損失への補償を含めた当事者責任の明確化

　構想案は、最後に、この構想が実現するために必要なこととして、具体的施策の列挙、その実施期間、及び執行責任者決定を明示した構想実現プログラムを連邦レベルで作成し承認するとしたうえで、様々なレベルの公権力機関の間で明確な権能区分がなされたならば、ロシア連邦全体のみならずその個々の部分における経済的潜勢力の高揚、市民の憲法上の権利の無条件の遵守や国全体の生活水準の向上、連邦・地域・地方自治体における国家権力の申し分のない遂行、そしてロシア連邦の国際的権威の上昇、といった基本的成果が達成される、と締め括った[71]。

(3) **評　価**

　以上概観したところから、連邦と連邦主体との新たな権限区分関係を構築するという文脈の中でシャイミーエフ構想案の意義を考えた場合、それは要するに、2000年代初めの連邦‐地方関係における前者優位の基調の影響力を受けながら、連邦と地方の権限区分関係の問題をなお後者のイニシアティヴ・参加を重視する観点で作成した案であると評価することができる。それはまた、連邦との微妙なバランスのもとに共和国の地位・利益を擁護するというシャイミーエフ大統領の連邦中央との1990年代以降の交渉実践で示された考えを反映したものでもあった[72]。その意味で、この構想案は、連邦レベルで議論すべき性格を有する内容とは別に、タタルスターン共和国の将来（1994年条約後の連邦中央との新たな条約関係）を見据えた内容を想定したものと言ってもよい

かもしれない。権限区分条約の評価との関係でいえば、彼は、タタルスターン共和国とロシア連邦との条約を含む既存の条約を連邦憲法及び連邦法と調整する必要性を認めながらも、新たな連邦関係の構築において条約の意義を高く評価する。換言すれば、彼は、個別権限区分条約は、ロシア連邦法の統一的な体系（法空間）の中に適切に位置付けられることにより、新たな連邦関係を構築するうえで有効な道具となり、また将来もそうなると考えたのである。

　しかし、こうした考えは、前述したように、一部の連邦主体によって、連邦主体の平等を無視したタタルスターン共和国独自の利害を重視した連邦関係の構築と受け止められた[73]。またそれは、プーチン大統領にとっても、大統領就任以降、強い連邦国家を指向する中で、集権的ないし一元的な権力構造のもとに新たな連邦関係を構築しようとしてきた経緯からして、にわかに受け入れられない考えであった。つまり、プーチン大統領が考える新たな連邦関係に基づく連邦国家とは、連邦中央が地方に優位するいわば集権的・一元的な連邦であり、その意味で、対等な連邦中央－地方（連邦主体）関係の所産としての個別権限区分条約は新たな国家、連邦関係の創出にとって不要となったのである。新たな連邦関係をめぐる問題は条約に代わって連邦法によって統一的に解決されるべきとするのが、彼の考えであった[74]。同じく、シャイミーエフ構想案が頓挫した後、その作業を引き継いだД. コザーク連邦大統領行政府副長官が、シャイミーエフ構想の実現された場合の問題をいくつかの点で批判したことは、既に述べたとおりである。

　とはいえ、多くの連邦主体が連邦中央にいわば恭順するという連邦中央優位の連邦関係へと変化する中で、シャイミーエフ大統領がタタルスターン共和国の連邦中央との交渉実践を踏まえた地方重視の構想を提起したことは、連邦中央の進める集権的・一元的連邦化への対抗として、タタルスターン共和国によるその後の連邦中央との交渉上少なからぬ意義をもつことになる。この点に関連して、論者によれば、シャイミーエフ構想は「タタール指導者の失敗に終わった工作」と評価されるとしたうえで、構想案の作成作業それ自体は、第一に、シャイミーエフ大統領は作業グループの責任者の地位を失った後も、コザ

ーク委員会の作業を含めて連邦中央の活動について批判的な立場をとるうえで
一定の自由を確保することができたし、また第二に、シャイミーエフ構想自体
が、専門家の間で一定の評価を得ていたとされる[75]。

　プーチン大統領がこうした評価に与しなかったことは、前述したように、シ
ャイミーエフ構想が 2001 年 2 月 20 日の国家評議会幹部会で報告・審議された
にもかかわらず、翌 21 日の国家評議会に上程されなかったことに示された。
それでは、垂直的連邦構造・中央優位の連邦関係の実現を指向するプーチン大
統領は、Д. コザークに如何なる権限区分構想を期待したのであろうか。そし
て、Д. コザークはそれに如何に応えたのであろうか。

（二）　コザーク構想

⑴　経　緯

　プーチン大統領がシャイミーエフ構想案に同意しなかった要諦は、権限区分
条約の評価にあった。既に述べたように、Д. コザークによれば、条約が存在
するかぎり統一的連邦法圏の創出は不可能であり、シャイミーエフ構想案の提
起する条約に基づく「急進的な」水平的連邦関係を垂直的・集権的な連邦関係
に転換するためには、権限区分条約及びそれに基づく連邦関係を見直すこと、
条約関係の連邦法規制による連邦優位の連邦関係の構築が必要であった。その
ために新たな委員会（＝「コザーク委員会」）の創設が求められた。これにつ
いては、シャイミーエフ大統領自身、2003 年 11 月 17 日の BBC とのインタビ
ューで、自らの構想は国家評議会の多くの者にとって「急進的［ラディカル］」
であったために、コザーク委員会が創設されることになったと述べていた[76]。

　いわゆる「コザーク委員会」は大統領に直属するかたちで設置された。これ
が、国家評議会のもとに設置されたシャイミーエフ大統領主導の作業がプーチ
ン大統領の意に沿う構想案を示さなかったことへの反省の結果であることは明
白である。2001 年 6 月 21 日付大統領令「ロシア連邦大統領附置連邦国家権力
機関、ロシア連邦主体国家権力機関及び地方自治体機関の間の管轄対象及び権
能の区分に関する提案準備委員会について」によると、委員会[77]は、大統領府

副長官Д.コザークを長とし、連邦関係の立法原則の改善と連邦法律「ロシア連邦国家権力機関とロシア連邦主体国家権力機関の間の管轄対象及び権能の区分の原則及び手続きについて」の実現を目的として創設された。委員は総数21名で、その中に自らの構想案をいわば否定されたシャイミーエフ大統領が加わっていることが注目される。

この大統領令によると、委員会の任務は、次の五つである。

① 連邦国家権力機関、連邦主体国家権力機関及び地方自治体機関の間の管轄対象及び権能の区分に関する提案を作成して大統領に提出すること

② 連邦国家権力機関、連邦主体国家権力機関及び地方自治体機関の間の管轄対象及び権能の条約による区分に関する提案を作成して大統領に提出すること

③ 権能の区分及び権能の一部の行使の委譲に関する連邦政府、連邦執行権力機関及び連邦主体執行権力機関の間の協定についての提案を作成して大統領に提出すること

④ 連邦主体の憲法、憲章、法律その他の法令、連邦国家権力機関と連邦主体国家権力機関との間の管轄対象及び権能の区分に関する条約及びに協定をロシア連邦憲法及び連邦法律に即して調整する作業過程において発生しうる不一致の除去に協力すること

⑤ 連邦憲法第85条に基づく連邦国家権力機関と連邦主体国家権力機関との間の不一致を解決するための調整手続きを大統領が適用する提案の準備

また委員会は、これらの課題を遂行するにあたって、国家評議会「連邦・地域・地方自治体レベルの権力間の管轄対象及び権能の区分提案準備委員会」作業グループ、すなわちシャイミーエフ委員会の資料を考慮すべきことが求められた。シャイミーエフ委員会の作業及びそこで収集・作成された資料が新たな委員会による新構想案作成作業において参考資料として利用されることは、シャイミーエフ構想案がその意義を完全に失ったのではない（少なくとも資料的価値を持ち続けている）ことを意味している。そしてそれは、既に述べたように、プーチン大統領が権限区分問題におけるシャイミーエフ大統領のこれまで

240 第二部 条約的連邦関係の見直し

の役割・貢献を認めたことの現れでもあった。

　7月17日の委員会の第一回会議において、冒頭挨拶に立ったプーチン大統領は、権限区分条約の歴史的役割・意義を認めつつも、現在では条約の多くが機能しておらず、また条約システム自体が連邦と連邦主体間や連邦主体間での不平等を深めており、その客観的原因が今日の連邦にあると指摘したうえで、委員会に二つの任務を提示した[78]。すなわち、マリ・エル共和国などの連邦主体から提出された提案を整えること、並びに法創造（＝立法）権限総体を区分することの二つである。前者については、7月9日に沿ヴォルガ連邦管区の4連邦主体（マリ・エル共和国、ペルミ州、ウリャノフスク州及びニジニ・ノヴゴロド州）の長から出された権限区分条約を破棄する提案に対応するものであった[79]。また後者は、法令のみならず執行権力機関の決定をその準備段階において全権力レベルの利害と調整する問題であった。

　上述の方針を受けて、委員会は、9月20日の最初の企画会議において、中央‐地域間の条約関係と地域立法の連邦法との適合（合致）問題を審議し、連邦中央と地域間の条約・協定を連邦憲法に適合（合致）させることを決定し、大要以下のような手順を定めた[80]。

① 大統領府法務部長が連邦管区全権代表の協力のもとに地域に対して条約適合の提案を行う。

② 1999年以前に締結された条約は当事者の合意により効力を停止する。

③ 2002年5月1日までに合意が得られない場合には、条約は裁判手続きにより破棄される。ただし、条約が「意味のある特徴を帯びていたり地域的特性を反映している」場合には、その効力は当事者の合意により延期される。

④ 1999年制定の連邦法律「ロシア連邦国家権力機関とロシア連邦主体国家権力機関の間の管轄対象及び権能の区分の原則及び手続きについて」により、条約・協定は2002年7月24日までに連邦憲法と合致されなければならない。

このようにして、連邦統一法圏を2002年7月24日までに創出するための、

換言すれば、連邦法体系に既存の条約を何らかのかたちで組み入れる（位置づける）ための工程表が作成された。この工程表のもと、前述した6月21日の大統領令によれば、各連邦管区に設置された権限区分委員会による中央と地域の権能区分提案の提出作業（12月15日までとされた）とコザーク委員会内に創設された8つのテーマ別作業グループによる検討作業が進められていくことになった[81]。

2002年1月16日、コザーク委員会は、たった今述べた作業グループによる作業結果を総括する会議を行った（今回の会議は、これまでの会議が秘密裏に行われてきたのに対して、初めての公開会議となった）[82]。これら作業グループからの報告を取り纏め、それを2月末までに大統領に提出するとともに、それに基づいて、現行法改正を含む法案パケットを夏までに準備することが委員会の任務となった。そのため、各作業グループは、作業を急ピッチで進めなければならなかった。このことと関連して、プーチン大統領は、この時期、現行8作業グループによる作業態勢では不十分であるとして、梃入れを目的として各省の第一副首相を委員会活動に参加させた[83]。その結果、作業は構想案の中間報告へと纏めあげられ、その概要は一部新聞で伝えられることになった[84]。

中間報告は、5月30日、プーチン大統領の司会のもと開催された委員会で行われることになった。冒頭、プーチン大統領は、最も重要な国家的課題である統一的法空間の復活の第一段階、すなわち地域立法の連邦法との適合化が完了し、次の段階は明確な権能区分の戦略を立てるとともに、それに基づく垂直的権力構造の実効性を抜本的に向上させることであると述べた[85]。そして、彼は、委員会がこの課題に好結果で応えることを期待するとも述べた。また彼は、委員会の作業の要諦が言葉の真の意味でのロシア連邦の国家建設にあるとして、委員会の活動を高く評価したのである。他方、この会議で委員として出席したシャイミーエフ大統領の発言は、幾分批判的なものであった[86]。彼は、現在生じている様々なレベルの公権力機関の間の衝突は、国家形態としての連邦制に原因があるのではなく、連邦関係の未成熟、とりわけ権能区分領域における未成熟にあり、コザーク委員会はこうした複雑な国家改革的課題の解決を

242 第二部 条約的連邦関係の見直し

使命としたと述べたうえで、委員会が中間報告として纏めた構想案の内容について、いくつかの批判（彼によれば「問題提起」）を行ったのである（これらについては、後述の構想案内容を検討する際に取り上げることにして、ここでは、特に条約実践との関連で行った発言について見る）。彼は、条約関係の潜在力は失われておらず、条約のプロセスを単純化して考えてはならないとの持論を述べる。そのうえで、まず条約は連邦法によって承認されるとしても、構想案が求める連邦中央による一方的条約破棄権は、連邦中央が果たすべき義務を履行しなかった場合に同程度の権利が連邦主体に付与されることによってバランスがとられなければならないと批判する。また、連邦主体の関係を憲法が認める条約ではなく、民法に基づかせようとする構想案の提案を、問題の当事者は国家権力機関であって経済主体ではないと批判する。このような発言から、シャイミーエフ大統領の委員会内での立場がきわめて特異であることが分かる。

　たった今述べたように、委員会の活動は「連邦国家権力機関、ロシア連邦主体国家権力機関及び地方自治機関の間の国家権力機関及び地方自治機関の組織化の一般問題に関する権能の区分構想」と題する構想案の中間報告をもってひとまず終了したが、第二段階の活動として、2002 年 10 月までに一連の新法案を準備するという課題を与えられた[87]。そして、わずか二日前の委員会会議で中間報告され承認されたこの構想案は、6 月 1 日、プーチン大統領に正式に提出された。コザーク委員会が自らの権限区分構想（案）を国家評議会（もしくは同幹部会）の審議を経ずに大統領に提出したことは、委員会が大統領附置とされている以上、手続き的には問題ない（シャイミーエフ構想案作業が国家評議会幹部会の作業グループにより進められたこととの違いである）。とはいえ、権限区分構想作業が国家評議会の手から大統領附置の諮問委員会に委ねられた本来的な政治的意図（連邦主体に配慮した水平的な連邦関係ではなく中央優位の垂直的連邦関係の構築）を考慮するならば、構想内容が国家評議会の審議において連邦主体側からの異論・異見の噴出を免れないほどに「急進的（ラディカル）」（シャイミーエフ大統領の表現）であることを想起させる[88]。それでは、

シャイミーエフ大統領により「ラディカル」と評されたコザーク委員会の構想（以下、「コザーク構想」とする）は如何なる内容であろうか。次に、この点を5月31日の委員会会議でのシャイミーエフ批判を考慮しつつ検討することにする。

(2) 内 容

前述したように、コザーク委員会が6月1日に作業結果としてプーチン大統領に提出したコザーク構想[89]は、シャイミーエフ構想案に比べると、内容的には以下の構成に示されるように、連邦国家権力機関と連邦主体及び地方自治体の権力機関の権能の区分に特化した簡潔なものとなっている。

序論
Ⅰ．ロシア連邦の管轄対象にかかる権能の実現
Ⅱ．ロシア連邦及びロシア連邦主体の共同管轄対象に係る権能
Ⅲ．ロシア連邦主体の管轄対象に係る権能
Ⅳ．地方自治の組織化原則

まず「序論」において、この構想は、国家権力機関と地方自治機関の組織及び活動の法規制に関して、連邦国家権力機関—連邦主体国家権力機関—地方自治機関の間の権能区分に係る基本的アプローチを定めるとした。そして、各レベルの機関の権能区分の調整メカニズムを創り出すことが、この構想に基づいて連邦法制を改善する目的であるとされた。

また、構想が依拠する次のような原理が掲げられる。

① 連邦憲法の不可変更性
② 連邦憲法・連邦法の規定する人・市民の権利及び自由とこれらの実現を保障するための各レベルの公権力の具体的義務との一致
③ 連邦—連邦主体—地方自治体の各権力機関が自らの権能を行使する際の自主性と政治的・法律的責任との結合
④ これら機関（③の三つの機関レベル）が権能を実現する際の連邦憲法及び連邦法の最高性
⑤ 下級の公権力に対してしかるべき財源の付与なしに恣意的・根拠のない

244　第二部　条約的連邦関係の見直し

義務を課すことの禁止

⑥　連邦主体国家権力機関、地方自治体機関の独自権能の構成・内容の決定の現実性

⑦　地方自治の地域的及び機能的原則の相関関係

これらの原理に基づいて、構想は、連邦憲法及び連邦法の定める管轄対象に付与された四つの権能ブロックについてそれぞれ詳述していく。

まず「Ⅰ．ロシア連邦の管轄対象にかかる権能の実現」は、連邦管轄に係る権能について次の五つの点を指摘する。

①　連邦憲法第71条に定める連邦の排他的管轄対象に関する「規制的 регулятивный」権能は、連邦国家権力機関によってのみ実現される

②　連邦管轄対象に係る執行−処分的権能の一部の行使は、防衛、外交などの領土的一体性及び国防に関する連邦管轄を除き、連邦主体執行権力機関に委譲することができる

③　連邦管轄対象に係る執行−処分的権能の一部の行使の委譲は、連邦法の厳格な枠内において、連邦憲法第78条第2項の定める協定形式によって行うことができる

④　連邦主体の執行権力機関による連邦執行権力機関の権能の行使に対する監督は、連邦レベルの権力機関が行う

⑤　予算支出を要する連邦管轄にかかる権能の財源は、もっぱら連邦予算から行うことが法律上規定されなければならない

コザーク構想によれば、連邦憲法第71条に定める連邦管轄のうち、規制的権能は、連邦国家権力機関だけが行使するとした（①）。この点に関連して、シャイミーエフ大統領は、5月30日の委員会において、連邦管轄及び共同管轄に関わる人権保護の問題を一例に挙げて、連邦機関にのみその権能を付与することに危惧を表明した[90]。それ以外の執行−処分権能については、その一部が連邦法に則って連邦主体執行権力機関に委譲することが可能で（②）、その際、連邦憲法第78条第2項の定める協定形式が採用されるとした（③）。ここで注意すべきは、一般的に如何なる権能の一部行使を委譲するのかという問題

と、それを如何なる主体に対して行うのかという別個の問題が混在している点である。そして、連邦主体執行権力機関に委譲されたこれら一部権能の遂行に対する監督は、連邦権力レベルの権力機関（たとえば、連邦権力機関の地方機関、すなわちいわゆる連邦機関の地方出先機関）が監督するとした（④）。連邦権能の一部委譲権能に関して、その執行機関たる連邦主体権力機関に対する監督を連邦権力機関が行うことは当然であるが、その際、執行機関たる連邦主体権力機関の上級機関と連邦の監督機関との関係を如何に調整するのか、あるいはこれら監督機関は権能ごとに新規に創設するのか、それとも既存の機関で代替するのかといった問題が生ずる。とくに後者については、権力機関の肥大化もしくは官僚主義化を招きかねない[91]。最後に、⑤は権能実現に伴う財源保障について、連邦予算による補塡・補償を法定化することを述べている。②で委譲された権能を行使するためにかかった支出は連邦予算により補塡・補償することは当然であり、それが実際に行われれば問題は生じない。問題がまったくないというわけではない。たとえば、連邦主体執行権力機関により実際に支出された費用が、当該権能の行使実現にとって適切・妥当であるかという問題をめぐって、連邦側がいわば不適切支出に対して補塡・補償を拒否することがあり得る。これは④の監督機能の実効性にも関わる問題でもある。

　次に、「Ⅱ．ロシア連邦及びロシア連邦主体の共同管轄対象に係る権能」において、構想は、共同管轄に係る権能区分問題の解決方針として、第一に、連邦法による規制、第二に条約方式、第三に連邦主体の「先行的 опережающий」、そして最後に連邦法採択への連邦主体の実質的関与を挙げる[92]。

　第一の連邦法規制は、あり得べきは「基本的 рамочный」に行われるだけでなく、十分な程度に「細目にわたって детальный」行わなければならないとする。その際、連邦法は、規制対象とされるしかるべき関係における地域的特性の存在を考慮しなければならないし、また国の政治的・経済的統一に関わらない分野における法規制の多様性を許容しなければならない。もっとも、規制対象における地域特性の考慮や法規制の多様性の可能性の許容も、あくまで統一法圏を侵害しないという限定されたものである。

246　第二部　条約的連邦関係の見直し

　そのうえで、二つの選択肢が提案される。すなわち、「基本的」規制に対応する第一の選択肢は、連邦レベルでは権能の帰属及びそのきわめて一般的な行使原則のみを決定し、一般的な規制的・執行‐処分的権能は連邦主体に帰属させる方式である。これは、条件付きながら連邦主体が自らの法に従い自らの予算により実現する「独自」権能として理解される（連邦法はこれに併せて調整されることになる）。細目的規制に対応する第二の選択肢は、連邦レベルにおいて連邦主体国家権力機関への権能の帰属のみならず、権能実現の具体的な質的・量的範囲、さらにはその実現のための行動手順の原則をも決定し、他方、連邦主体には権能の執行機能のみが残される方式である。これは連邦主体の「委譲」権能として理解される。構想は、上記選択肢のどちらかをとくに推奨していないが、これら選択肢は事実上、後者の委譲権能方式による前者の独自権能方式の吸収を意味するのではないか、あるいはそもそも後者の方式は連邦憲法第76条第2項（共同管轄に関しては、連邦法、並びにそれに基づき制定される連邦主体の法律その他の法令が公布されるとの規定）違反ではないか、といった疑問が生じる[93]。以上のような構想による連邦規制の考え方に対して、シャイミーエフ大統領は、連邦主体による事後立法規制の余地を与えない現状を糊塗するものとして批判していた[94]。

　第二の選択肢としての条約方式による権限区分は、例外的場合にのみ行うことができるとして、権限区分条約の例外扱いが提案される。つまり、連邦主体の「特別の地理的、社会‐経済的、及びその他の特殊性」と関連する例外的場合にのみ条約形式が認められる。それ故、条約は、連邦法及び連邦主体の法律において承認され、当事者の具体的権利・義務・責任、条約の有効期間、その失効条件を規定していなければならない、とされる。ここで注意すべきは、連邦主体に対していわば独自の条約規制立法の制定を求めていることである。これは前述したように、その後、現行の権限区分関係の見直しの中で、少なからぬ連邦主体による権限区分条約の破棄実践とともに、独自の「条約法」の制定実践を惹起した。

　第三の連邦主体による共同管轄対象の先行的法規制の原則[95]については、こ

れを連邦法に規定しなければならないとする。連邦主体は、失効したと見なされない連邦レベルの法規範が存在する場合にはこれに抵触する法規範の定立を禁止されるし、市民の権利・自由の制限や経済圏の統一の侵害を随伴する先行的法規制を実施することは許されない。先行的法規制として制定された連邦主体の法令は、連邦法の定める期間内に連邦法と調整されなければならない。それまでは、連邦法に抵触する連邦主体法令は、裁判所によって適用されてはならない、つまり連邦立法の最高性は如何なる場合にも保証されなければならないとされる。このように、連邦主体の立法発議権を保障する先行的法規制の原則も、あくまで連邦法による規制までの一時的・例外的原則と理解されるのである。

　最後に、連邦主体の連邦法採択への関与に関して、連邦憲法に規定されている関与モデルは、連邦会議を通じて連邦法の内容に必要かつ十分な影響を及ぼす可能性を与えていると認めつつ、共同管轄に関する連邦法案を連邦主体の代表（立法）及び上級執行国家権力機関との調整によって行う現行手続きは、効率が悪く、重複しており、また時には政治的恣意を惹起するとして、拒否すべきことが提案される。その際、連邦会議及び連邦主体の立法発議権の行使を保証する目的で、こうした法案をこれら機関に事前付託することが維持されるとともに、連邦議会両院の協力及び連邦主体の意見を如何に考慮すべきかに関して、議会規則が改正されることが必要であるとした。

　「Ⅲ. ロシア連邦主体の管轄対象に係る権能」では、第一に、連邦主体の排他的管轄対象に関して、その規制的、執行－処分的なあらゆる権能が連邦主体国家権力機関に帰属し、これらの権能の行使は、もっぱら連邦主体の予算によって執行するものとされる。同様に、連邦憲法第78条第3項の定めるように、連邦主体執行国家権力機関は、自らの権能の行使を協定により連邦執行国家権力機関に委ねることができるとされる。

　第二に、連邦主体国家権力機関は、自らに帰属する権能の実現において生ずる責任を自然災害などの客観的理由なしに放棄してはならない、とされた。つまり、自らの権能行使にあたっては責任放棄は許されない、ということであ

る。しかし、状況によって、連邦国家権力機関が連邦主体国家権力機関の権能の全部もしくは一部分を例外的に引き受けることができるとされ、その場合には、そのような状況を連邦法に明記しておかなければならないとされる。すなわち、一定の状況が発生した場合にいわゆる「連邦介入」[96]が行われる。こうした状況に該当する事由としては、客観的理由により自らの責任を果たすことができない場合、その作為・不作為が市民の生命、健康、安全にとって脅威となる場合、あるいはこれらの行為を遂行することで連邦主体機関が支払い不能状態に陥る場合が挙げられる。

　最後に、「Ⅳ．地方自治の組織化原則」では、地方自治の領土的及び機能的原則の相互連携の原理、並びに二つの課題─地方自治を住民に身近なものにすること、地方自治構成体の活動の効率性を確保すること─の同時達成の必要性に立脚して、現状の地方自治を「地方自治体 муниципалитеты」、「地方自治管区 муниципальные округа（地区 районы）」及び「地方自治管区の権利（権能）を有する地方自治体」という三類型の地方自治構成体に再編・統合して、これらに自らの任務遂行のために必要な権能を連邦法に規定することが提起される。構想がこのような地方自治改革を提起した背景には、1990年代以降続く一連の地方自治改革が必ずしもうまくいかなかったという反省、また、プーチン政権下での連邦レベルへの権限集中傾向を伴う新たな連邦関係への移行の観点に即してみた場合、地方自治機関が体系的・組織的に非効率の状態にあるといった、地方自治の現状に対する強い危機意識があった[97]。委員会のこうした危機意識は、たとえば、コザーク委員長が、構想提出後の7月中旬の地方自治発展協議会の席上で、地方自治の現状は国家体制の根幹を揺るがすほどに深刻であるとの認識を表明し、またサモーイロフ（С.Н. Самойлов）委員会書記が、同月末のニジニ・ノヴゴロド市での「地方自治と市民社会」をテーマとする公開討論会の席上、多少とも憲法に基づくモデルに適合するのはわずかに13連邦主体のみであり、憲法の規定する地方自治がロシアには在していないという結論を委員会は抱くに至った、と述べていたことから窺い知ることができる[98]。

最後に、以上の構想実現のために、構想は、各国家権力機関の権限行使・任務解決のための具体的立法メカニズムを確立するために、三つの連邦法（1999年6月24日連邦法律「ロシア連邦国家権力機関とロシア連邦主体国家権力機関の間の管轄対象及び権能の区分の原則及び手続きについて」、1999年10月6日連邦法律「ロシア連邦主体の立法（代表）及び執行国家権力機関化の一般原則について」、並びに1995年8月28日連邦法律「ロシア連邦における地方自治の組織化の一般原則について」）の抜本的見直しと変更を求めた[99]。

(3) 立法成果

たった今述べたように、コザーク構想は、その実現のために三つの連邦法の抜本的見直しを求めた。その結果、権限区分問題との関連で言えば、1999年6月24日法が1999年10月6日法の2003年7月4日改正（「連邦法律（第95-Φ3号）「連邦法律『ロシア連邦主体立法（代表）及び執行国家権力機関の一般組織化原則について』への修正・補足の導入について」）[100]に伴って失効した結果、2003年7月3日改正法のもとで、条約規制の法的メカニズムが仕上げられたのであった。しかしながら、新たな条約締結の可能性は、このメカニズムのもとで実質的には狭められた。それは、このメカニズムのもとでの新たな条約締結は後述するタタルスターン共和国の2007年条約のみであることからも明らかである。条約の濫造を規制するための立法は、実質的には制限立法となったのである。その理由の一端として、新たに定められた条約締結条件を指摘することができる。つまり、「特性」項目が締結条件とされたのである。

2003年7月4日改正によって、新設された「第4章の1　連邦国家権力機関とロシア連邦主体国家権力機関の間の権能区分の一般原則」第26条の7は、「権能区分条約締結の原則及び手続き」を定めるが、条約締結は一定の領域もしくは分野に限定され、かつその締結は例外的に扱われるという条約締結の原則を打ち出し、権能区分に関する条約を締結できる場合を、「ロシア連邦主体の経済的、地理的その他の特性に条件づけられる場合、また上記の特性により連邦法の定めとは異なる権能区分が定められる場合においてのみ」としたのである（第1項）。つまり、具体的に条約案を作成する場合、立法者は条約締結

250 第二部　条約的連邦関係の見直し

の条件（理由）として、ロシア連邦主体の経済的、地理的その他の特性の存在、及び連邦法の定める権能とは異なる権能の存在との二つの点を明示しなければならなくなったのである[100]。

　そもそも、1994 年のタタルスターン共和国との権限区分条約を始めとして初期の条約には上記のような特性項目は存在しなかった。存在する場合も、サハ（ヤクーチヤ）共和国やカリーニングラード州のように実質（地域の実態に即した）を伴った項目であったし、あくまでも管轄対象の具体化を考慮するためのものであった。その後、条約規制の法制化が具体化し、1997 年 4 月にそのための法案すなわち権限区分の原則・手続き法（後に 1999 年 6 月 24 日法律として制定される）が議会で審議された際も、「政治的・経済的・社会的・地理的・人種的・その他の特性」項目は存在したが、それは共同管轄対象を具体化するための考慮規準であった。その後に締結された一連の条約も同様であった（項目の多寡自体には、実質が伴っていない限り意味はない。項目上での法案と条約との相違としては、条約は、政治的特性に言及せず、人種特性に代えて民族特性を掲げる。またモスクワ市の 1998 年条約は民族・文化特性を掲げるのみである）。また 1999 年 6 月 24 日法も同様であった。

　このような特性項目のいわば役割を変化させたのが、2003 年 7 月 3 日改正法であり、それは、前述したように特性項目の存在を条約締結条件の一つとしたのである。しかし、掲げられた「経済的、地理的その他」の特性は、改めて具体的説明を必要とする体のものであり、条件とするには明確さも客観性も欠けており、恣意や裁量が入る余地が残されている。タタルスターン共和国の2007 年条約はこの特性条件を通過したことによるが、そこに何ら問題がなかったわけではないことは、後述する連邦議会での条約審議の経緯を見れば明らかであろう。

　このような締結条件とともに、条約締結のための手続きが、とくに議会による条約案の必須的承認や締結された条約の連邦法による承認を含めて、詳細に規定されたことも、条約規制が制限的性質を有する一因となったと言える。もっとも、民主主義、議会主義の観点に立つならば、今まで条約締結・承認手続

きに議会が一切関わらなかったことの方が問題であった。つまり、きわめて複雑な手続きを経なければ条約の合意（締結）は難しくなったのである。連邦主体にすれば、労力に見合った利益が得られないのであれば、条約締結のメリットは感じないであろう。さらに、条約は、連邦法律と異なる規範的文書と認められる一方、連邦法律と同一の効力をもつ（第9項参照）とされたこと、すなわち、連邦法に対する条約の優位性が否定された（連邦法律と同格とされた）ことも、条約締結に固執する意味を失わせる一因ともなる。

　この法改正に伴って新たな条約手続きを監督する機関も改められた。すなわち、2003年11月27日大統領令「ロシア連邦における連邦関係及び地方自治の発展に係る措置について」により、連邦関係・地方自治問題委員会が従来の権限区分提案準備委員会を改組して創設され、委員長にД.コザークが改めて任命された[102]。委員会は、連邦中央−地方の権限関係の法規制の任を担うとともに、大統領への提案のために作成された新たな条約案の事前審議のみならず、法改正時に存在する条約に関しても、連邦主体の提案に基づき国家会議による承認のための提案準備を行うこととされた。しかしながら、翌2004年7月16日大統領令「国家管理改善に係る措置について」[103]によって、委員会が「大統領附置国家管理改善委員会」内の作業グループとして再編された際、連邦中央−地方の間の権限区分関係の法規制及び新条約案の事前審議の問題は委員会の任務として従来どおり言及されたが、上述の既存条約の承認問題については言及されなかった。このことは、前述の既存条約の事実上の破棄または失効状況を踏まえたものと理解される。

　かくして、個別連邦主体との条約による権限区分関係を制限する（憲法第11条第3項の範囲内に収めるという意味で）法制度の確立をもって、90年代の「条約に基づく連邦関係」を清算するというプーチン政権の意図は達成されたかに見える。実際、2004年改正後に連邦主体との間に条約が締結されたのは、わずかに2007年7月締結のタタルスターン共和国との間の条約だけであった。しかし、それは新たな条約締結メカニズムのもとで実現されたという意味において、この時期プーチン大統領が推進していた連邦改革路線を自ら逸脱

した重大な出来事であったのである[104]。

小　括

　以上、条約的連邦関係の見直し及び新たな権限区分構想を検討してきた結果、1993年憲法が認める権限区分条約の法規制の問題は、プーチン政権下における集権的な連邦国家を指向する連邦改革全般の中で、連邦中央が地方に優位する関係に基づく条約的連邦関係の連邦憲法的・連邦法的連邦関係への転換という、新たな権限区分構想に基づく連邦法メカニズムとして仕上げられたと言うことができる。

　第一節で確認されたように、1990年代に相次いで締結された権限区分条約は、その後連邦主体により自主的に破棄されたり、または放置されたまま連邦法の規制に委ねられることになった（結果として、既存の条約は自然消滅（失効）する）。他方で、権限区分条約パレードを奇貨として制定された連邦主体独自の条約法も連邦改革の一環としての統一法圏構築のもとで連邦法との適合化が求められ、連邦主体のイニシアティヴによる締結可能性は狭められていくことになる。こうした傾向を推し進めたのが、1990年代末以降に開始された新たな権限区分関係構築の作業であった。これは、2000年初めのプーチン大統領就任とともに開始され、連邦中央と地方（連邦主体）の権限区分関係の見直しと新たな関係構築が模索された。

　そのために提起されたのが、シャイミーエフ構想案でありコザーク構想案であった。両構想案のうち、当初提起されたシャイミーエフ委員会の構想案は、地方（連邦主体）の権限や立法イニシアティヴ等を重視する内容であった。構想案はまさにそのことを理由として、国家評議会で批判され、最終的にプーチン大統領により拒否されたのであった。プーチン大統領の連邦改革に沿う内容のものではなかったことだけは確かであった。

　代わって任に当たったコザーク委員会は、プーチン連邦改革の基調に即した連邦優位の権限区分構想案を作成した。どちらかと言えば連邦中央と地方の間の権限区分関係に主眼を置いたシャイミーエフ構想案と違い、コザーク構想案は、プーチン連邦改革の一環たることを強く意識し、地方自治改革も視野に入

れた構想となっていた。プーチン大統領も今回はこの構想を受け入れ、ただち
にその実現のための立法化を図った。すなわち、連邦中央と連邦主体との権限
関係は、新たに1999年連邦法の2003年7月改正（地方自治改革に関しては、
2003年10月の地方自治法改正）として立法化されたのであった。これにより、
権限区分条約それ自体の合憲性が改めて確認される一方、それはきわめて限定
された場合にのみ用いられる法形式とされ、しかも連邦憲法及び連邦法の手続
きに従うものとされたのである（ここでは主題的に取り上げなかったが、地方
自治改革に関しては、権限区分関係ほどにはうまく進行しなかった）。

　それでは、プーチン連邦改革の一環としてなされた条約的連邦関係の見直し
は達成されたと言えるであろうか。その意図がどこにあるかその目的がどこに
置かれているかによって答えも異なってくるであろう。その意図・目標が条約
の全面否定（連邦法化＝権限関係の全面的連邦法規制化）であるならば、現行
憲法が存在するかぎり、また条件付きとはいえ新規締結も連邦法上承認される
のであるから、彼の意図は達成されたとは言えず、今回の見直しは不十分であ
ったと言える。プーチン政権が現行憲法を認め、また条約の意義を認めつつ、
強い連邦の構築に向けた改革を実現するためには、今回の見直しをさらに見直
す（継続する）ことが不可欠となる。唯一残るタタルスターン共和国との条約
（1994年条約）こそ、その対象であった。次の第三部では、これを主題に検討
する。

(1)　拙稿「ロシア連邦——ロシア連邦主体間の条約関係の法規制について」（『比較法
　　雑誌』、第47巻第2号、2013年）、3-7頁参照。
(2)　プーチン政権の連邦改革全般について、次の文献を参照。.В.А.Чертков, Федера-
　　тивная реформа в России.М.:Издательство 《Социально-политическая мысль》, 2007.
(3)　1999年の二つの連邦法のうち、1999年10月6日に制定された連邦法律「ロシア
　　連邦主体の立法（代表）及び執行国家権力機関組織化の一般原則について」により、
　　連邦主体による自らの法令の連邦憲法及び連邦法との合致義務に対して、当該連邦
　　主体の検事（副検事）の異議申立て、大統領による連邦主体立法機関への連邦主体
　　法令の連邦憲法・連邦法との適合提案が制度化されたが（第27条）、この点は、プ

ーチン連邦改革の一環としての統一法圏の創出という観点からも議論されるべき論点であるが、ここでは特に主題として取り上げない。この問題については、タタルスターン共和国憲法の改正問題と絡めて論じた拙稿（「2002 年 4 月 19 日付タタルスターン共和国憲法改正について（一）」『法学新報』第 109 巻第 4 号、2002 年）を参照されたい。

⑷　M. グリギッチ – ゾロタリョーヴァは、1990 年代以降 2005 年までの連邦関係を段階的に区分する中で、2000 年〜 2003 年を第二段階と位置づけ、この段階の特徴を連邦関係を規制する立法基盤の「相対的安定」期と捉えているが、その「安定」とは、まさに連邦優位な中央集権的なそれである。См.М.В.Глигич-Золотарева, Законодательное обеспечение федеративных отношений: состояние и перспективы,в 《О состоянии законодательства в сфере федеративных отношений》[Аналитический вестник. No. 12. 2005], стр. 6-7.

⑸　2000 年 5 月の大統領令について、Собрание законодательства Российской Федерации, 2000, N 20, ст. 2112. 大統領全権代表制としては、ソ連邦崩壊前の 1991 年 8 月に当時のエリツィン大統領の指令により導入された「地方、州、自治州、自治管区、モスクワ市及びレニングラード市におけるロシアソビエト連邦社会主義共和国大統領代表」制度がある。その後、1992 年及び 1993 年の大統領令により「地方、州、自治州、自治管区、モスクワ市及びサンクト – ペテルブルグ市におけるロシア連邦大統領代表」制度となった（О представителе Президента Российской Федерации в крае, области, автономной области, автономном округе, городах Москве и Санкт-Петербурге. Собрание актов Президента и Правительства Российской Федерации,1993, N 6,ст. 481）。その後、個別連邦主体における大統領全権代表制度は、連邦関係の遠心化（地方優位）の趨勢の中で、1 または複数の連邦主体を統括する全権代表制度へと再編された（1997 年大統領令（7 月 9 日付大統領令「ロシア連邦諸地域におけるロシア連邦大統領全権代表について」（Собрание законодательства Российской Федерации,1997 г., N 28, ст. 3421.）。今回は、既存制度の改善と併せて、連邦主体を実効的に監督する方向での見直しとなった。なお、連邦管区について、次の文献を参照。В.В.Кистанов, Федеральные округа России: важный шаг в укреплении государства, М.:Экономика, 2000; Федеральная реформа 2000-2003. Т.1 Федеральные округа, М., 2003. また経済的観点から連邦管区を捉えたものとして次の文献がある。М.Я.Гохберг, Федеральные округа Российской Федерации: анализ и перспективы развития, М.: "Финанс и статистика", 2002.

⑹　См. 《Независимая газета》, 20 мая 2000 г.　なお、①の連邦会議編成手続きに関する新たな法案（О порядке формирования Совета Федерации Федерального Собрания Российской Федерации）は、連邦会議員を従来の連邦主体執行・立法（代表）機関の長自身ではなく、代表とする内容（執行機関の代表は長が任命、立法（代表）機

関の代表は議会で選出、任期は選出機関の任期と同一）とし、7 月 19 日に国家会議で採択され 8 月 5 日に公布された（Собрание законодательства Российской Федерации, 2000, N 32, ст. 3336）。② の 1999 年 10 月 6 日法への修正・補足の導入（О внесении изменений и дополнений в Федеральный закон "Об общих принципах организации законодательных (представительных) и исполнительных органов государственной власти субъектов Российской Федерации" [в части изменения редакции статей 9, 19, 27, 28, 29] は、7 月 19 日に国家会議で採択され 8 月 1 日に公布された（Собрание законодательства Российской Федерации, 2000, N 31, ст. 3205）。内容は、連邦憲法・連邦法に作為的・無作為的に違反する連邦主体執行機関の長及び立法（代表）機関に対して、裁判所の判決に基づき大統領が警告を発し、是正されない場合には長の解任・議会の解散を行うことを可能にするものである（→連邦干渉制度の導入）。③ の地方自治一般原則に関する法律への修正・補足の導入（О внесении изменений и дополнений в Федеральный закон "Об общих принципах организации местного самоуправления в Российской Федерации"）は、裁判所によって違憲、違法と見なされた法令、行為を一定期間内に是正しなかった地方自治体の議会の解散、長の解任を内容とし、7 月 7 日に国家会議で採択され、8 月 4 日に公布された（Собрание законодательства Российской Федерации, 2000, N 32, ст. 3330）。ところで、① は国家会議による採択の後、連邦会議による却下により調整委員会での調整案を経て成立し、また ② は国家会議での採択の後連邦会議による却下を経て、国家会議による再採択により成立し、そして ③ は国家会議による採択、連邦会議による承認を経て成立した。このような三者三様の成立経緯が、連邦会議（連邦主体）の利害関心の度合いを露骨に現していることは、① については連邦会議員の地位・身分に関わる内容から、② については 1999 年法の成立経緯から、また ③ は地方＝連邦主体エリートの地方自治への関心の低さから、それぞれ詳述するまでもなく明らかである。なお、2000 年 5 月のプーチン連邦改革構想は、1997 年～1998 年に作成されかつ実施されたもの（それは前例のない知事の反対、財政危機、継承者をめぐる混乱、権力上層部の腐敗嫌疑などの原因のため、直ちに頓挫した）と大差はないとする評価について、次の文献を参照。Указ. Федеральная реформа 2000-2003, стр.25. また連邦干渉制度については、次の論文を参照。А.А.Ливеровский, Федеральное вмешательство, 《Журнал российского права》, N 9. 2002.

⑺　Послание Федеральному Собранию Российской Федерации（http://kremlin.ru/events/president/news/38302［2018 年 4 月 15 日閲覧］）.

⑻　Послание Федеральному Собранию Российской Федерации（http://kremlin.ru/events/president/news/41034［2018 年 4 月 15 日閲覧］）. なお、M. ストリャローフによれば、2001 年教書において、政策目的の主要課題の一つとして「強力な効率的国家の形成、権力機関における秩序の整備」が述べられたが、それによって国家建

設分野における基本任務と優先順位が決定されたとする。См.М.В.Столяров, Компетенция власти: Разграничение предметов ведения и полномочий между Федерацией и ее субъектами в условияхреформирования.Учебное пособие, М.:Издательство РАГС, 2005, стр. 63. なお、この教書で登場した「効率的国家」または「国家の効率性」は、2003 年年次教書で改めて確認され、7 月 3 日付大統領令（Указ о мерах по проведению административной реформы в 2003–2004 годах）による行政改革の実施によりその実現が図られた。しかしこの改革自体が成功しなかったことについて、次の論文を参照。О.А.Пучков,Эффективное государство: постановка проблемы,《Журнал российского права》, N 2,. 2014, стр. 75.

⑼　Послание Федеральному Собранию Российской Федерации（http://kremlin.ru/events/president/news/42848［2018 年 4 月 15 日閲覧］）.

⑽　См. С.М.Шахрай, А.А.Клишас,Конституционное право Российской Федерации. 2-е издание,доп, М.:ОЛМА Медиа Групп, 2010, стр. 343.

⑾　См.Е.А.Соловьева, Договоры о разграничении предметов ведения полномочий между Российской Федерацией и ее субъектами как черта асимметрии конституционно-правового статуса субъектов Российской Федерации,《Современное право》,N7, 2006, стр. 29. 連邦憲法第 5 条の謳う連邦主体の同権性原則と連邦主体間の非対称をめぐる議論として、次の文献を参照。Конституция Российской Федерации. Научно-практический комментарий. Издание 3-е, переравотанное и дополненное, М.: Юристъ, 2003, стр.112;Конституционное право России. Курс лекций, М.:Проспект, 2007, стр. 213-214; Конституционное право России. Учебник. 3-е издание, переравотанное и дополненное, М.: Норма, 2008, стр. 110; Зиновьев А.В. Конституционное право России. Учебник, Санкт-Петербург:Издательство Р.Асланова "Юридический центр Пресс", 2010, стр. 187, и т. д. また拙稿「ロシア連邦の『非対称性』について」（『法学新報』第 107 巻第 3・4 号、2000 年）も参照。

⑿　プーチン大統領は、この教書において、共和国の生活を最終的に正常化するためには多くのことをなさなければならないとして、「民主主義的原理に基づく―換言すれば、レフェレンダムで採択された連邦憲法に従った―共和国の大統領や議会の選出、地方自治機関の創設、連邦中央と共和国との間の権能区分条約の作成・締結、そしてもちろん、チェチェン経済の復興」を列挙して、条約の意義について肯定的に評価している（少なくとも消極的・否定的でない）ことを窺わせている。См. Послание Федеральному Собранию Российской Федерации（http://kremlin.ru/events/president/news/28640［2018 年 4 月 15 日閲覧］）.

⒀　1999 年 6 月の権区分の原則・手続き法は、本文のように、連邦法との調整期限を定めたが、その後の効力については明文規定を持たなかった。この欠陥を埋める目的で、1999 年 10 月の一般組織化原則法（2003 年 7 月改正）は第 5 条において、

第五章　プーチン連邦改革下の新たな権限区分構想　*257*

二年以内の連邦法との調整及び承認、承認されない場合の失効を明確にした。

⒁　См. С.М.Шахрай,О Конституции, М.:Наука, 2013, стр. 353.

⒂　連邦全体及び連邦主体の各種法令データベースを検索した結果、条約締結主体 46
（条約数 42）のうち、失効条約締結主体数 34（失効条約数 33）及び未締結主体数
12 が判明したが、調査漏れの可能性は否定できないので、あくまでも参考数字とし
て理解されたい。

⒃　たとえば、クラスノヤルスク地方は、結果として効力停止条約を締結しなかった
ものの、2002 年 7 月 9 日の地方立法議会決定「1997 年 11 月 1 日調印のロシア連邦
国家権力機関とクラスノヤルスク地方、タイミル（ドルガン－ネネツ）自治管区
及びエヴェンキ自治管区の国家権力機関との間の管轄対象及び権能の区分条約につ
いて О Договоре о разграничении предметов ведения и полномочий между органами
государственной власти Российской Федерации и органами государственной власти
Красноярского края, Таймырского (Долгано - Ненецкого) и эвенкийскгог автономных
округов, подписанном 01.11.97」により、効力停止条約の締結を行政府に要請した
（決定について、see, http://krasnoyarsk.regnews.org/doc/wr/gu.htm［2018 年 5 月
10 日閲覧］）。また中馬瑞貴・前掲論文では、スヴェルドロフスク州、ウドムルト共
和国、及びイルクーツク州は、条約破棄に消極的であったとの理由が述べられてい
る（115-117 頁、参照）。

⒄　М. ガレーエフ（М.Г.Галеев）によれば、最大で 5 連邦主体がこのような主張を行
ったとされる。См. М.Г. Галеев, Договорное разграничение порномочий между орга-
нами государственной власти РФ и РТ как одна форм развития федерализма в России,
в кн. Политико-правовые ресурсы федерализма в России, Казань, 2006, стр. 261.

⒅　Договор о внесении изменений в Договор о разграничении предметов ведения и
полномочий между органами государственной власти Российской Федерации и орга-
нами государственной власти Республики Саха (Якутия) (http://base.garant.
ru/185096/［2018 年 4 月 20 日閲覧]). なお、条約継続と関連して、1995 年に締結
された政府間協定については、既に 2000 年 12 月 25 日に 1999 年 6 月 24 日連邦法
の手続きに則して新たに「議定書 Протокол о продлении двухсторонних Соглашений,
заключенных между Правительством Российской Федерации и Правительством Респу-
блики Саха (Якутия) в 1995 году」を取り交わし、五年間の延長を定めていたが、更
新されているかどうかも含めて、現状は不明である。

⒆　См.《Уфимский Журнал》, 3 августа 2014 г. バシコルトスターン共和国では、タ
タルスターン共和国での条約改定に影響されて、民族組織を中心に条約改定の気運が
高まった。そして、この高まりに直面した М. ラヒーモフ（М.Г.Рахимов）大統領は、
2006 年 12 月 1 日、条約案準備のための委員会設置に係る大統領令（Об утверж-
дении Порядка подготовки проекта договора о разграничении предметов ведения и

258　第二部　条約的連邦関係の見直し

полномочий между федеральными органами государственной власти и органами государственной власти Республики Башкортостан (Ведомости Государственного Собрания-Курултая, Президента и Правительства Республики Башкортостан. N 2 (248), ст. 36 от 24.01.2007).) を公布して、条約改定の姿勢を示す一方で、この運動の広がりを警戒して、組織を解散した。こうした複雑な国内政治状況の中で、上記大統領令に基づく条約案準備作業が進められていったが、タタルスターン共和国の条約改定後もその進捗ははかばかしいものではなかった。2010年に入り、連邦中央との連邦関係をより新たな立場で見直す決議を行った第三回全世界バシキール・クルルターイ（大会）を契機に、条約改定要求が高まりを見せた。連邦中央はこの決議を非難するとともに、連邦政府批判を禁じた。そして、6月、ラヒーモフ大統領はこうした事態を招いた責任をとらされ、メドヴェージェフ（Д.А.Медведев）連邦大統領により事実上更迭された。代わって大統領に就任したР. ハミートフ（Р.З.Хамитов）は、バシキール民族センターなどの組織が相互的な権限区分条約の締結の必要性とそのための措置をとるよう繰り返し訴えたにもかかわらず、バシコルトスターン共和国と連邦中央との連邦関係の問題を一度も提起せず、条約改定のための努力を行うことはしなかった。

⒇　管見するかぎり、時期的に最も早く条約破棄を表明したのは、2001年1月25日に公表されたオムスク州知事の発言（"Regions. ru" от 25.01.2001: www.regions.ru/news/402140/［2018年4月20日閲覧］）であるが、同7月の沿ヴォルガ連邦管区所属の4連邦主体指導者（アヤーツコフ（Д.Ф.Аяцков）サラトフ州知事、マルケーロフ（Л.И.Маркелов）マリ・エル共和国大統領、シャマーノフ（В.А.Шаманов）ウリャノフスク州知事、スクリャーロフ（И.П.Скляров）ニジニ・ノヴゴロド州知事）の発言は、同一地域の複数主体による共同表明である点で注目された（《Независимая газета》, 10 июля 7.2001 г.）。また、トルートネフ（Ю.П.Трутнев）ペルミ州知事が条約破棄過程のイニシアティヴをとったといわれるが（Договоры между Российской Федерацией и ее субъектами, М.:Издательство МГУ, 2001, стр. 54）、8月10日にペルミで開催された沿ヴォルガ連邦管区指導者協議会では、権限区分条約の破棄を連邦管区の統一意見とする彼のイニシアティヴは、必ずしもすべての指導者に支持されたわけではなかった（《Новый компаньон》, 14 августа 2001 г.: http://www. newsko.ru/articles/nk-217838.html［2018年4月20日閲覧］）。なお、現行条約の破棄を要請するこれら指導者のうち、マルケーロフマリ・エル共和国大統領が7月1日付プーチン大統領宛書簡において、条約破棄とともに、新たな条約として共同管轄対象に関する条約の締結も求めていたことが注目される（《Lenta. ru》,10 июля 2001 г.: https://lenta.ru/russia/ 2001/07/09/regions/［2018年4月20日閲覧］）。

㉑　シャイミーエフ大統領による条約破棄過程に関する評価について、2003年8月29日〜9月4日に行われた「ヴォストーチヌィ・エクスプレス」紙とのインタビュ

第五章　プーチン連邦改革下の新たな権限区分構想　*259*

ーを参照。См.М.Ш.Шаймиев, Татарстан-прогресс через стабильность,Казань: 《Идел-Пресс》, 2005, стр. 252.

⑵　以下に、マリ・エル共和国及びオムスク州の失効条約を例示する。

①　ロシア連邦国家権力機関とマリ・エル共和国国家権力機関との間の管轄対象及び権能の区分条約の失効に関する条約

　1998 年 5 月 20 日にモスクワ市で調印されたロシア連邦国家権力機関とマリ・エル共和国国家権力機関との間の管轄対象及び権能の区分条約の目的が達成されたことに鑑み、本条約が以下のとおり締結された。

　第 1 条　1998 年 5 月 20 日にモスクワ市で調印されたロシア連邦国家権力機関とマリ・エル共和国国家権力機関との間の管轄対象及び権能の区分条約は、本条約の発効の日から失効する。

　第 2 条　本条約は、ロシア連邦及びマリ・エル共和国の公式出版物により公表され、かつ公表の日から発効する。

　2001 年 12 月 31 日、モスクワ市においてロシア語及びマリ語（草原マリ語及び山岳マリ語）で三部作成され、それぞれ同一効力を有するものとする。

　　　ロシア連邦大統領　　　　　　　　マリ・エル共和国大統領

　　　ヴェ・プーチン　　　　　　　　　エリ・マルケーロフ

　　　(См. 《Российская газета》,21 февраля 2002 г.)

②　ロシア連邦国家権力機関とオムスク州国家権力機関との間の管轄対象及び権能の区分条約の失効に関する条約

　1996 年 5 月 19 日にモスクワ市で調印されたロシア連邦国家権力機関とオムスク州国家権力機関との間の管轄対象及び権能の区分条約の目的が達成されたことに鑑み、本条約が以下のとおり締結された。

　第 1 条　1996 年 5 月 19 日にモスクワ市で調印されたロシア連邦国家権力機関とオムスク州国家権力機関との間の管轄対象及び権能の区分条約は、本条約の発効の日から失効する。

　第 2 条　本条約は、ロシア連邦の公式出版物により公表され、かつ公表の日から発効する。

　2001 年 12 月 21 日、モスクワ市において二部作成され、それぞれ同一効力を有するものとする。

　　　ロシア連邦大統領　　　　　　　　オムスク州知事

　　　ヴェ・プーチン　　　　　　　　　エリ・ポレジャーエフ

　　　(См. 《Российская газета》,2 февраля 2002 г.)

⑵　本文で総称した独自規制立法名である「条約法」は、本文では議会立法である法律のみならず、行政長決定や政府決定などの行政立法も含むものとして用いる。また条約法は、本文ではいちいち取り上げないが、連邦主体により様々な名称で立法

260   第二部　条約的連邦関係の見直し

化された。その点について見ると、①「条約」「協定」「条約（協定）」のみあるいは
それに「手続き」を付した名称とする立法―1997年サンクト - ペテルブルグ市法
律「サンクト - ペテルブルグの条約手続きについて」、2000年イルクーツク州法律
「イルクーツク州の名による条約及び協定について」、2003年ムルマンスク州法律
「ムルマンスク州の条約について」など―と、②1991年連邦法に見られる「国際」
「対外経済」といった文言を含む立法とに分類されるが付された立法」―1998年ス
ヴェルドロフスク州法律「スヴェルドロフスク州の国際的及び地域間条約（協定）
について」、2000年カバルダ・バルカール共和国法律「カバルダ・バルカール共和国
の国際協定及び地域間条約について」、2000年ハバロフスク州法律「国際的及び対
外経済的並びに地域間条約について」など―に大別することができる。

⒁　この時期の連邦主体の国際条約締結主体能力に関する問題について、以下の論
文を挙げておく。П.Н.Билюков,О международной правоспособности сцбъектов
Российской Федерации,《Правоведение》, No.2, 1998 г. この問題との関連で、本文で
述べたように、検討対象外の外国及び同機関、国際組織機関等を他方当事者とする
いわゆる国際条約（協定）のみを内容とする立法として、タタルスターン共和国が
1999年7月14日に制定した「タタルスターン共和国の国際条約について О междуー
народных договорах Республики Татарстан」は注目に値する。この法は、本文で後述
する1999年1月4日のロシア連邦主体の国際的及び対外経済的連携の調整に関す
る連邦法に反して、実質的には「協定」に相当する取り決めをわざわざ「国際条約」
と称して、これを連邦との協議なしに単独で外国と当事者として締結することを定
めている（《Республика Татарстан》, 28 августа 1999 г.; Ведомости Государственного
Совета Татарстана, N 8, август (II часть), 1999, ст. 362）。なお、同法は、理由なしに、
2001年5月11日に失効した（《Республика Татарстан》, 8 июня 2001 г.）。

⒂　О координации международных и внешнеэкономических связей субъектов Россий-
ской Федерации (Собрание законодательства Российской Федерации, 1999, N 2, ст.
231).

⒃　2014年1月31日時点で、全部で30連邦主体がこの種の立法を制定している。そ
のうち、権限区分条約を締結した連邦主体は17（具体名は本文で取り上げるため省
略する）で、未締結主体は以下の13主体である。これらを制定順に列挙すると、
以下のとおりである（ケメロボ州、ベルゴロド州、タムボフ州及びネネツ自治管区
は、その後、新法を制定したので、累計的には16となる）。

連邦主体	制定日
チュメニ州	1995.12.26
カムチャツカ州	1997.09.24
ケメロボ州	1998.01.29 （2012.06.06）

ベルゴロド州	1998.07.06（2011.11.08）
ネネツ自治管区	1998.12.10（2010.06.28）
クルガン州	2000.03.25
ヴォルゴグラード州	2001.09.14
タムボフ州	2003.02.17（2006.05.29）
スモレンスク州	2003.06.10
ハントゥイ－マンシ自治管区	2004.11.15
チェチェン共和国	2006.11.27
アルハンゲリスク州	2007.03.14
オリョール州	2008.12.05（2015.11.10）

⑵ アムール州人民代議員会議は、2003 年 11 月 27 日に州法律案「アムール州の名により締結される国際協定及び地域間条約について О международных соглашениях и региональных договорах заключаемых от имени Амурской области」（http://www. legal-amur.narod.ru/data04/tex16440.htm［2018 年 4 月 28 日閲覧］）を第一読会で採択したが、それによると、連邦との間の権限区分条約を適用対象としている（第 1 条第 2 項第 1 号）。法案がその後採択された情報は得られていない。

⑵ 1996 年 8 月 1 日法律「カリーニングラード州国家権力機関の名において締結される条約及び協定の締結、承認、執行及び失効の手続きについて О порядке заключения, утверждения, исполнения и прекращения действия договоров и соглашений, заключаемых органами государственной власти Калининградской области」（《Янтарный край》, N 160 от 20.08.1996）は、2010 年 5 月 4 日州法律「カリーニングラード州の個別法令の失効について О признании утратившими силу отдельных законодательных актов Калининградской области」（《Калининградская правда》, N 84 от 15.05.2010）により失効した。その後同種の立法はなされていない。

⑵ オムスク州に関して、破棄後の 2001 年 12 月 21 日法は、1996 年 12 月 3 日オムスク州法律「オムスク州国家権力機関の条約について О договорах органов государственной власти Омской области」の全面的改正（《Ведомости Законодательного Собрания Омской области》, 2002, N 1, ст. 1563）により名称変更（「オムスク州の条約及び協定について О договорах и соглашениях Омской области」）を含む実質的新法であるので、このグループに入れた。

⑶ 1997 年 7 月 17 日サンクト－ペテルブルグ市法律「サンクト－ペテルブルグの条約手続きについて О порядке заключения договоров Санкт-Петербурга」（《Вестник Законодательного Собрания Санкт-Петербурга》, N 9 от 24.09.1997）は、連邦との権限区分条約の締結を想定する一方で、その他の条約の準拠規範ともしている（第 1 条第 1 号、第 3 号参照）。これらは 2016 年 3 月 13 日改正時点でも保持されている。

もっとも、これらの点は、1999 年 10 月 6 日連邦法（2003 年 7 月改正）との関連で
見れば、同法による条約規制を考慮すると、連邦法体系との適合化の点で問題を残
している。

⑶ 権限区分条約（及び同失効条約）を共同で締結した連邦主体のうち、2000 年代初
に隣接連邦主体と合併したウスチ - オルダ・ブリャート自治管区、タイムィル（ド
ルガン - ネネツ）自治管区、エヴェンキ自治管区については、独自条約法制定なし
と推定した。

⑶ 2006 年 12 月 1 日バシコルトスターン共和国大統領令により承認された「連邦国
家権力機関とバシコルトスターン共和国国家権力機関との間の管轄対象及び権能の
区分条約案準備手続き」（《Ведомости Государственного Собрания-Курултая, Прези-
дента и Правительства Республики Башкортостан》, 2007, N 2 (248), ст. 36) は、その
名称が示すように、1994 年 3 月に締結された権限区分条約に代わる新たな権限区分
条約の締結を予定する法令である。

⑶ См.Исполняющий обязанности Президента, Председатель Правительства Владимир
Путин провел рабочую встречу с губернатором Московской области Борисом Громовым
(http://kremlin.ru/events/president/news/37852 ［2018 年 5 月 31 日閲覧］).

⑶ О внесении изменений и дополнений в Закон города Москвы от 28 марта 2001 года N
11 "О договорах и соглашениях города Москвы" (Ведомости Московской городской
Думы, N 3, 25.03.2004).

⑶ 2006 年 12 月 1 日バシコルトスターン共和国大統領令について注⑶ 2008 年 9 月 5
日タタルスターン共和国大統領令について、《Ведомостей Государственного Совета
Татарстана》, N 9, сентябрь 2008, ст. 1186.

⑶ 権限区分条約の締結、条約破棄（失効条約の締結）及び条約法の制定をいずれも
行わなかった連邦主体は、下表のとおり 30 であるが、＊を付したチタ州とアガ -
ブリャート自治管区は合併してザバイカーリエ地方（2008 年 3 月 1 日）に、コリャ
ーク自治管区はカムチャツカ州と合併してカムチャツカ地方（2007 年 7 月 1 日）と
なったことにより、2014 年 1 月時点で 28 連邦主体である（ちなみに連邦管区別に
見ると、中央連邦管区 -18 連邦主体中 7（以下、7/18 の形式で表記）、北西連邦管
区 -3/11、北カフカース（南部）連邦管区 -6/13、沿ヴォルガ連邦管区 -2/15, ウラ
ル連邦管区 -1/6、シベリア連邦管区 -7/16、極東連邦管区 -4/10 である）。

類型	連邦主体名
共和国⑽	カレリア：アドゥイゲ：ダゲスターン：イングーシ：カルムィ キヤ：カラチャイ - チェルケス：モルドヴィア：アルタイ：ト ゥヴァ：ハカシア
地方⑵	スターヴロポリ：プリモーリエ

州 (13)	ヴラジーミル：カルーガ：クールスク：リペツク：モスクワ：リャザン：トゥーラ：ノヴゴロド：プスコフ：ペンザ：ノヴォシビルスク：トムスク：チタ *
自治州 (1)	ユダヤ
自治管区 (4)	ヤマロ－ネネツ：アガ－ブリャート *：コリャーク *：チュクチ

(37) 4 月 29 日決定について、Постановление Государственного Собрания（Ил Тумэн）Республики Саха（Якутия）. О Договоре от 29 июня 1995 года "О разграничении предметов ведения и полномочий между органами государственной власти Российской Федерации и органами государственной власти Республики Саха（Якутия）" ［http://docs.cntd.ru/document/802002574：2018 年 4 月 30 日閲覧］.

(38) 2002 年度の地域総生産（валовой региональный продукт）によると、ネネツ自治管区は、167 億 3960 万ルーブル、ハントゥイ－マンシ自治管区ユルガが 5817 億 7700 万ルーブルであるのに対して、タイミィル（ドルガン－ネネツ）自治管区が 28 億 6340 万ルーブル、エヴェンキ自治管区が 8 億 7010 万ルーブル、ウスチ－オルダ・ブリャート自治管区が 37 億 9480 万ルーブルである。См. Регионы России. Социально-экономические показатели. 2004, М.: Стат.сб/Росстат, 2004, стр. 348.

(39) ネネツ自治管区は、1998 年 12 月 10 日付自治管区法律「ネネツ自治管区国家権力機関の締結する条約（協定）の締結及び破棄手続きについて」を制定した（そこには権限区分条約の言及は見られないが、連邦国家権力機関との条約締結の可能性を規定している）。その後、2010 年 6 月 28 日に、新法律「ネネツ自治管区の条約及び協定について」を制定したが、そこでは権限区分条約について言及され、その締結の可能性が定められている一方、1999 年連邦法が手続き上の準拠規定とされる）。См.Сборник нормативных правовых актов Ненецкого автономного округа, N 11 (92) от 30.06.2010. また、ハントゥイ－マンシ自治管区は、2004 年 11 月 15 日に、自治管区法律「ハントゥイ－マンシ自治管区ユルガの条約及び協定について」（Собрание законодательства Ханты-Мансийского автономного округа - Югры, N 11,ст.1602 ；《Новости Югры》, N137, 23.11.2004.）を制定している（権限区分条約の締結手続きについて 1 章が置かれる）。テキストについて、《Новости Югры》, N 137, 23.11.2004 また、2012 年 3 月 31 日には名称変更（「ハントゥイ－マンシ自治管区ユルガにより締結される条約及び協定について」）を伴う全面改正を行った（《Новости Югры》, N 43, 24.04.2012）。なお、2001 年当時の自治管区知事 A. フィリペーンコ（А.В. Филипенко）は、連邦中央主導による集権的連邦化の傾向に強く反対していた。См. Необходимо ли разграничение полномочий между федеральным центром и регионами?,《Экономика》, N 4, октябрь 2001 г.

(40) A. チェルトコーフ（А.Н.Чертков）は、当該連邦主体のロシア連邦内での地位を

264　第二部　条約的連邦関係の見直し

他の連邦主体との関係で根本的に変える条約とそうでない条約とに分類したうえで、前者がロシアの統一的法空間を根本的に侵害するのに対して、後者はこの空間を塞いでいるに過ぎないと述べる。См.А.Н.Чертков,Договоры между органами государственной власти Российской Федерации и ее субъектов,《Журнал российского права》，N 8, 2004, стр. 4.

⑷　См. Договоры между Российской Федерацией и ее субъектами: проблемы и перспективы, М.:Издательство МГУ, 2001, стр. 61.

⑷　B. ルィセーンコは、条約過程の必要性を特別な地理的位置及び状況にある一部の連邦主体にかぎり認め、その意味で権限区分条約は臨時的なものであると見なす。そして、連邦中央及びすべての連邦主体が承認する「統一的なゲーム規則」をつくる以上に重要な課題はないと指摘し、そのような規則がないロシアには真の民主主義的連邦制は存在しないと述べて、連邦議会と連邦主体の立法機関が協力して連邦関係の発展のための最新の立法基盤を創設することの必要性を主張する。См. В.Н. Лысенко, Разделение　власти и опыт Российской Федерации,в кни. Федерализм власти и власть федерализма, М.:ТОО “ИнтелТех”, 1997, стр. 187, 192–193.

⑷　1990 年代半ばの大統領令とは、1996 年 3 月 12 日の大統領令「連邦国家権力機関とロシア連邦主体国家権力機関との間の管轄対象及び権能の区分に係る作業手続き、並びに連邦国家権力機関及びロシア連邦主体国家権力機関の一部権能遂行の相互委譲に関する規程の承認について Об утверждении Положения о порядке работы по разграничению предметов ведения и полномочий между федеральными органами государственной власти и органами государственной власти субъектов Российской Федерации и о взаимной передаче осуществления части своих полномочий федеральными органами исполнительной власти и органами исполнительной власти субъектов Российской Федерации」（Собрание законодательства Российской Федерации, 1996, N 12, ст. 1058）である。この大統領令の署名当日、エリツィン大統領と面会したシャフラーイ権限区分委員会（当時、「大統領附置ロシア連邦国家権力機関と同主体国家権力機関の間の権限区分条約準備委員会（Комиссия при Президенте Российской Федерации по подготовке договоров о разграничении предметов ведения и полномочий между федеральными органами государственной власти и органами государственной власти субъектов Российской Федерации」）委員長は、この大統領令を「真の連邦制の重要な規則」であると評価したが、それは B. ルィセーンコと同様の連邦観によると考えられる。См.《Российская Федерация》, 1996 г, N 16, стр. 5.

⑷　Собрание законодательства Российской Федерации, 2000, N 36, ст. 3633. 国家評議会の基本的任務として、「ロシア連邦とロシア連邦主体との間の相互関係、…、に関わるとくに重要な意義を有する国家的問題の審議」が規定されている（第 4 条第 2 段）。なお、プーチン大統領がこの国家評議会を新設したのは、連邦会議改革によ

り既得権を奪われた連邦主体首脳に対する補償的意味合いをもっていた。

См.В.В.Иванов,Глава субъекта Российской Федерации:правовая и политическая история института, М.:Праксис, 2010, стр. 155. なお、プーチン政権初期の国家評議会の問題について、次の論文を参照。И.И.Кузнецов,Государственный совес в системе влвсти Российской Федерации,《Весник Поволжской Академии Государственной Службы》, No.7, 2004.

⑷ См.《Парламентские вести》, No. 9 (26), Сентябрь 2000 года, стр. 12.

⑷ См.Минтимер Шаймиев: "Главное - чистота выборов" (http://shaimiev.tatarstan. ru/ pub/view/698［2018年4月30日閲覧］).

⑷ См.Протокол заседания президиума Государственного совета N 2, 14 октября 2000 года.

⑷ См.《Парламентские вести》, No. 10 (27), Октябрь 2000 года, стр.10.

⑷ См.Протокол заседания Государственного совета N 1 от 22 ноября 2000 года.;《Н езависимая газета》, 23 ноября 2000 г.

⑸ Концепция государственной политики по разграничению полномочий и предметов ведения между федеральным, региональным и муниципальным уровнями власти. См.Протокол заседания президиума Государственного совета N 4 от 26 декабря 2000 года. この会議直前のインタビューで、シャイミーエフ大統領は、この構想に基づいて「真の連邦制原理が据えられる」と述べていた（《Время и Деньги》, 27 декабря 2000 г.）。

⑸ См.Протокол заседания президиума Государственного совета N 4 от 26 декабря 2000 года.

⑸ См.Протокол заседания президиума Государственного совета N 5 от 30 января 2001 года.

⑸ Распоряжение Президента РФ от 6 февраля 2001 г. N 67-рп (Собрание законодатель-ства Российской Федерации, 2001, N 7, ст. 642)

⑸ См.Протокол заседания президиума Государственного совета, N 6 от 20 февраля 2001 года. 幹部会は、本文提案と合わせて、作業グループに対して作業継続を求める提案も行ったが、本文で既に述べたように、実質的には作業は終了していたことから、委員会の任務は技術的・編集的な問題に限定されるものと考えられる。

⑸ 新聞報道では、国家評議会の会議次第からぎりぎりになって［в последний момент］除かれたとか（《Независимая Газета》, 21 марта 2001 г.）、「技術的理由」によるとか（《Независимая Газета》, 27 июня 2001 г.）が伝えられた。

⑸ См.《Независимая газета》,27 июня 2001 г.

⑸ 2月16日、4名の国家会議代議員がクレムリンからシャイミーエフ構想案の評価を求められ、3名が否定的評価（国の崩壊を招くとか、有害だとか、国を崩壊させ

266　第二部　条約的連邦関係の見直し

かねないといった理由）で、1名のみが有用であると肯定的に評価した（RFE-RL, February 19, 2001: https://www.rferl.org/a/1346005.html［2018年4月30日閲覧]）。

⑸　シャイミーエフ構想案（Проект. Концепция государственной политики по разграничению предметов ведения и полномочий между федеральным, региональным и муниципальным уровнями власти）のテキストについて、см.《Казанский федералист》, N 1, 2002, стр. 100-128.)。なお、同構想案の特徴について、см.В.А. Черепаев,Федеративная реформа в России, М.:Издательство 《Социально-политическая мысль》, 2007, стр. 168-170.

⑸　「複合的連邦主体」とは、ある連邦主体と「複合的に構成されたсложносоставный」連邦主体のこと、たとえばある地方または州に含まれる自治管区をいい、現行ロシア憲法では、第66条第4項がこれについて定めている。なお、以下の文献参照。В.В.Иванов, Автономные округа в составе края, областей—феномен 《сложносоставных субъектов Российской Федерации》(Конституционно-правовое исследование), Москва:Издательство Московского университета, 2002; В.В.Иванов, 《Сложносотавные》субъекты Российской Федерации: Конституционная реальность и проблемы регулирования внутренних отношений, Красноярск:Красноярский государственный университет,1998. Д.М.Сусликов,Особенности правового статуса 《сложноустроенных》субъектов российской федерации, 《Вестник Челябинского государственного университета》, No. 2, 2006, стр. 22-26.

⑹　連邦憲法第85条第1項は、大統領権能として、連邦国家権力機関と連邦主体国家権力機関の間及び後者の間の不一致を解決するための調整手続きを行使することができるとし、この調整的解決が達成されない場合には紛争解決をしかるべき裁判所の審理に委ねることができると定めている。

⑹　現行連邦憲法第73条に定める「残余原理 остаточный принцип」が、連邦主体のイニシアティヴの発揮や自立の強化を促すとして評価されることについて、см.Конституция Российской Федерации. Научно-практический комментарий. Изд. 3-е и допол., М.:Юристъ, 2003, стр. 523 [комментарий О.Е.Кутафина]; В.И.Маргиев, А.В.Маргиев, Правовой статус республик в составе Российской Федерации, Владикавказ:Владикавказский научный центр РАН и Правительства РСО-А, 2008, стр. 151. なお、連邦主体の間でも「残余権能」の範囲は異なっており、タタルスターン共和国はサハ（ヤクーチヤ）、バシコルトスターン、トゥヴァ、ブリャーチヤとともに、もっとも広範な権能を有する連邦主体と理解されていた（см.Д.М. Ветров,Остаточная компетенция субъектов РФ при договорном разграничении, 《Вестник Челябинского государственного университета》, No. 2,2001, стр. 38）。

⑹　Указ.《Казанский федералист》, N 1,2002, стр. 112.

⑹　国の統一法圏の創出ないし形成に関して、連邦憲法との合致の問題は地域立法だ

第五章　プーチン連邦改革下の新たな権限区分構想　*267*

けではなく、連邦立法の問題でもあることについて、「ロシースカヤ・ガゼータ」紙
とのインタビューを参照（《Российская газета》, 26 августа 2000 г.）。彼は、たとえば
未整備の連邦法を既存の地域立法に基づいて整備していくことの意義を指摘する。

⑷　シャイミーエフ大統領は、連邦と連邦主体との間の権限配分における「補完性」
原理の意義を重視している。なお、「補完性」に関して、たとえば次の文献を参照。
Е.А.Трофимов, Принцип субсидиарности и эффективность российского федерализма в
кни.Государство и право: теория и практика: материалы междунар. науч. конф. (Челя-
бинск, апрель 2011 г.), Челябинск: Два комсомольца, 2011.

⑸　シャイミーエフ大統領は、1999 年 6 月 9 日の連邦会議における共同管轄規定を含
む現行 1999 年 6 月 24 日法律の採択時に、この法律が連邦主体の権限を制約すると
してこれに反対の立場をとった（см.Стенограмма сорок восьмого заседания Совета
Федерации от 9 июня 1999 года）。彼のこうした態度は、構想案が共同管轄問題を重
要課題として取り上げたことに反映されていると考えることができる。

⑹　本文で示した「権限区分を考慮した連邦法律『連邦執行権力機関について』」に
該当する名称の連邦法は制定されていない。また、連邦憲法律「ロシア連邦政府に
ついて」とは、1997 年 12 月 17 日連邦憲法律「ロシア連邦政府について О Прави-
тельстве Российской Федерации」（Собрание законодательства Российской Феде-
рации,1997, N 51, ст. 5712）である。

⑺　См.указ.《Казанский федералист》, N 1,2002, стр. 128.

⑻　Там же, стр. 122.

⑼　См.там же, стр. 126-127.

⑺⁰　連邦憲法第 78 条第 2 項は、「連邦執行権力機関は、ロシア連邦主体執行権力機関
との協定により、ロシア連邦憲法及び連邦法律に抵触しない場合、その権能の一部
の行使をロシア連邦主体執行権力機関に移管する（передавать）ことができる」と
定める。

⑺¹　См.указ.《Казанский федералист》, N 1,2002, стр. 119.

⑺²　憲法学者の С. クルィローフ（С.Б.Крылов）は、タタルスターン共和国の主権国
家宣言以来の主権国家化の指向を連邦憲法・連邦法に抵触するとして批判する立場
から、シャイミーエフ大統領の権限区分構想を「現地優先主義的な見方に基づく
民族主義的計画」を明白に表現した構想であると批判する。См.С.Б.Крылов,
Государственный суверенитет России : как его понимают в Кзани, 《Жулнал российского
права》, N 11.2001, стр. 16.

⑺³　アヤーツコフサラトフ州知事は、条約的連邦関係反対の立場から、シャイミーエ
フ大統領を長とする作業グループが作成した権限区分構想に関しては、そこに新し
いものを見いだせないと述べた（《Волга Информ》,16 октября 2001 г.）。またポズガ
リョーフ（В.Е.Позгалев）ヴォログダ州知事は、条約の意義・必要性は失われたとの

268 第二部　条約的連邦関係の見直し

立場から、構想の存在意義を認めつつ、連邦主体の主権化まで高めるとするシャイ
ミーエフ大統領の考えには同意しないと述べた（《REGIONS.RU》, 12 октября 2001
г.）。

⑺　2001 年 7 月 17 日開催の大統領附置権限区分提案準備委員会第一回会議でのプー
チン大統領の発言を参照（см.《Коммерсантъ》, 18 июля2001 г.）。このプーチン大統
領の発言と相前後して、連邦中央と一連の連邦主体との既存の権限区分条約の破棄
（＝失効）条約が締結されることになる。

⑺　См. Н.М.Мухарямов и Л.М.Мухарямова, в кни. Феномен Владимир Путина и
российские регионы:победа неожиданная или закономерная? Сборник статей, М.,
2004, стр. 346-347. シャイミーエフ大統領自身、後に、たとえば 2003 年 8 月 25 日
の『政治局』誌とのインタビューや同月 28 日のРФ・СНГ ジャーナリスト同盟国際
会議代表とのインタビューにおいて、中央と連邦主体との間の明確かつ詳細な権限
区分作業の意義を指摘しながら、その作業イニシアティヴが自分（タタルスターン
共和国）にあることを主張している。См.М.Ш.Шаймиев,Татарстан - прогресс через
стабильность,Казань: Идел-Пресс, 2005, стр. 61 и 234.

⑺　См.Минтимер Шаймиев: Права регионов будут расширяться, иначе не будет интен-
сивного развития экономики. http://shaimiev.tatarstan.ru/pub/view/781 ［2018 年 4
月 30 日閲覧］。シャイミーエフ大統領が使った「急進的［ラディカル］」という言葉
は、2001 年 2 月 20 日の国家評議会においてシャイミーエフ構想案が国家連合的な
連邦関係を想定していると批判されたことを意味するものと理解される。なお、ハ
キーモフタタルスターン共和国大統領政治顧問が 2001 年 2 月 24 日に "ТатНьюс"
と行ったインタビューを参照。См.《ТатНьюс》, 24 февраля 2001 г.

⑺　О комиссии при Президенте Российской Федерации по подготовке предложений о
разграничении предметов ведения и полномочий между федеральными органами госу-
дарственной власти,органами государственной властисубъектов Российской Феде-
рации и органами местного самоуправления (Собрание законодательства Российской
Федерации, 2001, N26, ст. 2652;《Российскаоя газета》, 27 июня 2001 г.）。この委員会
と並行して、各連邦管区に、「連邦国家権力機関、連邦主体国家権力機関及び地方
自治機関の間の管轄対象及び権能の区分に関して連邦主体国家権力機関及び地方自
治機関が行った提案を検討するための、連邦国家権力機関、連邦主体国家権力機関
及び地方自治体機関の間の管轄対象及び権能の区分に関する提案準備委員会」を 8
月 1 日までに創設し、その作業結果を 12 月 15 日までにコザーク委員会に報告する
こととされた。

⑺　プーチン大統領の会議での挨拶について、см. Выступление на первом заседании
Комиссии при Президенте Российской Федерации по подготовке предложений о
разграничении предметов ведения и полномочий между федеральными органами госу-

第五章　プーチン連邦改革下の新たな権限区分構想　*269*

ダーラーストヴェンノイ　власти субъектов Российской Федерации и органами местного самоуправления с участием полномочных представителей Президента Российской Федерации в федеральных округах и членов президиума Госсовета（http://kremlin.ru/events/president/transcripts/21290［2018 年 5 月 1 日閲覧］）．ちなみに、プーチン大統領は、挨拶終了後、シャイミーエフ大統領に発言を促すという配慮を示した。

⑺　См.《Известия》,10 июля 2001 г.;《Независимая газета》,10 июля 2001 г. 本文で既に述べたように、この時期までに 47 の連邦主体と 42 の条約及び 570 の協定が締結されていた。そして、一部の連邦主体から条約の破棄提案が連邦中央に提案されるようになったのである。

⑻　大統領府の公式報道では内容なしに手続きを決定したとのみ伝えられた（http://kremlin.ru/events/president/news/40140［2018 年 5 月 1 日閲覧］）。本文での内容に関しては、次の新聞各紙の報道によった。См.《Коммерсантъ》, 21 сентября 2001 г.;《Известия》, 12 октября 2001 г.

⑼　См.《Независимая газета》,20 сентября 2001 г. なお、委員会には次の 8 作業グループが創設された。① 連邦権力機関・地方自治機関の一般問題、② 市民の権利・自由の遵守、③ 天然資源その他の物的資源の管理・処分、④ 予算間関係、⑤ 社会・文化発展、⑥ 経済発展問題、⑦ 住環境の保全、⑧ 中央・連邦主体間の条約関係。См.《Независимая газета》, 21 января 2002 г.

⑽　См.Информационный бюллетень Комиссии по муниципальной политике РДП《ЯБЛОКО》, N 1（36）2002（http://www.yabloko.ru/Themes/ SG/mp-1-02.html.［2018 年 5 月 1 日閲覧］）.

⑾　См.《Независимая газета》, 6 февраля 2002 г.

⑿　См.Концепция разграничения полномочий между федеральными органами государственной власти, органами государственной власти субъектов Российской Федерации и органами местного самоуправления,《Коммерсантъ》, 27 мая 2002 г. テキスト構成は以下のとおりである。

　　前文
　Ⅰ．構想の目的と課題
　Ⅱ．国家権力システムにおける権能区分の改善
　　2.1.　ロシア連邦の管轄対象について
　　2.2.　ロシア連邦及びロシア連邦主体の共同管轄対象について
　　2.3.　ロシア連邦主体の管轄対象について
　Ⅲ．地方自治体の領土的基盤及びその権限の充実

⒀　См.Выступление на встрече с членами Комиссии по подготовке предложений о разграничении предметов ведения и полномочий между федеральными органами государственной власти, органами государственной власти субъектов Российской Федерации и органами местного самоуправления от 30 мая 2002 года（http://kremlin.ru/events/president/transcripts/21616）［2018 年 5 月 1 日閲覧］

⑻ 委員会会議でのシャイミーエフ大統領の発言について、см.《Республика Татарстан》, 4 июня 2002 г.

⑻ См.《Независимая газета》, 4 июня 2002 г.

⑻ コザーク委員会のメンバーでもあったシャイミーエフ大統領は、委員会活動が必ずしも個々の方針で纏まっていたわけではないとしたうえで、委員会の権限区分構想がきわめて「急進的（ラディカル）」であったことが国家評議会で議論されなかった理由の一つであると論じた。彼が自らの構想案の否定に使われたこの表現をコザーク構想案に対して用いたことは、言うまでもなく、彼の指向する連邦関係とは正反対の方向を指向したコザーク案への痛烈な批判であった。彼はまた、地方自治立法を含めほぼ 300 の現行連邦法が見直しの対象とされ、既に 215 が見直された結果、30 〜 35 の立法が破棄され、残りすべてが何らかの修正を施されるであろう、ロシアの地方自治を根本的に変える（ラディカルな）立法がなされるであろうと述べた（см. ИА "Татар-информ", 31 мая 2002 г.）。彼は、コザーク委員の第 2 段階の活動としての立法化作業においても、フョードロフチュヴァシ共和国大統領とともに批判的立場に立った（см.《Независимая газета》, 21 ноября 2002 г.）。

⑻ 大統領に提出されたコザーク構想テキストについては、公式なかたちで公表されたのを確認することができなかったため、2002 年 7 月 25 日「イズヴェスチヤ」紙に公表されたテキスト（Концепция федеративной реформы: Концепция разграничения полномочий между федеральными органами государственной власти, органами государственной власти субъектов российской федерации и органами местного самоуправления по общим вопросам организации органов государственной власти и местного самоуправления:《Известия》, 25 ииюля 2002 г.（https://iz.ru/news/264891 ［2018 年 5 月 30 日閲覧］）を「コザーク構想」としてとりあえず使用する。テキストの標題が、5 月 27 日公表の構想案の標題に「国家権力機関及び地方自治機関の組織化の一般問題に係る по общим вопросам организации органов государственной власти и местного самоуправления」が付加された点、及び構成的に若干に相違が見られる（内容的には詳細になっているものの、主旨は同様と考えられる）。なお、同一内容のものが Пермский региональный правозащитный центр の URL（http://www.prpc.ru/law_org/colleag/concept.shtml ［2018 年 5 月 30 日閲覧］）に、コザーク委員会内の作業グループである「国家権力機関と地方自治体の組織化の一般問題に係る作業グループ」名で登載されている。

⑼ См.《Республика Татарстан》, 4 июня 2002 г.

⑼ См.О.А.Никитенко, Концепция пазграничения полномочий между различными уровнями публичной власти:удачный опыт формирования конституционной доктрины или скрытый пересмотр положений Конституции Российской Федерации?,《Юридиче-ский аналитический журнал》, 2003, N 3, стр. 29. シャイミーエフ大統領は、監督・規制権能の連邦機関への集中と執行・処分権能の分散化という観点で、コザーク構想が想定する権能配分は連邦、連邦主体及び地方自治体の権能バランスをゆがめてしまうと批判する（см.《Республика Татарстан》, 4 июня 2002 г.）。

⑿ シャイミーエフ大統領は自らの構想案において、中央－地方間の権限配分の原理として補完性原理の意義を高く評価しており、コザーク構想がこの原理を採用していないことを批判する（《Независимая газета》, 4 июня 2002 г.）。

⒀ См.О.А.Никитенко,указ.статья,стр.31.

⒁ См.《Республика Татарстан》4 июня 2002 г.

⒂ 連邦主体による「先行的法規制」の問題は、共同管轄対象の法規制をめぐり、連邦がしかるべき連邦法を制定しない場合、連邦主体が自らの権能に基づいて自主的・独自に立法行為を行う権利を有するか、といった問題として論じられてきた（これは法（＝連邦法）の欠缺問題の一種である）。1993年憲法はこれに関する特段の定めを有しないが、1999年10月6日法は2003年7月改正において、一定の条件付きながらこの権利を認めている（第3条第2項参照）。なお、憲法学上、この問題に関する積極的・消極的・否定的等の立場に関して、см.Н.А.Михарева,Конституции и уставы субъектов Российской Федерации (сравнительно-правовое исследование), М.:ЮРКОМПАНИ,2010, стр. 113-114.

⒃ 「連邦介入 федеральное вмешательство」については、たとえば次の論文を参照。А.А.Ливеровский,Федеральное вмешательство, 《Журнал российского права》, N 9, 2002 г.; Я.Ю.Смирнов,Федеральное вмешательство как механизм конституционно-правовой ответственности в систеье вертикального разделения властей, 《Вестник Самарского государственного университета》, 15/2 (45), 2006.

⒄ 構想に示された地方自治改革に関して、プーチン政権下の地方自治改革は、90年代以降の地方自治改革の帰結とともに、2000年代初めの再集権化過程で生じた新たな要請に応じたものであるという点が指摘される。См.В.Я.Гельман,С.И.Рыженко,Е.В.Белокурова, Н.В.Борисова, Реформа местной власти в городах России. 1991-2006, СПб.:Норма, 2008, стр. 90.

⒅ コザーク発言について、см.Нынешняя ситуация с местным самоуправлением в России подрывает устои государственной власти, считает Дмитрий Козак (http://www.rosbalt.ru/main/2002/07/11/57451.html ［2018年5月1日閲覧］). またサモーイロフ発言について、см.Нижегородская область. Общественная дискуссия "Местное самоуправление и гражданское общество" (http://www.regnum.ru/news/44133.html ［2018年5月1日閲覧］).

⒆ これら3法律のその後の改正動向を見ると、1999年6月24日法律は、1999年10

月 6 日連邦法律の 2003 年 7 月 4 日改正に伴い失効した。1999 年 10 月 6 日連邦法律は、2003 年 7 月 4 日改正法により 1999 年 6 月 24 日法律を取り込むかたちで内容上の抜本的変更を経た後、100 回以上の改正を経て現在に至っている。1995 年 8 月 28 日連邦法律は、1999 年 10 月 6 日連邦法律の 2003 年 10 月 6 日改正に伴い失効し、2003 年 10 月 6 日に抜本的変更を受けた同一名称の改正法が制定され、現在に至っている。つまり、コザーク構想は、1999 年 10 月 6 日連邦法律の 2003 年 7 月 4 日改正及び 1995 年 8 月 28 日連邦法律の 2003 年 10 月 6 日の改正法というかたちで立法的実現を見たのである。

(100) О внесении изменений и дополнений в Федеральный закон "Об общих принципах организации законодательных (представительных) и исполнительных органов государственной власти субъектов Российской Федерации" (Собрание законодательства Российской Федерации, 2003, N 27, ст. 2709).

(101) Е. グリツェーンコ（Е.В.Гриценко）は、① ロシア連邦主体の経済的、地理的その他の特性の存在、② 一般原則としてしかるべき領域における共同管轄権能区分を定める連邦法の存在、③ 上記特性により権能区分に関する一般原則の適用（実現）が不可能であることの 3 点を挙げる（см.Е.В.Гриценко,Роль нормативных договоров и соглашений в развитии федерализма и местного самоуправления в Российской Федерации, в кни. Договор в публичном праве. Сборник научных статей, М.:Волтерс Клувер, 2009, стр. 33）。

(102) 大統領令（О мерах по развитию федеративных отношений и местного самоуправления в Российской Федераци）について、Собрание законодательства Российской Федерации, 2003, N 48, ст. 4660. 委員会の正式名称は、「ロシア連邦大統領附置連邦関係及び地方自治問題委員会 Комиссия при Президенте Российской Федерации по вопросам федеративных отношений и местного самоуправления」である。

(103) О мерах по совершенствованию государственного управления (Собрание законодательства Российской Федерации,2004, N 29, ст. 3019). なお、国家管理改善委員会（Комиссия при Президенте Российской Федерации по вопросам совершенствования государственного управления）も、2008 年 12 月 15 日大統領令により廃止された（Собрание законодательства Российской Федерации, 2008, N 51, ст. 6136）。

(104) 2007 年条約締結がプーチン大統領の連邦改革路線からの重大な逸脱であることについて、Межуровневое взаимодействие органов государственной власти в России: Монография (М.:Научный эксперт, 2011) によれば、2007 年条約は、「連邦改革路線―その基本的方針の中では、共同管轄分野に関わる諸問題の規制の基本的『重心』を連邦法レベルに移動させること、並びに連邦主体立法をロシア連邦立法に合致させることが宣言されていた―からの重大な逸脱であると見なすことができる。条約は、連邦関係を二十世紀 90 年代の水準まで戻すことにより、事実上これらの

第五章 プーチン連邦改革下の新たな権限区分構想　*273*

成果を無に帰してしまったのである」（стр. 69）。また別の論者によれば、2007 年条約は、1999 年法律の 2003 年 7 月 4 日改正の限界—個別連邦主体が条約によって連邦中央との独自の関係を設定することを防止する実効的メカニズムを有しない—を示す明白な例である。См.М.А.Майстат,Договорные отношения между Российской Федерации и ее субъектами: история и перспективы, в кни. Многоуровневое управление в условиях централизации.Вопросы политики и права. Сборник научных статей. Вып. 9, Издательский Дом МИСиС, 2010, стр. 9–18.

第三部

2007 年条約の意義

2000 年代以降、B. プーチンの連邦改革の一環として、1994 年条約を含む権限区分条約全般、またこの条約に基づく連邦関係の見直しが行われた。そしてこの時期は、権限区分条約それ自体が、強い連邦国家としてのロシアの形成・中央優位の連邦－連邦主体間関係の構築といった問題との関連で、その意義・役割を問われた時期であった。

　このような意味で、2007 年条約は 1994 年条約の交渉過程に比して明らかに特異な環境のもとで締結された。締結により、連邦とタタルスターン共和国との条約に基づく関係はなお 10 年延長されることになった。この関係継続は、1994 年当時に比して、ロシアにとってもタタルスターンにとっても同じような意味ある関係であったのか。2017 年秋の条約失効という事実を踏まえると、こうした疑問は解消されることはない。2007 年条約締結の意義とともに、1994 年条約から続いた条約的関係の意義自体も問われなければならない。今回の条約が、1990 年代以降のロシアとタタルスターンとの間の権限区分条約過程（条約的連邦関係）のパースペクティヴにおいて如何に位置づけられ、そして如何なる意義を有するのであろうか。

　こうした問題意識を踏まえて、第六章では 1994 年条約の見直しに始まる 2007 年条約の交渉経緯と条約内容の 1994 年条約との比較による検討について、第七章ではこうした交渉の結果締結された条約承認法案をめぐって連邦議会が行った議論について、続く第八章では 2007 年条約の内容に内在する法的問題について、それぞれ検討し、最後に第九章で 2007 年条約の失効についてエピローグとして概観することにより、1994 年条約～ 2007 年条約の意義及び問題性を解明することとしたい[1]。

第六章

条約締結過程

第一節　新たな条約交渉

（一）　見直しの新たな環境

　1994年条約は何故新たな条約に変わらなければならなかったのか。この問題は、1994年条約の締結以降、①エリツィン政権から2000年初のプーチン政権への転換、及びそれと相即的な②1990年代後半以降の条約締結過程の停止とそれに変わる条約破棄過程への転換という、二重の転換の中に、その解決の糸口を見出すことができるであろう。その際、その時々の政治関係もしくは権力関係が両者のある種の連関性に依存している（言い換えれば、そのような連関性として状況＝現実化されている）ことに注意しなければならない。

　既に検討したように、プーチン大統領による強い集権的な連邦の構築に向けた一連の連邦改革は、従来の連邦中央と連邦主体との条約的連邦関係の見直しを迫るものであり、タタルスターン共和国にとっても、1994年権限区分条約に基づく条約的連邦関係をめぐる環境に変化をもたらすものとなってきた。改めてこの間の権限区分問題をめぐる連邦中央の動向について確認すると、2000年9月にプーチン大統領により創設された国家評議会（及び同幹部会）で議論（シャイミーエフ大統領も参加し、主要な役割を果たす）が重ねられ、2001年2月末にはいわゆるシャイミーエフ構想として纏められたが、これは条約及び地方を重視するものとして承認されなかった。これに代って、同年6月に新たに大統領のもとに設置されたコザーク委員会が連邦 − 連邦主体 − 地方自治体の

278 第三部 2007年条約の意義

三つのレベルの権力機関の間の管轄対象及び権能の区分に関する構想を纏め、大統領に提示したのであった（6月21日大統領令により、「連邦国家権力機関、連邦主体国家権力機関及び地方自治機関の間の管轄対象及び権能の区分命題提案準備委員会」が大統領附置機関として設立された）[2]。そして、この構想は、2002年6月に1999年6月24日連邦法を含む改正立法パケットとして具体化されたのであった。

　1994年条約の見直しは、まさに連邦中央のこうした動向の中で、一方で連邦レベルでの新たな権限区分関係の形成と1992年憲法の連邦憲法・連邦法との調整という問題枠組みの中で取り組まれるべき課題とされたのである。その際、注意すべきは、1994年条約は、タタルスターン共和国が1992年の連邦統一条約を締結しなかった結果、それを補填するために、しかも1993年の連邦憲法制定前に締結された点である。これは、タタルスターン共和国にとって、1994年条約が他の条約と異なる性質を持っていると主張する重要な根拠とされた[3]。とはいえ、憲法の修正や改定を行うことの必要性とともに、それに伴う1994年条約の変更は不可避であった。

　2001年9月20日、前述の連邦大統領附置提案準備委員会が作業手順を決めたのと同じ日に、タタルスターン共和国国家評議会は、連邦憲法及び1994年条約に則して共和国憲法の見直しを行うことを任務とする憲法委員会を設置する決定を行った[4]。委員会は、9月28日に第一回の会議を開催した。会議終了後、委員会副議長であるムハメートシン国家評議会議長は、憲法委員会の創設によりロシア連邦とタタルスターン共和国の二つの憲法の最適化という大きな作業を始めるための理由として、われわれの基本法の一連の条文は今日機能していないこと、同じくわれわれの条約の規定を憲法上規定する必要があること（それがより合法的なものとなるために）の二つを挙げた[5]。こうして、M. ガレーエフによれば、「権能の相互委譲条約が新憲法の土台」となるようなかたちで、憲法の見直し作業が憲法委員会において進められていくことになる。

　約七か月に及ぶ委員会作業の結果、2002年4月19日、共和国国家評議会は、1992年憲法との継続性を図る意味で、現行憲法への修正・補足の導入、すなわ

ち補足・修正の導入に関する法律として、新たな憲法を採択した[6]。それは原則・原理の変更に関わる修正・補足を含んでいる意味で、まさに新憲法であった。体系的には、1992 年憲法が前文及び 7 編 15 章 167 条であるのに対して、2002 年改正憲法は前文及び 7 編 124 条である。

　たった今指摘したことは、第 1 条及び第 25 条の二つの規定で確認することができる。まず第 1 条についてみると、1992 年憲法は、タタルスターン共和国が主権国家であり、また国家主権は共和国の「質的状態 качественное состояние」であると規定する。2002 年新憲法では、前者の主権国家性が否定される一方、「ロシア連邦と統合」し「ロシア連邦主体である」国家とされ、タタルスターン共和国がロシア連邦の構成部分（＝連邦主体）であることが明確にされた。これと関連して、タタルスターン共和国は主権国家であるとの 1992 年憲法第 61 条に対応する規定は新憲法には存在しない。後者の共和国主権の内実については、共和国の主権は「ロシア連邦の管轄及びロシア連邦とタタルスターン共和国の共同管轄に係るロシア連邦の権能以外の国家権力（立法、執行及び司法）の全権を有する」との表現で示され、かつ共和国の「質的状態」であると規定された。これにより、国家主権と共和国の「質的状態」の不可分性は、共和国の主権と共和国の主権の質的状態との不可分性に変わった。それとともに、共和国の主権が、もっぱら連邦中央との管轄・権能の区分との関係で保持する権能とされたことは注意されるべき点である。これは、シャイミーエフ大統領が既に 2001 年 2 月 28 日の年次教書で「タタルスターンの主権は、あらゆる国家の主権と同様、その権限によって定められた限度内において存在する」[7]と述べた意味を踏まえたものとなっている。独立国家としての「主権」国家性が少なくとも弱められたことは明らかである。ムハメートシン国家評議会議長も、後に、連邦憲法第 73 条における自らの管轄対象・権能以外における国家権力の全権を有する旨は「分割主権 разделенный суверенитет」の定式を表現したことにあるとして、要するに共和国には分割主権が認められている（そのような主権を保持している）との理解を示していた[8]。確かに、共和国指導者の理解するような分割主権としての「主権」は維持されたとしても、そ

れは国家主権としての主権とは異なる意味を有するものであった。

　また第25条については、この規定は1992年憲法にはない新規定である（1994年条約自体の言及は、第1条を含め六か条にわたる。1992年憲法では、前述の第61条の「権能及び管轄対象の相互委譲に関する条約」のみである）。規定は、権限区分条約をロシア連邦及びタタルスターン共和国の法体系の構成部分とした。すなわち、条約は連邦法体系及び国内法体系の一部として位置づけられたのである。言い換えれば、条約は、共和国憲法・連邦憲法と同格的な法文書、つまり、連邦中央の指向する統一法圏を構成する法文書と見なされることになったのである。前述のように、1994年条約を憲法上「合法化」することは、タタルスターン共和国の憲法改定作業以来の方針であった。そして、この合法化により、さらに、1994年条約を連邦統一法圏の構築という観点で見直すという場合、連邦憲法・連邦法と並んで、2002年憲法も規準となることを意味するようになったのである。

　いずれにしても、1992年憲法が改定された結果、タタルスターン共和国にとって、1994年条約の見直し（改定）は不可避となった。共和国憲法改定は、条約と連邦憲法・連邦法との調整・見直し作業に本格的に取り組むべき契機となったのである。このことについて、ムハメートシン国家評議会議長は5月28日の記者会見で権限区分問題をめぐる連邦の動向に危惧を示しつつ、次のように述べた[9]。すなわち、現在の主要な問題は1994年条約とロシア連邦憲法及び連邦法との調整である、条約は、もはや共和国憲法にも連邦中央の要求にも対応していない、と。さらにこうした目的で、条約に修正・補足の立案を行うための特別委員会の構成に関する決定をシャイミーエフ大統領とともに採択する、とも述べた。ここで注意すべきは、1994年条約の見直しとは条約の破棄ではなく、その改定であり、それこそが連邦憲法・連邦法との調整の意味であったのである。ムハメートシン発言にあった特別委員会とは、共和国国家評議会に附置される1994年条約への修正導入に関する提案を準備する委員会であることが、2002年6月3日付の同委員会構成に関する大統領指令[10]によって判明した。これによると、委員会は、ムハメートシン委員長（国家評議会議長）

の他に、ミンニハーノフ（Р.Н.Минниханов）副委員長（首相）、А. パホーモフ
（А.М.Пахомов）（副首相）、Р. ムーシン（Р.Р.Мусин）（財務相）、М. ガレーエフ
（国家会議幹部会員）、Р. ハキーモフ（政治問題に関する大統領政治顧問）、
Ф. ハミドゥーリン（社会 - 経済問題に関する大統領国家顧問）、Р. サヒーエ
ヴァ（Р.А.Сахиева）（大統領官房国家法務部長）、Ш. ヤグーディン
（Ш.Ш.Ягудин）（国家会議事務局法務長官）の各委員によって構成された[11]。

（二）　条約改定をめぐる交渉

⑴　交渉の開始

　たった今見たように、新たな権限区分条約をめぐる構想及びその立法化に向
けた検討態勢がロシア及びタタルスターン双方の側で整ったことにより、連邦
中央との 1994 年条約見直し作業のための交渉が開始することとなった。

　前述の提案準備委員会設置に関する大統領令から四日後の 2002 年 6 月 7 日、
委員会の第一回会議が開かれた。そこにおいて、1994 年現行条約は連邦中央
の要求にもタタルスターン共和国憲法新訂版（2002 年 4 月 19 日改正）にも対
応していないという現状が指摘され、もし連邦法によって補強されなければ、
1999 年 6 月 24 日連邦法に抵触する条項は 7 月 28 日をもって失効することに
なることが確認された[12]。席上、ムハメートシン委員長が、ロシア諸地域と同
様に、タタルスターン共和国が条約を拒否することは問題にならない、作業
は、修正の導入のみならず、補足の導入にもなるであろう、さらには民族・地
域的のみならずその他の若干の共和国利益を、条約への補足の中に規定するつ
もりである、と述べたことは注目される。1994 年条約の見直しとは、1994 年
条約に代えて新たな条約を作成するのではなく、1994 年条約を修正・改定した
版の作成を意味していたとともに、まさにそれこそが連邦中央との交渉目的で
あるとするタタルスターン共和国の意図を意味したのである。

　そしてほぼ一か月後の 7 月 9 日、ムハメートシン国家評議会議長はモスクワ
に赴き、条約改正問題についてコザーク大統領府副長官と会談した[13]。この会
談において、タタルスターン共和国憲法新編集版を考慮した 1994 年条約への

282 第三部　2007 年条約の意義

修正導入問題が議論されて、ロシア－タタルスターン双方の責任者により 1994 年条約見直しが正式に確認された。さらに 8 月 26・27 日、タタルスターン共和国が提案した条約修正案に関して Ф. ムハメートシンと Д. コザーク及びブルィチョーヴァ（Л.И.Брычёва）国家法総局長との意見交換が行われた[14]。この場ではタタルスターン側から提起された 1994 年条約への修正点についての意見交換がなされたが、ムハメートシン国家評議会議長によれば、この問題についてロシアの側の理解が進んだと言われる。そして、国家法総局はタタルスターン共和国の修正案に対する意見集約作業に着手し、その後でカザンで議論を継続することが合意された。これは、タタルスターン側の提示する条約案（たたき台としての）に対してロシア側が検討・修正するとの協議＝作業方式が定められたことを意味する。ムハメートシン国家評議会議長と Д. コザークとの条約修正交渉は翌 2003 年 1 月に入っても続けられ、1 月 29・30 日にかけてモスクワで会談がもたれた[15]。そして 4 月 25 日には、改訂条約の調印準備を目的としたムハメートシン国家評議会議長とブルィチョーヴァ国家法総局長の会談がもたれた[16]。

　2004 年 2 月 27 日、シャイミーエフ大統領は、前年来の共和国における新条約案作成の進捗状況について、外国ジャーナリストとの会談の場で、現行条約は現在でも有効であるが、現行タタルスターン共和国憲法と抵触する部分があるため、新条約案を準備していると伝えた[17]。その際、彼は、他の多くの地域が連邦との条約関係を破棄しているが、タタルスターン共和国はそれを維持することに賛成である、そしてそのことはロシアが民主主義の道、連邦国家を指向する限り可能である、とも述べた。また 3 月 26 日の共和国第 3 期国家評議会春季会期第一回会議における年次教書演説において、シャイミーエフ大統領は、現在、共和国憲法改正に基づく条約改訂版（новая редакция договора）が準備されているが、それは我々の基本的立場を維持したままで新たな現実に対応することを意味するであろうと述べた[18]。

　こうした実務交渉を経て、協議は大統領レベルに引き上げられた。すなわち、シャイミーエフ大統領が 5 月 10 日付プーチン大統領宛書簡で、権限区分

条約の見直しの必要性を訴えたのに対して、同 12 日、プーチン大統領はこれ
に応えて、条約の改定版のための資料準備を大統領府に委託した[19]。その結果、
新条約案作成のための協議（共同作業）は、新たな共同組織による作業という
段階に入ることになった。

⑵　共同作業

2004 年 10 月 25 日、たった今述べた組織は、ムハメートシン国家評議会議
長とキリイェーンコ（С.В.Кириенко）沿ヴォルガ連邦管区大統領全権代表を共
同議長とする「ロシア連邦とタタルスターン共和国の国家権力機関の間の管轄
対象の区分・権能の相互委譲条約への修正導入に関する条約案準備作業班
рабочая группа по подготовке проекта договора《О внесении изменений в
《Договор о разграничении предметов ведения и взаимном делегировании полно-
мочий между органами госвласти РФ и РТ》」として、作業を共同しかつ組織的
に行うために創設された[20]。

作業班の作業が開始されたのは 11 月に入ってからであった。その後の作業
は 9 回の会合を重ねる中で、8 本のプロトコルを作成するなど、新編集の条約
案は着実に準備されていった。このことについて、タタルスターン側代表ムハ
メートシン国家評議会議長は、11 月 19 日にモスクワで行われた作業班作業の
概要に関して、次のように述べた。すなわち、条約を維持していくつかの修正
を行う必要性を連邦中央に確信させることができた、またより大きな財政的利
益を獲得できるとは考えないが、いくつかの個別権能は保持したいし、条約手
続きを通じて共和国憲法に規定された共和国の国家的属性を維持しようと努め
ている、と[21]。

作業は翌 2005 年に入っても継続され、3 月 4 日にモスクワで開催された作
業班会合に関する報道において、条約案はまもなくプーチン及びシャイミーエ
フ両大統領に対して調整のために提示されることが報じられた[22]。そして、3
月 9 日、シャイミーエフ大統領はキリイェーンコ沿ヴォルガ連邦管区全権代表
と条約準備作業について協議した[23]。彼によれば、作業はまだ継続しており、
60％は進捗しているが、きわめて複雑な問題に対する作業がまだ未解決であっ

284 第三部 2007年条約の意義

た。これらの問題を解決するために作業班による作業は4月に入っても続けられたが、最終合意には至らず、4月28日にムハメートシン国家評議会議長によって、未解決問題が法律面に関わる問題とタタール語のラテン文字使用に関わる問題の二つに絞られたとの説明がなれたのであった[24]。この点については、シャイミーエフ大統領も、6月24日、このきわめて複雑な問題とは、独自アルファベット（＝ラテン文字）使用に係る言語問題と権能区分に直接に関わる問題の二つであり、これらを解決して条約案作業を仕上げるためには、もう一回首脳会談が必要であると述べた[25]。その後、彼は、7月27日のメドヴェージェフ大統領府長官及びキリイェーンコ沿ヴォルガ連邦管区全権代表他との会談の結果、以前二つあった未解決問題は一つとなり、これもプーチン大統領との会談によって解決される見通しとなった、と述べた[26]。このように、彼は問題解決に確信を抱くことにより、近いうちの作業の終了を予期していた。この点を裏づけるかのように、ムハメートシン国家評議会議長は、8月下旬に、次のように述べた。すなわち、「連邦法の新たな要請とプーチン大統領の課題」に即した条約案作業が終わり、ほぼ数次にわたる作業会合を経て、条約テキストは実際上準備できたが、微妙な相違を法律上の観点に即して取り除く必要がある、と[27]。新条約案作業自体はほぼ終了したといえるであろう。

　新条約案をめぐるプロセスの新たな進捗は、10月17日のシャイミーエフ大統領の記者会見で示された。彼は、その席で、現段階で不一致点はなくなったとの認識を示すとともに、共和国国家評議会における新条約案審議は、10月28日に行われると発言した[28]。これについては、ムハメートシン国家評議会議長も10月24日に確認している。その際、彼が、条約は政治面で必要な文書であって、経済面では条約から特別なものを期待していないと述べているが、新条約が政治的文書であると断言している点が注目される[29]。

　新条約案（＝「ロシア連邦国家権力機関とタタルスターン共和国国家権力機関との間の管轄対象及び権能の区分条約案」）[30]は、予告どおり10月28日に開催された共和国国家評議会に、連邦法律「ロシア連邦主体の立法（代表）及び執行国家権力機関組織化の一般原則について」第5条第3項ж号及び第26条

の7第4項に則って上程された。新条約案提案の趣旨説明に立ったシャイミーエフ大統領によれば、1994年条約は国の市場経済への移行期における歴史的役割を果たし終え、国全体において市場経済が成し遂げられ、新たな条約締結の時機が到来した[31]。新条約案を準備しなければならなかった理由として、上記連邦法の2003年7月4日改正法により、所定の期限内に既存条約を破棄するか修正するかしなければならないことによるとされた。次いで、前文及び6か条からなる新条約案について逐次説明が行われた後、審議に入ったが、「民主主義 Народовластие」会派のシターニン代議員が反対質問を行っただけであった[32]。彼の質問は、最高裁が違憲とした1992年3月21日のレフェレンダム文書が前文で言及されていることへの疑義を表明したものであった。その結果、新条約案は圧倒的賛成（賛成82、棄権2）で可決された[33]。可決した条約案は、プーチン大統領による検討（連邦議会での審議を想定した）のために送られることになった（10月28日のタタルスターン共和国国家評議会決定で承認された条約案テキストについては、【資料1】を参照）。

　条約案作業は、連邦政府を含む関係機関による調整・同意の手続きと両大統領による調印という最終段階に入った。タタルスターン共和国にとって、いちはやく調印がなされ、遅くとも2006年2月末までには国家会議の審議が開始されるであろうと期待された。それが過ぎると、3月のプーチン大統領の年次教書が期待された。シャイミーエフ大統領も、3月3日の年次教書において、新条約案は、現在、プーチン大統領に送られており、大統領の署名と連邦議会の審議を待っているところであると言明した。しかし、3月10日のプーチン大統領の年次教書は、新条約についてまったく触れなかった。このように条約案の帰趨についての疑心暗鬼がタタルスターン社会に広まる中で、5月下旬、条約作業は仕上がった、とムハメートシン国家評議会議長がメディアとの会合の場で伝えた[34]。すなわち、条約は連邦の関係省庁の同意を得、現在は条約案は連邦政府のもとで鑑定を待っているところであり、条約調印を妨げるものはなく、近いうちに議会両院で審議されることになる、と。ここで言及された政府鑑定の件に関しては、4月29日受理の政府鑑定が6月20日付で大統領宛に

286　第三部　2007 年条約の意義

提出されているが、このことは、プーチン大統領が４月下旬になってようやく新条約案への鑑定を政府に求め、そして政府は一か月半をかけて大統領に鑑定意見書を提出したことを意味する[35]。

　タタルスターン共和国から送付されてからほぼ一年かけて行われた連邦レベルでの関係機関による事前の同意手続きが終了したことにより、2006 年 11 月４日、条約（案）はようやくプーチン大統領とシャイミーエフ大統領により調印された（11 月４日に調印されたテキストについては、【資料２】を参照）。かくして、議会上程用の条約案が確定することとなった。同日、この条約案を付した条約承認法案がプーチン大統領により国家会議議長宛に提出された[36]。11 月６日、国家会議がこれを受理したことで、承認法案の審議が着手されることになった。これについては、次章で検討することにしたい。その前提として、新条約案の内容について、次節で検討する。

第二節　条約案の検討

（一）　1994 年条約との体系比較

　前述した条約交渉の過程から明らかなように、二つの条約案が作成された。一つは、2005 年 10 月 28 日付連邦国家権力機関とタタルスターン共和国国家権力機関の間の管轄対象及び権能の区分に関する条約案に関する決定により承認された条約案（以下、「2005 年条約案」とする）であり、もう一つは、この条約案を受けとった連邦大統領が自らのもとで関係機関への意見聴取や技術的編集を行った後、2006 年 11 月４日に、連邦国家権力機関とタタルスターン共和国国家権力機関の間の管轄対象及び権能の区分に関する条約の承認に係る連邦法律案の付属文書として連邦議会に提出された条約案（以下、「2006 年条約案」とする）である。言うまでもなく、連邦議会上程用の 2006 年条約案がいわば正規の案であり、そこに至る 2005 年条約案は過渡的な案である。しかしながら、これら二つの条約案は、第２条関連で、４箇所、第５条関連で一箇所、そして条約調印者の関連での六箇所で相違するに過ぎず、しかもいずれも法技

術的ないし表現上の相違である（巻末の【資料6】）[37]。そのことは、2005年条約案と2006年条約案との間には、内容上の基本的変更はなく、両者を同一のものとして扱えることを意味する。とりわけ、1994年条約との比較検討という点に関しては、いずれを採用しても内容的には差はないと言える。

こうした理由から、ここでは、タタルスターン共和国のイニシアティヴによるたたき台的性格を持つものとして成立した2005年条約案について、タタルスターン共和国が新たな法的政治的環境（連邦統一法圏の構築、垂直的連邦構造の形成）の中で条約見直しに如何に対応したかという点を念頭に置きながら、1994年条約との比較において検討することにする。

さて、【表-5】は、1994年条約と2005年条約案について、前者を規準に体系的・項目的に比較したものである（それぞれの規定に付した括弧内の数字は対象項目を示している）。一見して言えることは、2005年条約案は1994年条約に比して、小ぶりになったことである。前文及び全9条の1994年条約が第3条から第7条まで削除されたことにより（第9条が二分割されたとはいえ）、2005年条約案は前文及び全6条（実質的には全5条）となった。

小ぶりになった主たる理由が上記削除規定、とりわけ管轄・権能に関わる第2条〜第4条にあることは明白である。つまり、1994年条約第2条で共和国管轄に関わる権能は15から7へ半減し、そのうち、2005年条約案第2条で共和国管轄に関わるのは六つであるが、そのうち一つ（共和国の対外経済活動に関する項目）のみが1994年条約から引き継がれたにすぎない（1994年条約第2条の共和国管轄で引き継がれなかったもののうち、ほぼ半数は国家会議その他の諸機関の権能等として2002年憲法に引き継がれた）。また1994年条約第3条の共同権能規定は全面削除され、21の共同管轄はすべて引き継がれなかった（これらはすべて、連邦管轄、共同管轄、又は連邦政府の権能として1993年連邦憲法に規定されていることが理由と思われる）。つまり、2005年決定案第3条に定める権能は、新設された権能である。さらに1994年第4条の連邦管轄は、全面削除された（これも、17の連邦管轄すべてが1993年連邦憲法に規定されていることが、その理由であると思われる）。

288　第三部　2007年条約の意義

　この項目数変化は、この間の連邦-連邦主体間の権限区分の見直しとともに、とりわけ連邦憲法及び2002年の共和国新憲法に基づく整理・調整という一面を有したことを意味する。それはまた、この間の連邦中央と連邦主体関係を含む連邦全体の連邦政策の変化に伴い、連邦中央と連邦主体との新たな権限関係が、具体的に条約に示されたと言うことができる。

【表-5：1994年条約-2005年条約案体系比較】

1994年条約	2005年条約案
前文(9) ・連邦・共和国憲法に準拠 ・民族自決権・同権・意思表明の自由の原則 ・領土的一体性・経済圏の統一原則 ・市民的平和・民族間合意・安全の保障 ・人・市民の基本的権利・自由の優越性 ・条約によるロシアとの結合・国際的対外経済活動への参加	前文(5) ・連邦・共和国憲法に準拠 ・1994年条約適用の体験の考慮 ・歴史・文化・経済・エコロジーその他の共和国の特性に立脚
第1条(1)：準拠法	第1条(1)：権限区分の準拠法
第2条(15)：共和国管轄 1)　人・市民の権利・自由の保護 2)　共和国予算の編成・共和国税の創設・徴収 3)　弁護士・公証機関問題の解決 4)　行政・家族・住宅関係、環境保護・自然利用分野の関係の法規制の実施 5)　共和国裁判所により有罪とされた者の特赦の実施 6)　土地・地中・水・森林その他の自然資源、並びに共和国所在の国営企業・組織その他の国有の動産・不動産占有・利用・処分問題の解決 　　個別協定による固有財産の分割 7)　共和国国家権力体系、その組織・活動の手順の設定 8)　共和国市民権問題の解決 9)　軍務代替兼保持者に対する選択的市民的業務遂行手続の設定	第2条(7)：共和国の地位の準拠法・共和国権能 ・タタルスターン共和国の地位 ・対外経済交流 ・共和国天然資源に関連した政府間経済協定締結 ・共和国の対外経済活動問題 ・在外共和国市民の支援・援助 ・共和国国家語 ・最高役職者への国家語義務づけ

10) 他の連邦主体との関係・これらとの条約・協定の締結
11) 国際関係への参加・諸外国との国交樹立・諸外国との協定締結・国際組織への参加
12) 個別協定に基づく国立銀行の創設
13) 対外経済活動の自主的遂行・個別協定による対外経済活動分野の機能行使
14) 個別協定による共和国有の企業民営化問題解決
15) 共和国褒賞・名誉称号の設定

第3条(23)：共同機能	削除
	第3条(1)：連邦市民による共和国旅券の取得権
第4条(17)：連邦管轄	削除
第5条(1)：法文書の効力	削除
第6条(3)：国家権力機関の立法機能	削除
第7条(1)：補足協定・合同委員会	削除
第8条(1)：全権代表部の設置	第4条(1)：代表部の設置
第9条(3)	第5条(2)：条約の効力期間、延長・失効手続き
	第6条(1)：条約テキスト作成言語
調印者：	調印者

注：各条に付された括弧内の数字は基本的には各条の項・段落（段）数を示している（ただし、2005年条約案第5条は条約の効力期間と延長・失効手続きに関する二つの文からなるので、2項目とした）

（二）　逐条的検討

　2005年条約案の内容（既に述べたように2006年条約も同様）を1994年条約と比較検討する前に、予め2点について確認しておく。第一は、手続きに関して、1994年条約がもっぱら行政府主導により行われ立法府の関与がなかったことが、その法的効力に疑義をもたらしたのに対して、2005年条約案は、前述したように、1999年法10月6日連邦（2003年7月4日改正）の手続きに準拠して、タタルスターン共和国の立法機関たる国家評議会の決定により承認された（2006年条約案は、条約承認法案の付属文書として連邦議会に上程され

た)。それは、条約締結過程に立法機関を関わらせて、条約案を審議形式で行うことにより、結果として法律的効力を持たせることを意図したものである。

第二は条約の名称に関わる。すなわち、1994年条約が「管轄対象の区分及び権能の相互委譲」に関する条約であったのに対して、2007年条約は「管轄対象及び権能の区分」に関する条約となった。これは前述したように、連邦憲法・連邦法が規定する条約名称が「管轄対象及び権能の区分」に関する条約であることによる[38]。従って、それに準拠して名称を変更したことで、連邦憲法・連邦法との抵触問題は表面的に解消されることになる。しかし、そのことにより、条約の目指す連邦関係に何らかの変容が生じかねない、言い換えれば、連邦中央－連邦主体の国家権力機関の間の権限関係を「権能の相互委譲」の関係と表現するか、それとも「権能の区分」と表現するかの違いが、条約の想定する連邦関係に何らかの影響を及ぼすことになるのではないか、この点が注意されなければならない。以上2点いずれに関しても、2005年条約案（及び2006年条約案、さらに2007年条約）は、連邦憲法・連邦法に準拠する点において、1994年条約と異なる性格を持つようになったと言える。従って、これら新たな条約案の内容を理解する際には、そうした性格の意味を常に念頭におく必要がある[39]。

以下では、2005年条約の形式上・内容上の特徴について、1993年連邦憲法及び2002年共和国憲法との比較も念頭に置きつつ、1994年条約との比較（異同）において検討していく。

⑴ 前　文

条約案の前文のうち、全く同一である最後の段（2005年条約案の第5段、1994年条約の第9段）を除くと、表現の部分的削除・相違が施された段と内容的に全く異なる段（2005年条約案からすれば引き継がれず削除された段、2005年条約案からすれば内容的に新たな段）が存在する。前者には、それぞれの第1段及び第2段が該当する。すなわち、第1段に関しては、1994年条約では条約締結主体が「国家権力機関の全権代表」とされているのに対して、2005年条約案では「全権代表」の表現が削除され、単に「国家権力機関」と

された。また第2段については、1994年条約では両憲法に「依拠して」という表現が2005年条約では両憲法に「従って活動し」となった。内容的には、第1段における「全権代表」の削除は、締結主体が行政機関であることを明確にし、また第2段における単に依拠することから「従って活動する」ことへの表現変更は、憲法への非拘束性をより強く明確にしたと理解される。

　1994年条約の第3段～第8段は2005年決定案に引き継がれなかったが、その理由はさまざまである。第3段～第7段は2002年の改定共和国憲法の前文に引き継がれた結果、改めて条約案に規定する必要がなかったことが考えられる。すなわち、第3段・第4段は2002年憲法前文のそれぞれ第3段・第4段に、第5段は第4段に、第6段は第5段に、そして第7段は第2段に、それぞれ受け継がれたからである[40]。ただし、第5段は後述するように、第2条第3項（＝第5段）に引き継がれている。また第8段は、共和国の独立・主権国家性を示す内容を有することから、共和国憲法にも、条約案にも引き継がれなかった。たとえば、「国家としてのタタルスターン共和国はロシア連邦と結合する」との表現や国家としてのタタルスターンによる国際関係・対外経済活動への参加は憲法抵触の疑義をもたらしかねない。

　2005年条約案第3段・第4段は、1994年条約にない新規の段である。ただし、第4段については、2002年改定憲法第9条第4項が同趣旨の表現を有する[41]。これらは、タタルスターン共和国をロシア連邦内の一主体とする代わりのいわば政治的な代償措置と考えられる。すなわち、第3段は、1992年3月のレフェレンダムに基づいて締結された1994年条約の適用経験を考慮することで、1994年条約がこの間果たした役割・意義を認められるとともに、これまで認められなかった1992年レフェレンダムの正当性が連邦によって評価・承認されたことを意味する。つまり、1994年条約が合憲的である（連邦憲法及びタタルスターン共和国憲法に則して）とともにタタルスターン共和国国民の意思によって締結されたことが確認されており、それは条約の法的・政治的正当性を強調するものとなっているのである。また、タタルスターン共和国の特性を定める第4段は、新たな条約を締結する資格がタタルスターン共和国に認められた

ことを意味する。つまり、権限区分条約を新規に締結するためには、民族的・地理的等の一定の特性を要件とする2003年7月4日付改正の連邦法律「ロシア連邦主体の立法（代表）・執行国家権力機関組織化の一般原則について」第26条の7第1項が連邦主体の「特性」を条約締結要件としていることの関連で、タタルスターンの特性が謳われたことは、今回の条約が法律要件を充たしているとの表明（条約締結の合法化の表明）と受けとることができる。それはまた、上記2003年連邦法施行以降、連邦中央と連邦主体の間の個別権限区分条約が締結されていないこと、換言すれば、「特性」要件をクリアする主体がなく、今回のタタルスターン共和国が初めて独自の「特性」を認められた唯一の連邦主体であり、そのことで、他の連邦主体とは異なる共和国のロシア連邦内での独自な地位が認められたことを意味する。

⑵ **第2条**

　1994年条約第2条が15項目にわたる共和国管轄を定めているのに対して、二つの段落からなる条約案第2条は異質な内容を有する規定を混在させていることもあり、全体として何を定める条文であるかが必ずしも明確ではない。つまり、最初の段落は共和国の地位に関する規定で、タタルスターン共和国は連邦憲法及び共和国憲法により定められるとする。次いで第2段落は、「共和国（国家）」[42]が連邦管轄及び共同管轄対象に係る連邦権能以外において国家権力（立法、執行及び司法の）の全権を有すると規定して、共和国権能（の範囲）を定めている。この規定は、この一文の主語を除けば、基本的に1993年連邦憲法第73条と同様である。にもかかわらず、この規定が置かれた理由は、「タタルスターン共和国（国家）−ロシア連邦主体」における「国家」と表現の存在にある。これは、解釈上タタルスターン共和国を共和国という連邦主体でありながら国家である（ひいては主権を有すること）との理解・解釈を可能にするからである。この点は、2002年改定憲法第1条第1項が共和国の主権は全権の保持に表現されると規定することとの関連を考慮しなければならない[43]。

　次いで、数字（1〜4）が付された段落（＝項目）が続く。第1項では、土地等の天然資源の利用及び保全が共和国人民の生活・活動の基盤をなすことを

考慮して、共和国の経済、エコロジー、文化等の特性と関連した問題を共同して解決するための協定を、共和国政府と連邦政府が締結すると定める。これは「補足協定」、すなわち政府間協定締結の可能性を規定する1994年条約第7条に対応すると言えるが、まず対象がある意味特定されていること、及び連邦政府及び共和国国家評議会がここで扱われる問題に関してしかるべき法案を連邦議会国家会議に上程することの2点において相違する。次いで第2項では、自らの権能の範囲内において、国際的・対外経済的連携の実施、そのための協定締結権を定めている。これは、1994年条約第2条の共和国権能から唯一引き継がれた権能であるが、その際、連邦外務省の同意と連邦政府の定める手続きに準拠という条件が付された[44]。さらに共和国市民に対する独自性の保持・民族文化・言語の発展の支援・援助に関する第3項は、1994年条約前文第5段並びに2002年改定憲法前文第4段及び第14条を引き継ぐかたちとなっている[45]。しかし、前文としてではなく、具体的に共和国の権能とされたことに伴い、「連邦政府との合意により」との文言がつけ加えられた。最後に第4項は二つの段落（前段及び後段）から構成される。前段は共和国の国家語としてロシア語とタタール語を定める。国家語規定は1994年条約にはないが、2002年改定憲法第8条に存在する。今回、条約に規定されることになったが、その地位及び利用手続きは連邦憲法・連邦法、共和国憲法及び共和国法によって定めるとされた。また後段は、最高職務者候補者の追加的要件として共和国国家語の保持を定める。大統領は共和国国家語に堪能な者であることを資格要件の一つとすることは、1994年条約には規定されていないが、共和国憲法レベル（1992年憲法第108条第1項及び2002年改定憲法第91条第1項）で規定されていた。しかし、2004年3月31日のタタルスターン共和国最高裁判所（民事裁判部）決定がこの規定を憲法に抵触すると認定したことにより、憲法改正がなされ、その効力は停止された[46]。そのこともあって、今回は条約中に取り込まれることになったが、連邦中央が大きく譲歩した結果と言える。

(3) **第3条**

新規規定である第3条は、タタルスターン共和国居住のロシア連邦市民によ

るタタール語で書かれた挿入頁と共和国国章の描かれた個人を証明する基本文書（全市民用のロシア連邦パスポート）を取得する権利を定める。この規定は如何なる経緯でつくられ、そしてそれは何を意味しているのであろうか。この問題を考察する前提として、次のことを確認しておきたい。つまり、一般に、市民権とは任意の国家に居住する個人が市民として当該国家と権利・義務等関係にあることを意味し、それを証明する公文書の一つがパスポートであり、従ってロシア連邦の市民権を有する者（ロシア連邦市民）は、原則的にロシア連邦のパスポートを取得（保持）する権利を持つこと、その際、連邦パスポートは連邦全土において有効であるということである。併せて、この規定を検討する際に念頭に置くべき点として、連邦とタタルスターン共和国との関係の中で市民・市民権及びパスポートという相関連する制度は如何に位置づけられるのかという問題があることを指摘しておく。

　さて、第3条の規定の背景要因として、当時のロシア共和国憲法の要請に基づき制定された 1991 年 11 月 28 日付ロシア共和国法律「ロシア共和国の市民権について」[47]の存在を指摘することができる。すなわち、法律は、この法律に従って市民権を取得した者はロシア共和国市民であるとの第 2 条第 1 項に続き、「ロシア共和国を構成する共和国の領土に常住する РСФСР の市民は同時に当該共和国の市民である」（同第 2 項）とし、第 10 条で、パスポートが市民の市民権を証明する文書であると定めた。いわば連邦国家としてのロシア共和国とそれを構成する共和国との間にいわば通常の（国際的・対外的な）用い方とは異なる意味での二重の市民・二重の市民権を制度化したと言える。パスポートに関しては、その法的意義は明確にされているが、連邦・共和国との関連は不明である。タタルスターン共和国はこれを奇貨として、1992 年共和国憲法において、共和国は自らの市民権を有し、その得喪手続きは共和国市民権法で定める（第 19 条第 1 項）とするとともに、共和国市民はロシア連邦市民権を保持するとした（同第 2 項）。ここで注意すべきは、タタルスターン共和国市民は、共和国市民権と連邦市民権の二つを保持するとされたこと、そして、それに伴うパスポート問題は共和国市民権法により規制するとされたことであ

る。これに対して、1993 年連邦憲法は、市民権の得喪問題は連邦法により規制する（第 6 条第 1 項）とし、外国市民権との二重市民権（第 62 条第 1 項）を認め、そしてロシア連邦の市民権を連邦管轄（第 71 条）とした。第 6 条第 1 項は、連邦市民権と共和国市民権の二つの同時保持が可能か否かについては明確にせず、連邦法に委ねているように受け取れる。このような市民権制度の曖昧さは 1994 年条約交渉に反映され、まず共和国市民権問題の解決（第 2 条第 2 項第 8 号）が共和国管轄とされる一方、他方でロシア連邦における市民権の規制（第 4 条第 2 号）が連邦管轄とされ、それとともに市民権の共通・抵触問題（第 3 条 4 号）が共同管轄とされた。これは、当事者双方の主張を入れた玉虫色の内容であり、市民権問題をより複雑にしたに過ぎなかった。

　2000 年以降の地方優位から中央優位への連邦関係の変化に伴って、このような市民権をめぐる状況も変化した。先ほどの 1991 年ロシア共和国市民権法の 2002 年 5 月 31 日改正において、第 2 条が削除され、連邦・共和国の二重市民権問題も連邦市民権に統一されたのである[48]。それに伴って、二重パスポート問題も解消され、連邦統一のパスポートが作成されることとなった。その際、共和国への一定の配慮が、共和国国家語による独自挿入頁の許容というかたちでなされることになった。これについては、既に 1997 年 7 月 8 日付政府決定によるロシア連邦市民パスポート規程（第 2 項）において、パスポートはロシア語による連邦全体で統一した見本によりロシア語で作成され手続きがなされると定められるとともに、共和国は共和国国家語で作成された挿入頁を作成することができるとされた[49]。しかし、タタルスターン共和国とバシコルトスターン共和国は、連邦における市民権問題が未解決であることを理由として、共和国内での連邦パスポート発行を停止し、代わりにタタール語による表書きと二重市民権の表記を付した成人達成証明書を発行したのであった[50]。こうした共和国側の反発もあり、2001 年 1 月 8 日の改正では若干の譲歩がなされ、共和国で作成予定のパスポートには共和国の国章（紋章）が描かれるとともに、共和国国家語による個人情報の記入用の挿入頁（вкладыш）が作成されることとなった[51]。

このような連邦市民権・連邦パスポート制度の経緯を踏まえると、第3条が想定するパスポートとは、前述の連邦パスポート規程の2001年1月改定版を基本的に踏襲したものであることが確認される。タタール語のみによる挿入頁の作成が認められたことを除けば、第3条はほとんど現行パスポート制度の確認にとどまるものであり、新たな制度的変化をもたらすわけでもなければ、また新たな法的効果を生み出すわけでもない、と言うことができる。

⑷　その他

　最後に今まで触れてこなかった規定について、若干のコメントを付す。まず第1条は、条約名称が「管轄対象の区分及び権能の相互委譲」から「管轄対象及び権能の区分」に代わった。既に述べたように、連邦憲法第11条（第3項）の認める条約は「管轄対象及び権能の区分」に関する条約のみであることから、名称変更はこれに倣った結果である。次に代表部設置に関する第4条に関しては、1994年条約（第8条）では連邦及びタタルスターン共和国双方がそれぞれ首都に「全権代表部」を置くとなっているのに対して、条約案では、タタルスターン共和国がモスクワに「代表部」を置くとされた。これら二つの規定に共通して窺えることは、第1条の名称変更における権能区分の相互性、第4条の締結当事者の平等性が、条約案においてはともに弱められたという点である。これは、言うまでもなくタタルスターン共和国が連邦の一主体と位置づけられたことの帰結である。

　第5条は、前文で条約の効力延長手続き、また効力期間満了前の停止手続きや要件は連邦法で定めるとされ、また後文で10年の効力期間を明示した。これらは、1999年10月6日連邦法（2003年7月4日改正）第26条の7に則してなされたものである[52]。これに対応するのが1994年条約の第9条第1項及び第2項であるが、条約全体又はその一部を一方的に変更することを禁止する第1項、及び条約発効日を定める第2項ともに、継承されなかった。後者については、1999年10月6日連邦法（第26条の7第9項）が、条約承認法で別途定めのない場合には条約で定めてもよい旨規定しているので、特段の定めをすることも可能であったが、効力期間等について第5条が連邦法によるとして

いることに併せたものと考えられる。それに対して、第9条第1項の内容を残すか否かについては、前述の第1条及び第4条と同様、締結当事者の平等性を前提にしていることを窺わせるとの理由から、継承されなかったと考えられる。

第6条は1994年条約第9条第3項とほぼ同様の規定で、条約の締結日、締結地、作成言語を定める。条約案において締結年を2005年とするのみで、月日を空欄にしているのは、それが行政（執行）機関レベルでの案であり、その後の連邦立法機関での審議を予定する段階の文書であることによる。なお、条約作成言語については当事者の言語であるロシア語及びタタール語が用いられていることで、平等性が必然のように思われるが、上記1999年10月6日連邦法（第26条の7第3項）が、「条約言語」はロシア語とし、「当事者の合意によりロシア語及びロシア連邦を構成する共和国の国家語で作成及び調印することができる」としていることとの関連で、注意しなければならない。

以上のように、2005年条約案の内容をその問題点とともに確認することができた（それは国家会議に上程される2006年条約案の確認でもある）。それでは、この条約案は連邦議会で如何に審議され、如何なる問題点を指摘されたのであろうか。次章では、これらについて検討していくことにする。

⑴　2007年条約について論じた最近の論文として、см. И.В.Лексин, Договор разграничении предметов ведения и полномочий: реальность или иллюзия?, 《Власть》, N 12,2007; Л.В.Андриченко, С.Д.Валентей, Проблемы разграничений между федеральными органами государственной власти и органами государственной власти субъектов РФ. 《Федерализм》, N 4 (52), 2008; Ш.Ш.Ягудин, Проблемы нового Договора Российской Федерации и Республики Татарстан, в кни. Международные юридические чтения. Ежегодная научно-практическая конференция (Омск, 18 апреля 2007 г.). Материалы и доклады. Часть II, Омск:ОмЮИ, 2007; он же, Конституция Республики Татарстан и развитие российского федерализма, в кни. Становление новой федеративной России: опыт конституционного законодательства Республики Татарстан, Казань:Изд-во 《Фэн》 АН РТ,2013, стр. 66-73. また邦語文献として、中馬瑞貴「ロシアの連邦中央とタタルスタン共和国との間の権限分割条約」『外国の立法』232（2007年6月）号がある。

⑵　コザーク委員会は 2001 年 9 月 20 日の会議で、中央と地域の条約・協定を連邦憲法・連邦法と調整する作業手順を決定した（http://president.kremlin.ru/news/40140）［2018 年 5 月 3 日閲覧］。なお、コザーク委員会の活動全般について、第五章第二節（二）を参照されたい。

⑶　シャイミーエフ大統領は、モスクワ訪問の成果に関する記者会見で、「いわゆる 1994 年の『大』РТ-РФ 条約は、ロシアの立法圏において独自の地位を占めなければならない。この状況を変更する唯一の方法は、РФ 憲法を変更することである」と、述べた（см.Страна. Ru.30/05/2001［2018 年 5 月 10 日現在、閲覧不可]）。

⑷　О Конституционной комиссии Республики Татарстан. (Ведомости Государственного Совета Татарстана, 2001, N 9, ст. 760).

⑸　См. 《Республика Татарстана》, 29 сентября 2001 г.

⑹　Закон Республики Татарстан.О внесении изменений и дополнений в Конституцию Республики Татарстан (Ведомости Государственного Совета Татарстана, 2002, N 3-4 (Март-Апрель), ст. 1048).

⑺　Послание президента Республики Татарстан Государственному Совету, Казань, 2001, стр. 7.

⑻　См. 《Республика Татарстана》, 15 июня 2002 г. 一般に、連邦国家における主権問題に関しては、アメリカ合衆国建設期のジェームス・マディソンが連邦を分割主権の具現と見たように、連邦の構成部分にとって「分割主権 разделенный суверенитет」は連邦構成主体に親和的な主権論であったことについて、см.Р.Сатрвалова, Практика реализации суверенитета в федеративном государстве, 《Регионология》, N 1,2008.

⑼　См. 《Республика Татарстан》, 30 мая 2002 г.

⑽　「ロシア連邦国家権力機関とタタルスターン共和国国家権力機関の間の管轄対象の区分と権能の相互委譲に関する」条約への修正導入に関する提案準備委員会（Комиссия по подготовке предложений о внесении изменений в Договор 《О разграничении предметов ведения и взаимном делегировании полномочий между органами государственной власти Российской Федерации и органами государственной власти Республики Татарстан》」設置に関する大統領令について、см. 《Республика Татарстана》, 8 июня 2002 г.

⑾　Там же. これらに加えて、1994 年条約テキストを準備した専門家・法実務家・法律家もメンバーに加わったとされる。См. 《Время и Деньги》, 11 июня 2002 г.

⑿　См. 《Республика Татарстана》, 8 июня 2002 г.

⒀　ИА "Татар-информ", 11 июля 2002 г.

⒁　"Новости", 27 августа 2002 г.

⒂　1 月 29・30 日のモスクワでの会談について、см.Пресс-центр Госсовета РТ, 30

第六章　条約締結過程　*299*

января 2003 г.

⒃　《Республика Татарстан》, 25 апреля 2003 г.

⒄　См. Наша сила - в делах,ИА "Татар-информ", 27 февраля 2004 г.

⒅　なお年次教書について、Послание Президента Республики Татарстан М.Ш. Шаймиева Государственному Совету Республики Татарстан 26 марта 2004 г.

⒆　5月10日付プーチン大統領宛書簡について、см.Ш.Ш.Ягудин,Проблемы нового Договора Российской Федерации и Республики Татарстан, в кни. Международные юридические чтение. Ежегодная научно-практическая конференция (Омск,18 апреля 7 г.). Материалы и доклады. Часть II, Омск: ОмЮИ, 2007, стр.76. またプーチン大統領の応答については、см.М.Г. Галеев,Договорное разграничение полномочий России и Татарстана как одна из форм развития федерализма в России,《Казанский федералист》, N 2-3, 2005, стр. 93.

⒇　См.М.Г. Галеев,указ.статья, стр. 3;《Республика Татарстан》, 5 марта 2005 г.

㉑　《Республика Татарстан》, 23 ноября 2004 г.; Tatar-Bashkir Report, November 30, 2004.

㉒　《Республика Татарстан》, 5 марта 2005 г.

㉓　《Коммерсантъ (Казань)》, 12 марта 2005 г.

㉔　См.Договор споткнется на латинице, 《Независтмая газета》, 28 апреля 2005 г.

㉕　См.Для завершения работы над договором между Россией и Татарстаном необходима еще одна встреча двух президентов（http://www.tatar-inform.ru/news/2005/06/24/8110［2018年5月30日閲覧］).

㉖　7月30日に行われたジャーナリストとのインタビューによる。См.Минтимер Шаймиев проинформировал журналистов о ходе подготовки текста Договора между органами госвласти РФ и РТ（http://shaimiev.tatarstan.ru/news/view/10868［2018年5月30日閲覧］)

㉗　См. 《Республика Татарстан》, 26 августа 2005 г.

㉘　Проект Договора между органами государственной власти РФ и РТ будет вынесен на обсуждение республиканского парламента 28 октября（http://shaimiev.tatarstan.ru/ news/view/11039［2018年5月30日閲覧］).

㉙　См.На заседании сессии Госсовета РТ 28 октября будет рассмотрен новый проект Договора о разграничении полномочий между Татарстаном и Россией（https://www.tatar-inform.ru/news/2005/10/24/14138/［2018年5月30日閲覧］). なお、新条約案の審議を国家評議会の議題とすることは、10月24日に決められた。См.《Республика Татарстан》, 26 октября 2005 г.

㉚　О проекте Договора о разграничении предметов ведения и полномочий между органами государственной власти Российской Федерации и органами государственной власти Республики Татарстан (Ведомости Государственного Совета Татарстана, 2005, N 10 (часть II) (октябрь). С.842;《Республика Татарстан》, 29 октября 2005 г.).

(31) シャイミーエフ大統領の趣旨説明について、см.М. Ш.Шаймиев: Наступило время для подписания нового Договора,《Республика Татарстан》, 1 ноября 2005 г.

(32) См.《Российская газета》, 29 октября 2005 г.

(33) См.《Парламентские вести》, N 10 - октябрь, 2005 года, стр. 39–40.

(34) См.《Независтмая газета》, 23 мая 2006 г.

(35) プーチン大統領による鑑定依頼が4月にずれ込んだ理由の一つとして、シャイミーエフ大統領の「再任」問題を挙げることができる。彼の就任は、連邦主体の首長職の決定は連邦主体の立法機関が連邦大統領の同意する候補について行うとする1999年10月6日連邦法（2004年12月11日改正）に則って行われたが、プーチン大統領は3月16日のムハメートシン国家評議会議長宛書簡で、シャイミーエフ大統領を候補として審議・決定することを求めたのである（31日決定）。プーチン大統領のシャイミーエフ大統領への「配慮」が、ここでも示されたと言える。См.Р.М.Марданшин,Становление и развитие института президента в Республике Татарстан:президентские выборы,《Известия Российский государственный педагогический университет им. А.И.Герцена》, N 65,2008,стр.221. 6月20日付政府鑑定（3аключение Правительства Российской Федерации на законопроект (Комитет Государственной Думы по делам Федерации и региональной политике)) について、см. http://sozd.parliament.gov.ru/download/D85516EA-B7E1-4B7F-85AC-F1FFDBA0E9F2 ［2018年5月18日閲覧].

(36) 11月4日調印の条約（Договор о разграничении предметов ведения и полномочий между органами государственной власти Российской Федерации и органами государственной власти Республики Татарстан) のテキストについて、см. Текст внесенного законопроекта (Комитет Государственной Думы по делам Федерации и региональной политике). また条約承認法案（Законопроект N 357306-4 .Об утверждении Договора о разграничении предметов ведения и полномочий между органами государственной власти Российской Федерации иорганами государственной власти Республики Татарстан) のテキストについて、см.Текст законопроекта (Комитет Государственной Думы по делам Федерации и региональной политике). これらのテキストを含めて、連邦議会での審議経過について、см.Законопроект N 357306-4 (В архиве). Об утверждении Договора о разграничении предметов ведения и полномочий между органами государственной власти Российской Федерации и органами государственной власти Республики Татарстан (http://sozd.parliament.gov.ru/bill/357306-4 ［2018年5月18日閲覧]).

(37) 2005年条約案と2006年条約案との相違点は次のとおりである。

第六章　条約締結過程　*301*

①　第2条関連─2005年条約案第2段落中の「（立法、執行及び司法の）」との表現が削除された。

②　第2条関連─2005年条約第2条全体の構成（二つの段落＋1～4までの4項目［第4項は、二つの段落からなる］）が、2006年条約案では1項～6項からなる構成に変更された（順序は異なるが、内容的には対応する）。

③　第2条関連─2006年条約案第2条のしかるべき箇所に「この目的のために」との文言が新たに付加された。

④　第2条関連─2005年条約案第7段及び2006年条約案第6項第2段落中の「導入された」の文中での位置の変化。

⑤　第5条関連─2005年条約案の前文及び後文が2006年条約案において、それぞれ第2項及び第1項となった（内容は同一）。

⑥　条約調印者に関連して、2005年条約案では、プーチン、シャイミーエフ両大統領とともに、条約検討作業班の共同議長であるキリイェーンコ沿ヴォルガ連邦管区全権代表及びムハメートシン国家評議会議長が「同意者」として署名したのに対して、2006年条約案では、両大統領のみとなった。

⒀　名称変更に関連して、興味深い事実として、憲法協議会における新連邦憲法制定過程時、タタルスターン共和国は、権能委譲に基づく連邦（スイス連邦のような）を主張した。これは1992年3月の共和国レフェレンダムの権能委譲に基づく連邦の刷新、また同年11月の共和国憲法の権能委譲条約に基づくロシア連邦との連合という原則を、新連邦憲法も採用＝承認すべきことを求めるものであった。しかし、多くの連邦主体はこれに賛同したが、協議会総体としてはこれを原則的に審議することを拒否した。その結果、タタルスターン共和国代表団は協議会を脱退した。この事実は、1993年3月の統一連邦条約の調印を拒否したことと相俟って、連邦中央がタタルスターン共和国の連邦離脱＝連邦の統一性確保のために、1993年連邦憲法が認めていないにもかかわらず、1994年条約を権能委譲条約とすることに同意した遠因と考えることができる（2017年1月19日のラジオ討論会での司会者発言を参照 См.“Вопрос пролонгации: будет ли продлен договор о разграничении полномочий между Татарстаном и Москвой” (https://salt.zone/radio/5816［2018年5月30日閲覧］）。

⒁　タタルスターンの歴史学者であるИ．タギーロフは、2007年条約は「法律的手続きの方法が完全に行われた」という点で過去（すなわち、1994年条約時の手続き）と訣別していることを強調し、手続き的には何らの瑕疵もないことにより、2007年条約への如何なる批判もあり得ないと述べる（См.И.Р.Тагиров,От декретной к договорной республике,《Гасырлар Авазы - Эхо веков》, No. 1-2,2010）。しかしながら、手続き的には断絶しているこれら二つの条約は、内容的断絶を意味するものではなく、2007年条約は1994年条約の「刷新版」として、後者に内在する原理を発展する可

302 第三部 2007年条約の意義

能性を蔵している、と彼は理解する（См.И.Р.Тагиров, На стремнине времени.Статьи
и выступления, Казань:Главное архивное управление при Кабинете Министров Респу-
блики Татарстан, 2011, стр. 215 и 223.）。

⑷ タタルスターン共和国憲法の2002年改正テキストについては、Закон Республити
Татарстан о внесении изменений дополнений в Конституцию Республити Татарстан
（Ведмости Государственного Совета Татарстана, N 2 (февраль) 2002.Ст1048).

⑷ 2002年改定憲法第9条第4項は、「タタルスターン共和国の国家権力機関は、自
らの権能を行使するにあたり、タタルスターン共和国の歴史的、民族的その他の特
性を考慮する」と定める。

⑷ 「共和国（国家）」という表現に関して、一説によれば、これは1992年の連邦条
約と違い、連邦主体が国家的主権を承認されたことを意味するのではなく、当該連
邦主体の憲法的地位に反映された歴史的・民族的その他の要因と関連した一定の特
性を意味するに過ぎない。См.Л.А.Нудненко,Конституционное право России.Учебник
для бакалаблиата,М.:Юрайт, 2011, стр. 190.

⑷ 交渉において、タタルスターン側が、一連邦主体の全権の保持を謳う連邦憲法第
73条ではなく、国家としての全権の保持を謳う2002年改定憲法に則した規定とす
ることを要求したのに対して、同憲法を主権性の点で連邦憲法違反視する連邦中央
にとって受け入れがたく、その妥協として括弧付きの「（国家）」という表現に落ち
着いたことが推測される。こうした点には、ここでもタタルスターン共和国の主権
性を除去しようとするロシア側の強い姿勢が窺えるが、他方でこの条約全体につい
て言えることであるが、タタルスターン共和国への一定の配慮も示されている。

⑷ 本文との関連で、タタルスターン共和国政府は、2008年6月、トルクメニスタン
共和国政府との 商業・経済、科学・技術、及び文化協力協定を締結しようとした際、
連邦外務省、司法省、経済発展省及びその他関係機関との調整後に、当該協定締結
の提案を連邦政府に行い、これが承認された（Распоряжение от 28 июня 2008 г. N
950-р [Собрание законодательства Российской Федерации, 2008, N 28, ст. 3390]）。そ
れにより、6月28日、上記協定を締結することができたのである（協定テキストに
ついては、см. http://mpt.tatarstan.ru/soglashenie-mezhdu-pravitelstvom-respubliki-
94882.htm ［2018年5月3日閲覧]）。

⑷ 2000年改定憲法第14条が「タタール人の独自性」の表現を用いていることに注
意しなければならない。この表現から「タタール」の語が削除されて「共和国市民
の独自性」に修正されたことは、民族主義的要素の発現を嫌う連邦中央の圧力によ
るものであることは言うまでもない。

⑷ Закон Республики Татарстан. О внесении изменений и дополнений в Конституцию
Республики Татарстан, 《Республика Татарстан》, 15 марта 2005 г. なお、2004年3月
31日タタルスターン共和国裁判所決定について、см.《Парламентские вести》, N 4-5

(80-81), Апрель-Май 2004 года, стр. 89-90.

⑷ О гражданстве РСФСР (Ведомости Съезда народных депутатов Российской Федерации и Верховного Совета Российской Федерации от 1992 г., N 6, ст. 243). なお、РСФСР 憲法（1978 年 4 月 12 日制定）は第 31 条で、ソ連邦の定める統一連邦市民権に従って、РСФСР の各市民はソ連邦市民である（第 1 項）と述べて、統一のソ連邦市民権に基づく РСФСР 市民とソ連邦市民の同一性を規定する。この条項は 1990 年 12 月 15 日改正で削除された。市民権法制定以降のタタルスターン共和国憲法（1992 年 4 月 21 日改正以降）は、ロシア連邦市民の市民権に関して、「各人はロシア連邦法に従って、ロシア連邦市民権の取得・停止に対する権利を有する。」（第 36 条第 1 項）と規定、連邦構成共和国の市民・市民権には言及していない。

⑷ 1997 年連邦市民権法の 2001 年改正の翌年 2 月に改正されたタタルスターン共和国憲法は、市民権に関して 1992 年憲法と同じ共和国は独自の市民権を有する（第 21 条第 1 項）と述べるにとどまり、1992 年憲法にはない連邦市民及び共和国市民についてそれぞれ規定を置いた。すなわち、タタルスターン共和国に常住するロシア連邦市民は共和国市民であり（同第 2 項）、またタタルスターン共和国市民は同時にロシア連邦市民である（同第 3 項）とした。共和国市民と連邦市民との二重性を謳うことで、二重市民権を曖昧なかたちであれ残そうとする立法意図が窺える。しかし、市民権と市民との概念上の緊密さを考慮するならば、こうした意図が連邦中央に受け入れられることはなく、その後も連邦憲法・連邦法との合致を要請されることになる。2002 年のタタルスターン共和国改正憲法テキストについては、前掲注⑷参照。

⑷ Об утверждении Положения о паспорте гражданина Российской Федерации, образца бланка и описания паспорта гражданина Российской Федерации (Собрание законодательства Российской Федерации, 1997, N28, ст. 3444).

⑸ См.Особые паспорта для Татарстана, 《Вечерние Челны》, 13 июня 2001 г.

⑸ Собрание законодательства Российской Федерации, 2001, N 3, ст. 242. 2001 年 1 月 8 日の改正後においても、タタルスターン共和国における新旧のパスポート交換状況は芳しくなく、少なからぬ住民が旧パスポートを保持するという状況にあると言われる。См.Паспортный стон. 《Российская газета (Волга - Урал)》, 8 июля 2004 г.

⑸ 権能権限区分条約の締結原則と手続きを定める第 26 条の 7 は、第 1 項で条約の効力期間及び当該条約の延長手続き、並びに条約を期限前に破棄する場合の理由及び手続きを規定すべき事項として示すとともに、第 9 項で条約に特定の発効日が示されない場合、発効日を条約承認に係る連邦法の発効日とし、さらに第 10 項で効力期間を 10 年を超えない期間としている。

第七章

連邦議会での審議

　1994 年条約見直し過程の最終段階としてのロシア連邦議会（国家会議及び連邦会議）において、2007 年条約は如何に議論されたのか、あるいは条約の如何なる点が問題とされたのかについて概観することが、本章の課題となる[1]。つまり、1997 年条約時には立法機関が条約交渉に実質的に関与（審議）する機会がなかったのに対して、今回は通常の連邦法案の審議規則に従って審議する機会が連邦議会に確保された結果、条約（案）に存する諸問題が交渉の早い段階から明らかにされることになった。その一端を検討することが本章の課題である。

　以下、連邦議会（国家会議及び連邦会議）が 2007 年条約（案）をめぐって行った議論（国家会議及び連邦会議それぞれにおいて条約承認法案及び条約案）は如何に提起され、そしてそれに対して如何なる質問もしくは批判がなされたのかについて検討することにする。

第一節　国家会議での審議

（一）　事前審議

　前述したように、改訂条約案を含む条約承認法案がプーチン大統領により国家会議に提案されたのは、2006 年 11 月 4 日であった。法案の提案理由について、法案に添付された「提案理由書」[2]によれば、権限区分条約の承認は、連邦法律「ロシア連邦主体の立法（代表）及び執行国家権力機関組織化の一般原則について」第 26 条の 2 によって、連邦法による承認案件とされたこと、ま

た条約は、2005年10月28日日付のタタルスターン共和国国家評議会決定により承認されたこと、内容的には連邦法が定める以外の管轄対象及び権能の区分が個々の分野において規定されていることが示された。特にロシア政府とタタルスターン政府が経済、生態系その他共和国の特性と関連した問題の共同解決を内容とする協定を締結し、それを連邦国家会議に提出すると定めていること（第2条第3項）、タタルスターンの国家権力機関が自らの権能の範囲内でロシア連邦政府との合意のもとに共和国市民に対し支援と援助を行うこと（第2条第5項）、タタルスターン共和国に居住するロシア連邦市民がタタルスターン共和国国章及びタタール語付記のロシア連邦市民の一般市民用旅券を取得する権利を定めていること（第3条）が指摘された。これらに加えて、上記連邦法の手続きに従って提案されるタタルスターン共和国の最高役職者候補者に対する義務として、共和国の二つの国家語保持が追加的に要求されること（第2条第2項後段）も指摘された。最後に、条約の効力期間が10年であることが示された（第5条）。

　提案理由書の示した内容は、果たして、上記連邦法の定める手続き的及び内容的な要件を満足させるものであろうか。とりわけ内容に関わって示された条項について言えば、法が新条約の作成・締結の条件として謳う共和国の特性の存在及び法の定め以外の区分による権能であることが了解されるものであろうか。この点が議会審議の論点となっていくのである。

　11月6日に上記法案を受け取った国家会議評議会はその取扱いについて審議し、翌7日、これを事前審議のために連邦問題・地域政策国家委員会に送付した。そして16日には、法案鑑定を事務局法務部に依頼した。法務部の鑑定は、以下の二つの点を指摘した[3]。

　第一に、連邦法律「ロシア連邦主体立法（代表）及び執行国家権力機関の組織化の一般原則について」第26条の7によれば、連邦法及び連邦主体法と異なる権能の区分がなされる場合、それを行う条件や手続き、当事者の具体的権利・義務が条約の中に規定されなければならないにもかかわらず、条約はそうした規定を定めていない。第二に、タタルスターン共和国の最高役職者の候補

に関する条約第2条第6項の用語法が、上記連邦法律の用語法と相違する。すなわち、連邦法律が候補者をロシア連邦市民であるとしているのは、ロシア連邦主体の最高役職者に対する権能付与についてであって、条約のように、最高役職者の職務任命についてではないのである。これらのうち、第一の指摘は重要な指摘であるにもかかわらず、2007年2月9日の国家会議本会議では野党側の質問で指摘されるにとどまり、提案者側の応答はなかった。

　担当委員会となった連邦問題・地域政策国家委員会も、この法務部鑑定を受理した後、12月5日に会議を開き、法案を国家会議の審議に付すことを提案する「意見Заключение」を採択した。12月7日、国家会議評議会は、この意見を受けて、12月13日に国家会議の審議のために上程する決定を行った。

　しかし、上程予定日の前日の12日になって、国家会議評議会は、12月13日上程を延期する決定を行った[4]。その理由は、憲法・国家建設国家委員会が行った上記法案検討作業の共同担当者とすべきとの提案を受け入れた結果、「意見」を2007年1月15日までに共同担当委員会の連邦問題・地域政策国家委員会に提出すべきことを決めたからである。かくして、法案の総会上程に向けた委員会レベルでの議論を踏まえた「意見」の取り纏め作業は、翌年1月中旬まで続けられることになった[5]。

（二）　本会議での審議

　国家会議（第4期国家会議第7会期）は、2007年2月9日に開催された。審議は、冒頭、自由民主党及び共産党会派の議員による議題から外すべきとの要求で始まった[6]。この条約は、連邦主体の平等を謳う憲法原則（第5条）に違反する、あるいは総じて連邦憲法違反であるというのが、主たる理由であった。これに対して、B. グリーシン（В.И.Гришин）は担当委員会である連邦・地域政策委員会を代表して、条約が憲法違反ではなく、こうした条約は憲法の認めているところであると述べて、審議を求めた。上記の要求は投票の結果否決され、当初の予定どおり、条約法案の審議は始められることになった。

　まず国家会議への大統領全権代表 A. コソープキン（А.С.Косопкин）により

308　第三部　2007年条約の意義

行われた条約法案提案の趣旨説明を箇条書きにすると、以下のとおりである。

- 条約は連邦憲法第11条第3項に合致している。
- 条約法案審議手続きについても、連邦法律「ロシア連邦主体立法（代表）及び執行国家権力機関の組織化の一般原則について」第26条の7を含め関連法にも則している。
- 条約の個々の規定は、ロシア連邦及びタタルスターン共和国のそれぞれの立場が長期にわたり周到に合意された結果である。
- 条約は特定の連邦主体を選り好みをするものではないかとの問題が想定されるが、そうではない。
- 条約は個別分野における上記連邦法とは異なる管轄対象及び権能の区分を問題としており、これをタタルスターン共和国の経済的その他の特性を考慮して訂正することが条約（及び政府間協定）の目的とする。
- 条約締結手続きに国家会議が関わっていることが重要である（このことは、1994年条約が一定の歴史的意義をもちながらも、条約手続きにおける議会の如何なる関与もなしに、2003年7月4日改正の上記連邦法の定め（二年以内に再締結するか、もしくは再締結しない場合に自動的に失効する）により2005年8月8日で自動的に失効したことと対比された）。

　最後に、報告は、条約はタタルスターン共和国に対して他の連邦主体との関係で如何なる特権も与えることを意図するものではなく、タタルスターン共和国にとって特殊な問題を連邦中央とともに解決することが条約の目的であることを、改めて強調した。

　この報告の後、法案に対する質疑に入った。政権与党たる「統一ロシア」会派を中心とする法案賛成派の基本的主張は、条約は連邦の利益に即しまた連邦法に則している、条約はタタルスターン共和国に如何なる特権も与えるものではない、というものである。賛成派の主張は法案提案者の見解を補強・支持する以上のものとはなっていないが、その中で、「統一ロシア」会派の議員でありながら、バシコルトスターン共和国選出の M. ブゲーラ（M.E.Бугера）が、大統領府は今回の条約に倣って他の共和国とも締結する用意があるのか（バシ

コルトスターン共和国はその用意がある）と質問したことが注目される。これに対して、A. コソープキンは、タタルスターン共和国が 1990 年代初期にとった独自な立場の特殊性を認めたうえで、なおかつ憲法上の原則である条約締結は他の連邦主体にも及ぼされ、バシコルトスターン共和国が希望するならば、また締結するうえでの経済的その他の特別の事情が存在するならば、可能であると答えている。これは、連邦憲法上の連邦主体間の平等により、他の連邦主体にも条約締結の可能性（条約締結の要件である一定の地域的特性の存在を前提として）がひらかれていることを認めたものである。しかしながら、法形式的には確かにその通りであるが、タタルスターン共和国以外の連邦主体との条約改定の実践が見られないという事実は、政治的実質的にはタタルスターン共和国との条約改定は特例であって先例とせず、従って二国間条約は認めないとの認識が連邦中央レベルでとられていたことを窺わせる[7]。

　賛成派に対して、自由民主党、共産党、国民 – 愛国同盟「祖国」を中心とする条約締結反対派の提起した疑問・問題点は、① 連邦憲法（とくに第 5 条）違反、② 条約締結条件としてのタタルスターン共和国の特性、さらに、③ 条約締結後の認識（1994 年条約締結後の状況との対比）といった、相互に関連する論点に関わっていた。以下では、これらの論点をほぼ含む質問を行った国民 – 愛国同盟「祖国」会派の C. グロートフ（С.А.Глотов）の議論に即して、反対派の主張を見ていくことにする（関連して、他の反対論者についても触れる）。

　C. グロートフの第一の質問は、ロシアは如何なる連邦制かということである。彼によれば、ロシア連邦憲法は、憲法 – 条約的連邦制でもなければ、ましてや条約的連邦制でもなく、憲法的連邦制を定めている。条約締結は憲法 – 条約的連邦制もしくは条約的連邦制をもたらしかねないとして、それが憲法違反の疑いがあると問題視している。これと関連して、自由民主党の C. イヴァーノフ（С.В.Иванов）は、すべての連邦主体が今回のような決して最良の方法ではない条約締結を行おうとしたら、連邦憲法第 5 条第 4 項が規定する連邦主体の平等原則が侵害されることになるのではないかとの疑問を提起した。こうした疑問に対して、A. コソープキンは、1994 年のタタルスターン共和国との先

行条約は、今回の条約よりも 10 倍も大きいが、決して他の連邦主体と比較してより大きな権能をタタルスターン共和国に付与しなかった、それ故憲法原則は侵害されなかった、今回もこの原則は侵害されていない、と答えた。

第二の質問は、条約締結条件とされるタタルスターン共和国の特性とは何かに関わる。C. グロートフによれば、コソープキン報告もグリーシン補足意見も、条約前文におけるタタルスターン共和国の歴史的、文化的その他の特性について、納得できるほど具体的に示していない（この点についての B. グリーシンの補足意見とは、連邦主体にとって特性は具体的に存在するが、そのこととそこから生ずる問題を如何に解決するか—独自に解決するか、連邦中央と共同して解決するかなど—とは別であるとし、タタルスターン共和国は条約により連邦中央との共同解決を選択した、というものである）。この点は、この条約はタタルスターン共和国を特別扱いにしているのではないか（他の連邦主体との差別化）との疑問と通底する。この点については、上述のように、A. コソープキンはそうではないと答えている。これと関連して、その特殊事情を決定するのは誰なのかとの問題も提起され、これに対して、A. コソープキンは、それは連邦主体の立法議会始め様々なレベルの機関で行うことができるが、それとこの問題を関係者の理解を得るためにしかるべき鑑定にかけなければならないこととは別であると答えた。また新条約の締結条件は、2003 年 7 月 4 日改正の 1999 年 6 月連邦法第 26 条の 7 に準拠すれば、他の連邦主体にも適用可能かという、前述の M. ブゲーラと同主旨の質問がなされたが、A. コソープキンもまた同様の答えを返した。この返答に対しては、その結果として連邦憲法の体現する憲法的連邦制が侵害されるとの批判が改めてなされた。

第三は、条約の個別規定に関する次のような質問もしくは問題提起であった。

まず、管轄対象及び権能の区分がこの条約によって決定されると定める第 1 条は、何のための規定かが問題とされた。次に、管轄対象及び権能の区分については連邦憲法第 71、72、73 条に定めがあり、これに従うべきであるとされた。第 2 条については、タタルスターン共和国の国家的性格（第 2 項）、国際

組織の活動への参加（第4項）、共和国による民族文化の独自性の維持・発展への援助・支援（第5項）、最高役職者への追加的言語要求（第6項）が問題とされた。なお、第2項との関連で、ロシア連邦の管轄対象及び権能が完全に網羅されたとするならば、共同管轄はなくなるのかとの疑問が共産党会派のБ.キービレフ（Б.Г.Кибирев）から提起されたが、これについては、共同管轄の問題はなくならない、具体的には憲法に列挙された共同管轄の問題は、条約で例外とされたものを除いて残される（これらは政府間協定で詳細が定められ、そしてその実施のためには立法化（議会での審議）がなされる）とされた。第3条のパスポートにおけるタタール語表記に関しても、ソビエト時代のように民族的記述欄が求められていない一方で、何のために求めるのか、その目的が問題とされた。さらに第4条のロシア連邦政府への代表部設置についても、他の制度・機関で代替可能ではないか、余計な人員を確保しなければならなくなるなどの理由から、その必要性が問題とされた。最後に、条約は誰を益するのか、という疑問が提起された。C.グロートフによれば、条約は地方エリート、タタルスターン共和国の指導者を利するものであって、それはロシア連邦の一体性を強化するものではないのである。

　以上のような質疑応答を経て、条約案に含まれる問題が解明されたわけでもなく、いわんや質問者を必ずしも満足させたわけではなかったが、採決に入り、賛成306票、反対110票、白票1票、棄権33票の結果、条約承認法案は賛成多数で可決承認された[8]。

第二節　連邦会議での審議

（一）　事前審議

　国家会議で採択された条約承認法は、2007年2月12日、連邦会議に送られた。条約承認法案に対する連邦会議の態度は、国家会議とは違い、批判的・否定的であった。それは、議長のC.ミーロノフ（С.М.Миронов）が既に前年の12月22日にマスメディアに対して条約について批判的・反対のコメントを行

312　第三部　2007年条約の意義

っていたことから予期されていた[9]。

　担当委員会となった連邦問題・地域政策委員会もこの法案に否定的に対応した。すなわち、連邦問題・地域政策委員会は、翌 13 日から法案審議を開始するために、連邦会議法・司法問題委員会及び同事務局法務部に鑑定を依頼した。委員会は、2 月 20 日、これらの鑑定を踏まえて、この法案の却下を本会議に勧告することを決めたのである[10]。

　ところで、連邦会議法・司法問題委員会及び同事務局法務部の鑑定は、法案についてそれぞれ以下のような問題点を指摘していた[11]。まず法・司法的問題委員会の鑑定によると、条約の規定の中には、タタルスターン共和国最高役職候補者にタタール語知識を要求する第 2 条第 6 項や、タタルスターン共和国在住のロシア市民がタタール語記述とタタルスターン共和国国章のついたパスポートをもつことを定める第 3 条のように、ロシア連邦国家権力機関とタタルスターン共和国国家権力機関の間の権能区分に馴染まないものが含まれており、それ故、この法律案は却下すべきである、というものであった。

　また法務部の鑑定も第 2 条第 6 項の問題点を指摘したが、それとともに次の点を問題視した。第一に、条約には連邦憲法と重複する規定（とくに第 11 条、第 66 条、第 68 条、第 73 条）が含まれているが、これは既に憲法に規定されている事項は条約で取り決めてはならないとされていることから誤りである。第二に、第 2 条第 4 号に関して、タタルスターン共和国が外国の国家権力機関と国際的・対外経済的交流を行う場合、連邦政府の定める手続きに従って外務省の同意のもとに行うとされているが、この手続きは連邦法律「ロシア連邦の国際的・対外経済的交流の調整について」[12]がロシア連邦主体に対して定めている手続き―連邦政府の同意のもとに行う―と異なっている。第三に、第 2 条第 5 号に関して、タタルスターン共和国が在外共和国市民による民族文化の独自性の維持・発展に国家的援助・支援を行う場合、連邦政府の同意を得て行うとされることは、連邦法律「ロシア連邦の在外国民に対する国家政策について」[13]がそのような同意を必要としないことと相違する。第四に、この条約承認法案は連邦の機構及び管轄を内容とするが、この問題に関する連邦法は、連邦憲法

第 106 条により、連邦会議の義務的審議事項ではないので、2 月 26 日までは審議できない（それ以降であれば可能）とされた。2 月 26 日までは審議できない旨の理由づけは曖昧であるが、連邦憲法第 105 条第 4 項によれば、国家会議から連邦会議に送付された連邦法律は、審議しなくても 14 日経過することにより自動的に承認されたものと見なすと規定していることを指摘しているものと思われる。

（二） 本会議での審議

このような条約承認法案（及び条約案）の問題点は、連邦会議の本会議で如何に議論され、結論づけられたのであろうか。2007 年 2 月 21 日の連邦会議第 195 会議における議論に即して、以下において確認することにする[14]。

(1) 基調報告 - 問題点の指摘

本会議での審議は、シャラーンディン（Ю.А.Шарандин）憲法委員会委員長による報告で始まった。しかしながら、その内容は以下のような、条約案に対する逐条的批判ないし問題点の指摘であった。

・第 1 条について、連邦法に対するタタルスターン共和国憲法の優位を定めている。

・第 2 条第 2 項について、これは連邦憲法第 73 条の文字どおりの繰り返しであるが、憲法が最高法規範であり、かつロシア連邦全土に直接的効力を有するのであれば、繰り返す意味はない。

・第 2 条第 3 項について、ここで要求している協定締結後にのみ関連立法を制定できるとする手続きは、連邦政府及びタタルスターン共和国政府の立法イニシアティヴを制限するものになっているが、憲法は連邦主体に対してこのような立法発議権の制限を規定していない。

・第 2 条第 4 項について、タタルスターン共和国の対外経済活動等は連邦外務省と「調整しながら по согласованию」行うとされるが、前述の連邦法律「ロシア連邦主体の国際的及び対外経済的交流の調整について」（第 1 条第 1 項及び第 8 条）が「同意を得て с согласия」との文言を採用してい

314 第三部 2007年条約の意義

ることと相違する[15]。

・第2条第6項について、タタルスターン共和国の最高役職者の候補条件と
してタタール語の堪能さを求めることは、1998年4月27日の連邦憲法裁
判所決定[16]が共和国の国家語制定権を認める連邦憲法第68条第2項から
は国家語を制定する共和国の義務も、大統領選を含め被選挙権資格として
国家語に習熟している特別要件の必要性も生じないとしたことと矛盾す
る。

・第3条について、条約はパスポートに共和国紋章とともにタタール語によ
る挿入頁（вкладыш）を認めている。このタタール語による挿入頁が、既
にロシア連邦市民のパスポートに関する政府決定[17]に規定されているプラ
スチック製の折込みと違わないのであれば、何故、この決定が考慮されな
いのか。

以上の点を指摘した後、Ю. シャラーンディンは、条約承認法案、とくにそ
の実質的内容をなす条約については、それが既に合意されたものであることか
ら修正はできないとして、調整委員会を開かずに却下することを提案した。次
いで補足的報告に立ったアルトゥインバーエフ（Р.З.Алтынбаев）連邦問題・地
域政策委員会委員長は、条約を全体として評価して、権能区分という目的を達
成していない、条約締結は連邦主体の如何なる具体的な特性によっても根拠づ
けられていない、内容的には連邦憲法との不一致が見られる、権能区分に関し
て実施されている改革の考えに応えるものとなっていない、といった問題点を
指摘した。このように、連邦会議指導部は条約法案に批判的・反対の立場をと
ったのであった。

⑵　審議 - 反対派の議論

基調報告後の議論は、国家会議の場合とまさに反対の展開、すなわち連邦会
議指導部による条約法案反対の提案をめぐる賛成及び反対に対するそれぞれの
立場からの質疑応答となった。法案反対派の論点は基本的に基調報告と同じで
あるので、ここでは法案支持派、とくにタタルスターン共和国選出のЭ. グバ
イドゥーリン（Э.С.Губайдуллин）とムハメートシン国家評議会議長、それ

から連邦会議への大統領全権代表である A. コテンコーフによる基調報告への反論を含む議論を取りあげることにする。

まず Э. グバイドゥーリンは、法務部が肯定的及び否定的の二つの鑑定を出していることと関連して、委員会はどちらの鑑定に基づいて審議したのか、また法案に対する法務部の立場が肯定から否定へと変わった理由は何かとの質問を行った。これに対して、Ю. シャラーンディンは、委員会の意見は如何なる意見にも影響されない独自のものであり、法務部の鑑定について言えば、それは委員会の見解と同様に否定的なものであったと答えた（なお、法務部の答弁はなされていない）。そのうえで、Э. グバイドゥーリンは基調報告における条約法案への疑問に答えるかたちで、反論を展開した。まず連邦とタタルスターン共和国との間の条約締結は主権国家同士の「批准」行為と同じであるとの批判に対して、それは連邦法律「ロシア連邦主体立法（代表）及び執行国家権力機関の組織化の一般原則について」第26条の7に基づいて行われたと反論する。また、タタルスターン共和国の「地域的特性」に関する疑問に対して、各連邦主体はそれぞれの特性をもっているとの一般論を述べたうえで、タタルスターン共和国の経済的特性については、それはタタルスターン共和国が「ドナー（提供者）」主体という点にあると主張した（これ以外に、彼は生態系、言語及び文化における特性も挙げる）。さらに対外経済活動に関しては、タタルスターン共和国は過去15年にわたり1994年条約に基づき国際的・対外経済的活動を行ってきたと述べ、「ロシア連邦主体の国際的及び対外経済的交流の調整」に関する連邦法律との関係については、連邦政府との合意により在外共和国民に対して民族文化・言語等に関して対外的支援・援助を行うことができるとした。さらに大統領候補者への国家語要件に関わる疑問については、国家語の地位及びその実施手続きについては連邦憲法及び共和国憲法に則していることを前提にして、大統領候補者に対して二つの国家語を要件として課すことは重要なモメントであって、共和国大統領がタタール人にもロシア人にも母語で訴えることができるならば、それは共和国の指導部にとっても権力機関にとっても大きな信頼を付与するであろう、と述べた。

次に、Ф. ムハメートシンは、今回の条約法案及び条約は、連邦国家権力機関が連邦国家建設の道を進むことを指し示すものであり、またプーチン大統領の委任により行われた新条約作成作業の一貫した遂行を具現した重要な文書であるとの一般論を述べた。その後で、タタルスターン共和国の個別パスポート問題に関して、条約法案は連邦の一体性を損なうとのナールソヴァ（Л.Б.Нарусова）議員の意見に対して、次のように反論した。すなわち、共和国に居住するタタール人は自らの名を自分や親が慣れ親しんだのとは違った書き方でパスポートに記載しなければならない理由を彼らに説明することはできない、何故なら名称記載に際してタタール語書体やタタール文字が使えないことは、タタール民族の尊厳を侮辱するものだからである。そして、この問題は原則的には解決された、すなわち条約では「挿入頁」という形式での解決がなされたと述べた。さらに彼は、この条約は何らかの特権を付与するものではないし、また与えるべきではないと述べた。そして、同権的ではあるが決して対等ではない各連邦主体が自らの国内問題（それは主体それぞれで相違する）を解決しなければならない場合、条約は連邦主体にこうした問題解決のメカニズムを見いだす可能性を与えているのであり、そのことについて連邦国家においては悩む必要はないとした。最後に、Ф. ムハメートシンは、条約締結について連邦中央と、ともに払った努力を支持してくれるよう求めるとともに、必要であればしかるべき協議を行うことがあると述べて、演説を締めくくった。

最後に、А. コテンコーフの議論を見ることにする。彼は、条約法案がそもそも大統領により議会に提案されたことをもって条約法案は支持すべきとの立場から、法案反対派に疑問を呈した。その要点は、条約規範の法律解釈をするのではなく、連邦主体国家権力の組織化の一般原則に関する連邦法第26条の7が規定し、連邦憲法もそのような場合の条約の存在を認めているところのタタルスターン共和国の政治・経済的特性の評価、あるいはそのような特性がタタルスターン共和国にあるのか否かを評価し決定すべきであるという点にあった[18]。彼によれば、連邦会議のなし得ることは、タタルスターン共和国の経済的ないし政治的特性に対する評価であり、条約（条約テキストはいわば荒削り

であるにしても、反対派（論者）が主張するような連邦憲法からの重大な逸脱はない）に対する法律的評価を行うことは正しくないであるのである。

　法案支持派の議論が終わった後、ミーロノフ連邦会議議長が発言を求め、自ら法案反対のための議論を展開した。彼は、条約案第1条が連邦法に言及していないという既に論議された問題点を改めて取りあげ、そのことにより連邦法の効力が一連邦主体に及ぼされない（適用されない）ことになると述べて、連邦の統一的法圏への脅威を示唆した。そして、条約案は連邦主体の憲法上の同権原則を侵害するという政治的先例をもたらす、換言すれば、条約案は管轄対象及び権能の区分という本来の目的には達せず、もっぱら政治的性格をもつにすぎないと批判した。従って、法案は両院の調整委員会を設置することなく却下されるべきである、と彼は訴えたのである。この後、採決に移り、投票総数121票のうち、賛成13（7.3％）、反対93（52.2％）、棄権15（8.4％）で、彼の訴えどおり法案は過半数の反対により却下された[19]。また、調整委員会設置の動議もなく、会議は終了した。

第三節　再審議

（一）　再審議のための交渉

　2月21日の連邦会議による法案否決を受けて、翌22日、タタルスターン共和国ではシャイミーエフ大統領及びムハメートシン国家評議会議長がほぼ同時に国家会議での継続協議を求めることを表明した[20]。連邦政府も同様の立場をとり、連邦中央とタタルスターン共和国は打開のための交渉を開始した。それは、具体的には2006年11月4日条約案に修正を施すことを意味した。この作業は5月下旬には終了し、新たな修正条約案は現在連邦政府のもとで検討中であるとされた[21]。そしてこの修正作業が纏まったことを受けて、6月14日の共和国国家評議会において、シャイミーエフ大統領は「2006年11月4日ロシア連邦国家権力機関とタタルスターン共和国国家権力機関との間の管轄対象及び権能の区分に関する条約テキスト編集の明確化」の問題を提起し、具体的には

318　第三部　2007年条約の意義

三つの修正を施すことで修正条約案の承認を求めた。すなわち、第一に、前文第2段の「タタルスターン共和国憲法」の語に続けて「連邦法律及びタタルスターン共和国法律」の語を追加したこと、第二に連邦憲法第66条第1項の繰り返しを避け、タタルスターン共和国の地位を明確にしたこと、第三に条約締結日を新たに変更したことである[22]。会議はこの修正提案を承認し、修正条約案は署名のためにロシア及びタタルスターン両大統領に送られた。

　6月26日、プーチン及びシャイミーエフ両大統領は、この修正条約案に署名した。翌27日、プーチン大統領は、この修正条約案の承認を目的とする新たな条約承認法案（第447225-4号）を国家会議に提出した。提出に際しての理由として、「理由書」は次のような点を指摘した。すなわち、ロシア連邦主体の立法（代表）国家権力機関の組織化の一般原則に関する連邦法は、法の認める権限区分条約テキストの明確な編集を承認すると定めている。条約自体は、6月26日に両大統領により調印された。条約では、個別分野において上記連邦法とは異なる権限の区分がなされている。とくに、両政府によるタタルスターン共和国の経済的、環境的、文化的その他の特性と関連した共同解決を定める協定の締結（条約第2条）が定められる他、連邦政府の同意による在外共和国市民への支援・援助を行ったり（同条）、共和国在住市民に対するタタール語で書かれた挿入頁付の全連邦パスポートを発給する権利がタタルスターン共和国に付与される（同第3条）、大統領選候補者への国家語（ロシア語及びタタール語）の要求（同第2条）などが規定された。

　　（二）　国家会議

　たった今述べたように、新たな条約承認法案は、6月27日、国家会議に提出された[23]。担当委員会である連邦問題・地域政策委員会は、これを法務部の鑑定に付した。法務部は、条約承認法案のテキストについて、法的、法技術上及び用語法上の問題はないとしつつ、条約自体について二つの問題点を指摘した[24]。すなわち、第一に、条約は、連邦主体立法（代表）・執行国家権力機関組織化の一般原則に関する連邦法第26条の7第1項に規定されている当該主体

の特性に基づく条約締結要件を充たしていない。すなわち、当該連邦法によれば、条約には連邦法の定めとは異なる管轄対象・権能の区分並びにそれらの実現条件・手続きに関する規定が定められなければならないが、当該の条約にはそうした規定が存在しない。第二に、条約第2条第5項後文における用語法が上記連邦法とは異なっている。すなわち、規定は最高役職者の「職務任命」候補者は二か国語能力を求められる規定であるが、その場合の最高役職者候補者を「職務任命」に関連づける用語法は、上記連邦法（たとえば第18条第1項）が、最高役職者候補者を「権能付与」に関係づけている用語法と異なっている（言うまでもなく、条約の規定が最高役職者候補者の「任免」に触れている点が問題とされているのである）。

　国家会議評議会は以上の鑑定を踏まえて、6月28日、上記法案（2月9日に国家会議で採択され2月21日に連邦会議で却下された法律第357306-4号）及び大統領により提案された同一名称の法案（第447225-4号）を審議した[25]。前者については、翌29日の本会議に上程することを決定した。また後者については、法案を委員会、代議員団、政府、連邦会議、タタルスターン共和国国家評議会などの関連諸機関に送付して、7月2日までに担当責任委員会たる連邦問題・地域政策委員会に意見・提案を送ることを要請し、同委員会に対してはこれら送られてきた提案・意見を考慮して国家会議上程のための法案を作成することを委ね、そしてこの法案を7月4日の本会議日程に含めることを決定した。

　6月29日、国家会議は予定した日程どおり、二つの法案（第357306-4号及び第447225-4号）のうち、まず第357306-4号法案について審議に入った。会議は、以後検討することをやめるべきとの連邦問題・地域政策委員会の報告を受けた後、委員会提案に同意する決定を圧倒的多数の賛成（賛成425，反対1）で採択した[26]。すなわち、法案は、そのままの編集での審議を行わないこととし、議題から削除、すなわち事実上廃案としたのである。他方で、第447225-4号法案については、7月3日の国家会議評議会により、付属資料（2007年6月26日条約案を含む）とともに、連邦大統領始め関連機関に送付

して意見聴取を経ること、そしてそれを 4 日の国家会議の審議に付すとの決定が改めて行われた[27]。審議は、予定どおり、7 月 4 日の本会議で行われることになった[28]。

法案第 447225-4 号の審議は、前回の審議同様、コソープキン大統領全権代表による提案趣旨説明により開始された。彼は、連邦会議による却下後、大統領府、国家会議、連邦会議及びタタルスターン共和国代表が参加して、条約テキストの調整作業が行われ、その結果、条約テキストが厳密になったと述べたうえで、旧条約（2006 年 11 月 6 日条約案）の基本的・概念的規定は維持される一方で、若干の修正が施されたと述べた。すなわち、第一に、旧条約前文に欠けていた準拠法としての連邦法が、条約批准後タタルスターン共和国が連邦法を無視するかもしれないとの誤解を払拭するために補足されたこと、第二に、条約第 2 条第 1 項が、連邦憲法第 66 条第 1 項と重複するとの理由で削除されたことである。最後に、彼は、条約が連邦憲法（第 11 条第 3 項）にも連邦法律「ロシア連邦主体立法（代表）及び執行国家権力機関の組織化の一般原則について」（第 26 条の 7）に即していること、またこの条約がタタルスターン共和国への何らかの依怙贔屓によるのではなく、個別分野における連邦とタタルスターン共和国との間の管轄対象及び権能の区分手続きを厳密にしたことを改めて強調し、報告を終えた。

続いて報告に立った担当委員会である連邦問題・地域政策委員会委員長の B. グリーシンは、委員会が法案審議の結果これを承認したことを報告するとともに、条約は「限定的」[29]性格をもっており、特定の連邦主体への何らかの偏向を含むものではなく、連邦政府とタタルスターン政府が共和国の特性に係る分野における共同解決のための協定を締結する可能性を定めていること、また法案が連邦政府及び連邦大統領によっても支持されていることを指摘して、委員会として法案採択を国家会議に勧告すると述べた。

次いで A. コソープキン及び B. グリーシンの報告に対する質疑に入り、法案反対の立場から以下のような質問が提起された（→は答弁者）。

・A. ローコチ（А.Е.Локоть）：こうした条約作成を要求している主体は既に

いるのか、また大統領府はタタルスターン共和国以外に、こうした条約締結を計画しているのか。

→ A. コソープキン：バシコルトスターン共和国が何らかの条約作業着手したのかは知らない、チェチェン共和国についても他の連邦主体についても知らない。

・B. ジリノフスキー（В.В.Жириновский）：連邦会議が以前我々の承認した法案や条約を却下したことは否定的意味を持たないのか

→ B. グリーシン：連邦会議の決定がタタルスターン共和国に対して何らかの政治的な否定的意義を持ったと判断することは難しいが、この決定により両国の大統領が再度条約を検討し修正を行ったことは強調されてよい。

・C. ポポーフ（С.А.Попов）：（条約第3条のパスポートの一部タタール語表記を念頭に置いて、ソ連邦時代、民族共和国のパスポートにはロシア語と民族語が並記され、これらが独立した後、公文書はロシア語で作成されるようになったと述べたうえで）この条約がロシア連邦崩壊の第一歩となることを危惧しないのか。

→ A. コソープキン：かつての共和国が離脱した理由は別にあり、パスポートにタタール語の頁を挿入したことにあるのではない。

・H. サポーシュニコフ（Н.И.Сапожников）：（今回の条約承認法案が内容上前回のものと同じであることを踏まえて）今回の法案は連邦主体立法（代表）・執行国家権力機関の組織化の一般原則法第26条の7に則して二つの点—第一にタタルスターン共和国は如何なる特性をもち、かつそれが連邦法の規定する条件とどの程度異なっているかが不明確である点、第二に上記連邦法が命じている連邦機関の権能の列挙、当事者の義務などが条約には定められていない点—において法律的に根拠がない。

→ A. コソープキン：法律的根拠について、第一の点に関しては完璧にある、何故ならタタルスターン共和国及び連邦政府は経済的、エコロジー的、文化的特性に関する協定を結び、そしてこれらの協定に基づいて国家

会議に法案が提出されているからである。第二の点に関しては、前の条約が連邦機関の権能の列挙などを定める形式をとった（そのことで直接的効力を有する）ことが連邦中央からも連邦主体からも批判されたことを考慮して、この形式を避けた。

・A. クルートフ（А.Н.Крутов）：もし今日、タタルスターンが独自の法、ロシアとの特別の条約によって生きることを欲しているならば、明日にはバシコルトスターンもチェチェンもクラスノヤルスク地方もイヴァノヴォ州も同じことを欲するであろう。これはロシアにとって破滅的な道である、特定のの民族、共和国に明確な特権を与えるこの道を進むならば、共通の家ではなく、未来のないばらばらな家の寄せ集めが招来するであろう。

→ A. コソープキン：タタルスターン共和国が独自の法律によって生きることを欲しているとの主張は根拠がない。条約は「限定的」であり、もしある連邦主体が当該主体にとってのみ特徴的な、ローカルかつ特殊な問題を解決するために、連邦条約、より正確には既存の連邦法に基づいて問題を解決できない場合、そうした条約を締結する道は開かれているのである。

・H. クリヤーノヴィッチ（Н.В.Курьянович）：この法案は、連邦中央の弱さ、すなわち民族主義的な地方エリートに媚びていることの証左であり現れである。間近に迫っている議会選挙及び大統領選挙をめぐる政治的駆け引きとしてこの媚びを理解することができる。

→（答弁なし）

以上のような反対意見・質問、それへの応答の後、審議は A. コソープキン（及び B. グリーシン）の結語により終了し、採決に移った。その結果、法案は圧倒的多数の賛成で承認された（投票総数 403 票のうち、賛成 284 票（63.1％）、反対 119 票（26.4％）であった）[30]。

（三）　連邦会議

7月5日、法案は国家会議から連邦会議に送付された。連邦会議は、翌6日、

担当委員会である連邦問題・地域政策委員会始め関連委員会及び法務部に法案を送り検討させた[31]。連邦問題・地域政策委員会は、7月9日付の鑑定で、連邦会議の意見を考慮して修正された条約が法律により承認されているとして、具体的には、連邦会議の指摘した条約テキスト前文における準拠法としての連邦法が追加され、タタルスターン共和国の地位に関わる第2条第1項が削除されたとして、当該連邦法案の承認を連邦会議に提案すると結論づけた（法的・司法的問題委員会の7月10日付鑑定も同様の結論づけを行った）。同様の結論づけながらニュアンスを若干異にするのが、地方自治問題委員会の7月10日付鑑定である。そのことは、条約は連邦主体立法（代表）・執行国家権力機関の組織化の一般原則法第26条の7の要請を必ずしも完全には充足していないと指摘したり、連邦憲法第106条によれば連邦会議は当該連邦法を審議する義務はないと述べたり、あるいは当該連邦法を連邦会議に提案することが「可能であると見なす」と表現している（上記の委員会と異なり、承認することの提案ではなく単なる提案になっていることに注意）点に窺うことができる。

　法務部は7月10日付鑑定において、条約承認に関する連邦法は憲法に抵触しておらず、そのテキストに関して述べることはないとした。また条約については、条約が連邦憲法及び連邦主体立法（代表）・執行国家権力機関の組織化の一般原則法第1条及び第26条の7に則して作成され、タタルスターン共和国国家評議会により承認され、そして連邦及びタタルスターン共和国両大統領によって署名されたという手続き上の事実を述べたうえで、それが前回の条約の修正版—修正箇所が具体的に指摘する—であり、前回の条約鑑定の際に指摘した個々の意見は今回も有効であることが述べられた。

　今回の各委員会及び法務部の鑑定を前回の場合と比較すると、連邦会議の指摘した点が考慮されて条約テキストが修正・補足されたことから、大勢は条約承認であり、本会議ではその方向で審議されることが予想された。少なくとも連邦問題・地域政策委員会が本会議で提案説明を肯定的に行うことは、十分推測された。もっとも、地方自治問題委員会鑑定に見られるように、消極的な意見もまだ存在することを忘れてはならない。先の法務部鑑定がこうした消極的

324 第三部 2007 年条約の意義

意見に影響を与えたことが推測される。

　かくして、条約承認に関する連邦法は、7 月 11 日の連邦会議の第 208 会議において審議されることになった[32]。まず P. アルトゥインバーエフが報告に立ち、前回連邦会議が却下した主要な理由であった条約の連邦法への準拠規定が存在しないこと及びタタルスターン共和国の地位に関する規定が存在することの二つの問題が、改正条約においてはそれぞれ前文での明記及び削除として実現されたこと、そして担当委員会が連邦会議に承認提案を行い、また関係 3 委員会（憲法委員会、地方自治委員会及び法的・司法的委員会）も肯定的決定を行ったことが紹介された。続いて立った大統領全権代表の A . コテンコーフは、6 月 26 日に両大統領によって再締結された条約は連邦会議の意見を全面的に考慮したものであり、連邦会議が前回のテキストに対して述べた要求に完全に合致し、従ってあらゆる批判は除去されている、と補足した。

　その後、会議は、審議せずに採決すべしとの議場からの提案に基づいて、直ちに採決を行い、圧倒的多数の賛成で条約承認法を承認した（投票総数 127、うち賛成 122、反対 4、保留 1 であった。全投票者における賛成の割合は、96.1% であった。また、無投票（棄権）者 49 を加えた場合の賛成者の割合は、69.3% であった）[33]。

　7 月 24 日、条約承認法（及び条約）は、新たに 10 年の期間をもって発効し、タタルスターン共和国とロシア連邦との条約関係の新たな段階が開始された[34]。シャイミーエフ大統領はこれを受けて、8 月 6 日、大統領指令を発して、条約実現のための実施計画の策定を内閣及び関係機関に命じるとともに、国家評議会議長に対してこの計画への意見と必要な立法措置を行うことを指示した[35]。そして 12 月 29 日の指令では、作業日程と担当機関を明示した包括的な実施計画に即して条約実現に取り組むことを内閣及び国家評議会に改めて要請した[36]。これによって、規模（範囲）は縮小されたとはいえ、1994 年条約と同様、憲法的意義を有する条約により合意された権限関係を政府間協定によって執行（実現）するメカニズムが確保されることとなった。

⑴　以下、本文叙述において主として用いた立法資料は、Электронная регистрационная карта на законопроект N 447225-4. Об утверждении Договора о разграничении предметов ведения и полномочий между органами государственной власти Российской Федерации и органами государственной власти Республики Татарстан［http://sozd. parliament.gov.ru/bill/357306-4］に登載された電子データである。

⑵　Пояснительная записка к проекту федерального закона "Об утверждении Договора о разграничении предметов ведения и полномочий между органами государственной власти Республики Татарстан": http://sozd.parliament.gov.ru/download/7DC127A0-2E56-449B-A8E6-87C12AFE49A9［2018 年 5 月 30 日閲覧］.

⑶　Заключение по проекту федерального закона N 357306-4 "Об утверждении Договора о разграничении предметов ведения и полномочий между органами государственной власти Российской Федерации и органами государственной власти Республики Татарстан", внесенному Президентом Российской Федерации, в Электронная регистрационная карта на законопроект N 357306-4. Об утверждении Договора о разграничении предметов ведения и полномочий между органами государственной власти Российской Федерации и органами государственной власти Республики Татарстан//http://asozd2. duma.gov.ru/main.nsf/(SpravkaA)?OpenAgent&RN=357306-4&02:20/07/2010［2018 年 5 月 30 日閲覧］.

⑷　Засидания Совета Государственной Думы от 12 декабря 2006 г. Протокол N 204.

⑸　См. Договор о разграничении полномочий между РФ и Татарстаном все еще не рассмотрен: http://gazeta.etatar.ru/news/view/26/23459; Рассмотрение в Госдуме договора о разграничении полномочий между органами госвласти РФ и РТ перенесено на неопределенный срок: http://www. tatar-inform.ru/news/politics/?ID=45345［2018 年 5 月 30 日閲覧］.

⑹　会議議事録について、см.Государственная Дума.Стенограмма заседания 9 февраля 2007 г., N 210 (924): http://wbase.duma.gov.ru/steno/ nph-sdb.exe:20/07/2010.

⑺　タタルスターン共和国とともに条約改定候補の一つと見なされていたバシコルトスターン共和国が当初の条約改定推進の立場から準備委員会を立ち上げ作業に着手したにもかかわらず、共和国内外の政治状況により連邦に譲歩（屈服）するかたちで作業を頓挫させた点も考慮しなければならない。См.Казань роднее Уфы,《Независимая газета》, 14 декабря 2006 г.; "Башкирия не хуже Татарии",《Коммерсантъ》, 13 июля 2007 г.

⑻　投票結果について、см.указ.Государственная Дума.Стенограмма заседания 9 февраля 2007 г.,N 210 (924). また、投票結果を議会フラクション別にみると、ロシア連邦共産党［КПРФ］：賛成 0、反対 47、白票 0、棄権 0。統一ロシア［Единая Россия］：賛成 293、反対 10、白票 1、棄権 7。自由民主党［ЛДПР］：賛成 5、反対

27、白票 0、棄権。祖国［Родина］：賛成 3、反対 12、白票 0、棄権 14。国民 - 愛国同盟「祖国」［НПС "Родина" (НВ-СЕПР-ПР)］：賛成 0、反対 13、白票 0、棄権 3。無会派［Независимые］：賛成 5、反対 1、白票 0、棄権 7 (Справка о голосовании по вопросу:О проекте федерального закона N 357306-4 "Об утверждении Договора о разграничении предметов ведения и полномочий между органами государственной власти Российской Федерации и органами государственной власти Республики Татарстан": http://vote.duma.gov.ru/vote/42865［2018 年 5 月 30 日閲覧］)。なお、条約採択に関するマス - メディアの反応について、см. Мониторинг СМИ.Государственная дума.10-12 февраля 2007 г., M.,2007, стр. 9-18. また、国家会議決定「連邦法律『ロシア連邦国家権力機関とタタルスターン共和国国家権力機関との間の管轄対象及び権能の区分に関する条約の承認について』（法案第 357306-7 号）」について、Собрание законодательства Российской Федерации, 2007, N8, ст. 968.

⑼ См.СЕРГЕЙ МИРОНОВ:《ДОГОВОР ЛИБО ДУБЛИРУЕТ ПОЛОЖЕНИЯ ЗАКОНОДАТЕЛЬСТВА, ЛИБО ПРОТИВОРЕЧИТ ЕМУ》(http://council.gov.ru/events/news/23351/［2018 年 5 月 30 日閲覧］).

⑽ 連邦問題・地域政策委員会の態度について、см.Заключение Комитета Совета Федерации по делам Федерации и региональной политике（http://sozd.parliament.gov.ru/download/1E0E00ED-C743-48AA-B336-6349F8C7DBD8［2018 年 5 月 30 日閲覧］.

⑾ 連邦会議法・司法委員会の鑑定について、ЗАКЛЮЧЕНИЕ по Федеральному закону 《Об утверждении Договора о разграничении предметов ведения и полномочий между органами государственной власти Российской Федерации и органами государственной власти Республики Татарстан》(http://sozd.parliament.gov.ru/ download/22602410-CF08-46CA-B73D-7EE5B3C350BE［2018 年 5 月 30 日閲覧］)、また法務部の鑑定について、ЗАКЛЮЧЕНИЕ по Федеральному закону 《Об утверждении Договора о разграничении предметов ведения и полномочий между органами государственной власти Российской Федерации и органами государственной власти Республики Татарстан》, принятому Государственной Думой 9 февраля 2007 года（http://sozd.parliament.gov.ru/download/4B159EFA-73D9-42A8-8498-05395864174A［2018 年 5 月 30 日閲覧］).

⑿ О координации международных и внешнеэкономических связей субъектов Российской Федерации (Собрание законодательства Российской Федерации, 1999, N 2, ст. 231).

⒀ О государственной политике Российской Федерации в отношении соотечественников за рубежом (Собрание законодательства Российской Федерации, 1999, N22, ст. 2670).

⒁ 議事内容について、см. Стенограмма сто девяносто пятого заседания Совета Федерации, 21 февраля 2007 года, стр. 135-172.

⒂ たとえば第1条第1項後段は、「ロシア連邦主体はロシア連邦政府の同意を得て、このような交流を外国の国家権力機関とも行うことができる」と定める。

⒃ 4月27日決定（Постановление Конституционного суда РФ от 27 апреля 1998 г. N 12-П. По делу о проверке конституционности отдельных положений части первой статьи 92 Конституции Республики Башкортостан, части первой статьи 3 Закона Республики Башкортостан "О Президенте Республики Башкортостан" (в редакции от 28 августа 1997 года) и статей 1 и 7 Закона Республики Башкортостан "О выборах Президента Республики Башкортостан") について、Собрание законодательства Российской Федерации, 1998, N18, ст. 2063.

⒄ См.Постановление Правительства РФ от 18 ноября 2005 г. N 687 "Об утверждении образцов и описания бланков паспорта гражданина Российской Федерации, дипломатического паспорта гражданина Российской Федерации и служебного паспорта гражданина Российской Федерации, удостоверяющих личность гражданина Российской Федерации за пределами территории Российской Федерации, содержащих электронные носители информации" (Собрание законодательства Российской Федерации, 2005, N 48, ст. 5037).

⒅ 条約案第1条が連邦法に言及していないことをもって連邦憲法違反であるとの議論について、А. コテンコーフは、連邦憲法第11条第3項は、連邦国家権力機関と連邦主体国家権力機関の間の管轄対象及び権能の区分は、連邦憲法、管轄対象及び権能の区分に関する連邦条約その他の条約によって実現されると定め、また同第66条は、共和国の地位は連邦憲法及び共和国憲法によって決定されると定めていることから、条約第1条に矛盾はないし、連邦憲法に完全に合致していると述べた。

⒆ См.указ. Стенограмма сто девяносто заседания Совета Федерации, стр. 30. なお、7月21日連邦会議決定「連邦法律『ロシア連邦国家権力機関とタタルスターン共和国国家権力機関との間の管轄対象及び権能の区分に関する条約の承認について』について」のテキスト（Собрание законодательства Российской Федерации, 2007, N 10, ст. 1169）を参照。

⒇ См. 《Коммерсантъ》, 22 февраля 2007 г.（https://www.kommersant.ru/doc/744873 ［2018年5月30日閲覧］）。

(21) См. Татарстан представил России договор о разграничении полномочий с федеральным центром（http://ryzkov.ru/index.php?option=com_content&view=article& id=15561&catid=2:2011-12-26-10-24-39&Itemid=26 ［2018年5月30日閲覧］）。

(22) См. Татарстан внес поправки в договор с Россией（http://www.regnum.ru/ news/843397.html ［2018年5月30日閲覧］）; Информационный бюллетень Государственного Совета Республики Татарстан, N 18, Июнь 2007 года,стр.46.

328 第三部 2007年条約の意義

⑳ См.《Республика Татарстан》, 28 июня 2007 г.

㉔ Заключение Правового управления:Заключение по проекту федерального закона N 447225-4 "Об утверждении Договора о разграничении предметов ведения и полномочий между органами государственной власти Российской Федерации и органами государственной власти Республики Татарстан", внесенному Президентом Российской Федерации（http://sozd.parliament.gov.ru/download/44778AA5-F294-4C21-A36C-1CA978A0F264［2018年5月30日閲覧]）.

㉕ См.Протокол N 254 заседания Совета Государственной думы от 28 июня 2007 г.

㉖ Собрание законодательства Российской Федерации. 2007, N 28, ст. 3380.

㉗ См.Протокол N 254 заседания Совета Государственной думы от 3 июля 2007 г.

㉘ 議事録について、см. Стенограмма заседания 4 июля 2007 г., N 239 (953).

㉙ 「限定的（рамочный)」という言葉は、枠、型を意味する "рамка" から派生しており、何かに枠づけられた、型を嵌められたといった意味で使われる。ここでは、条約が批判者が言うような独自のものでは決してなく、憲法・連邦法に依拠している・準拠している「枠づけられている」、「型を嵌められている性格」という意味で用いられている。なお、たとえば、"рамочное соглашение"は基本規定もしくは一般原則に関する予備協定といった意味になる。

㉚ 投票結果について、указ.Стенограмма заседания 4 июля 2007 г., N 239 (953)（http://wbase.duma.gov.ru/steno/nph-sdb.exe［2018年5月30日閲覧]）.

㉛ これらの鑑定テキストについては、以下のウェブサイトを参照。См.Электронная регистрационная карта на законопроект N 447225-4.Об утверждении Договора о разграничении предметов ведения и полномочий между органами государственной власти Российской Федерации и органами государственной власти Республики Татарстан（http://asozd2.duma.gov.ru/main.nsf/（SpravkaA）?OpenAgent&RN= 447225-4&123［2018年5月30日閲覧]）.

㉜ 議事録について、см.Стенограмма двести восьмого заседания Совета Федерации（http://council.gov.ru/files/sessionsf/41d6629e2c7fc34a7.doc［2018年5月30日閲覧]）.

㉝ См. там же.

㉞ Собрание законодательства Российской Федерации, 2007, N31, ст. 3996. 7月31日に「ロシースカヤ・ガゼータ」紙、8月9日に「パルラメーンツカヤ・ガゼータ［議会新聞]」紙に公表。シャイミーエフ大統領は後に、2007年条約の締結でもって、独自な発展の途を指向するタタルスターン共和国の立場を理解したプーチン大統領との新たな段階が開始されたと述べた（см.Договор-1994: воспринимая разумом и чувствами,《Республика Татарстан》20 февраля 2014 г.）。なお、В. イヴァーノフによれば、今回の条約を含む連邦との「独自条約の関係」とは「タタルスターンの『国

家神話』の重要な部分をなしており、M.シャイミーエフ行政の主要な政治成果の一つ」であるとされる。См.В.В.Иванов, указ.Нормативный конституционно-правовой договор : теория и практика, стр.217.

⑶ См.Распоряжение Президента РТ от 06.08.2007 N 221.О мерах реализации о разграничении предметов ведения и полномочий между органами государственной власти Российской Федерации и органами государственной власти Республики Татарстан（http://tatar7.info/2007/08/06/t45130.htm［2018 年 5 月 30 日閲覧］）.

⑶ См. Распоряжение Президента РТ от 29.12.2007 N 351 (Об основных мероприятиях по реализации Договора о разграничении предметов ведения и полномочий между органами государственной власти Российской Федерации и органами государственной власти Республики Татарстан（http://tatar7.info/2007/12/29/t42730.htm［2018 年 5 月 30 日閲覧］）.

第八章

検　討

第一節　内容の検討

　以上のように、2006 年 11 月 4 日条約案（＝「2006 年条約案」）を改定した 2007 年 6 月 26 日条約（＝「2007 年条約」）を含む新たな条約承認法案が国家会議及び連邦会議の審議を経て承認された。それでは、前文及び全 6 か条を擁する 2007 年条約は如何なる内容を有し、またそこには如何なる問題を孕んでいるのか。これらの点について 1994 年条約及び 2006 年条約案との比較を行うことにより明らかにしていくことが本章の主題となる。

　ところで、既に前章において、2006 年条約案の内容検討に当たり、1994 年条約との比較については 2005 年 10 月 28 日条約案（＝「2005 年条約案」）を用いた。その理由は、同条約案と 2006 年条約案とは法技術的観点でわずかな相違があるだけで、内容に関してはほぼ同趣旨と理解されるからであった（もちろん、これらの相違については具体的に指摘したとおりである）。従って、今回、2007 年条約の内容を比較検討する場合、2006 年条約案とのみ行えば済むことになる。もっとも、両者の相違は、前述の繰り返しになるが、第一に前文第 2 文節の末尾に「連邦法律及びタタルスターン共和国法律」が補足されたこと、第二に第 2 条第 1 項が削除されたこと（これに併せて項数が繰り下がる）、そして第三に第 6 条の締結日の変更、の 3 点である。これらのうち、第三の締結日の異同については議論の余地はない。問題は他の 2 点である。まず第一の準拠法について言えば、国家機関が憲法のみならず法律「に従って活動

する」ことは当然である。今までこれが明示されなかったのは、1994 年条約が憲法に「依拠する」としていることから窺えるように、条約が法律よりも上位の法的意義を持つとの理解に起因していたものと考えられる。第二の共和国の地位については、前述したように、内容的には連邦憲法第 66 条第 1 項の繰り返しであり、削除されても問題なしと言えなくもない。しかしながら、削除によりタタルスターン共和国憲法への言及がなくなる点は重要な問題である。何故なら、ロシア連邦におけるタタルスターン共和国の地位について、共和国憲法が「ロシア連邦と結合した［объединенное］国家」としているのに対して、連邦憲法は第 65 条で「以下のロシア連邦主体はロシア連邦を構成する」と述べ、タタルスターン共和国を挙げているからである（また前述の第 66 条第 1 項も参照）。もっともこの点は、タタルスターン憲法の連邦憲法に対する抵触問題としてロシア側に強く意識された結果、削除がなされたのであり、その意味でタタルスターン側の譲歩の結果によるものと考えられる。

　2006 年条約案と 2007 年条約との異同を以上のように理解することで、もはやこれら二つの条約（案）間の比較検討を行う必要はなくなったと言える。以下では、2007 年条約の比較的観点からの逐条的検討に関わる比較検討とは別の観点で、すなわち、連邦議会において 2007 年条約の如何なる点が権限区分条約一般の観点で問題にされたのかについて、若干の論点に即して検討することにする。このことにより、2007 年条約が 1994 年条約を如何なる点で継承・断絶したのかという点を含めて、1994 年条約の社会・政治的意義を踏まえた 2007 年条約の締結が連邦中央とタタルスターン共和国との連邦関係の展開、ひいてはロシア連邦の構造的変化において持った意義を確定し、そのことで今では歴史となった条約的連邦関係それ自体のロシア連邦制にとっての意義を理解する基点としたい。

第二節　法的問題

（一）　問題の限定

　たった今述べた観点から、以下では、前述した連邦議会の審議過程において明らかにされた 2007 年条約に対する様々な問題点のうち、主として憲法・連邦法上の問題として、① 条約締結の可能性―個別条約の憲法上の存在可能性―、② 連邦主体間の平等原則―憲法第 5 条との関連―、及び ③ 条約締結要件―連邦法第 26 条の 7 との関連―の三つの問題を検討することにする。換言すれば、① は現行法体系における連邦中央と連邦主体との個別条約締結の可能性という問題、② は今回の条約の憲法上の問題、とくに連邦主体の平等原則に関する第 5 条との関連の問題、そして ③ は今回の条約締結の手続き上の問題、とくに 2003 年 7 月 4 日連邦法律（第 95-ФЗ 号）「連邦法律『ロシア連邦主体立法（代表）及び執行国家権力機関の組織化の一般原則について』への修正・補足の導入について」第 26 条の 7 における条約締結要件としての「共和国の特性」に関わる問題である。

　他に取りあげるべき点を捨象してこれらの点を検討するだけでも、2007 年条約の法的問題性を理解するための最低限必要な論点を得ることはできるであろう。その際、これらが 2007 年条約をめぐる法的問題を考えるうえで相互に緊密に関連していることは言うまでもない。とくに第一の問題における憲法上・連邦法上の議論は、第二・第三の問題の議論の場を前提的もしくは確認的に設定する意味を有すると同時に、これら第二・第三の点を具体的・個別的に議論することを可能にするであろう。これらの点が相互に緊密に関連することを確認したうえで、以下、それぞれについて検討していくことにする。

⑴　個別条約の憲法上の存在可能性

　ここでの問題は、ロシア連邦における憲法・連邦法体系は、連邦中央とタタルスターン共和国との間の権限区分条約締結の可能性を認めているのであろうか、ということである。それは現行連邦憲法に即して言い換えるならば、連邦

334　第三部　2007年条約の意義

国家であるロシアにおいて連邦中央と地方（連邦主体）との間の権限関係、すなわち権限区分の問題を如何に意義づけ、そしてそれを如何なる手段で解決しようとしているか、ということを意味する。

現行連邦憲法は、第5条第3項において、連邦と連邦主体間の権限（管轄対象及び権能）の区分を連邦構造の基礎の一つとして定めている。これは、立法・司法・行政の国の最高権力機関を抑制均衡的に区分すること（三権分立）との対比において、「垂直的権力分立原則」に基づいていると言われる[1]。そして、既に1994年条約を検討した際に述べたように、管轄を連邦、共同及び連邦主体に3区分している（それぞれ、第71条、第72条及び第73条）。そしてそれらの範囲は垂直的に、すなわち、連邦が排他的に所管する管轄対象が決定され、次いで連邦中央と連邦主体が共同して実施する問題が共同管轄として定められ（これらは連邦主体の相違にかかわらず等しく適用される）、最後に連邦管轄の対象及び共同管轄で連邦の権能とされる対象を除く、残余の権能が共和国管轄として決定されていくのである。このように、現行連邦憲法は、連邦と連邦主体間の権限区分を連邦原則の一つとして意義づけるとともに、それぞれを個別規定で具体化した。

連邦と連邦主体間の権限区分問題が現行憲法上、個別に規定されることにより処理されているとすれば、この問題を条約という法形式で処理する意義はどこにあるのであろうか。それは現行連邦憲法上のいわば異物（規範性のない政治的飾り）と考えなければならないのであろうか。たとえそのように理解したとしても、現行連邦憲法がこの形式を認めていることの問題性は無視できない。すなわち、第11条第3項で連邦国家権力機関と連邦主体国家権力機関との間の管轄対象及び権能の区分は「この憲法、管轄対象及び権能の区分に関する連邦条約及びその他の条約」によって実現されると規定されているように、連邦条約とその他の条約の二つの条約が権限区分問題の法規制のための法源として認められている[2]。前者は1992年に三つのカテゴリーの連邦主体と連邦中央が締結した統一連邦条約（連邦中央と全連邦主体を当事者とする条約）であり、後者は1994年にタタルスターン共和国と締結された条約のような個別

（または複数の）連邦主体との条約である。この点については、憲法第2編
（最終・経過規定）第1項が憲法と条約との規範上の優位性に関連して上記の統
一連邦条約、連邦中央と連邦主体との個別条約及び連邦主体間の条約に言及し
ていることからも窺える。

　このように、現行連邦憲法は連邦と連邦主体との間の権限区分を連邦原則の
一つとして意義づけるとともに、その実現のための条約として権限区分条約の
存在も認めている。このことから、連邦中央と連邦主体との個別の権限区分条
約が憲法上認められた法源の一つであることに、憲法解釈上何ら疑義はない。
従って、ロシアとタタルスターンが締結した権限区分条約が憲法上認められた
条約に含まれると解釈することが可能であれば、その合憲性を問題視されるこ
とはない。

　ロシア‐タタルスターンの権限区分条約が憲法問題として議論されるとすれ
ば、それは、2007年条約を連邦憲法の規定する条約と見なすことが可能であ
るのか否かという点に即したものとなる。それは、具体的には、2007年条約
締結に至るまでの経緯（1994年条約以降の権限区分条約締結をめぐる政治的
事情）や、2000年代以降の連邦改革による連邦構造・連邦関係にとっての二国
間条約の意義、といった論点として示される。これは、連邦議会における
2007年条約をめぐる議論において、1994年条約当時の歴史的政治的状況、あ
るいは権限区分条約を取り巻く法的政治的環境が2000年代以降大きく変化し
ているにもかかわらず、1994年条約当時の様々な問題が条約存在の問題性の
起源として想起されたことに窺えるところである。たとえば、タタルスターン
共和国との条約を認めると1990年代の権限区分条約パレードが再発するので
はないかとの危惧が示されたことは、それを物語っている。

　他方で、今回も何故タタルスターン共和国だけの条約なのか、といういわば
心理的疑義に関わる論点も登場した。権限区分条約の締結が法実務上厳格に規
制されている中で、タタルスターン共和国だけが1994年に次いで2007年にも
条約を締結することができたのは何故か、という疑義である（2007年条約交
渉段階において、新たな条約はタタルスターン共和国との間のみであるが、前

章で見たように、連邦議会ではバシコルトスターン共和国も準備中との政府答弁がなされたが、結局締結交渉に至らなかった）。次のような疑念がこれに随伴するかもしれない。今回の条約締結は1994年条約の時と同様、超法規的政治的判断のもとになされのではないか。プーチン政権は強力な集権的連邦構造・中央優位の新たな連邦関係の構築を指向し、そのために連邦主体との個別条約的関係を規制（＝実質的否定）してきたにもかかわらず、タタルスターン共和国に譲歩して、政治的例外として条約を位置づけようとしたのではないか。このような条約を憲法上の条約と見なすことはできないし、連邦主体の平等原則など他の憲法規定との抵触問題を生じさせるのではないか。議会での政府答弁のように、2007年条約は合憲である・合憲的文書であると強調するだけでは、こうした疑念を払拭することはできないであろう。

　次項では、前述した何故タタルスターン共和国だけが、という心理的疑念の憲法的問題性を、連邦主体間の平等問題との関連で見ていくことにする。

⑵　連邦主体間の平等原則－連邦憲法第5条との関連

　以上のように個別的権限区分条約締結の憲法上の存在可能性の問題がクリアされたとして、そのことは、憲法上何ら問題が存在しないことを意味するのであろうか。まさにそうではないことは、前述した議会審議において連邦憲法第5条の規定する連邦主体の平等原則に対する違反ではないか、という疑義が提起されたことから理解することができる。

　それでは、今回の条約は、連邦主体間の平等原則を定める第5条第4項との関わりで何故問題とされたのであろうか[3]。その歴史的背景として、1994年以降の連邦中央と連邦主体とによる権限区分条約の締結という歴史的・実践的要因を挙げることができる。つまり、1994年2月のタタルスターン共和国との条約締結に始まった権限区分条約パレードは一部共和国、続いて一連の州、地方などの連邦主体に波及したが、当初からタタルスターン共和国との条約は、タタルスターン共和国（及び一部の共和国）に一定の特権・特恵を付与しているのではないかという疑念を共和国以外の連邦主体に抱かせたのであった[4]。連邦法による条約規制は、条約締結を規制するという本来の目的とともに、こ

うした疑念に対処する目的も有していた。そして、2000 年以降、プーチン政権下において権限区分条約の意義はなくなったとの中央 – 地方の政治認識のもとで、既存の条約が更新されることなく相次いで破棄された。その中で、タタルスターン共和国のみが、2003 年改正で導入された連邦法律「ロシア連邦主体の立法（代表）及び執行国家権力機関組織化の一般原則について」第 4 章の 1「連邦国家権力機関とロシア連邦主体国家権力機関の間の権能区分原則」による新規（更新）手続きを進め、条約締結に至った。このことは、改めてタタルスターン共和国に対する特別扱い（タタルスターン共和国への特権・特恵の付与）の疑惑ないし疑問を他の連邦主体の間にもたらしたのである。こうした歴史的背景が、連邦憲法上の問題、すなわち第 5 条第 4 項の連邦主体間の平等の問題を理解する際に念頭に置かれなければならない。

　ここで簡単に、連邦憲法第 5 条が如何なる規定であるのかについて確認しておく。第 1 項によれば、ロシア連邦が共和国、地方、州、連邦的意義の市、自治州、自治管区という 6 類型連邦主体により構成され、それらは同権的である。第 2 項は、共和国とその他の連邦主体との立法上の違いとして、前者が憲法及び立法を有する一方で、後者は憲章及び立法を有すると規定する。第 3 項は、ロシア連邦の連邦構造（連邦体制）が国家的一体性、国家権力体系の統一、連邦国家権力機関と連邦主体国家権力機関の間の管轄対象及び権能の区分、ロシア連邦諸民族の同権・自治に基づくと規定する。そして、最後に第 4 項は、ロシア連邦主体は連邦中央との関係で同権的である、換言すれば権利上平等であると規定する。要するに、上記 6 類型の連邦主体は相異なる属性をもちつつ主体の地位に関して同権的であり、また連邦国家権力機関との関係で同じく同権的とされる。ここから、一般的にはロシア連邦連邦構造を如何に理解するのか（対称的か非対称的か）、特殊的には憲法第 5 条における連邦主体の同権性と国家権力機関との関係での連邦主体の同権性との関係を如何に理解すべきか（第 1 項と第 4 項との関連）、という問題が生じるのである。

　このいわば重層的問題は、憲法解釈学上もきわめて難しい問題で、論者により様々な解釈がなされている[5]。たとえば、A. ジノーヴィエフ（A.B.

Зиновьев）は、連邦原則として民族 - 地域原則と平等原則が今日でも受け継が
れていると述べるとともに、ロシア連邦構造が非対称的であることを認めたう
えで、それが連邦主体の同権をまったく排除するものではないとする。その一
方で、彼は「共和国がたとえば自らの憲法をもち、そして他の主体が憲章のみ
をもつ場合、連邦主体の政治的同権について語ることができるであろうか」と
述べて、連邦主体の同権原則に疑問を呈しているのである。そして、連邦中央
と共和国との間の権限区分条約の締結過程を「連邦主体の条約上の権利不平等
が段階的に増大する危険性」として捉え、2007 年のタタルスターン共和国と
の条約の先例は他の連邦主体（＝共和国）にも波及すると予測する[6]。

　またC. シャフラーイ及びA. クリーシャス（А.А.Клишас）は、第1項が「連
邦国家としてのロシア連邦の構造的特徴付け」を与え、第4項に関しては、
「連邦主体は、連邦国家権力機関との関係（第5条第4項）で、さらに同様に
憲法上の地位とその他の属性—憲法もしくは憲章、独自の国家権力機関、立
法、自らの領土、連邦議会連邦会議への代表権などをもつ権利—との関係で、
相互に同権的である」ことを規定していると解釈する。そのうえで、各連邦主
体は連邦国家権力機関と直接的関係に入る可能性を付与されている一方で、連
邦主体という事実自体によりその法的地位にある種の特殊性が付与される、と
述べている[7]。こうした理解から推測するに、ロシア連邦の非対称性には言及
がなされていないものの、連邦主体は何らかの不平等な関係にあることが示唆
される。そして、第11条と関連して、条約は連邦国家権力と個々の連邦主体
との間で締結されるという意味で個別的性質をもつ、とされる。このことは、
各連邦主体は連邦国家権力機関に対して相互に異なる権利をもつという事態が
認識されていることを意味する[8]。B. チールキン（В.Е.Чиркин）は、第5条第
4 項の連邦主体の同権性原則の意味を、ロシア連邦においては如何なる特権を
行使する連邦主体も存在しえないと捉える一方、現実には、完全な同権性は存
在しないことを認め、連邦主体の非同権性として連邦と連邦主体との間で締結
された若干の条約を挙げる[9]。

　以上述べてきたことから、今回のタタルスターン共和国との条約締結問題を

憲法上の平等問題として考えるうえで、① 歴史的事情としての1994年条約締結の意義（肯定的か否定的か）への対応如何という政治的立場を前提にして、② 第5条の平等原則について如何なる立場をとるのか（厳格に解釈するのかそれとも柔軟に解釈するのか）によって、結論が相違することになる。つまり、連邦議会における条約提案者及び支持者は、基本的に ① について肯定的な立場をとり、また ② について柔軟な解釈をとることで、今回の条約締結が憲法に違反しないとする。これに対して、批判者は、① について基本的に否定的な立場をとったうえで、② について厳格な解釈を施して、条約締結を平等原則違反と見なすのである（また、① について積極的であれ消極的であれ肯定的な立場をとりながらも、② について厳格な解釈的立場に立って、条約締結を批判する（違憲と見なす）場合もありうる）。

　以上のように、連邦憲法上の連邦主体の平等原則はそもそも一定の不平等性を孕んでいることを踏まえて解釈するとすれば、タタルスターン共和国のみが連邦中央と特別の条約を締結することができたという事実の故をもって、連邦中央によるある種の政治的配慮は措くとして、他の連邦主体に対しても締結可能性が一般的に与えられている限り、連邦憲法違反と断定することはできないであろう。

⑶　**条約締結要件－1999年10月6日法第26条の7との関連**

　ここでの問題とは連邦法レベルの問題であって、今回の条約締結手続きが連邦法律「ロシア連邦主体立法（代表）国家権力機関の組織化の一般原則について」第26条の7の定める諸要件を充たしていないのではないか、つまり同法違反ではないかという疑問から生ずる。

　ところで、問題とされるこの規定は、既に触れたように、1999年10月6日連邦法が2003年7月4日連邦法律（第95-Φ3号）「連邦法律『ロシア連邦主体の立法（代表）及び執行国家権力機関組織化の一般原則について』への修正・補足の導入について」により改正された際に新設されたものである。つまり、同改正により新設された「第4章の1　連邦国家権力機関とロシア連邦主体国家権力機関の間の権能区分の一般原則」中の一規定として設けられたの

340 第三部 2007年条約の意義

が、「権能権限区分条約締結の原則及び手続き」と題する第26条の7である（同様に協定については第26条の8が規定する）。これは全11項の条文で、それは、第一に条約締結の条件を連邦主体の「特性」に条件づけるとともにその範囲を限定し、第二に、条約の準備、調整、署名、発効といった一連の手続きを、議会による条約案の必須的承認や締結された条約の連邦法律による承認といったことも含めて、厳格に定め、そして第三に、条約を改めて独立した規範的文書として認めた（その意味で、連邦法律とは異なる、つまり連邦法律には解消されない）が、法的効力の点では、連邦法律と同様に見なされた、すなわち、連邦法に対する条約の優位は否定された[10]。

　第26条の7に関して、議会審議でとくに問題とされたのが上記第一の点、すなわち条約締結要件を定める第1項の規定であった[11]。第1項前段は、条約締結条件として、① 権能の区分がロシア連邦主体の経済的、地理的その他の特性によって条件づけられる場合で、かつ ② これらの特性によって連邦法の定めとは異なる権能の区分が規定される限度、を挙げている。これを受けて、後段では、条約においては、第一に、連邦法及び連邦主体法の規定による区分とは異なる連邦国家権力機関及び連邦主体国家権力機関の権能の区分が定められること、そして第二に、これら権能行使の条件及び手続き、当事者の具体的権利・義務、条約の有効及び当該期間の延長手続き、並びに条約の期限前破棄の事由及び手続きが決定されることとされた。要するに、条約締結の条件として、連邦主体は、連邦法による権能区分では足りずに条約による権能の区分をしなければならないほどの「特性」を備えていなければならないのである。このことは、この規定が条約の新たな役割を権能区分問題の立法規制に対する補助と位置づけていることを意味している[12]。そして、具体的に条約案作成作業を行う場合には、立法者は、ロシア連邦主体の経済的、地理的その他の特性の存在、一般原則としてしかるべき領域における権能区分を定めている連邦法の存在、上記特性により権能区分に関する一般原則の実現が不可能であること、といった点を条約締結の理由として考慮することになる。

　それでは、法が規定する連邦主体の「特性」とは何か、それを一義的に確定

することは可能なのか。これらに明確な答えを与えることは難しい。何故なら、連邦主体は、それぞれ独自の歴史や文化をもち、社会・経済・政治等においてその他の連邦主体とは異なる独自の地域的存在であり、従って程度の差はあれ、また如何なる表現であれ独自性なり個性を有しているからである。従って、連邦主体のこうした歴史的・文化的・地域的等の独自性・個性を「特性」と見なすならば、すべての連邦主体がなんらかの「特性」を有していることになる。しかし、このような「特性」を法が要求する条約締結条件としての「特性」と見なすことはできないであろう。もし見なしたとしても、それは条件としては何ら意味をなさないからである。もし条件として機能させるのであれば、そうした一般的・共通する「特性」とは異なる個別・独自の「特性」として、換言すればそうした「特性」の特異性を具体的に明らかにしなければならない。この点について、法は、連邦法の定める権能区分と異なる区分を設定しうる程度でなければならないとして、この「特性」を限定している。この限定についても、それを確定する際の曖昧さ・恣意性を拭うことは困難である。また、条約でなければ権能区分ができないような分野・領域が果たして存在するのかといった疑問も払拭されない[13]。

　それでは、タタルスターン共和国にとって自らの「特性」は如何なる点に存するのであろうか。これについて、タタルスターン共和国の著名な歴史学者であるИ．タギーロフは、タタルスターン共和国の「特性」は歴史的特性と現実的特性として、次のような意味を有すると主張する。すなわち前者は、ロシアの国家建設に果たしたタタール人の役割、ロシアへの独自な方式による加盟、タタール人の傷つけられた民族的尊厳を意味し、また後者はタタール人のロシア全土及び近隣諸国における散在的居住を背景にした民族－文化的自治の拠点としての意義を意味する、と[14]。

（二）　総　括

　以上、三つの法的問題（① 条約締結の可能性—個別条約の憲法上の存在可能性—、② 連邦主体間の平等原則—憲法第５条との関連—、及び ③ 条約締結

要件―連邦法第 26 条の 7 との関連―）について、検討してきた。

　その結果、① については、現行憲法が連邦中央と連邦主体との間での権限区分約を締結する可能性を認めていることから、この点に関して今回の条約の合憲性ないし違憲性を問う意味が基本的にない示された。このことは、条約の合憲性、換言すれば条約の憲法上の存在可能性の問題が法的・憲法的問題として成立しない、議論する意味がないということを意味するものではない。問題は、連邦議会の議論が示すように、こうした問題を議論するにあたって、政治的思惑心理的疑念などの「夾雑物」が必ず混じりこんでくるということである。こうした夾雑物を取り除いた議論が必ずしもできない中ではロシア‐タタルスターンの条約の現行憲法上の意義・役割を議論することは困難であったのである。

　② については、憲法第 5 条が連邦主体の同権性を規定していることは一般に承認されているが、その際、その理解が必ずしも一義的で明確ではないこと、たとえば第 1 項の同権性と第 4 項の同権性の関連に限定しても、その理解はロシア憲法学においてすら必ずしも一様ではないこと、従って今回の条約の合憲性は、第 5 条の平等原則を如何に理解（解釈）するかに依存する問題となっていることが示された。つまり、それが憲法第 5 条の連邦主体間の平等を損なうのか否かの問題は、解釈に委ねられることになり、最終的には憲法裁判所の判断によることになる（① とも関連するが、他の連邦主体に対しても新規の権限区分条約締結の可能性がひらかれていることから、今回の条約締結は平等原則に反しないとの弁明が議会審議の中で立法提案者からなされたことは前述したとおりである）。

　そして ③ については、連邦法が定める新規の権限区分条約締結を可能とする条件及び手続きはこの法律以前に比べればより明確になったとはいえ、まだ解釈の余地が残っている。とくに連邦主体の特性とは何かという問題に明確な解答を与えることが困難であることが示された。その意味では、この条件は解釈次第ではあってなきがごときものとなりかねない。また連邦法による一般的規制では不適当権能分野とは何か、それは果してあるのかという問題も、連邦

憲法及び連邦法上での連邦管轄、共同管轄及び連邦主体管轄における連邦中央と連邦主体の権能、とりわけ共同管轄における権能が必ずしも明確に区分されていない中では、一義的ではない。今回の条約に関連して言えば、タタルスターン共和国に法の定める特性ありとする解釈に立って連邦法の手続きに則して進められた条約締結を、同法違反として批判・主張することは困難であるもっとも、特性ありとする解釈を全面的に否定しうる、あるいは特性なしと全面的に主張しうる明確かつ合理的な理由を見いだすことができれば別である。

以上のことから、連邦議会における議論という限定された場で提起されたものであるとはいえ、今回の2007年条約には、なお議論すべき法的な問題が残されていることが確認された。その一方で、2007年条約が法の定める条件を充たしたものとして締結されたことは、それがたとえ合法的に締結されたにしても、改めてタタルスターン共和国にとって特別に条約を締結する意義があったのか、あるいは、今回の条約改定には連邦側からの一定の政治的理由に基づく配慮がなされた結果ではないのか、といった法的次元とは異なる問題を提起していることも指摘しなければならない[15]。

(1) См.Е.И.Козлова,О.Е.Кутафин,Конституционное право России.Учебник.5-е изд.,перераб. и доп., М.:Проспект,2014,стр.136;Комментарий к Конституции Российской Федерации.3-е изд., доп.и перераб., М.:Проспект, 2009, стр. 38.

(2) 連邦憲法第11条第3項が権限区分制の法源として連邦法を挙げていないことに注意しなければならない。これは同項の定める憲法による規制の具体化としての連邦法の役割・意義について考慮していないことの証左である（См. Конституция Российской Федерации. Комментарии, М.:Юридическая литература,1994, стр. 100）。この「欠陥」は、1998年1月8日ロシア連邦憲法裁判所決定（Постановление Конституционного Суда Российской Федерации от 9 января 1998 г. N 1-П《По делу о проверке конституционности Лесного кодекса Российской Федерации》[Собрание законодательства Российской Федерации,1998, N 3, ст. 429]）により森林法典をめぐる共同管轄の連邦法規制が認められることにより補修され、そしてこの法規制は翌1999年の連邦法として実現された。なお、И.レークシンは、第11条第3項を立法当初から曖昧さをもった、憲法規範体系から逸脱した規定であると見なして、1994年以降の「無統制な『条約プロセス』のための条件をつくった」と述べている。

См.И.В. Лексин, Институт договора о разграничении компетенции : возможности и пределы применения в современной России, 《Право и власть》, N 2,2002, стр. 74.

⑶　連邦憲法第 5 条が制定当時の政治状況を反映した妥協的特徴を有することについて、см.М.В.Баглай、Б.Н.Габричидзе,Конституционное право Российской Федерации. Учебник для вузов, М.:Издательская группа ИНФРА・М-КОДЕКС, 1996, стр. 113.

⑷　В. イヴァーノフは、1994 年～ 1995 年の条約締結過程の第一段階において、連邦中央と共和国との個別条約締結が憲法第 5 条第 4 項の連邦主体間の平等原則からの逸脱をもたらしたが、それは共和国以外の連邦主体に否定的反応を惹起したことを指摘している。См. В.В.Иванов, Внутри Федеративнные договоры 1998 года: новые шаги в сторону индивидуализации Федеративных отношений, 《Конституционное Право. Восточноевропейское Обозрение》, N 2, 1999, стр. 47.

⑸　ロシア連邦の非対称性及び連邦憲法第 5 条をめぐる憲法議論については、拙稿「ロシア連邦の『非対称性』について」（法学新報第 107 巻第 3・4 号［2000 年］）を参照。また、「非対称的連邦 Асимметрическая федерация」の三つの指標（① 連邦主体以外に地域的構成体の存在、② 連邦主体の憲法上の地位の不平等、及び ③「隠された非対称」〔＝連邦主体における連邦議会上院への代表の不平等〕）を挙げる以下の論文も参照。См.В.Е.Чиркин, Модели современного федерализма: сравнительный анализ, 《Госудврство и право》, 1994. N 8-9, стр. 151-152; Д.В.Тимченко,Асимметрия российского федерализма: конституционно-правовой аспект, в кни.Вопросы политической науки:материалы Междунар. науч. конф. (г. Москва,июнь 2015 г.), М.: Буки-Веди, 2015, стр. 24.

⑹　См.А.В.Зиновьев, Конституционное право России. Учебник, Санкт-Петербург: Издательство Р.Асланова "Юридический центр Пресс", 2010, стр. 182, 187-190.

⑺　См. С.М.Шахрай и А.А. Клишас, Конституции Российской Федерации. 2-е издание, доп., М.:ОЛМА Медиа Групп,2010, стр. 311-312 и 342.

⑻　См. там же, стр. 343.

⑼　В.Е.Чиркин, Конституционное право России. Учебник.6-е издание, переработанное и допорненное, М.: Норма, 2009, стр. 226. 彼は、別の著書で、条約は連邦主体の不平等な地位をもたらす、つまり、第 5 条の規定する同権テーゼに抵触すると述べている。См.В.Е.Чиркин, Конституционное право: Россия и зарубежный опыт, М.: Зерцало, 1998, стр. 329.

⑽　1999 年 10 月 6 日法第 26 条の 7 の内容上の特徴について、см.Е.В.Гриценко, Роль нормативных договоров и соглашений в развитии федерализма и местного самоуправления в Российской Федерации, в кни. Договор в публичном праве. Сборник научных статей, М.:Волтерс Клувер, 2009, стр. 33.

⑾　条約締結条件として定められている「連邦主体の経済的、地理的その他の特性」

という文言は、1996年3月12日付大統領令により承認された「ロシア連邦国家権
力機関とロシア連邦主体国家権力機関の間の管轄対象及び権能の区分に関する作業
手順、並びにロシア連邦国家権力機関とロシア連邦主体国家権力機関による自己の
権能の一部行使の相互委譲に関する規程」第4項にその先例を見ることができる。
すなわち、「条約において、具体的な連邦主体の地理的、経済的、社会的、民族的
その他の特性に条件づけられた共同管轄対象を定めることができる」と規定されて
いる（同項第7段落）。注意すべきは、ここでは、条約ではなく共同管轄対象につ
いて言及されていることである。また1999年6月24日の連邦法律「ロシア連邦国
家権力機関とロシア連邦主体権力機関の間の管轄対象及び権能の区分の原則及び手
続について О принципах и порядке разграничения предметов ведения и полномочий
между органами государственной власти Российской Федерации и органами государ-
ственной власти субъектов Российской Федерации」（2003年7月4日法制定に伴い失
効）も、「条約は、ロシア連邦主体の政治的、経済的、社会的、地理的民族的、及
びその他の特性を考慮して、共同管轄の対象を具体化することができる」と規定し
ていた（第14条第2項）。

⑿ См. А.Н.Чертков,Об общих принципах организации законодательных (представи-
тельных) и исполнительных органов государственной власти субъектов Российской
Федерации. Постатейный комментарий к Федеральному закону, М.:ЗАО Юстицин-
форм, 2006, стр. 348.

⒀ 連邦法による一般的規制で可能な領域・分野ではなしに、連邦主体の特性に制約
された条約規制でなければならないような領域・分野が存在したとしても、その場
合の条約とはあくまでも個別・具体的な管轄対象もしくは権能の区分に関する条約
になるはずで、タタルスターン共和国との1994年条約のようないわば包括的な権
限区分条約にはならないはずである。もっとも、タタルスターン共和国におけるあ
らゆる領域・分野が特性を備えているとの理解もしくは解釈に立つのであれば別で
ある。

⒁ См. И.Р.Тагиров,Татарстан:вехи истории XX век - начало XXI века, Казань: Жиен,
2016, стр. 249-251.

⒂ ある論者によれば、「政治的意欲 политическая воля」がありさえすれば、立法手
続きを完全に遵守しても内容が立法の要求に必ずしも合致するものとはならないよ
うな条約を締結することは難しくはなく、2007年条約はまさにその典型例であると
される。См.О.И.Краснова, Е.А. Пименов, Договорная практика разграничения полно-
мочий по предметам совместного ведения:опыт России и канады,《Государство и
право》, 2011, N 4, стр.17. しかし、この「政治的意欲」だけでは不十分で、国家会議
において「統一ロシア」会派が議長職を含め主導権を握っており、またシャイミー
エフ大統領がこの会派の指導部の一員であったという条約締結当時の政治環境が整

346　第三部　2007 年条約の意義

っていればこそ、連邦会議で却下された条約承認法案が最終的に承認され、2007 年
条約は成立したのである。См.В.В.Полянский, Конституционно - правовой договор
как средство гармонизации публичных интересов, в кни. Договор в публичном праве.
Сборник научных статей, М.:Волтерс Клувер, 2009, стр. 7-8.

第九章

エピローグ
―条約失効をめぐるタタルスターン社会―

　ソ連邦崩壊後のロシア連邦において、タタルスターン共和国は連邦中央との政治的その他の要因に基づく独自の関係（連邦関係）を形成してきた。この独自の関係（連邦関係）、すなわち条約に基づく連邦関係あるいは条約的連邦関係は、1994年の権限の相互委譲条約2007年の権限区分条約の締結により、継続され恒久的に続くものと想定された。そのためには、2007年条約の期限終了後、改めて第三の条約を締結することが必要であった。

　しかし既に見てきたように、1994年条約は、ソ連邦崩壊後の新たなロシア連邦の形成という特異な歴史的政治的状況のなかで締結された。それに代る2007年条約は、1994年条約後の連邦中央の政策変化やそれに伴う政治状況の変化により、その政治的法的意義を1994年条約と比べようもなく失っていた。とりわけ2000年代のプーチン体制下での地方優位の連邦関係から中央優位・中央集権的連邦関係の構築により、条約に基づく連邦関係は連邦憲法・連邦法に基づく連邦関係に転換され、その結果として、1994年条約に基づく連邦関係は、一部は否定され、また一部は連邦憲法・連邦法に取り込まれるかたちで規制されていった。2007年条約締結時点において、1994年条約の締結当時の存在意義がもはや歴史的、政治的、さらには法的にも失われつつあったことは、連邦議会での条約審議において明らかであった。にもかかわらず、2007年条約は締結され、改めて10年間の独自の条約関係が継続されたのであった（期限は2017年8月10日まで）[1]。

　たった今述べたように、2007年条約はその有効期間を10年間と定めていた

が、継続もしくは再延長に関する手続き規定は設けられていなかった。この点は、2003 年 7 月改正の 1999 年 10 月連邦法律も同様であった。このことは、2017 年 8 月 10 日の期限終了までに新たな条約が締結されないかぎり、2007 年条約は 8 月 11 日をもって失効することを意味した。従って、タタルスターン共和国が連邦中央との条約関係の継続、言い換えれば、条約の延長、すなわち新条約の締結を望むのであれば、連邦中央との新たな条約交渉を開始し、上記期限までに締結する必要があった。

タタルスターン共和国において、2007 年条約締結後も、それがロシア連邦にとって果たす意義は強調されていた。たとえば、タタルスターン共和国の歴史家である И. タギーロフは、2007 年条約はロシア国家体制に基礎づけられた連邦原理の継続であると意義づけながら、次のように評価する。「新条約は、今日の現実に応えたものである。その規定の拡充と実現は、タタルスターンにとって、その経済的及び法的基礎を強化するための巨大な可能性をつくり出すのである。この条約の歴史的意義は、それが現代ロシア社会における一定の親帝国的傾向を克服しながら、国の民主的発展の道を拡大し、その条約的 - 連邦的基礎を強化するのである」[2]。このことから窺えるように、ロシア連邦とタタルスターン共和国との条約関係の維持、要するに条約の継続・延長は当然のこととされたのであった。

新条約締結の必要性に関しては、2012 年 6 月に共和国国家評議会で開催された 2007 年条約締結 5 周年記念の円卓会議で、シャイミーエフ前大統領が期限終了後も連邦中央と条約を締結する必要があると述べたことは、それに関する比較的早い時期の発言であったと言える[3]。彼以外に、共和国指導部において条約延長問題が明確に述べられることはなかった。たとえば、2010 年 3 月に新大統領に就任した P. ミンニハーノフは、2014 年 12 月末の記者会見で、効力が 2017 年まである新条約について議論するのは時期尚早であり、時が来れば両当事者はテーブルについて条約の運命について議論するであろう、と語っていた[4]。この発言は先のシャイミーエフ発言と異なり、新条約締結の必要性を言明せず、問題に対する態度を曖昧なままにしている。このことから、条約

第九章　エピローグ─条約失効をめぐるタタルスターン社会─　*349*

延長問題について連邦中央との協議に入ることの認識に関して、この時点で、新旧大統領が置かれた歴史的社会的位置に規定された、両者の認識上の相違を窺うことができる。

　2016 年半ばになってようやく、タタルスターン共和国指導部は条約再延長の立場での連邦中央との交渉姿勢を示した。6 月 28 日のムハメートシン国家評議会議長のインタビュー発言によれば、彼は、9 月 18 日に実施される連邦国家会議選挙後に新条約案作業が開始される、その際、新条約に新たな権能を加えることは求めず、現行条約の単なる延長になることも排除しない、と述べた[5]。このように、交渉開始を明言できたことは共和国指導部がこれまでの曖昧な立場から「前進」したことを意味するものであった。これまで条約問題に曖昧な姿勢を保持していたミンニハーノフ大統領が、9 月 21 日の国家会議における教書演説で、「タタルスターン共和国は、条約関係の潜在力─ロシア連邦制の正しさを確証する─を完全に実現することにより、その高水準の発展をたえず証明している」と述べ、条約に一定の意義を認めたのも、この基調のもとでの発言と理解することができる[6]。タタルスターン共和国選出のモローゾフ（O.B.Морозов）連邦会議員も、条約再延長に関連して、条約はすぐにでも簡略化されたかたちで再締結することができるとの楽観的見通しを示した[7]。しかし、9 月 18 日以降、条約延長に関して連邦中央とタタルスターン共和国との間で何らかの交渉が持たれたとの報道がなされたことはなく、また 1 月末のプーチン大統領とシャイミーエフ前大統領との会談で、延長問題がいずれの側からも提起されなかったことを考慮すると、交渉が実際に開始されたのか、そして何らかの合意が得られたのかについては不明である[8]。

　タタルスターン共和国にとってこうした状況を打開する目的で、半官製のタタルスターン諸民族第三回大会が 2017 年 4 月 15 日（実際は、後述のように 4 月 22 日）に開催されることになった（また、それに向けた準備委員会の創設が決められた）[9]。しかしながら、条約延長問題が大会日程に上程されることはなかった。これはミンニハーノフ大統領及びムハメートシン国家評議会議長の意向によると言われる[10]。

シャイミーエフ前大統領（＝国家顧問）は大会演説の中で、条約延長問題に関するプーチン大統領＝連邦中央の態度の曖昧さを協議の方向へと明確にする目的で、条約延長を改めて主張した。すなわち、共和国の発展を促進した2007年条約の「建設的性格」を考慮するならば、それはロシア連邦の連邦原則の強化を促進する憲法規範として、内容上如何なる変更もせず延長することが可能であると述べたのである[11]。国民的詩人の З.マンスーロフ（З.М.Мансуров）もまた、大会での挨拶の中で、プーチン大統領が条約延長問題に英知と政治的先見を発揮することを期待して、条約延長法の採択の必要性を連邦中央に要請することを大会決議に含めるよう要求した。他方、ミンニハーノフ大統領もムハメートシン国家評議会議長も、条約延長問題に消極的であった。そのことは、前述の大会日程の件に窺える。またミンニハーノフ大統領が大会で行った演説の中で条約問題をまったく取り上げなかったことからも窺うことができる。また、当初予定されていた大会決議も条約延長問題に言及、プーチン大統領による連邦の強大化・強化路線の支持やロシア連邦がタタルスターン型連邦制ではない真の民主的連邦国家であることを謳うものであったが、このことも彼らの意向に即したものと理解することができる。

　ところでこの決議案については、大会は、当初案に上記 З.マンスーロフの主張を取り入れて、タタルスターン共和国及びロシア連邦における諸民族の友好と相互支援の強化、並びに経済的及び政治的発展に一定の影響を及ぼした条約の肯定的役割への確信に基づいて、条約の期限の終了と関連して「連邦中央とタタルスターンとの間の権能区分に関して生ずる諸問題を規制する方式」の検討をロシア連邦及びタタルスターン共和国の国家権力機関に委任する旨の提案を連邦大統領及び連邦議会に要請する決議を行った[12]。この決議が、共和国指導部に対して条約延長問題について連邦との協議を直ちに開始すべしとの強いメッセージとなったことは言うまでもない。世論においても、たとえば、ВТОЦ は、プーチン大統領宛アピールを発し、この問題に対する共和国指導部の曖昧な姿勢を「我々は、新たな条約、その内容について共和国指導部から如何なる声明も聞いていない」と批判する一方、大統領に新条約の締結を求め

第九章　エピローグ―条約失効をめぐるタタルスターン社会―　*351*

た[13]。しかし、こうした世論の動向や条約期限が迫っているにもかかわらず、5月31日の社会運動「タタルスターン－新世紀」の大会において、ムハメートシン国家評議会議長が連邦との関係の問題に応える準備がないと述べたように、指導部が明確な対応を示すことはなかった[14]。

　こうしたタタルスターン共和国における条約延長問題をめぐる状況に対して、連邦中央による何らかの具体的対応は示されなかった。前述した1月のプーチン－シャイミーエフ会談以降、6月末に連邦大統領府がタタルスターン共和国との条約を延長しないようプーチン大統領に勧告したとの報道がもたらされたが、それは条約延長は必要ないと考えるキリイェーンコ第一副長官の意向に沿ったものとされた[15]。こうした情報に加えて、連邦指導部内では如何なる新条約もつくられていないとか、国家会議では条約延長問題がテーマとして日程に上がっていないといった情報がタタルスターン社会に伝えられた。これに対して、共和国指導部は条約問題については従来どおりコメントしないとの共和国大統領報道官の報道姿勢や、条約問題は連邦全体の基本に関わる問題であるとのムハメートシン国家評議会議長の発言に見られるように、共和国指導部は条約延長について消極的姿勢をとり続けた。これは、連邦中央との何らかの交渉の存否を疑問視させるに十分であった[16]このことは、2007年条約案作成グループの一員で国家会議教育・文化・科学・民族問題委員会委員長のP. ヴァレーエフ（Р.И.Валеев）が現在そうしたグループはつくられていないと述べていることからも窺える[17]。

　条約期限が差し迫っている一方、連邦中央の条約延長への態度が不明・曖昧な状況の中で、事態を打開するために、7月11日の共和国国家評議会で開催されることになった。そこにおいて、26名の代議員により「プーチン大統領宛アピール」（Об Обращении Государственного Совета Республики Татарстан к Президенту Российской Федерации В.В.Путину）が提案されたのである[18]。このアピールが条約の失効を想定したものであることについては、提案者を代表して説明に立った「統一ロシア」会派のH. ルィーブシキン（Н.Н.Рыбушкин）も認めている。彼は、条約は失効するが、ロシアの連邦関係が発展するための

何らかの法形態が必要であり、また条約失効により一定の「法的結果」が招来することで、条約実現のために採択されたタタルスターン及びロシアの一連の立法を改正する必要性が生ずるであろうと述べ、こうした法的欠缺をなくすためにも何らかのかたちの条約がなければならないとした。彼は、このような意味で、法的問題に係る提案準備委員会を創設することの必要性をアピールにおいて訴えたと説明した。ムハメートシン国家評議会議長も、議論を総括するにあたって、おそらく条約失効後になされるべき連邦と共和国の立法調整のための特別委員会の創設が最も重要であり、また今重要なことは両者の憲法間に存在する抵触問題を解決するための「建設的な法的解決」を見出すことである、と述べた。この点について、具体例の一つとして、共和国憲法第 123 条が同条及び共和国憲法第 1 条は共和国レフェレンダムによってのみ変更できるとし、そして共和国憲法第 1 条がタタルスターンがロシアと統合する法的根拠として、連邦及び共和国の憲法に加えて、条約（= 2007 年条約）を挙げていることと関連する問題がある。そこには、一方で憲法改正はいわば共和国内の問題であるとしても、条約の相手方たる連邦中央との何らかの協議が必要であるという判断、他方で第 123 条が規定するように、第 1 条改正は議会ではなくレフェレンダムで行わなければならず、行った場合、国民の多くは条約支持の立場から改正反対を主張し、結果として社会混乱をもたらすかもしれないという判断があった。

　こうして、満場一致で提案どおりのテキストで採択されたアピールは、条約の果たした意義を指摘しつつも、あるいは過去の意義を認めたうえで、条約失効に伴って生じる法的問題を解決するための特別委員会の創設及び共和国大統領の名称存続の支持の二つを、プーチン大統領に要請することとなった。つまり、アピールはプーチン大統領に条約の延長や改定を求めなかったのである。これは、前述の H. ルィーブシキンによる提案説明やムハメートシン国家評議会議長の総括発言から窺えるように、条約失効を所与としたうえで大統領制度の存続を図り、そして現行指導部が連邦中央と協議しながら、失効後生ずる法的問題を解決することによって、タタルスターン社会・世論における混乱・不満

第九章　エピローグ—条約失効をめぐるタタルスターン社会—　*353*

を回避しようとする、共和国指導部の意図を反映するものであったと言える（そうであるからこそ、会議に出席していた P. ミンニハーノフ及び M. シャイミーエフの新旧大統領は一言も発言しなかったのである）。

　このいわば控えめなアピールに対しても、連邦中央は依然として曖昧な立場をとり続けた。翌 12 日のブリーフィングにおいて、ペスコーフ（Д.С.Песков）大統領報道官が、条約延長問題に係る連邦の立場はしばらく後に決まるであろう、とはいえプーチン大統領とミンニハーノフ大統領との会談の予定は当分ないであろう、と述べたのである[19]。これは、実質上、連邦中央は条約延長問題について一切取り合わないと述べるも同然であった。これに対するタタルスターン共和国側、とりわけミンニハーノフ大統領の反応は相変わらず鈍く、条約延長をプーチン大統領に積極的に働きかける姿勢を示すことはなかった。こうした消極性は、ミンニハーノフ大統領（及び指導部）が条約の歴史的役割・意義を認めながらも、現在ではその政治的・経済的メリットは失われ、いわば象徴的意味しか持たない、この問題に関して連邦中央に反抗してまで、共和国の独自性を主張する政治的メリットはないと認識していることを示すものであった。前述した 7 月 12 日のプーチン大統領宛要請書が大統領名称の存続を要請の一つとしたのは、まさに条約延長に代わる共和国の独自性の一つとしての意味においてであったのである[20]。

　8 月 2 日〜3 日に第六回全世界タタール民族大会が開催されたが、3 日の総会で演説に立った大会議長の P. ザキーロフ（Р.З.Закиров）は、タタルスターンとモスクワの関係は常に条約に基づいており、また条約がタタルスターンに独自性を与えているとの認識のもと、大会に対して条約延長に関する国家評議会の 7 月 11 日付プーチン大統領宛アピールを支持するよう求め、大会もこれを歓迎した[21]。これまで共和国指導部の中で条約延長を主張して積極的姿勢を示してきたシャイミーエフ前大統領（国家顧問）も、2007 年条約は 1994 年条約のように経済的メリットを持たず、連邦憲法・連邦法との調整という法的問題を含んでいるとして、現在ではこの問題の解決のために連邦中央と協議しなければならないと述べるにとどまり、条約延長問題には一切触れることはなか

354 第三部　2007年条約の意義

った[22]。大会決議もこの基調で行われ、歴史的に困難な時期に条約がタタルス
ターンのみならず連邦全体の社会・政治等の発展において果たした役割への確
信を表明するにとどめ、条約延長について一切触れなかった[23]。この大会決議
は、いわばタタール民族の立場から条約延長問題に触れない、換言すれば、積
極的に延長意思を表明しないことを明確にした点で、重要な意義をもったと言
える。とはいえ、大会後、連邦中央のこの問題に対する姿勢に変化はなく、ペ
スコーフ報道官は7月の会見時と同様、しかるべき時期に示されると述べるだ
けであった[24]。

　かくして、8月11日、2007年7月24日付条約承認法により発効した2007
年条約は失効した。連邦中央は、結局この日まで、条約延長についても条約再
締結についても明確な意思表示をすることはなかった。また、7月11日のタ
タルスターン共和国国家評議会のプーチン大統領宛要請書が謳っていた条約失
効後に生じると想定される法的諸問題を解決するための特別委員会の設置に向
けた動きも見られなかった。タタルスターン指導部にとって、この委員会設置
が連邦と協働して条約失効に伴う社会的政治的混乱を避けることにあったとす
れば、連邦中央にとって、条約失効に伴って新たに協議しなければならない法
的問題はないとの認識のもとで、前述の憲法改正問題について言えば、あくま
で共和国の問題であり、改正のためのレフェレンダム実施に随伴する社会混乱
は共和国指導部の責任で処理すべきもので、連邦中央が関わる問題ではないと
の判断であった。大統領名称の維持問題については、条約失効後、明確な変化
はなかった（もともと、これは条約延長と直接関係しない別個の問題であった
から、当然の事態であった）。失効後のタタルスターン社会は、ВТОЦのよう
な一部民族主義団体による抗議行動を例外として、平穏であった[25]。ミンニハ
ーノフ大統領は、9月21日の年次教書演説において、条約の歴史的意義・役割
について語ったが、今では連邦と共通の利害に基づいて協働して問題解決を行
っていくことの必要性を訴えるにすぎなかった[26]。これは、条約延長の断念を
公式の場ではじめて表明・確認したものであった。それはまた、今後、タタル
スターン共和国はこれまで保持してきた条約的連邦関係の主張を放棄して、連

邦主体として憲法的連邦関係のもとに置かれることを受け入れたことを意味したのであった。

(1) 2007年6月26日に締結（調印）された2007年条約は第5条第1項において、その有効期間をその発効日から10年と定めている。しかしながら、条約が条約承認法の制定という形式で承認されたこともあり、その発効（失効）日（何時から失効するのか）は、連邦法律の発効（失効）日に依存する。つまり、1994年6月14日連邦法律「連邦憲法律、連邦法律、連邦議会両院規則の公表及び発効手続きについて」は、連邦法律は大統領の署名後7日以内に公表（официальное опубликование）され（第3条）、そしてその真正テキストが「議会新聞」、「ロシア新聞」、又は『ロシア連邦立法集』に最初に登載されたことをもってその公表とみなし（第4条）、そして公表後10日経過後に発効する（第6条）と定めた。この手続きを条約承認法に当てはめると、同法律は2007年7月24日に大統領により署名され、7月30日付『ロシア連邦立法集』第17号（Собрание законодательства Российской Федерации от 30 июля 2007 г., N 31, ст. 3996）に登載されたことにより、翌日から起算して10日後の8月10日に発効したことになる。2007年条約はこれに従って、8月10日に発効し、10年後の2017年8月10日をもって終了し、翌11日から失効することになっていた。

(2) См.И.Р.Тагилов,История и политика.Учебное пособие для студентов, Казань:Издательство Казанского государственного университета, 2009, стр.180. また、2007年条約交渉メンバーでもあったШ.ヤグーディンによれば、連邦法により成立した唯一の条約である2007年条約をロシア連邦関係の民主的原則のよりいっそうの仕上げの先頭にタタルスターンが立っていることの典型例であるとして、ロシア連邦関係の発展に対する条約を評価する（Ш.Ш.Ягудин,Развитие законодательства Республики Татарстан,в кни. Государственность Республики Татарстан:история и современность.Сборник статей,Казань:Институт истории АН РТ, 2010, стр. 184）。他方で、条約に否定的な立場からは、「タタルスターン共和国との新条約は、当事者が古い『誤り』を繰り返して、より改善されかつ時代に即応した相互関係の方式を考案しないならば、その発展はないことを明白に示している」（Н.А.Петров,С.В.Чердаков,К вопросу о договорной практике регулирования федеративных отношений в Российской Федерации в кни.Договор в публичном праве.Сборник научных статей,М:Волтерс Клувер. 2009, стр. 51）とか、現状の条約形式自体は、1993-1994年における条約締結の実践の痕跡に過ぎず、2007年条約も、タタルスターン共和国に如何なる本質的な権利も付与するものではなく、むしろ象徴的意義を有するにすぎない（см.С.О.Алехнович,Феделализм: концепт и практика российского проекта.

М.:РОССПЭН, 2012, стр. 171.）といった評価がなされた。

(3) См.Парламентарии о Татарстане, Шаймиеве и договорах центра с субьектами РФ（http://regions.ru/news/2415389/［2018 年 5 月 31 日閲覧］).

(4) См.Минниханов считает преждевременным обсуждать тему нового договора о разграничении полномочий между Татарстаном и Федерацией（http://www.interfax-russia.ru/Povoljie/news.asp?id= 569265&sec=1671［2018 年 5 月 31 日閲覧］).

(5) См.《Независимая газета》, 29 июня 2016 г.;《Коммерсантъ》, 29 июня 2016 г.

(6) См.Ежегодное послание Президента Республики Татарстан Государственному Совету Республики Татарстан о внутреннем и внешнем положении республики.

(7) См.Договор Татарстана и РФ о разграничении полномочий могут сократить（http://rt.rbc.ru/tatarstan/ freenews/5879fa4f9a79476dd49617e0?from=newsfeed［2018 年 5 月 31 日閲覧］).

(8) См.Путин не обсуждал с Шаймиевым продление договора о разграничении полно-мочий［https://inkazan. ru/news/politics/19-01-2017/putin-ne-obsuzhdal-s-shaymievym- prodlenie- dogovora-o-razgranichenii-polnomochiy］; Путин и Шаймиев не обсуждали договора между Москвой и Казанью［http://izvestia.ru/news/6586529］.

(9) См.Татарстан предложит Москве продлить соглашение о разграничении［ полно-мочий（http://rus.azattyk.org/a/28209061.html［2018 年 5 月 31 日閲覧］). 大会開催は 2016 年 12 月 20 日大統領令「タタルスターン諸民族大会の実施について」(Указ Президента РТ, N УП-1150 от 20 декабря 2016 г.) によって決定された。

(10) См.Договор окончательный и обжалованию не подлежит（https://www.kommersant.ru/ doc/3280653［2018 年 5 月 31 日閲覧］).

(11) 大会でのシャイミーエフ演説について、см.Минтимер Шаймиев выступил на Ⅲ съезде народов Татарстана（http://prav.tatarstan.ru/rus/index.htm/news/904249.htm［2018 年 5 月 31 日閲覧］). 同じく、大会での 3. マンスーロフ及びミンニハーノフ大統領の発言について、см.《Вечерняя Казань》, 24 апреля 2017 г.

(12) 4 月 29 日に公表された大会決議「タタルスターン共和国の国家民族政策について О реализации государственной национальной политики в Республике Татарстан」のテキストについて、см. http://tatarstan.ru/rus/iii-sezd-narodov-tatarstana-22-aprelya-2017-g.htm［2018 年 5 月 31 日閲覧］.

(13) См.ВТОЦ напомнил Путину о скором истечении договора между Казанью и Москвой（https://www.idelreal.org/a/28568965.html［2018 年 5 月 31 日閲覧］).

(14) См.Фарид Мухаметшин не стал говорить о договоре между Казанью и Москвой на съезде "Татарстан - новый век"（https://www.idelreal.org/a/28520664.html［2018 年 5 月 31 日閲覧］). この大会は、翌年の大統領選でのプーチン支援を目的として開催された。またムハメートシン国家評議会議長はこの運動体の最高責任者（政治会議

第九章　エピローグ―条約失効をめぐるタタルスターン社会―　*357*

議長）で、大会で再選された。

⒂　См.Татарстану грозит политический кризис. Почему Кремль не хочет продлевать договор с Республикой（http://fedpress.ru/article/1811911［2018 年 5 月 31 日閲覧］）.

⒃　См.《Коммерсантъ》, 3 июля 2017 г.

⒄　См.там же.

⒅　審議及びテキストについて、см.Стенографический отчет тридцатого заседания Государственного Совета Республики Татарстан от 11 июля 2017 года.

⒆　См.《Известия》, 12 июля 2017 г.;《Российская газета》, 12 июля 2017 г.

⒇　反政府系政治団体「開かれたロシア Открытая Россия」副議長で弁護士の И. ノーヴィコフ（И.С.Новиков）は、7 月 21 日のマスコミとのインタビューにおいて、タタルスターン共和国指導部は条約延長を断念し、要請を共和国大統領名称の存続に限定したと述べた。См.《Росбалт》,21 июля 2017 г.（http://www.rosbalt.ru/russia/2017/07/21/ 1632570.html［2018 年 5 月 31 日閲覧］）.

(21)　См.Деловая электронная газета《Бизнес Online》, 3 августа, 2017（https://www.business-gazeta.ru/ news/353414［2018 年 5 月 31 日閲覧］）. なお、同紙や 8 月 4 日付 ТАСС 通信は、大会での総会演説から、Р. ザキーロフを条約延長支持者と見なした（см.Кремль не готов обозначить позицию по договору о разграничении полномочий с Татарстаном（http://tass.ru/politika/4462375http://tass.ru/politika/4462375［2018 年 5 月 31 日閲覧］））。

(22)　См.《Комерсантъ》,4 августа 2017 г.

(23)　大会決議のテキストについて、см.《Республика Татарстан》, 3 августа 2017 г.

(24)　См.Кремль не готов обозначить позицию по договору о разграничении полномочий с Татарстаном（http://tass.ru/politika/4462375http://tass.ru/politika/4462375［2018 年 5 月 31 日閲覧］）.

(25)　8 月 30 日の共和国国家主権宣言を記念して行われた抗議行動について、см.《Коммерсантъ》, 30 августа 2017 г.

(26)　教書テキストについて、см. http://prav.tatarstan.ru/rus/index.htm/news/1015109.htm［2018 年 5 月 1 日閲覧］.

結　論

　権限区分条約に即した連邦中央との関係を「権限区分条約関係」、より簡単に「条約関係」と呼ぶならば、ロシアとタタルスターンの条約関係は、1992年3月の権限区分条約をめぐる交渉の開始から1994年及び2007年の二つの条約の効力期間を経て、最終的に2017年8月にその期限の経過をもって終了した。それでは、タタルスターンにとって、このほぼ15年間にわたる期間、そして締結された二つの条約は如何なる意義を持ったのであろうか。

　まず1994年条約の意義について、いくつかの点を指摘することができるであろう。

　第一に、条約交渉の開始と関連して、タタルスターン共和国がロシア連邦との間で新たな連邦関係を構築するうえで、客観的な好環境が存在した点である。それは、ゴルバチョフ大統領の進めるソ連邦再編であり、それに連動した主権国家（同宣言）パレード（及びロシア連邦主体の国家主権宣言パレード）に現出した連邦構成共和国の独立＝主権国家指向である。このソ連邦及びロシア連邦の二重のレベルにおける連邦再編及び新たな連邦関係の構築の過程が、タタルスターン共和国が主観的には主権国家という独自の立場でソ連邦及びロシア連邦における連邦再編問題に関わることを可能にしたのである。こうした客観的環境を自らに利するためには、シャイミーエフ＝タタルスターン共和国指導部がソ連邦及びロシア連邦との関係で、一定の主体的・主観的力量を有していることも不可欠であった。こうした力量は、共産党色を脱色して共和国の民主化と独立（＝主権国家化）を路線として掲げることにより、タタール・親ロシア民主化勢力のみならず、民族主義勢力（とりわけ穏健的な）も糾合することにより、いわば擬似的挙国一致の体制を創り上げることができた点に示された。タタルスターン共和国指導部がある程度の民族主義的相貌を呈していたこと、つまりそうした勢力を背景・支持基盤としていたことは、ロシア連邦との対等な立場での交渉に好影響をもたらしたと言うことができる。

第二に、たった今見た交渉開始における有利点は、ほぼ3年半にわたる交渉過程においても発揮されたと言うことができる。少なくとも、交渉の一定の段階までは、タタルスターン側提案の条約案に基づく検討といった点で、タタルスターン側の主導性を看取することができる。しかし、第一点とも関連するが、交渉過程を取りまく政治環境が決して一様ではなく、あるいはタタルスターン側にとって常に有利な環境であったわけではないことが、交渉における妥協の幅を大きくすることにもなった。特に、交渉の最終段階におけるロシア側のいわば巻き返しは功を奏したと言うことができる。ロシア連邦側の連邦維持・一体性及び領土統一の一線は超えられることなく、タタルスターン共和国を連邦内に取り込むことができたからである。

第三に、その意味で、条約は双方が一定程度譲歩したうえでの妥協の産物という性格を有することになった。その妥協とは、一方で、タタルスターン共和国は主権国家と規定されなかったが、その主権性は否定されなかったことである。また、タタルスターン共和国は国際法上の主体として見なされなかったが、国際舞台における政治的・経済関係に参加することが条約に規定されたことである。他方で、条約はタタルスターン共和国の離脱問題に触れなかった、つまり如何なる規定ももたなかった。それは、タタルスターン共和国がロシア連邦内に特別な地位をもって位置づけられることにより、ロシア連邦が非対称的連邦制に変容することを意味した。そして、このような妥協点自体が、ロシア及びタタルスターン双方の世論からの批判を受けることになる。

以上の点を踏まえると、1994年条約が、ロシア・タタルスターン双方にとって、重要な意義をもっていたのは言うまでもない。しかし、その意義はきわめて特異な歴史的政治的環境のもとで通用するものであり、それにより形成された権限区分の関係、条約に基づく連邦関係の在り方は、比喩的に言うならば、ソ連邦崩壊後に誕生したばかりの脆弱な連邦国家としてのロシアに適合していたことは確かである。しかしそれをもって、1994年条約に象徴される連邦構造、連邦と地方の関係は、ロシアの国家的成長を促進する必須要素であると断じることはできない。改めて時代に即応した措置がとられなければならない。

プーチン大統領は、いわば 1994 年条約に象徴される連邦構造・連邦関係はロシアの国家的成長の促進剤にはならず、逆に止めてしまう類いのものと認識した。2000 年に開始された連邦改革はまさにそうした診断に基づく措置と言えるものであった。条約及び条約に基づく連邦関係は連邦法の規制メカニズムにより「浄化」されることになった。この措置は長い時間をかけることなくその効果を示した。それまでのロシアは、完成途上とはいえ垂直的権力構造を伴った連邦優位の強い統一的連邦国家に変容したのである。

　「浄化」された条約はどうなるのか。まさにそれが 2007 年条約に投げかけられる問題である。2007 年条約はその失効をもって「浄化」され、プーチン的連邦国家にとって存在意義・利用価値のないことを示したのである。

　とはいえ、ソビエト連邦制の伝統に基礎づけられたロシア連邦制が中央集権化・均質（＝一体化傾向）を強めている今日、ロシア‐タタルスターンの条約（及びそれに基づく関係は）、四半世紀にも満たない期間であったが、現代ロシア連邦（制）に孕む問題を考究するための具体的素材とその解決の場を提供したことの意義は看過しえないほど大きなものと言うことができる。2007 年条約は、その締結当初からその政治的法的意義・役割を疑問視され、いわば実体のない装飾品と見なされながらも、2017 年まで存続したことにより、1994 年条約の提起した諸問題を考え、そしてその解決に取り組むことを可能にしたのである。このことの意義は見過ごされてはならない。しかし、その結果の当否の評価は別である。

資　料

資料1：1992年1月22日経済協力に関する政府間協定

経済協力に関するロシア連邦政府とタタルスターン共和国政府との協定

　ロシア連邦政府とタタルスターン共和国政府—以下、「当事者」とよぶ—は、両者の間に形成された伝統的な結びつきに立脚し、長期的かつ安定的な基盤に基づく互恵的経済協力をよりいっそう発展・深化させるうえでの当事者の利害関係を考慮して、以下のとおり合意する。

第1条

　当事者は、タタルスターン共和国の領土に存する土地、地下資源、水並びに天然資源がタタルスターン共和国国民の資産であることを確認する。

　当事者は、相互の利害関係を考慮しかつ両者の自発的合意によって形成される、連邦、共和国（タタルスターン共和国）及び共同の資産が諸共和国の領土に存在することを承認する。

第2条

　相互の経済的利害関係及び責任に基づいて、当事者は、共通の経済圏を維持し、また企業、企業合同及び経済主体の間で形成されてきた経済的結びつきを発展させる。当事者は、これらに対して、通常どおり1991年水準と同じ生産供給の規模を1992年において維持するために援助を行うであろう。

　国家的需要にとり最重要な生産物の品名リスト及び相互供給の規模は、特別協定によって規制される。

第3条

　共和国関係を拡大しながら、当事者は、科学・技術、民需転換、生態系及びその他の社会－経済発展分野に関する問題について、全体的包括的な共同計画を実施する必要性を承認する。ロシアは、当事者によりその転換の妥当性を認められる企業及び組織が行う生産の再形成のための融資を保障する。

第 4 条

当事者は、タタルスターン共和国に配備された軍隊、軍事施設及び軍教育施設は、あらゆる物資、食糧及びエネルギー資源を統合連邦軍の資金により賄われることに立脚する。当事者は、この資金の形成に関与する。タタルスターン共和国の領土において、これらを配備するために引き渡される土地は、タタルスターン共和国の排他的所有である。

第 5 条

共和国領土内及び共和国間の商品及びサービスの移動は、自由原則に基づいて遂行される。当事者はそれぞれ、一方の当事者（もしくは経済主体）によって空、海、河川、鉄道及び道路に、ならびにパイプラインを通じて他方の当事者もしくは第三の当事者（国外を含む）に送られる輸送貨物、積荷及び製品の自国領土における非障壁かつ非関税の移動体制を保障する。

第 6 条

当事者は、タタルスターン共和国が自らの領土において、天然資源、とりわけあらゆる原油及び石油・天然ガス化学加工品の精製、採掘及び販売を自主的に統制することを認める。

これらのロシアに対する供給は、毎年互恵的に締結される契約に基づいて行われる。1992 年における原油供給は、本協定の付属文書に従った量で決定される。

第 7 条

当事者は、割当て生産及びライセンス生産を除き、対外経済活動を自主的に遂行する。当事者は、毎年、タタルスターン共和国で生産される製品の輸出に対する調整割当てを承認する。調整割当ての範囲内でのライセンスの交付は、ロシア対外経済交流委員会タタルスターン共和国全権代表を通じて、タタルスターン共和国政府の決定により行われる。調整割当てを超える場合、РСФСР［ロシアソビエト連邦社会主義共和国］は交付されたライセンスの効力を停止する。当事者の領土において、統一的な関税制度が機能する。

第 8 条

当事者は、社会保障及び雇用の分野において一致した政策を実施する、すなわち、移住規制に関する特別な協定を締結し、社会保護、年金保障及び社会保険に関する相互の義務を受け入れる。

資 料 *365*

第 9 条

当事者は、科学、教育、保健、及び文化の分野において協力する。タタルスターン共和国に置かれた関係機関及び組織の管轄、またこれらの活動を可能にするための各々の当事者の関与は、当事者の協定によって決定される。

第 10 条

当事者は、天然資源が一体不可分であることに立脚し、またしかるべき決定採択における完全な自主性を維持して、生態系上の災害の予防措置を調整し、自然環境状態の評価に対する統一的取り組みを共同して作成し、並びに自然環境の安定と保全に関する施策を行う。

第 11 条

当事者は、合意をみた期間内に、相互利益をもたらす協力の方針に関して、本協定の規定する特別協定を調印することについて合意した。

第 12 条

当事者の対等な権能を有する常設代表部が、各々の政府内に置かれる。当事者は、建物を割り当て、かつその活動のために必要な条件をつくる。

第 13 条

当事者は共同して、協定実施の過程において生ずる問題を検討し、かつそれを解決するための措置をとっていく。

協定遂行の経過を監視し行動を調整するために、モスクワ市及びカザン市で定期的に会議を行う政府間委員会が創設される。

第 14 条

本協定は、5 年の期間で締結しかつその署名の時から発効する。決められた義務履行されなかった場合、当事者のいずれも、12 か月以内に他方の当事者にあらかじめ通知することによって、協定を破棄することができる。

1992 年 1 月 22 日、モスクワ市において、ロシア語及びタタール語により各々二部作成され、その際、両テキストは同一の効力を有するものとする。

    ロシア連邦首相代行   タタルスターン共和国首相

    E. ガイダール   M. サビーロフ

（出典：Белая книга Татарстана. Путь к суверенитету (Сборник официальных документов). 1990-1995, Казань, 1996, стр. 34-37)

資料2：1992年8月15日条約案

国家権力の管轄対象及び権能の相互委譲（移管）に関する条約案

　［ロシア連邦とタタルスターン共和国の国家権力の全権代表は］、注1｜(1)我々、ロシア連邦国家権力機関とタタルスターン共和国国家権力機関の全権代表は－РФ専門家の代替案；(2)ロシア連邦とタタルスターン共和国は－РТ専門家の代替案；(3)各々の国家権力の全権代表によって代表されるロシア連邦とタタルスターン共和国は－タタルスターン共和国専門家の代替案｜、

　民族自決権、ロシア連邦国家主権宣言、ロシア連邦憲法の一部としての連邦条約、タタルスターン共和国国家主権宣言を尊重し［同じくタタルスターン共和国国家主権宣言を承認し－РТ専門家の代替案］、

　［ロシア連邦とタタルスターン共和国の一体性を維持するとの志向に依拠し、－タタルスターン共和国専門家の代替案］；［領土的一体性の原則に立脚し、－РФ専門家の代替案］

　同権、自発性、及び意思表明の自由の原則の承認に立脚し、

　共通の経済圏の維持を目指し、

　歴史的及び民族的な伝統、文化、言語の維持及び発展を促進し、

　市民的平和、民族間合意、及び諸民族共通の安全を確保することに配慮し、

　民族的帰属、信仰、居住地、及びその他の差異に関わらない人及び市民の基本的な権利及び自由の優先性を実現し、

　［タタルスターン共和国の国際的な法主体性、タタルスターン共和国の国際関係及び対外経済関係への主権国家としての参加を確立し、－РТ専門家の代替案］；［タタルスターン共和国の国際的な法主体性、РТの国際関係及び対外経済関係への自主的な参加に立脚し、－РФの代替案］

　ロシア連邦及びタタルスターン共和国による自らの権能実現における自主性を確認し、以下のとおり合意に達した。

第1条

　タタルスターン共和国―主権国家―は、［以下を含む－РТ専門家の代替案］国家権力のあらゆる権能を自主的に行使する。

　1)　憲法を採択し、その遵守を確保する

資　料　*367*

2) 以下の立法を制定する

［自らの –РФ 専門家の代替案］予算及び予算編成手順、税、銀行に関する法

裁判所構成、検察に関する法

刑法、民法及び行政法、労働法、家族法、住宅法、水法

知的財産の規制法

刑事訴訟法、民事訴訟法、調停訴訟法、行政訴訟法

タタルスターン共和国裁判所によって有罪判決を受けた者の恩赦及び特赦を立法的に規制しかつ実施する

土地法、森林法、地下資源に関する法、環境保護及び自然利用に関する法

3) 土地、地下資源、天然資源、［同じく、タタルスターン共和国領土に存在し、タタルスターン共和国国民の排他的資産及び財産であり、かつタタルスターン共和国の管轄下にある、国営企業、国営組織、その他の国有動産及び不動産 –PT 専門家の代替案］を所有する

［タタルスターン共和国に存在する国営企業、国営組織、その他国有の動産及び不動産は、補足協定に定める手続きに従ってタタルスターン共和国国民の排他的資産及び財産に移される –РФ 専門家の代替案］

自発的及び相互的な合意に係る利害関係を考慮して、タタルスターン共和国及びロシア連邦の所有客体は、従来の管轄のまま共同管理に移管することができる。具体的客体の共同管理の形態及び手続きは、個別協定によって決められる

4) タタルスターン共和国の国家権力機関システム、その組織及び活動の手続きを定める

5) タタルスターン共和国の市民権問題を解決する

6) 独立国家共同体諸国、並びにロシア連邦の共和国、地方及び州、自治州、自治管区、モスクワ市及びサンクト – ペテルブルグ市との相互関係を維持し、また条約を締結する

7) 外国との関係を樹立し、また条約を締結し、国際組織の活動に参加し、［外交代表部及び領事部を交換する –PT 共和国専門家の代替案］、［タタルスターン共和国によるロシア連邦の外交代表部及び領事部への出向問題を解決する –РФ 専門家の代替案］

8) 自らの国家予算を編成し、自らの税を設定しかつ徴収する

9) 国立銀行を創設しかつ金融 – 信用政策を実施する

10) 輸出品の許可、割当て及び割当て額の手続きを定めかつ関税を徴収することを含めて、対外経済政策を実施する

11) 旧ソ連邦の対外債務支払いに参加する。タタルスターンの分担は利害関係を有す

る当事者の合意によって決定される

12)　債務国に対して旧ソ連邦に対するその債務部分を要求する。負債及び債務国の分
担は、利害関係を有する当事者の合意によって決定される

13)　金備蓄量及びダイヤモンド保有量は、特別の政府間協定によって決定される￤注
2

［14)　主権国家としての地位から生じ、かつ本条約によって共同管轄に関わらないその
他の権限を行使する -PT 専門家の代替案］

第2条

ロシア連邦の主権的権利及びタタルスターン共和国の主権的権利から生ずる以下の権
能は、共同して行使される。

1)　人及び市民、少数民族の権利の保障

2)　主権及び領土的一体性の保全

3)　［当事国の防衛及び安全。タタルスターン共和国領土における軍備・軍事技術の研
究及び開発の組織及び管理。武器、弾薬、軍事技術、及びその他の軍事資産の売
却。しかるべき権能の実現への当事国による参加の形式と分担は個別協定によって
定められる -PT 専門家の代替案］

　　　　［兵役の召集及び服務の手続きの定立。軍事政策の決定、並びにタタルスターン
共和国の利害に関わるロシア連邦軍の軍隊の行動、軍事施設の配備と結びついた問
題の解決。国民経済の動員準備の組織化。防衛複合体企業の管理、民需転換の共同
実現 -PT 専門家の代替案］

4)　国際的及び対外経済的交流の調整及びそれらの実現

　　￤当事国の対外政治的及び対外経済的活動においては、相互不危害の原則を指針と
する -PT 専門家はしかるべく編集して前文に移すことを提案する￤

　　［タタルスターン共和国及びロシア連邦の税関部門は個別協定に基づいて行動する
-PT 専門家の代替案］

　　［外国及び国際組織との関係におけるタタルスターン共和国の利益代表部。
ロシア連邦の外交代表部及び領事部へのタタルスターン共和国代表の出向に関する
問題の解決 -РФ 専門家の代替案］

5)　価格政策の原則の調整

6)　地域発展基金の創設

7)　貨幣発行分野における調和的政策の実施

8)　統計及び簿記の一般原則の実現

9)　測地、地図作成、測候部門、規格、度量衡、計量システム、時間計算といった諸

資　料　369

問題に関する調整

10) 相互合意に基づく自然災害及び惨事の根絶の共同計画への融資のための共通基金の創設

　　ロシア連邦及びタタルスターン共和国共同の総合計画を実現するために、相互協定に基づいて資金支出が行われる。

11) 共通エネルギーシステムの管理—幹線鉄道輸送、パイプライン輸送、航空輸送、及び水上輸送—の調整

12) 共和国領土及び共和国間の商品及びサービスの移動は、自由原理に基づいて行われる。各当事国は、一方の当事国（もしくは経済主体）によって他方の当事国あるいは第三者（国外を含めて）に向けて航空、海上、河川、鉄道、及び道路、並びにパイプラインによる輸送により行われる、運輸、貨物、及び生産物の自国領土における非障壁かつ非関税移動体制を保障する

13) 環境の質状態評価に関する統一的な包括的取組み、その安定及び回復に係る施策の作成。水立法及び特別保全地域に関する立法を含む、水資源の利用分野に関する活動の調整。生態系の安全の確保、生態系上の惨事の予防に係る措置の調整

14) 社会保障を含む、住民の公衆予防及び雇用、移住審査、生活保護の分野における政策の実現

15) 健康、家族・母性・父性・子供の保護、教育、科学、文化、体育及びスポーツの調整。学校、教育施設、文化施設、マスメディア、及びその他の施設及び組織の民族的人材の養成。母語による授業による就学前施設及び教育施設の確保

　　歴史、民族文化及び民族言語の分野における学術研究の調整

16) 法保護機関及び保安機関の活動の調整、組織犯罪、輸送手段のハイジャック、鉄道、航空及び水上輸送における犯罪、麻薬取引、及び汚職との闘争に係る総合計画の作成と実現。〔合法性、法秩序及び公共的安全の確保 -РФ 連邦専門家の代替案〕

17) 刑事訴訟法、民事訴訟法、調停訴訟法、行政訴訟法

18) 抵触法

19) 相互の合意により定められたその他の権能

　　|РФ 及び РТ の専門家は、共同権能の実現メカニズムに関する個別規定を作成することを提案する|

第 3 条

　ロシア連邦及びタタルスターン共和国の権力機関、組織及び公務員が自らの権能の範囲内で交付する法律文書は、ロシア連邦及びタタルスターン共和国の全土において認められる。

370

第 4 条

ロシア連邦の連邦国家権力機関、同じくタタルスターン共和国の権力機関は、その管轄に関わらない問題に関して、法令を公布することはできない。

タタルスターン共和国の国家権力機関、同じくロシア連邦の連邦国家権力機関は、ロシア連邦及びタタルスターン共和国の法律が本条約を侵害する場合、ロシア連邦及びタタルスターン共和国の領土におけるそれら法律の効力を停止し、また異議申立てをすることができる。

ロシア連邦及びタタルスターン共和国の共同管轄の分野における権能の行使に関する紛争は、本条約［ロシア連邦及びタタルスターン共和国の立法 – タタルスターン共和国専門家の代替案］に従って調整手続きにより解決される。

｜ロシア連邦専門家は、ロシア連邦の連邦国家権力機関の権限に関する条文を導入することを提案する｜

第 5 条

ロシア連邦及びタタルスターン共和国の国家権力機関は、相互の合意により、モスクワ市及びカザン市にそれぞれ［全権的 –PT 専門家の代替案］［常設の –РФ 専門家の代替案］代表部を設置する。

第 6 条

条約あるいはその個々の規定は、一方的手続きによって廃止、変更、もしくは補足することができない。

［条約は調印の時から発効する – タタルスターン共和国専門家の代替案］

条約の効力期間は＿年である。条約はロシア語及びタタール語で各々二部作成され、その際、両テキストは同一で等しい効力を有する。

1992 年＿月、＿市で結ばれる。

　　ロシア連邦連邦国家権力機関専門家代表　　　　　タタルスターン共和国専門家代表
　　　Л. ボルテーンコヴァ　　　　　　　　　　　　Ф. ハミドゥッーリン

1992 年 8 月 15 日

注

1. 角かっこ ［ ］で括られたテキストは、今後の調整を要する。

2. ロシア連邦専門家は、9 項～13 項を専門家の検討に委ねる。

（出典：указ.Белая книга Татарстана. Путь к суверенитету (Сборник официальных

資　料　*371*

документов), стр. 43-49)

資料 3：1994 年 2 月 1 日条約案

タタルスターン共和国及びロシア連邦の条約案
「ロシア連邦国家権力機関及びタタルスターン共和国
権力機関による管轄対象及び権能の相互委譲について」

ロシア連邦の連邦国家権力機関とタタルスターン共和国の国家権力機関の全権代表は、

ロシア連邦及びタタルスターン共和国の国家主権宣言を考慮し、

ロシア連邦憲法及びタタルスターン共和国憲法に依拠し、

一般的に承認された民族自決権、同権、自発性及び意思表明の自由の原則に立脚し、

領土的一体性及び共通の経済圏の維持を指向し［保証し -РФ 専門家の代替案］、

歴史的及び民族的な伝統、文化、言語の維持及び発展を促進し、

市民的平和、民族間合意、及び諸民族共通の安全を確保することに配慮し、

民族的帰属、信仰、居住地、及びその他の差異に関わることのない人及び市民の基本的な権利及び自由の優先性を実現し、

タタルスターン共和国は主権国家として、国際的及び対外経済的関係の主体であることを考慮して、

以下のとおり合意に達した。

第 1 条

ロシア連邦とタタルスターン共和国は、本条約に基づいて結合する（連合する）。

タタルスターン共和国は、本条約の定めとは別の実現手続きが規定されている場合を除き、国家権力の権能を自主的に行使する。

第 2 条

ロシア連邦―ロシアの連邦国家権力機関及びタタルスターン共和国の国家権力機関によって、以下の権能が共同して行使される。

1) 人及び市民の権利及び自由、少数民族の権利の保障

2) 主権及び領土的一体性の保全

3) タタルスターン共和国市民によるロシア連邦軍への召集及び軍務遂行の手続きの定立［当事国の防衛及び安全― PT 専門家の代替案］。国民経済の動員準備の組織化、タタルスターン共和国領土における軍備及び軍事技術の研究及び開発の管理；

武器、弾薬、軍事技術、及びその他の軍事資産の売却、防衛産業の民需転換の問題。しかるべき権能の実現への当事者の関与の形式及び分担は、個別の協定によって決められる

4) 市民権の共通問題及び抵触問題

5) 国際的及び対外経済的交流の調整及びそれらの実現。タタルスターン共和国及びロシア連邦の関税業務は、個別協定に基づいて行われる。

6) 価格政策の原則の調整

7) 地域発展基金の創設

8) 貨幣政策の実施

9) 自発的及び相互的な合意に係る利害関係を考慮した、共同管轄に移管することができるロシア連邦あるいはタタルスターン共和国の所有客体の管理。具体的客体の共同管理は個別の協定によって決められる。

10) 法保護機関、裁判 − 検察機関及び保安機関の活動の調整、犯罪との闘争に係る計画の作成と実現。裁判機関、検察機関及び法保護機関の要員の教育及び養成

11) 測地、測候部門、度量衡、時間計算といった諸問題に関する調整

12) 相互合意に基づく自然災害及び惨事の根絶の共同計画への融資のための共通基金の創設

13) 共通のエネルギーシステム、幹線輸送、鉄道輸送、パイプライン輸送、航空輸送及び水上輸送、通信、情報システムに対する管理の調整

14) 航空路、海上航路、河川航路、鉄道及び道路並びにパイプラインによる、輸送、貨物及び製品の非障壁かつ非関税の移動体制の確保

15) 国際基準に基づく自然環境の質的状態の評価、その安定及び回復措置の実現。生態系の安全確保、土地、水、その他の自然資源の利用分野における事業の調整。生態系上の惨事の予防。特別保全地域の問題

16) 社会保障を含む、住民雇用、移住審査、生活保護といった、社会分野における共通政策の実施

17) 保険、家族・母性・父性・子供の保護、教育、学術、文化、体育、及びスポーツの諸問題に関する事業の調整。学校、教育施設、文化施設、大衆情報手段、並びにその他の施設及び組織のための民族要員の養成。就学前施設及び学校への母語文献の確保。民族史、民族文化及び民族言語の分野における学術研究の調整。

18) ［行政法、行政訴訟法、労働法、家族法、住宅法、水資源法、森林法、地下資源法、環境保護法 -РФ 専門家の代替案］。

　　　［刑事訴訟法の原則、民事訴訟法の原則、調停訴訟法の原則、行政訴訟法の原則 − PT 専門家の代替案］

資　料　*373*

19)　抵触法
20)　知的所有権の法的規制
21)　相互の合意により定められたその他の権能

第3条
　ロシア連邦及びタタルスターン共和国の権力機関、組織及び公務員が自らの権能の範囲内で交付する法律文書は、その真正についての補充的証明なしに両当事者によって認められる。

第4条
　ロシア連邦の連邦国家権力機関、同じくタタルスターン共和国の権力機関は、その管轄に関わらない問題に関して、法令を公布することはできない。タタルスターン共和国国家権力機関、同じくロシア連邦の連邦国家権力機関は、ロシア連邦及びタタルスターン共和国の法律が本条約を侵害する場合、ロシア連邦及びタタルスターン共和国の領土におけるそれら法律の効力を停止し、また異議申し立てをすることができる。
　ロシア連邦及びタタルスターン共和国の共同管轄の分野における権能の行使をめぐる紛争は、当事者の合意した手続きにより解決される。

第5条
　本条約を実現するために、ロシア連邦 – ロシアとタタルスターン共和国は、補足協定を締結し、共同の機関を創設することができる。また両国は、ロシア連邦大統領及びタタルスターン共和国大統領によってその構成が決定される常設の合同委員会を対等な立場で設置するものとする。

第6条
　ロシア連邦及びタタルスターン共和国の国家権力機関は、相互の合意により、モスクワ市及びカザン市にそれぞれ全権的代表部を設置する。

第7条
　条約もしくはその個々の規定は、一方的手続きによって廃止、変更、もしくは補足することができない。
　条約は署名の時から発効する。
　1994 年＿月＿日、モスクワ市において、ロシア語及びタタール語で一部ずつ二部作成され、両テキストは真正でありかつ同一効力を有するものとする。

ロシア連邦大統領	タタルスターン共和国大統領
Б. エリツィン	М. シャイミーエフ
ロシア連邦政府首相	タタルスターン共和国政府首相
В. チェルノムィールディン	М. サビーロフ

条約案署名者

ロシア連邦代表団員	タタルスターン共和国代表団員
В. ミハーイロフ	Р. ハキーモフ
Л. ボルテーンコヴァ	Ф. サフィウッーリン
	モスクワ市、1994 年 2 月 1 日

（出典：указ.Белая книга Татарстана. Путь к суверенитету (Сборник официальных документов), стр. 53-57)

資料4：1994 年 2 月 15 日条約

ロシア連邦及びタタルスターン共和国の条約

「ロシア連邦の国家権力機関とタタルスターン共和国の国家権力機関との間の管轄対象の区分及び権能の相互委譲について」

ロシア連邦国家権力機関及びタタルスターン共和国国家権力機関の全権代表者は、
ロシア連邦憲法及びタタルスターン共和国憲法に従い、
一般に承認された民族自決権、同権、自発性及び意思表明の自由の原則に立脚し、
領土的一体性及び経済圏の統一の維持を保証し、
歴史的及び民族的伝統、文化、言語の維持と発展を促進し、
市民的平和、民族間の合意及び民族の安全の保障に配慮し、
民族の帰属、信仰、居住地、及びその他の相違に関わらない、人と市民の基本的権利及び自由の優越性を実現し、
タタルスターン共和国は国家として、ロシア連邦憲法、タタルスターン共和国憲法、並びにロシア連邦の国家権力機関とタタルスターン共和国の国家権力機関との間の管轄対象の区分及び権能の相互委譲に関するロシア連邦及びタタルスターン共和国の条約によってロシア連邦と結合し、国際関係及び対外経済関係に参加することを考慮して、以下について締結する。

第1条

ロシア連邦の国家権力機関とタタルスターン共和国の国家権力機関との間の管轄対象の区分及び権能の相互委譲は、ロシア連邦憲法、タタルスターン共和国憲法及び本条約によって実施される。

第2条

タタルスターン共和国は、自らの憲法及び法律を有する。

タタルスターン共和国の国家権力機関は、以下を含めて国家権力の権能を行使する。

1) 人と市民の権利及び自由の保護を保障する

2) 共和国予算を作成し、共和国税を定立及び徴収する

3) 弁護士及び公証人役場の問題を解決する

4) 行政、家族、住宅の諸関係、並びに環境保護及び自然利用分野の諸関係の法規制を行う

5) タタルスターン共和国の裁判所によって有罪判決を受けた者の特赦を実施する

6) タタルスターン共和国領土に存在し、連邦財産の対象を除くタタルスターン国民の排他的資産及び財産となる土地、地下資源、水、森林及びその他の天然資源、並びに国営の企業、施設、及びその他国有の動産及び不動産に対する占有、使用及び処分の問題を解決する。国有財産の分割は、個別協定によって調整される

7) タタルスターン共和国の国家機関システム、その組織及び活動の手続きを定める

8) 共和国市民権の問題を解決する

9) 連邦法に従い軍務代替権を有する市民によるタタルスターン共和国領土における選択的市民的業務の遂行手続きを定める

10) ロシア連邦の共和国、地方、州、自治州及び自治管区、モスクワ市及びサンクト－ペテルブルク市との関係を定めかつ維持し、またこれらと、ロシア連邦及びタタルスターン共和国の憲法、本条約、及びロシア連邦国家権力機関とタタルスターン共和国との間のその他の協定に抵触しない条約及び協定を締結する

11) 国際関係に参加し、諸外国と関係を樹立し、またロシア連邦の憲法及び国際上の義務、タタルスターン共和国憲法並びに本条約に抵触しない、協定を諸外国と締結し、しかるべき国際組織の活動に参加する

12) 国立銀行を個別協定に従って創設する

13) 対外経済活動を自主的に遂行する。対外経済活動の分野における権能の区分は、個別協定に従って行われる

14) タタルスターン共和国の国有財産となっている企業の民需転換の問題を個別協定によって定められた手続きに従って解決する

15) タタルスターン共和国の国家褒賞及び名誉称号を定める

第3条

ロシア連邦の国家権力機関及びタタルスターン共和国の国家機関によって、以下の権能が共同して行使される。

1) 人と市民の権利及び自由の保障、少数民族の権利の保障
2) 主権及び領土的一体性の保全
3) 国民経済の動員準備の組織化、タタルスターン共和国領土における軍備及び軍事技術の研究及び開発の管理。武器、弾薬及びその他の軍事物資の売却、並びに防衛産業の民需転換の問題。しかるべき権能を行使する際の両当事者の参加の形式及び割合は、個別協定によって決定される
4) 市民権の共通問題及び抵触問題
5) 国際交流及び対外経済交流の調整
6) 価格政策の調整
7) 地域開発基金の創設
8) 金融政策の実施
9) 自主的及び相互的合意に係る利害関係を考慮して共同管理に移管することの可能なロシア連邦もしくはタタルスターン共和国の所有客体の管理。具体的客体の共同管理方式及び手続きは、個別協定によって決定される
10) 測地、気象観測業務、時間計算の問題に関する事業の調整
11) 相互合意に基づく自然災害及び惨事の根絶のための共同計画の融資のための共同基金の創設
12) 共通のエネルギーシステム、幹線、鉄道、パイプライン、航空及び水上輸送、通信、情報システムに対する管理の調整
13) 航空路、海上航路、河川航路、鉄道及び道路並びにパイプラインによる、輸送、貨物、積荷及び製品の自由かつ免税の運行体制の確保
14) 国際基準に基づく自然環境の質的状態の評価、その安定及び回復措置の実現。生態系の安全確保、土地、水、その他の自然資源の利用分野における事業の調整。生態系上の惨事の予防。特別保全地域の問題
15) 社会保障を含む、住民雇用、移住審査、生活保護といった、社会分野における共通政策の実施
16) 保険、家族・母性・父性・子供の保護、教育、学術、文化、体育、及びスポーツの諸問題に関する事業の調整。学校、教育施設、文化施設、大衆情報手段、並びにその他の施設及び組織のための民族要員の養成。就学前施設及び学校への母語文献の

確保。民族史、民族文化及び民族言語の分野における学術研究の調整

17）裁判機関及び法保護機関の要員

18）弁護士、仲裁及び公証人役場

19）法保護機関の活動の調整、保安機関の共同作業、犯罪との闘争のための全体計画の作成及び実施

20）国家権力機関及び地方自治機関のシステムの一般的組織原則の定立

21）行政法、行政訴訟法、労働法、家族法、住宅法、土地法、水資源法、森林法、地下資源法、環境保護法

22）土地、地下資源、水その他の天然資源の共同利用

23）相互の合意によって決められるその他の権能

第4条

ロシア連邦及びその機関の管轄は、以下のとおりである。

1）ロシア連邦憲法及び連邦法の採択及び修正、それらの遵守に対する監督。ロシア連邦の連邦構造及び領土

2）人と市民の権利及び自由の規制と保護。ロシア連邦における市民権の規制。少数民族の権利の規制と保護

3）連邦の立法、執行及び司法権体系、これらの組織化及び活動の手続きの定立。連邦国家権力機関の創設

4）連邦国有財産及びその管理

5）連邦政策の原則の定立、並びにロシア連邦の国家的、経済的、生態系的、社会的、文化的、及び民族的発展の分野における連邦計画

6）統一市場の法原則の定立。財政、為替、信用、関税の規制、貨幣発行、価格政策の原則。連邦銀行を含む連邦経済業務

7）連邦予算。連邦税及び賦課金。連邦地域開発基金

8）連邦エネルギーシステム、核エネルギー、分解物質。連邦輸送、交通、情報及び通信。宇宙事業

9）ロシア連邦の外交政策及び国際関係、ロシア連邦の国際条約。戦争及び講和の問題

10）ロシア連邦の対外経済関係

11）防衛及び安全。武器、弾薬、軍事技術、及びその他の軍事資産の売却及び購入手続きの決定。有毒物質及び麻酔剤の生産、並びにそれらの使用手続き

12）ロシア連邦の地位の決定、並びに国境、領海、大気圏、排他的経済圏、及び大陸棚の保全

13) 裁判。検察。刑法、刑事訴訟法及び刑事執行法。大赦及び恩赦。民法、民事訴訟法、仲裁手続き法

14) 連邦抵触法

15) 気象観測業務、基準、度量衡、メートル法及び時間計算。測地及び製図。地理的対象の命名。公式統計及び簿記計算

16) ロシア連邦の国家褒賞及び名誉称号

17) 連邦国家業務

第5条

ロシア連邦及びタタルスターン共和国の権力機関、施設及び公務員が公布する法律的文書は、これら権力機関、施設及び公務員の権限の範囲内において効力を有する。

第6条

ロシア連邦の国家権力機関、同じくタタルスターン共和国の国家機関は、自らの管轄に関係のない問題に関して法令を公布することができない。

タタルスターン共和国の国家権力機関、同じく連邦国家権力機関は、ロシア連邦及びタタルスターン共和国の法律が本条約に抵触する場合に、これに異議申立てをすることができる。

ロシア連邦の国家権力機関及びタタルスターン共和国の国家権力機関の共同管轄内における権能の行使をめぐる紛争は、両者によって合意された手続きに従って解決される。

第7条

本条約を遂行するために、ロシア連邦の国家権力機関及びタタルスターン共和国の国家権力機関は、補足協定を締結し、共同の機構、すなわち対等の原則に基づく委員会を創設することができる。

第8条

ロシア連邦の国家権力機関及びタタルスターン共和国の国家権力機関は、カザン市及びモスクワ市にそれぞれ全権代表部を設置する。

第9条

条約もしくはその個々の規定は、一方的手続きによって廃止、変更、もしくは補足することができない。

資料 *379*

条約は、署名後 7 日を経て発効し、公表される。

1994 年 2 月 15 日、モスクワ市において、ロシア語及びタタール語でそれぞれ二部作成され、両テキストは同一効力を有するものとする。

ロシア連邦大統領 　　　　　　　　　 タタルスターン共和国大統領

　Б. エリツィン 　　　　　　　　　　　 М. シャイミーエフ

ロシア連邦政府議長〔首相〕 　　　　　 タタルスターン共和国首相

　В. チェルノムィールディン 　　　　　 М. サビーロフ

　（出典：указ.Белая книга Татарстана. Путь к суверенитету (Сборник официальных документов), стр. 86-92;«Российская газета», 17 февраля 1994 г.)

資料 5：2005 年 10 月 28 日条約案

タタルスターン共和国国家評議会決定
「ロシア連邦国家権力機関とタタルスターン共和国
国家権力機関との間の管轄対象及び権能の区分に
関する条約」案について

連邦法律「ロシア連邦主体立法（代表）及び執行国家権力機関の一般組織原則について」第 26 条の 7 第 4 項 ж 号及びタタルスターン共和国憲法第 75 条第 31 項に従い、タタルスターン共和国国家評議会は、次のとおり決定する。

タタルスターン共和国大統領により提案された「ロシア連邦国家権力機関とタタルスターン共和国国家権力機関との間の管轄対象及び権能の区分に関する条約」案を承認する。

タタルスターン共和国国家評議会議長

　Ф. ムハメートシン

ロシア連邦国家権力機関及びタタルスターン共和国
国家権力機関の間の管轄対象及び権能の区分に関する条約

ロシア連邦国家権力機関及びタタルスターン共和国国家権力機関は、

ロシア連邦憲法及びタタルスターン共和国憲法に従って活動し、

1992 年 3 月 21 日に実施されたタタルスターン共和国レフェレンダムに基づき、また

ロシア連邦憲法及びタタルスターン共和国憲法に従って締結された1994年2月15日付ロシア連邦及びタタルスターン共和国の条約「ロシア連邦国家権力機関とタタルスターン共和国国家権力機関との間の管轄対象の区分及び権能の相互委譲について」の適用の経験を考慮し、

タタルスターン共和国の歴史的、文化的、経済的、生態学的及びその他の特性に依拠して、

以下のとおり、合意した。

第1条

ロシア連邦国家権力機関とタタルスターン共和国国家権力機関の管轄対象及び権能の区分は、ロシア連邦憲法、タタルスターン共和国憲法、並びに本条約によって実現される。

第2条

タタルスターン共和国の地位は、ロシア連邦憲法及びタタルスターン共和国憲法によって決定される。

ロシア連邦憲法及びタタルスターン共和国憲法に従い、タタルスターン共和国（国家）―ロシア連邦主体―は、ロシア連邦の管轄対象及びロシア連邦とタタルスターン共和国の共同管轄対象に係るロシア連邦の権能を除き、国家権力（立法、執行及び司法の）の全権を保持する。

1. タタルスターン共和国の領土における土地、地下資源、水、森林及びその他の天然資源の利用及び保全が共和国の多民族的国民の生活及び活動の基盤をなすことを考慮して、

ロシア連邦政府及びタタルスターン共和国内閣は、タタルスターン共和国の経済的、生態学的（炭化水素の地理的採掘条件を考慮した油田の長期利用の結果としての）、文化的、及びその他の特性と結びついた諸問題を共同して解決することを定める協定を締結する。ロシア連邦政府及びタタルスターン共和国国家評議会は、本条に関わる問題に関して、ロシア連邦連邦議会国家会議にしかるべき法案を提出する。

2. タタルスターン共和国は、自らの権能の範囲内において、外国の主体及び行政‐地域的構成体と国際的及び対外経済的交流を実施し、特別に創設された国際組織の機関の活動に参加し、並びにロシア連邦政府の定める手続きによりロシア連邦外務省との合意に基づき、外国の国家権力機関と国際的及び対外経済的交流に関する協定を締結し、またそうした交流を実施する権利を有する。

3. タタルスターン共和国は、ロシア連邦政府との合意により、在外共和国民の独立

資　料　*381*

性の保持、民族文化及び言語の発展に対して国家的支援と援助を行う。

4. ロシア語及びタタール語はタタルスターン共和国の国家語であり、これらの地位及び利用手続きは、ロシア連邦憲法、タタルスターン共和国憲法、連邦法律及びタタルスターン共和国法律によって定められる。

連邦法律の定める手続きによりタタルスターン共和国の最高役職者職の任命のために提案される候補者については、タタルスターン共和国の国家語保持を規定する追加要件が定められる。タタルスターン共和国の国家語保持は、申告方式によって定められる。

第3条

タタルスターン共和国の領土に居住するロシア連邦市民は、タタルスターン共和国の国家語（タタール語）による挿入頁及びタタルスターン共和国の紋章の付された身分証明に係る基本的書類（ロシア連邦市民の一般市民用パスポート）を取得する権利を有する。

第4条

タタルスターン共和国の国家権力機関は、ロシア連邦大統領に付属するしかるべき代表部をモスクワ市内に有する。

第5条

この条約の効力の延長手続き、並びにその期限前の解消の手続き及び理由は、連邦法律によって決定される。この条約の効力期間は、その発効後10年とする。

第6条

2005年__月__日、モスクワ市において、ロシア語及びタタール語で各二部作成され、その際、両テキストは、同一の効力を有する。

　　　ロシア連邦大統領　　　　　　　　　タタルスターン共和国大統領
　　　　　B. プーチン　　　　　　　　　　　M. シャイミーエフ
調整者：
作業班共同議長：C. キリイェーンコ　　　　　Ф. ムハメートシン

（出典：Ведомостц Государственного Совета Татарстан, N 10, Октябрь (II часть), 2005, ст.842）

資料6：2006年11月4日条約案

ロシア連邦国家権力機関及びタタルスターン共和国と
国家権力機関との間の管轄対象及び権能の区分に関する条約

ロシア連邦国家権力機関及びタタルスターン共和国国家権力機関は、

ロシア連邦憲法及びタタルスターン共和国憲法に従って活動し、

1992年3月21日に実施されたタタルスターン共和国レフェレンダムに基づき、またロシア連邦憲法及びタタルスターン共和国憲法に従って締結された1994年2月15日付ロシア連邦及びタタルスターン共和国の条約「ロシア連邦国家権力機関とタタルスターン共和国国家権力機関の間の管轄対象の区分及び権能の相互委譲について」の適用の経験を考慮し、

タタルスターン共和国の歴史的、文化的、経済的、生態学的及びその他の特性に依拠して、

以下のとおり、合意した。

第1条

ロシア連邦国家権力機関とタタルスターン共和国国家権力機関の管轄対象及び権能の区分は、ロシア連邦憲法、タタルスターン共和国憲法、並びにこの条約によって実現される。

第2条

1. タタルスターン共和国の地位は、ロシア連邦憲法及びタタルスターン共和国憲法によって決定される。

2. ロシア連邦憲法及びタタルスターン共和国憲法に従い、タタルスターン共和国（国家）―ロシア連邦主体―は、ロシア連邦の管轄対象及びロシア連邦とタタルスターン共和国の共同管轄対象に係るロシア連邦の権能を除き、国家権力の全権を保持する。

3. タタルスターン共和国の領土における土地、地下資源、水、森林及びその他の天然資源の利用及び保全が共和国の多民族的国民の生活及び活動の基盤をなすことを考慮して、ロシア連邦政府及びタタルスターン共和国内閣は、タタルスターン共和国の経済的、生態学的（炭化水素の地理的採掘条件を考慮した油田の長期利用の結果としての）、文化的、及びその他の特性と結びついた諸問題を共同して解決することを定める協定を締結する。ロシア連邦政府及びタタルスターン共和国国家評議会は、本項に関わる問題に関して、ロシア連邦連邦議会国家会議にしかるべき法案を提出する。

4．タタルスターン共和国は、自らの権能の範囲内において、外国の主体及び行政 –
地域的構成体と国際的及び対外経済的交流を実施し、この目的のために特別に創設さ
れた国際組織の機関の活動に参加し、並びにロシア連邦政府の定める手続きによりロ
シア連邦外務省との合意に基づき、外国の国家権力機関と国際的及び対外経済的交流
に関する協定を締結し、またそうした交流を実施する。

5．タタルスターン共和国は、ロシア連邦政府との合意により、在外共和国民の独立
性の保持、民族文化及び言語の発展に対して国家的支援と援助を行う。

6．ロシア語及びタタール語はタタルスターン共和国の国家語であり、これらの地位
及び利用手続きは、ロシア連邦憲法、タタルスターン共和国憲法、連邦法律及びタタ
ルスターン共和国法律によって定められる。

　連邦法律の定める手続きで提案される、タタルスターン共和国の最高役職者職への
任命のための候補者については、タタルスターン共和国の国家語保持を規定する追加
要件が定められる。タタルスターン共和国の国家語保持は、申告方式によって定めら
れる。

第3条

　タタルスターン共和国の領土に居住するロシア連邦市民は、タタルスターン共和国の
国家語（タタール語）による挿入頁及びタタルスターン共和国の紋章の付された身分証
明に係る基本的書類（ロシア連邦市民の一般市民用パスポート）を取得する権利を有す
る。

第4条

　タタルスターン共和国の国家権力機関は、ロシア連邦大統領に付属するしかるべき代
表部をモスクワ市内に有する。

第5条

1．本条約の効力期間は、その発効後10年とする。

2．本条約の効力の延長手続き、並びに、その期限前の効力停止（解消）の手続き及
び理由は、連邦法律によって決定される。

第6条

2006年11月4日、モスクワ市において、ロシア語及びタタール語で各二部作成さ
れ、その際、両テキストは、同一の効力を有する。

ロシア連邦大統領　　　　　　　　　　　タタルスターン共和国大統領
　B. プーチン　　　　　　　　　　　　　　M. シャイミーエフ

　（出典：Текст внесенного законопроекта (Комитет Государственной. Думы по де-
лам Федерации и региональной политике), http://sozd.parliament.gov.ru/download/
C0EDD16E-3E17-464D-BC16-4EA8E954E288［2018 年 5 月 31 日閲覧］)

資料 7：2007 年 6 月 26 日条約

ロシア連邦国家権力機関及びタタルスターン共和国と
国家権力機関との間の管轄対象及び権能の区分に関する条約

　ロシア連邦国家権力機関及びタタルスターン共和国国家権力機関は、

　ロシア連邦憲法及びタタルスターン共和国憲法、連邦法律及びタタルスターン共和国
法律に従って活動し、

　1992 年 3 月 21 日に実施されたタタルスターン共和国レフェレンダムに基づき、また
ロシア連邦憲法及びタタルスターン共和国憲法に従って締結された 1994 年 2 月 15 日付
ロシア連邦及びタタルスターン共和国の条約「ロシア連邦国家権力機関とタタルスター
ン共和国国家権力機関の間の管轄対象の区分及び権能の相互委譲について」の適用の経
験を考慮し、

　タタルスターン共和国の歴史的、文化的、経済的、生態学的及びその他の特性に依拠
して、

　以下のとおり、合意した。

第 1 条

　ロシア連邦国家権力機関とタタルスターン共和国国家権力機関の管轄対象及び権能の
区分は、ロシア連邦憲法、タタルスターン共和国憲法、並びに本条約によって実現される。

第 2 条

1.　ロシア連邦憲法及びタタルスターン共和国憲法に従い、タタルスターン共和国
（国家）—ロシア連邦主体—は、ロシア連邦の管轄対象及びロシア連邦とタタルスタ
ーン共和国の共同管轄対象に係るロシア連邦の権能を除き、国家権力の全権を保持す
る。

2.　タタルスターン共和国の領土における土地、地下資源、水、森林及びその他の天
然資源の利用及び保全が共和国の多民族的国民の生活及び活動の基盤をなすことを考
慮して、ロシア連邦政府及びタタルスターン共和国内閣は、タタルスターン共和国の

経済的、生態学的（炭化水素の地理的採掘条件を考慮した油田の長期利用の結果としての）、文化的、及びその他の特性と結びついた諸問題を共同して解決することを定める協定を締結する。ロシア連邦政府及びタタルスターン共和国国家評議会は、本項に関わる問題に関して、ロシア連邦連邦議会国家会議にしかるべき法案を提出する。

3. タタルスターン共和国は、自己の権能の範囲内において、外国の主体及び行政 - 地域的構成体と国際的及び対外経済的交流を実施し、この目的のために特別に創設された国際組織の機関の活動に参加し、並びにロシア連邦政府の定める手続きによりロシア連邦外務省との合意に基づき、外国の国家権力機関と国際的及び対外経済的交流に関する協定を締結し、またそうした交流を実施する。

4. タタルスターン共和国は、ロシア連邦政府との合意により、在外共和国民の独立性の保持、民族文化及び言語の発展に対して国家的支援と援助を行う。

5. ロシア語及びタタール語はタタルスターン共和国の国家語であり、これらの地位及び利用手続きは、ロシア連邦憲法、タタルスターン共和国憲法、連邦法律及びタタルスターン共和国法律によって定められる。

　連邦法律の定める手続きにより導入されるタタルスターン共和国の最高役職者職の任命のために提案される候補者については、タタルスターン共和国の国家語保持を規定する追加要件が定められる。タタルスターン共和国の国家語保持は、申告方式によって定められる。

第3条

　タタルスターン共和国の領土に居住するロシア連邦市民は、タタルスターン共和国の国家語（タタール語）による挿入頁とタタルスターン共和国の紋章のある身分を証明する基本的書類（ロシア連邦市民の一般市民用パスポート）を取得する権利を有する。

第4条

　タタルスターン共和国の国家権力機関は、ロシア連邦大統領に付属するしかるべき代表部をモスクワ市内に有する。

第5条

1. この条約の効力期間は、発効後10年とする。

2. この条約の効力の延長手続き、並びにその期限前の効力停止（解消）の手続き及び理由は、連邦法律によって決定される。

第 6 条

2007 年 6 月 26 日、モスクワ市において、ロシア語及びタタール語で各二部作成され、その際、両テキストは、同一の効力を有する。

タタルスターン共和国大統領　　　　　　　　ロシア連邦大統領

　M. シャイミーエフ　　　　　　　　　　　　B. プーチン

（出典：Договор о разграничении предметов ведения и полномочий между органами государственной власти Российской Федерации и органами государственной власти Республики Татарстан, http://gossov.tatarstan.ru/dokument/dogovor/fzrfrt/dogovor [2018 年 5 月 31 日閲覧]）

参考文献一覧

【法令・条約・資料・文書集】

Белая книга Татарстана. Путь к суверенитету (Сборник официальных документов). 1990-1995. Казань, 1996.

Бөтендөнья татар конгрессы. Стенографик хисап (Всемирная конгресса татар (первый созыв). 19 июня 1992 года. Стенографический отчет). Казань: Татарстан Министрлар кабинеты (Кабинет Министров Татарстана), 1992.

Восьмой и девятый (внеочередной) съезды депутатов Российской Федерации : Документы, сообщения, заявления. М., 1993.

Государственная дума. Стенограмма заседаний. Весенняя сессия. Том 2. 4-18 февраля 1994 года.

XIX Всесоюзная конференция КПСС. Стен. отчет. Том 2. М., 1988.

Из истории создания Конституции Российской Федерации. Конституционная комиссия: Стенограммы, материалы, документы (1990-1993гг.). Т. 3:1992год. М.:Волтерс Клувер, 2008.

Из истории создания Конституции Российской Федерации. Конституционная комиссия: стенограммы, материалы, документы(1990-1993 гг.). Т.4. Книга третья(июль-декабрь 1993 года). М.:Wolters Kluwer,1993, стр.355-405.

Конституция Республики Татарстан. Казань:Татарское книжное издательство, 1993.

Конституция (Основной закон) Российской Федерации - России. М.: 《Известия》, 1993.

Конституционное совещание. Стенограммы. Материалы. Документы. 29 апреля - 10 ноября 1993 г. Том 10. М.:Юридическая литература, 1995.

Конституция (Основной закон) Российской Федерации—России. М.:Известия, 1993.

Конституция Российской Федерации. М.:"Юридическая литература",1993.

Первый Съезд народных депутатов РСФСР. Стенографический отчет. Том 1. 16 мая — 22 июня 1990 года. В 6 томах. - М.: Республика, 1992.

Проект Конституции Российской Федерации. Документы и материалы. М., 1993.

Решения конституционных (уставных) судов субектов Российской Федерации (1992-2008 гг.). Том 4. СПб:ООО "ЕД "ПРАВО", 2010.

Сборник договоров и соглашений между органами государственной власти Российской Федерации и органами государственной власти субъектов Российской Федерации о разграничении предметов ведения и полномочий. М.:Известия, 1997.

Сборник документов, принятых первым-шестым съездами народных депутатов Российской

Федерации.М.:Республиа, 1992.

Суверенная Татарстан. Документы. Материалы. Хроника. Том 2.Современный национализм татар. М.:ЦИМО, 1998.

Федеративный договор. Документы. Комметерий.М.:Издание Верховного Совета Российской Федерации, 1992.

Шестой съезд народных депутатов Российской Федерации. Документы, доклады, сообщения. М.:Издательство 《Республика》, 1992.

Белая книга Татарстана. Путь к суверенитету .Панорама-форум, N 8, 1996г.

Twelve Agreements Between Tatarstan and the Russian Federation, *Journal of South Asia and Middle Eastern Studies,* Vol. XVIII, No. 1, Fall 1994.

【著書】

Абдулатипов Р.Г. Федералогия. Учебное пособие.СПб.:Питер, 2004.

Абдрахманов Р.Г. Маврина, Э.М. Республика Татарстан. Модель этнологического мониторинга. М.Институт этнологии и антропологии РАН, 1999.

Абдулатипов Р.Г. Власть и совесть. М.:Славянский диалог,1994.

Абдулатипов Р.Г. и др. Федерализм в истории России.Книга третья. Часть вторая. М.,1993.

Административно-территориальное устройство России.История и современность. М.:ОЛМА-ПРЕСС, 2003.

Актуальные проблемы истории государственности татарского народа: материалы научной конференции. Казань: Издательство 《Матбурт йорты》, 2000.

Алехнович С.О. Феделализм: концепт и практика российского проекта. М.:РОССПЭН, 2012.

Бабурин С.Н. Территория государства: правовые и геополитические проблемы. М.:Изд-во Московского университета, 1997.

Баглай М.В., Габричидзе Б.Н. Конституционное право Российской Федерации. Учебник для вузов. М. ИНФРА·М-КОДЕКС, 1996.

Белкин А.А., Комментарии к решениям Конституционного Суда Российской Федерации. 1992–1993. Санкт-Петербург:Издательство Санкт-Петербургского университета, 1994.

Болтенкова Л.Ф. От НКВД до федерализма. М., 2008.

Варламова Н.В. Современный российский федерализм: конституционная модель и политико-правовая динамика. М.:Институт права и публичной политики, 2001.

Гельман В.Я., Рыженко С.И., Белокурова Е.В., Борисова Н.В. Реформа местной власти в городах России,1991–2006.СПб.:Норма,2008.

Герасимов Г.И. История современной России :поиск и обретение свободы. 1985–2008 годы. Учебное пособие для вузов. М.,:Институт общественного проектирования, 2008.

Глигич-Золотарева М.В. Правовые основы федерализма. М.:Юристъ, 2006.

Глигич-Золотарева М.В. Теория и практик федерализма: системный подход. Новосибирск: "НАУКА". 2009.

Губогло М.Н. Башкортостан и Татарстан. Параллели этнополитического развития. Очерки IV. Всходы реинтеграции. Серия "Исследования по прикладной и неотложной этнологий" Института этнологии и антропологии РАН. Документ N 80. М., 1994.

Договор в публичном праве. Сборник научных статей. М.:Волтерс Клувер, 2009.

Договоры между Российской Федерацией и ее субъектами: проблемы и перспективы. М.:Издательство МГУ, 2001.

Договор Российской Федерации и Республики Татарстан: пять лет развития. Казань: Государственный Совет Республики Татарстан, 1999.

Договорные принципы и формы федеративных отношений в России, М.:ИНИОН РАН,1999.

Иванов В.В. Нормативный конституционно-правовой договор: теория и практика. К критике современной теории государства. М.:Территория будущего, 2008.

Иванов В.В. Российский федерализм и внутригосударственная договорная политика. Красноярск:Красноярский государственный университет, 1997.

Иванько Н.А. Федерализм и его роль в регулировании национальнцх отношений. М.:Издательство РАГС, 2005.

КозловВ.И. История трагедии великого народа. Русский вопрос., М., 1996.

Конституционное основы разграничения полномочий между органами публичной власти. Монография, М.:ИНФРА-М, 2016.

Конюхова И.А. Современный российский федерализм и мировой опыт: итоги становления и перспективы развития, М.:ОАО 《Издательский дом "Городец"》, 2004.

Куликов К.И. Уровни суверенитета Удмуртии и Татарстана. Ижевск:УИИЯЛ УрО РАН, 1999.

Кутафин О.Е. Источники конституционного права Российской Федерации, М.:Юристь,2002.

Лексин И.В. Договорное регулирование федеративных отношений в России, М.:УРСС, 1998.

Лихачев В.Н. На стезе права и справедливости.М.:Издательство 《Корпорация》, 1997.

Лысенко В.Г. От Татарстана до Чечни (становление нового российского федерализма). М.:Издание Института современной политики, 1995.

Магдеев Р.Э., Конституционное строительство Республики Татарстан :Автореферат диссертации на соискание ученой степени кандидата юридических наук. М.,2006.

Мамсуров Т.Д. Регионы- центр:Проблемы согласования интересов. М.: Издательство Российского университета дружбы народов, 2000.

Маргиев В.И. МаргиевА.В. Правовой статус республик в составе Российской Федерации.

Владикавказ:Владикавказский научный центр РАН и Правительства РСО-А, 2008.

Мухамедшин Ф.Х. Республика Татарстан:от референдума до договора. Казань: Татарское книжное издательство, 1995.

Никонов В.А. Эпоха перемен: Россия 90-х глазами консерватора. М.: 《Языки русской культуры》, 1999.

Овсепян Ж.И. Источник (формы) российского права в период международной глобализации. Общетеоретическое и конституционно-правовое исследование.М:Проспект, 2016.

Проблемы суверенитета в Российской Федерации. М.:Республика, 1994.

Республика Татарстан : время больших перемен. Казань:Издательство Кабинета Министеров Республики Татарстан, 1996.

Республика Татарстан: новейшая история. События. Комментарии. Оценки. Том 1. Казань:НПО 《Медикосервис》, 2000.

Республика Татарстан: новейшая история. События. Комментарии. Оценки. Том 2. Казань: НПО 《Медикосервис》, 2007.

Российский федерализм: конституционные предпосылки и политическая реальность. Сборник докладов. М, 2000.

Российский федерализм: от федеративного договора до наших дней. К Дсятилетию Федеративного Договора. М., 2002.

Россия—Чечня: цепь ошибок и преступлений.М., 1998.

Румянцев О.Г. Основы конституционного строя России. Москва:Юристъ, 1994.

Совет Федерации Федерального Собрания Российской Федерации О состоянии законодательства в сфере федеративных отношений (Аналитический вестник. No. 12). М.: Аналитическим управлением Аппарата Совета Федерации Федерального Собрания Российской Федерации, 2005.

Станкевич З.А. История крушениия СССР: Поритико-правовые аспекты.М.:Изд-во МГУ, 2001.

Столяров М.В. Компетенция власти: Разграничение предметов ведения и полномочий между Федерацией и ее субъектами в условиях реформирования. Учебное пособие. М.:Издательство РАГС, 2005.

Субъекты Российской Федерации :Законодательство, организация власти и управления.Сб. науч. тр. М.:РАН ИНИ ОН, 2000.

Субъекты Российской Федерации. Правовое положение и полномочия. Научно-практическое пособие. М.:Юридическая литература, 1998.

Суверенитет Татарстана. Позиция ученых.Казань: Издательство 《ФЭн》, 2000.

Тагиров И.Р. На изломе истории. Казань: Татарское книжное издательство, 2004.

Тагиров И.Р. Очерки истории Татарстана и татарского народа. (XX век). Казань: Татарское книжное издательство, 1999.

Тагиров И.Р. На стремнине времени. Статьи и выступления. Казань: Главное архивное управление при Кабинете Министров Республики Татарстан, 2011.

История и политика.Учебное пособие для студентов.Казань:Издательство Казанского государственного универститета, 2009.

Татарстан глазами деократической оппозиций. Сборник докладов Республиканской научно-практической конференции 22 апреля 1999 г. Казань: Карпол, 1999.

Тихомиров Ю.А. Теория компетенции. М., 2001.

Туровский Р.Ф. Политическая география. Учебное пособие. Смоленск: Изд-во СГУ, 1999.

Умнова И.А. Конституционные основы современного российского федерализма. Диссертация на соискание ученой степени доктора юридических наук. М., 1997.

Умнова И.А. Конституционные основы современного российского федерализма. М.: Издательство 《Дело》, 1998.

Феномен Владимир Путина и российские регионы:победа неожиданная или закономерная? Сборник статей.М., 2004.

Черепанов В.А. Конституционно-правовые основы разделения государственной власти между Российской Федерацией и ее субъектами. М.:МЗ ПРЕСС, 2003.

Черепанов В.А. Федеративная реформа в России.М.:Издательство 《Социально-политическая мысль》, 2007.

Чернов, С.Н. Конституционно-правовое регулирование отношений между Российской Федерацией и ее субъектами.СПб.: Изд-во Р. Асланова : Юрид. центр Пресс, 2004.

Чертков А.Н. Разграничение полномочий по предмету совместного ведения Федеральными органами государственной власти и органвми государственной власти субъектов Федерации.Брянск:ООО Издательство 《Курсив》, 2006.

Чистяков О.И. Становление Российской Федерации (1917–1922). Учебное пособие. М.:Зерцало-М, 2003.

Чурсина Е.В. Разграничение полномочий между органами государственной власти Российской Федерации и ее субъектов по предметам совместного ведения. Конституционно-правовое изучение. М.:МЗ ПРЕСС, 2006.

Шахрай С.М., Клишас А.А. Конституционное право Российской Федерации. 2-е издание,доп. М.:ОЛМА Медиа Групп, 2010.

Шахрай С.М. О Конституции.Наука: М, 2013.

Шульженко Ю.Л. Конституционный контроль в России. М.:Издательство ИГиП РАН, 1995.

Эбзеев Б.С. Краснорядцев С.Л., Левакин И.В., Радченко В.И. Государственное единство и целостность Российской Федерации. Конституционно-правовые проблемы. М.:Экономика, 2005.

Эпоха Ельцина. Очерки политической истории.М.:Издательство《ВАГРИУС》, 2001.

Bukharaev, Ravil. The Model of Tatarstan under President Mintimer Shaimiev. Curzon Press, 1999.

Shlapentokh V., Revita R., Loiberg M. From Submission to Rebellion : The Provinces Versus the Center in Russia. Westview Press : Colorado, 1997.

塩川信明『ロシアの連邦制と民族問題─多民族国家ソ連の興亡Ⅲ』（岩波書店、2007 年）

下斗米伸夫『独立国家共同体への道』（時事通信社、1992 年）

森下敏男『ペレストロイカとソ連の国家構造』（西神田編集室、1991 年）

【論文】

Андриченко Л.В.,Валентей С.Д. Проблемы разграничений между федеральными органами государственной власти и органами государственной власти субъектов РФ.《Федерализм》, N 4, 2008.

Белкин А.А. Дело о референдуме в Республике Татарстан 21 марта 1992 г.《Правоведение》, N 4, 1993.

Бирюков П.Н., О международной договорной правоспособности субъектов Российской Федерации.《Правоведение》, N 2, 1998.

Боброва Н.А. Правовой статус субъектов федерации: проблемы реальзации.《Государство и право》, N 11, 1995.

Вайда Я.С. Договорное регулирование федеративных отношений между Россией и Татарстаном, в кн.Актуальные проблемы истории государственности татарского народа: материалы научной конференции. Казань: Издательство《Матбурт йорты》, 2000.

Галеев, М.Г. Договорное разграничение полномочий России и Татарстана как одна из форм развития федерализма в России,《Казанский федералист》, N 2-3, 2005 .

Галеев, М.Г. Договорное разграничение порномочий между органами государственной власти РФ и РТ как одна форм развития федерализма в России в кн. Политико-правовые ресурсы федерализма в России. Казань, 2006.

Глигич-Золотарева М.В. Разграничение компетенции между федеральным и региональным уровнями публичной власти в России: проблемы и перспективы.《Казанский федералист》, номер 1 (9), зима, 2004.

Глигич-Золотарева М.В. Добрынин Н.М. Разграничение компетенций: от передела полномочий к устойчивому развитию.《Федерализм》, N 4 (48), 2007.

Гриценко Е.В. Роль нормативных договоров и соглашений в развитии федерализма и местного самоуправления в Российской Федерации, в кни. Договор в публичном праве. Сборник научных статей. М.:Волтерс Клувер, 2009.

Дамдинов Б.Д. Реализация конституционного принципа разграничения компетенции между

Российской Федерацией и ее субъектами: Некоторые проблемы теории и практики, 《Сибирский Юридический Вестник》, N 1, 2005.

Добрынин Н.М. К вопросу о разграничении предметов совместного ведения Российской Федерации и ее субъектов, 《Государство и право》, N 5, 2004.

Договорные формы и принципы федеративных отношений в России. Материалы конференции в ИЗиСП. 《Журнал Российского права》, N 3, 1998.

Договорные формы и принципы федеративных отношений в России: Научно-практическая конференция в Институте законодательства и сравнительного правоведения при Правительстве Российской Федерации, 《Журнал российского права》, N 2, 1992.

Елисеев Б.П. Договоры и соглашения между Российской Федерацией и субъектами Российской Федерации: решение или порождение проблем?. 《Государство и право》, N 4,1999.

Ескина Л.Б. Конституционная реформа в России: кризис или очередной этап?, 《Правоведение》, N 2, 2001.

Иванов В.В. Внутрифедеративнные договоры 1998 года: новые шаги в сторону индивидуализации Федеративных отношений, 《Конституционное Право. Восточноевропейское Обозрение》, N 2, 1999

Ильинский И.П., Крылов Б.С., Михалева Н.А. Новое федеративное устройство России, 《Государство и право》, N 11, 1992.

Камилова Д.В. Российская Федерация: централизованная или децентрализованная федерация, 《Юридические записки》, N 2, 2013.

Кикоть В.А. Проект Конституции Российской Федерации: на финишной прямой 《Конституционное совещание. Информационный бюллтень》, N 2, 1993.

Кинтерая А.Г. Правовые формы разграничения предметов ведения и полномочий между Российской Федерацией и субъектами Российской Федерации: проблемы соотношения федерального закона и договора 《Право и политика》, N 3,2007.

Кинтерая А.Г. Принципы разграничения полномочий по предметам совместного ведения между федеральным центром и субъектами Российской Федерации, 《Право и жизнь》, N 113, 2007

Краснова О.И. Законодательное регулирование разграничения полномочий между органами государственной власти Российской Федерации и органами государственной власти субъектов федерации: состояние, проблемы и перспективы совершенствования, 《Государство и право》, N 12, 2008.

Козак Д.Н. Проблемы разграничения полномочий между федеральными органами государственной власти иорганами государственной власти субъектов Российской Федерации. 《Журнал Российского права》, N 8, 1998.

Кокотов А.Н. Разграничение и согласование полномочий Российской Федерации,субъектов

Федерации и их органов Государственной власти. 《Журнал Российского права》, N 8, 2002.

Колибаб К.Е. Договоры Российской Федерации с субъектами о разграничении предметов ведения и полномочий: необходимо участие законодателей. 《Журнал Российского права》, N 8, 1998.

Кудряшова Е.В. Нормативно-правовые основы разграничения полномочий между центром и регионами (на примере Астранской области), 《ARS ADMINISTRANDI》, выпуск N 3, 2010.

Крылов С.Б. Государственный суверенитет России : как его понимают в Козани, 《Жулнал российского права》, N 11, 2001.

Курдюков Г.И. Конституция и договоры в нормативно- правовой системе Республики Татарстан,в кни. Договор Российской Федерации и Республики Татарстан: пять лет развития. Казань: Государственный Совет Республики Татарстан,1999.

Левченко В.В. Разграничение компетенции между федерацией и субъектами, кн. Конституционно - правовой статус Иркутской области в составе России : итсория, современное состояние,перспективы развития.Материалы Всероссийской научно-практической конференции,Иркутск,22–23 ноября 2012 года. Иркутск:Институт законодательства и правовой информации имени М.М.Сперанский, 2013.

Лексин В.Н. Распределение полнмочий между уровнями государстаенной власти как зеркало российского федерализма, в кни. Перспективы российского федерализма в XXI веке. казань:КЦФПП;Институт истории им.Ш.Марджани АН РТ, 2013.

Лексин И.В. Институт договора о разграничении компетенции : возможности и пределы применения в современной России. 《Право и власть》, N 2,2002.

Лексин И.В. Договор разграничении предметов ведения и полномочий: реальность или иллюзия?, 《Власть》, N 12, 2007.

Лихачев В.Н. Россия - Татарстан:пдлитико-правовые аспекты федерализма, в кни.Татары в современном мире.Казань: Фэн, 1998.

Лихачев В.Н. Договор России и Татарстана как политический фактор современного федерализма, в кни. Договор Российской Федерации и Республики Татарстан: пять лет развития. Казань: Государственный Совет Республики Татарстан, 1999.

Лихачев В.Н. О новой Конституции Республики Татарстан, в кни. Из истории создания Конституции Российской Федерации. Конституционная комиссия: Стенограммы, материалы, документы (1990–1993 гг.). Том 3: 1992 год. М.:Волтерс Клувер, 2008.

Лысенко В.Г. Разделение власти и опыт Российской Федерации, в кни.Асимметричность Федерации. Сборник. М.: Центр конституц. исслед. Моск. обществ. науч. фонда,1997.

Магдеев Р.Э. Татарская государственность в начале XXI века : новые задачи. 《Право и жизнь》, N 94, 2006.

Майстат М.А. Договорные отношения между Российской Федерации и ее субъектами: история и перспективы, в кни. Многоуровневое управление в условиях централизации. Вопросы политики и права. Сборник научных статей. Вып. 9.М.:Издательский Дом МИСиС:, 2010.

Малько А.В.,Волкова Л.П. Соглашения в системе способов разграничения полномочий между федеративными органами исполнительной власти и органами исполнительной власти субъектов РФ, 《Государство и право》, N 12, 2008.

Мухаметшин Ф.М. Суверенный статус Республики Татарстан открыл новую страницу в ее истории, в кни. Суверенитет Татарстана. Позиция ученых.Казань:Издательство 《Фэн》, 2000.

Мухарямов Н.М. и Мухарямова Л.М. Татарстан в условиях рецентрализации по-путински, в кни. Феномен Владимир Путина и российские регионы:победа неожиданная или закономерная? Сборник статей.М., 2004.

Невинский В.Н. Остаточная (исключителиная) компетенция субъектов Российской Федерации: понятие, содержание и проблемы реализации, в кн. Российский федерализм: конституционные предпосылки и политическая реальность. Сборник докладов. М., 2000.

Никитенко О.А. Концепция пазграничения полномочий между различными уровнями публичной власти:удачный опыт формирования конституционной доктрины или скрытый пересмотр положений Конституции Российской Федерации?, 《Юридический аналитический журнал》, N 3, 2003.

Петрова Н.А.,Чердаков С.В. К вопросу о договорной практике регулирования федеративных отношений в Российской Федерации, в кн. Договор в публичном праве. Сборник научных статей. М.:Волтерс Клувер, 2009.

Полянский В.В., Конституционно - правовой договор как средство гармонизации публичных интересов, в кни. Договор в публичном праве. Сборник научных статей. М.:Волтерс Клувер, 2009.

Пушмин Д.А. Из истории взаимоотношений региональных властей с федеральным центром в 1991–1993гг. 《Федерализм》, N 1, 2009.

Пять лет на пути демократической федерации, в кн. Договор Российской Федерации и Республики Татарстан: пять лет развития. Казань:Государственный Совет Республики Татарстан, 1999.

Рябов Е.В. Договорное регулирование федеративных отношений в Российской Федерации, 《Вестник СамГУ》, N 5, 2006.

Саленко А.В. Россия—унитарная федерация:парадокс или реальность?. 《Правоведение》, N 2, 2001.

Сергеев А.А. Разграничение компетенций Российской Федерации и ее субъектов: миф и реальность. 《Федерализм》, N 2, 2005.

Собянин С.С., Централизация и децентрализация власти в современном федеративном государстве (сравнительно-правовой анализ). 《Федерализм》, N 2, 2006.

Соловьева Е.А., Договоры о разграничении предметов ведения полномочий между Российской Федерацией и ее субъектами как черта асимметрии конституционно-правового статуса субъектов Российской Федерации. 《Современное право》, N 7, 2006.

Столяров М.В., Договор как способ разграничения предметов ведения и полномочий,в кни. Договор Российской Федерации и Республики Татарстан: пять лет развития. Казань: Государственный Совет Республики Татарстан, 1999.

Столяров М.В.,Компетенция власти: Разграничение предметов ведения и полномочий между Федерацией и ее субъектами в условияхреформирования.Учебное пособие. М.:Издательство РАГС, 2005.

Столяров М.В.,Российский федерализм 《pro et contra》, в кни.Вопросы национальных и федеративных отношений.Сборник научных статей.М.:Издательство РАГС, 2010.

Сыродов Н.А., О разграничении полномочий по предметам совместного ведения Российской Федерации и ее субъектов. 《Правоведение》, N 3, 1995.

Тагиров И.Р., Перспективы российско-татарстнских взамоотношений, в кни. Договор Российской Федерации и Республики Татарстан: пять лет развития. Казань: Государственный Совет Республики Татарстан, 1999.

Тагиров И.Р. Заговор против страны, против народа, 《Гасырлар Авазы - Эхо веков》, No. 1, 2004.

Тагиров И.Р. Заговор против страны, против народа I, 《Гасырлар Авазы - Эхо веков》, No. 2, 2004.

Тагиров И.Р. От декретной к договорной республике, 《Гасырлар Авазы - Эхо веков》, No. 1-2, 2010.

Тагиров И.Р.,Бушуев А.С. Новые документы о переговорах между Россией и Татарстаном 1991-1994 гг., 《Гасырлар Авазы - Эхо веков》, No.3-4,2013.

Тарханов М., Законодательный способ разграничения предметов ведения и полномочий органов власти, 《Право и жизнь》 N 155, 2011.

Тихомирова Л.А. Роль договоров в разграничении предметов ведения и полномочий Российской Федерации и ее субъектов. 《Вестник экономики, права и социологии》, N 3, 2010.

Торшенко А.А. О конституционности договоров о разграничении предметов ведения и полномочий между органами государственной власти РФ и органами государственной власти субъектов РФ, 《Чиновникъ》, N 3, 1998.

Умнова И.А. О феномене договорных отношений в Российской Федерации (Политико-правовая оценка и пути преодоления юридических коллизий) в кни. Договорные принципы и формы федеративных отношений в России. М.:ИНИОН РАН, 1999.

Умнова И.А. Конституционные основы современного российского федерализма: модель и реальность, в кни. К новой модели российского федерализма.М.:Издательство 《Весь Мир》, 2013.

Хакимов Р.С., Договорно-конституционное основы федерализма в России, в кни. Договор Российской Федерации и Республики Татарстан: пять лет развития. Казань: Государственный Совет Республики Татарстан, 1999.

Хакимов Р.С., Конституция Российской Федерации и опыт договорных отношений, 《Конституционное Право. Восточноевропейская обозрние》, N 4, 2003.

Черепанов В.А. Договор в конституционном праве Российской Федерации, 《Государство и право》, N 8, 2003.

Черепанов В.А. Федеративная реформа в России. 《Федерализм》, N 3,2005.

Черепанов В.А. Особенности разграничения полномочий между органами государственной власти Российской Федерации и ее субъектов. 《Казанский федералист》, номер 1–2, зима-весна, 2006.

Черепанов В.А. Федеративные отношения перспективы договорного регулирования, 《Журнал российского права》, N 11,2011.

Чертков А.Н., Асимметрия субъектов Российской Федерации и ее преодоление, в кни.Субъекты Российской Федерации: Законодательство, организация власти и управления.Сб. науч. тр. М.:РАН ИНИ ОН, 2000.

Чертков А.Н. Механизм разграничения полномочий между федеральными и региональными органами и повышение эффективности осуществления государственной власти. 《3 аконодательство и экономика》, N 1, 2007.

Чертков А.Н. Об общих принципах организации законодательных (представительных) и исполнительных органов государственной власти субъектов Российской Федерации. Постатейный комментарий к Федеральному закону.М.:ЗАО Юстицинформ, 2006.

Чертков А.Н. Проблема договорных отношений между Российской Федерацией и ее субъектами. 《Право и политика》, N 5,2005.

Чертков А.Н. Сфера совместного ведения Российской Федерации и ее субъектов: проблемы конституционно-правового оформления, 《Государство и право》, N 8, 2007.

Чертков А.Н. Договорный аспект разграничения полномочий в Российской Федерации. 《Журнал российского права》, N 8, 2014 .

Чинарихина Г.Г. Договор как способ разграничения полномочий и предметов ведения между субъектами федеративных отношений в России. 《Власть》, N 9, 1996.

Чиркин В.Е. Государственная власть субъекта федерации, «Государство и право», N 10, 2000.

Чирнинов А.М. Конституционно-правовые механизмы разграничения предметов ведения и полномочий. «Современные научные исследования и инновации». N 5, 2012.

Чистяков С.А. Разграничение предметов ведения и полномочий между органами государственной власти Федерации и органами государственной власти субъектов Федерации. «Вестник Челябинского государственного университета», N 1, 2005.

Чурбаков А.В. Конституционная реформа в Российской Федерации и пределы полномочий конституционного законодателя. «Правоведение», N 2, 2001.

Чурсина Е.В. О принципах разграничения полномочий между федеральными и региональными органами государственной власти по предметам совместного ведения. Журнал «Казанский федералист», номер 1-2, зима-весна, 2006.

Фарукшин М.Х. Правовое значение договоров о разграничении предметов ведении и полномочий между федеральной властью и субъектами Российской Федерации, в кни. Договор Российской Федерации и Республики Татарстан: пять лет развития. Казань: Государственный Совет Республики Татарстан, 1999.

Филиппов В.Р. Договорная федерация и эксклюзивная этничность. «Федерализм», N 4, 2002.

Хабриева Т.Я. Разграничение предметов ведения и полномочий между органами государственной власти и субъектов РФ. «Федерализм», N 2, 2003.

Шахрай С.М. Актуальные проблемы российского федерализма. «Власть», N 8, 1995.

Шахрай С.М. Договоры о разграничении предметов ведения и полномочий как инструмент региональной политики федеративного государства, в кни. Договорные принципы и формы федеративных отношений в России. Москва: ИНИОН РАН, 1999.

Шахрай С.М. Жалею, что Конституцию 1993года не сделали по-настоящему суперпрезидентской. «Конституционное и муниципальное право», N 12, 2012.

Ягудин Ш.Ш. Проблемы нового Договора Российской Федерации и Республики Татарстан, в кни.Международные юридические чтения. Ежегодная научно-практическая конференция (Омск, 18 апреля 2007г.). Материалы и доклады. Часть II. Омск:ОмЮИ, 2007.

Ягудин Ш.Ш. Проблемы нового Договора Российской Федерации и Республики Татарстан. «Вестник Южно-Уральского государственного университета». Серия: Право. Выпуск N 28, 2007.

Ягудин Ш.Ш. Развитие законодательства Республики Татарстан,в кни. Государственность Республики Татарстан:история и современность.Сборник статей. Казань: Институт истории АН РТ, 2010.

Ягудин Ш.Ш. Конституция Республики Татарстан и развитие российского федерализма, в кни. Становление новой федеративной России: опыт конституционного законодательства Республики Татарстан. Казань:Изд-во 《Фэн》АН РТ, 2013.

Ягудин Ш.Ш. Проблемы Договора о разграничении предметов ведения и полномочий в Российской Федерации. 《Конституционное и муниципальное право》, N 12, 2013.

Derluguian, Georgi M., Ethnofederalism and Ethnonationalism in the Separatist Politics of Chechnya and Tatarstan:sources or Resources, *International Journal of Public Adminisiration*, No. 22, 1999.

Fillipov,Mikhail / Shevtsova, Olga, Asymmetric Bilateral Bargaining in the New Russian Federation : A Path-Dependence Explanation, *Communist and Post-Communist Studies,* 32, no.1 (1999).

Malik, Hafeez, Tatarstan's Treaty with Russia : Autonomy or Independence, *Journal of South Asian and Middle Eastern Studies*, Vol. XVIII, No. 2, Winter 1994.

Shakhrai, Sergei, The traties on differentiation of responsibility between the powers of Russian Federation and its subjects ; agreements between federal and local executive organs on sharing powers : their roles and problems realization. *Kazan federalist*, No. 4, Autumn 2003.

Soderlund, Peter J., The Significance of Structual Power Resources in the Russian Bilateral Traty Process 1994-1998, *Communist and Post-Communist Studies,* 36, no. 3, 2003.

小杉末吉「タタルスターン共和国国家主権宣言について(1)(2)(3)」『比較法雑誌』、第 31 巻第 2 号（1997 年）、第 32 巻第 1、2 号（1998 年）

小杉末吉「ロシア連邦の『非対称性』について」『法学新報』第 107 巻第 3・4 号（2000 年）

小杉末吉「一九九一年八月クーデタとタタルスターン共和国」『法学新報』、第 107 巻 5・6 号（2000 年）

小杉末吉「2002 年 4 月 19 日付タタルスターン共和国憲法改正について（一）」『法学新報』、第 109 巻第 4 号（2002 年）

小杉末吉「一九九四年ロシア連邦―タタルスターン共和国権限区分条約論―交渉過程を焦点に据えて―（一）（二）（三・完）」『法学新報』、第 117 巻 3・4 号（2009 年）、第 5・6 号（2011 年）、第 9・10 号（2011 年）

小杉末吉「2007 年 РФ-РТ 権限区分条約をめぐる法的問題―連邦議会の審議に即して―」『比較法雑誌』、第 46 巻 4 号（2013 年）

小杉末吉「ロシア連邦－ロシア連邦主体間の条約関係の法規制について」『比較法雑誌』、第 47 巻 2 号（2013 年）

小杉末吉「プーチン連邦改革下の新たな権限区分構想(1)」『比較法雑誌』、第 48 巻 4 号（2015 年）

小杉末吉「プーチン連邦改革下の新たな権限区分構想(2)」『比較法雑誌』、第 49 巻 2 号

（2015 年）

中馬瑞貴「ロシアの連邦中央とタタルスタン共和国との間の権限分割条約」『外国の立法』232 号（2007 年 6 月）

中馬瑞貴「ロシアの中央・地方関係をめぐる政治過程―権限分割条約の包括的な分析を例に―」『スラブ研究』、No. 56（2009 年）

溝口修平「ロシアの非対象な連邦制―その制度的起源―」『ロシア・東欧研究』第 41 号（2012 年）

森下敏男「ロシア新憲法体制への道」『神戸法学年報』第 9 号（1993 年）

森下敏男「ソ連の憲法体制・連邦制度をめぐる最近の状況」『神戸法学年報』、第 6 号（1990 年）

索　　引

事 項 索 引

ア 行

アガ - ブリャート(自治管区)　262,
　263
アゼルバイジャン(共和国)　37, 39,
　45
アソツィイーロヴァンノエ　86, 90,
　91, 146
アムール(州)　154, 175, 192, 215,
　221, 261
アルタイ(共和国 ; 地方)　(共和国)
　153, 262 ;(地方)175, 215, 221
アルハンゲリスク(州)　261
イヴァノヴォ(州)　175, 192, 215,
　221, 322
イルクーツク(州)　174, 192, 218-
　220, 257, 260
イングーシ(共和国)　39, 153, 262
ヴォルゴグラード(州)　261
ヴォログダ(州)　154, 175, 215, 221,
　267
ウクライナ(共和国)　34, 37, 45, 59,
　73
ウスチ - オルダ・ブリャート(自治管区)
　174, 192, 220, 222, 262, 263
ウドムルト(共和国)　39, 153, 174,
　220, 222, 257
ヴラジーミル(州)　191, 263
ウラル共和国　102, 154
ウリャノフスク(州)　155, 175, 212,
　215, 220, 240, 258
エヴェンキ(自治管区)　175, 192,
　220, 222, 257, 262, 263
エストニア(共和国)　37, 45
沿ヴォルガ地域　223

カ 行

オムスク(州)　174, 216-218, 220,
　258, 259, 261
オリョール(州)　155, 261
オレンブルグ(州)　174, 193, 215, 221

カザフスタン(共和国)　59, 73, 161
カザン(市)　28, 31, 43, 58, 60, 63, 66,
　82, 83, 98, 105, 126, 127, 136, 165,
　167, 282, 365, 370, 373, 378
カバルダ・バルカール(共和国)　112,
　153, 155, 157, 166, 173, 174, 216,
　217, 221, 260
カムチャツカ(州)　260, 262
カラチャイ - チェルケス(共和国)
　262
カリーニングラード(州)　173, 174,
　176, 193, 216, 217, 221, 250, 261
カルーガ(州)　155, 263
カルムィキア(共和国)　39, 153, 262
カレリア(共和国)　30, 39, 153, 262
管轄対象及び権能の相互委譲(移管)に
　関する条約案　66, 366
キーロフ(州)　175, 192, 215, 220, 353
規制的権能　244
北オセチア(共和国)　30, 39, 149,
　153, 174, 215, 221
北カフカース(地方)　30
急進的民族主義　32, 142, 143, 145
共産党　　[ソ連]14, 18, 37, 38, 40, 41 ;
　　[ロシア]173, 307, 309, 311, 325 ;
　　[その他]30, 46, 359
共和国首脳会議　90, 91, 147
キルギスタン(共和国)　34, 45, 73
クールスク(州)　155, 263

事項索引　*403*

クラスノヤルスク(地方)　*175, 192,*
　218-220, 257, 322
クルガン(州)　*261*
経済協定　*29, 32, 35, 49, 50, 63, 98,*
　288
決定「タタルスターン共和国国家的独
　立令について」　*32, 47, 56*
決定「ロシア共和国連邦会議規程につ
　いて」　*19*
決定「ロシア連邦を構成するスヴェル
　ドロフスク州の地位について」
　154
ケメロボ(州)　*260*
権限区分関係　*8, 36, 101, 129, 160,*
　187, 203, 206, 209, 225, 231, 236,
　246, 251-253, 278
権限区分構想　*170, 172, 203, 204,*
　206, 208, 213, 224, 225, 238, 242,
　252, 267, 270, 399
権限区分条約パレード　*2, 159, 222,*
　225, 252, 335, 336
憲法委員会　[ロシア] *36, 47, 52, 78,*
　90, 91, 112, 149, 152-154, 313, 324；
　[タタルスターン] *42, 146, 278*
憲法協議会　*55, 99-103, 149, 152-*
　154, 301
憲法裁判所　*57, 76, 81, 93, 94, 126,*
　146, 149, 181, 184, 201, 231, 314,
　342, 343
憲法 - 条約的連邦　*9, 119, 309*
憲法の連邦　*4, 55, 102, 103, 206, 223,*
　224, 309, 310, 355
国民 - 愛国同盟「祖国」　*309, 326*
コザーク委員会　*208, 238, 241-243,*
　252, 268, 270, 277, 298
コザーク構想(案)　*228, 238, 243,*
　244, 249, 252, 270-272
コストロマ(州)　*175, 215, 220*
国家主権宣言　[ロシア] *16, 17, 40,*

97, 116, 366, 371；[タタルスター
ン] *6, 20-22, 39, 41, 46, 70, 81, 90,*
115, 116, 136, 137-139, 143, 146,
158, 164, 357, 366, 371, 399；[その
他] *16, 39, 52, 158, 359*
国家評議会　[ロシア] *226-228, 235,*
　238, 239, 242, 252, 264, 265, 268,
　270, 277；[タタルスターン] *3, 278,*
　280, 282, 284, 285, 289, 293, 299,
　306, 317, 319, 323, 348, 351, 353,
　354, 379, 380, 382, 385
国家連合　*51, 55, 78, 86, 103, 145,*
　154, 165, 166, 268
コミ(共和国)　*30, 39, 153, 174, 192,*
　215, 221
コミ - ペルミャーク(自治管区)
　174, 192, 215, 220
コリャーク(自治管区)　*262, 263*

サ　行

サハ(ヤクーチヤ)(共和国)　*8, 39,*
　153, 174, 192, 210, 211, 220-222,
　250, 266
ザバイカーリエ(地方)　*262*
サハリン(州)　*174, 215, 221*
サマーラ(州)　*175, 216, 217, 221*
サラトフ(州)　*175, 192, 215, 220,*
　258, 267
サンクト - ペテルブルグ(市)　*79,*
　174, 216, 217, 221, 254, 260, 261,
　367, 375
残余原理　*266*
自主権能　*191*
失効条約　*210-214, 257, 259, 262*
質的状態　*279, 372, 376*
シベリア(地域)　*30, 102*
市民権　[連邦] *130, 131, 294-296,*
　303, 377；[共和国] *130, 131, 162,*
　288, 294, 295, 367, 375；[その他]

60, 61, 131, 180, 295, 303, 367, 372, 376

シャイミーエフ構想案　225, 227, 228, 236-239, 242, 243, 252, 265, 266, 268, 277

社会運動「タタルススターン‐新世紀」 351

集権的連邦　1, 3, 4, 15, 136, 172, 212, 263, 336, 347

州法律「スヴェルドロフスク州の国際的及び地域間条約（協定）について」 260

自由民主党　307, 309, 325

「主権」委員会　46

「主権国家連邦条約」（案）　27

主権パレード　16, 38-40, 81, 159

常任代表部　34, 126, 127, 160, 161

条約承認法　276, 286, 289, 296, 300, 305, 311-314, 318, 321, 324, 331, 346, 354, 355

条約的連邦関係　2-4, 9, 52, 55, 78, 118, 119, 171, 206, 208, 225, 252, 253, 267, 276, 277, 332, 347, 354

条約法　209, 214-223, 225, 246, 252, 259, 262, 307, 308, 314-316

人民代議員大会　14, 16, 18, 19, 22-25, 27, 30, 35, 55, 59, 61, 63, 80, 83, 91, 93-95, 100, 147, 148, 152, 154

垂直的権力分立原則　334

スヴェルドロフスク州　102, 103, 154, 173, 174, 193, 218-220, 257, 260

スターヴロポリ（地方）　262

スモレンスク（州）　155, 261

政府間協定　61, 72, 87, 98, 99, 103, 104, 106, 107, 112, 113, 131, 132, 160, 163, 193, 196, 257, 293, 308, 311, 324, 363, 368

政府決定「連邦執行権力機関とロシア連邦主体執行権力機関との間の管

轄対象及び権能の区分に関する協定の遵守に対する監督確保に係る規程の承認について」　196

1978年ロシア共和国憲法　55, 71, 81, 128, 161

1992年憲法（タタルスターン共和国憲法）　81, 87, 101, 106, 112, 115, 116, 118, 120, 133, 137, 138, 142-146, 159, 160, 164, 194, 254, 278-282, 291, 293, 294, 300, 302, 303, 313, 318, 374, 375, 379-385, 399

1992年条約案　67, 107-109, 111, 114, 117-122, 124-127, 159, 160

1993年連邦憲法　109, 114, 125, 128, 129, 177, 209, 287, 290, 292, 295, 301

1994年条約案　107, 109, 114-119, 121-127, 160

1994年条約　1, 3-5, 11, 12, 75, 87, 89, 109, 114, 117-130, 134-136, 141-144, 159, 160, 164, 170, 172, 191, 219, 236, 253, 276-278, 280-282, 285-293, 295-298, 301, 306, 308, 309, 315, 324, 331, 332, 334-336, 339, 345, 347, 353, 359-361

1999年6月24日連邦法　188, 233, 249, 257, 278, 281

1999年10月6日連邦法　188, 189, 201, 202, 205, 211, 215, 217-219, 222, 249, 253, 255, 262, 271, 272, 296, 297, 300, 339, 394

全権代表部　126, 127, 161, 289, 296, 378

先行的法規制　246, 247, 271

全世界タタール民族大会　82, 353

全世界バシキール・クルルターイ 258

全ロシアタタール文化‐啓蒙センター 142, 166

相互委譲　1, 24, 62, 65-67, 85, 87, 90,

事項索引　405

93, 98, 101, 106, 107, 110-116, 137,
　150, 151, 156-159, 175, 177, 179,
　180, 191, 231, 264, 278, 280, 283,
　290, 296, 298, 345, 347, 366, 371,
　374, 375, 380, 382, 384
ソ連創設条約　2, 14, 37, 55

タ　行

大統領全権代表制　180, 192, 205, 254
大統領附置権限区分提案準備委員会
　268
大統領令「スヴェルドロフスク州代議
　員大会の活動停止について」
　154
大統領令「ロシア連邦諸地域における
　ロシア連邦大統領全権代表につい
　て」　254
大統領令「ロシア連邦大統領附置連邦
　国家権力機関、ロシア連邦主体国家
　権力機関及び地方自治体機関の管
　轄対象及び権能の区分に関する提
　案準備委員会について」　238
大統領令「ロシア連邦における連邦関
　係及び地方自治の発展に係る措置
　について」　251
タイムィル(ドルガノ-ネネツ)(自治管
　区)　175, 192, 220, 222, 257, 262,
　263
タタール語　41, 61, 62, 284, 293-297,
　306, 311, 312, 314, 316, 318, 321,
　365, 370, 373, 379, 381, 383, 385, 386
タタール社会センター(ТОЦ, ВТОЦ)
　46, 58, 84, 143, 350, 354, 356
タタルスターン民族独立党「イッチフ
　ァク」　46, 143
「タタールソビエト社会主義共和国の国
　家主権に関する宣言」　20
タムボフ(州)　155, 260, 261
地域的特性　207, 208, 214, 240, 245,

　309, 315
チェチェン(共和国)　2, 8, 9, 39, 44,
　54, 150, 151, 165, 172, 180, 191, 207,
　208, 256, 261, 321, 322
チェチェン戦争　172
チェリャビンスク(州)　175, 215, 220
チタ(州)　262, 263
地方自治改革　248, 252, 253, 271
チュヴァシ(共和国)　39, 155, 174,
　192, 220, 222, 270
チュクチ(自治管区)　263
チュメニ(州)　260
調整委員会　183-185, 255, 314, 317
「統一と合意」　144, 166
統一法圏　4, 159, 163, 181, 187, 214,
　223, 232, 233, 240, 245, 252, 254,
　266, 280, 287
「統一ロシア」　308, 325, 345, 351
トゥヴァ(共和国)　39, 153, 155, 262,
　266
トゥーラ(州)　263
トヴェリ(州)　174, 215, 220
同盟条約　14, 19-23, 28, 37, 41, 42, 80

ナ　行

二国間条約　1, 3, 12, 25, 26, 28, 29,
　32, 36, 40, 49, 51-54, 58, 59, 66, 89,
　95, 104, 113, 149, 155, 165, 309, 335
ニジニ・ノヴゴロド(州)　174, 212,
　215, 221, 240, 248, 258
2002年憲法(タタルスターン)　280,
　287, 290, 291
ネネツ(自治管区)　222, 260, 261, 263
年次教書　[エリツィン] 181, 196；
　[プーチン] 206, 208, 256, 285；[シ
　ャイミーエフ] 279, 282, 285, 299；
　[ミンニハーノフ] 354
ノヴォシビルスク(州)　263
ノヴゴロド(州)　263

ハ 行

排他的権能　　65, 76, 118

ハカシア（共和国）　　153, 192, 262

バシコルトスターン（共和国）　　45,
　　61, 83, 112, 153, 155, 157, 166, 173,
　　174, 192, 211, 218-220, 257, 258,
　　262, 266, 295, 308, 309, 316, 321,
　　322, 325

パスポート　　294-296, 303, 311, 312,
　　314, 316, 318, 321, 381, 383, 385

バルト（諸国、三国）　　15, 16, 35, 37,
　　38, 73

ハントゥイ－マンシ（自治管区）
　　222, 261, 263

非対称（性）　　145, 152, 197, 206-208,
　　256, 337, 338, 344, 360, 399

プーチン連邦改革　　4, 164, 171, 191,
　　203, 212, 225, 252, 253, 255, 399

複合的連邦主体　　191, 231, 266

プスコフ（州）　　263

プリモーリエ（地方）　　154, 262

ブリャーチヤ（共和国）　　266

ブリャンスク（州）　　155, 175, 215, 221

プロトコル（議定書）　　28, 31, 32, 46,
　　59, 61, 62, 150, 151, 183, 283

分割主権　　279, 298

ベラルーシ（共和国）　　34, 45, 73

ベルゴロド（州）　　155, 260, 261

ペルミ（州、地方）　　103, 154, 155, 174,
　　192, 212, 215, 220, 240, 258

ペレストロイカ　　2, 13-15, 37-39, 392

ペンザ（州）　　155, 263

法律「イルクーツク州の名による条約
　　及び協定について」　　260

法律「オムスク州の条約及び協定につ
　　いて」　　261

法律「カバルダ・バルカール共和国の国
　　際協定及び地域間条約について」

260

法律「カリーニングラード州の個別法
　　令の失効について」　　261

法律「国際的及び対外経済的並びに地
　　域間条約について」　　260

法律「サンクト－ペテルブルグの条約
　　手続きについて」　　261

法律「ソ連邦からの連邦構成共和国の
　　離脱と関連した諸問題の解決手続
　　きについて」　　38

法律「タタルスターン共和国の国際条
　　約について」　　260

法律「タタールソビエト社会主義共和
　　国憲法（基本法）の修正及び補足に
　　ついて」　　43

法律「ロシア共和国の市民権について」
　　294

法律「ロシア共和国憲法（基本法）の修
　　正及び補足について」　　18

法律「ロシアソビエト連邦社会主義共
　　和国憲法（基本法）の修正及び補足
　　について」　　55, 161

補完性　　191, 229, 233, 267, 271

ボルゴグラード（州）　　155

マ 行

マガダン（州）　　175, 215, 220

マリ・エル（共和国）　　39, 153, 175,
　　192, 212, 215, 220, 240, 258, 259

ミッリ・メヂリス　　58, 142, 143

「民主政」　　150, 166

ムルマンスク（州）　　175, 216-218,
　　221, 260

「ムルマンスク州の条約について」
　　260

モスクワ（市、州）　　［市］8, 24, 28, 32,
　　41, 50, 60, 61, 63, 65, 79, 91, 93, 97,
　　98, 104, 106, 110, 126, 127, 136, 143,
　　148, 156, 160, 161, 167, 175, 182,

192, 218-220, 250, 254, 259, 263,
281-283, 296, 298, 353, 365, 367,
370, 373-375, 378, 379, 381, 383,
385, 386 ; [州] 263
モルドヴァ(共和国)　34, 39, 45, 73
モルドヴィア(共和国)　153, 155, 262

ヤ　行

ヤマロ - ネネツ(自治管区)　263
ヤロスラヴリ(州)　215, 221
ユダヤ自治州　263
予算連邦主義　230

ラ　行

ラテン文字　284
ラトヴィア(共和国)　37, 38, 45
リトアニア(共和国)　37
リャザン(州)　263
レニングラード(州)　[市] 24, 41,
254 ; [州] 174, 215, 221
レフェレンダム　12, 25, 35, 51, 54,
56-60, 81-83, 90, 95, 99, 101,
103-105, 139, 143, 147-149, 153,
155, 165, 256, 285, 291, 301, 352,
354, 379, 382, 384
「連合した(アソツィイーロヴァンノ
エ)」　68, 86, 90, 91, 146
連邦介入　248, 271
連邦管区　[中央] 205, 210, 262 ; [北
西] 205, 210, 262 ; [北カフカース
(南部)] 205, 210, 262 ; [沿ヴォル
ガ] 205, 210-212, 214, 216, 222, 240,
258, 262, 283, 301 ; [ウラル] 205,
210, 262 ; [シベリア] 205, 210, 262 ;
[極東] 205, 210, 262 ; [その他] 191,
205, 210-212, 240, 241, 254, 258,
262, 268
連邦干渉制度　255
連邦憲法律「ロシア連邦政府について」

234, 267
「連邦国家権力機関、ロシア連邦主体国
家権力機関及び地方自治機関の間
の国家権力機関及び地方自治機関
の組織化の一般問題に関する権能
の区分構想」　242
連邦執行権力機関とロシア連邦主体執
行権力機関の間の権能区分問題に
関する政府委員会　178
連邦法律「ソ連邦、連邦構成共和国及び
自治共和国の経済関係の原則につ
いて」　15
連邦法律「ソ連邦及び連邦主体間の権
能(полномочие)区分について」
15
連邦法律「連邦執行権力機関について」
234, 267
連邦法律「ロシア連邦国家権力機関と
タタルスターン共和国国家権力機
関との間の管轄対象及び権能の区
分条約の承認について」　326
連邦法律「ロシア連邦国家権力機関と
ロシア連邦主体国家権力機関との
管轄対象及び権能の区分の原則及
び手続きについて」　161, 182,
199, 239, 240, 249
連邦法律「ロシア連邦主体の国際的及
び対外経済的連携の調整について」
215
連邦法律「ロシア連邦における地方自
治の組織化の一般原則について」
249
連邦法律「ロシア連邦の在外国民に対
する国家政策について」　312
連邦法律「ロシア連邦主体の立法(代
表)及び執行国家権力機関組織化の
一般原則について」　161, 184,
185, 200, 249, 253, 284, 292, 305,
306, 308, 315, 318, 320, 321, 323,

333, 337, 339, 379

「ロシア共和国の民族国家構造の基本原理に関する宣言(案)」　*23*

「ロシア共和国の民族 - 国家構造の基本原理(連邦条約)について」　*24*

「ロシアソビエト連邦社会主義共和国及び同構成共和国間の権限(компе-тенция)に関する調整的提案についての条約」　*52*

ロシアソビエト連邦社会主義共和国の民族 - 国家構造の基本原理(連邦条約)について」　*43*

「ロシアソビエト連邦社会主義共和国の連邦国家権力機関と主体権力機関の間の区分条約」　*47*

ロシア連邦憲法案　*96, 100-102, 104,*
150, 152, 154

「ロシア連邦国家権力機関とタタルスターン共和国国家権力機関との間の管轄対象及び権能の区分に関する条約」(案)　*85, 160, 284, 379*

ロシア連邦大統領附置連邦関係及び地方自治問題委員会　*251, 272*

「ロシア連邦の連邦国家権力機関とロシア連邦を構成する共和国、州、地方、自治州、自治管区の権力機関との間の管轄対象及び権能の区分に関する協定」　*52*

ロシア連邦 - ロシア憲法(基本法)　*86-88*

ロストフ(州)　*174, 215, 221*

人名索引

ア 行

アブドゥラティーポフ（Абдулатипов
Р.Г.） 44, 53, 60, 79, 83, 157

アヤーツコフ（Аяцков Д.Ф.） 258,
267

アルトゥインバーエフ（Алтынбаев Р.З.）
314, 324

イヴァーノフ（Иванов В.В.） 172,
195, 196, 202, 328, 344

イヴァーノフ（Иванов С.В.） 309

ヴァーイダ（Вайда Я.С.） 159

ヴァルラーモヴァ（Варламова Н.В.）
36, 190

ヴァレーエフ（Валеев Р.И.） 351

ヴェールキン（Велкин А.А.） 45

ヴォローニン（Воронин Ю.М.） 44

ウムノーヴァ（Умнова И.А.） 87,
158, 162

エリツィン（Ельцин Б.Н.） 2-4, 9, 16,
18, 22, 23, 25, 27-30, 32, 34, 36, 40,
42, 44, 47-50, 52, 54, 58-60, 63, 66,
69, 81, 82, 86, 88, 91-103, 105-107,
110, 113, 139, 140, 146, 148, 149,
151, 154, 156, 157, 162, 165, 166,
170-173, 176-178, 181-183, 185,
190, 194, 196, 203, 205-207, 209,
225, 254, 264, 277, 374, 379

カ 行

ガイダール（Гайдар Е.Т.） 32, 33, 48,
50, 51, 60, 63, 84, 365

ガジズッーリン（Газтзуллин Ф.Р.）
43

ガレーエフ（Галеев М.Г.） 257, 278,

281

キービレフ（Б.Г.Кибирев） 311

キコーティ（Кикоть В.А.） 47, 153

キリイェーンコ（Кириенко С.В.）
283, 284, 301, 351, 381

グバイドゥッーリン（Губайдуллин
Э.С.） 314, 315

グボグロー（Губогло М.Н.） 162, 197

グラチョーフ（Грачев И.Д.） 145, 166

クリーシャス（Клишас А.А.） 338

グリーシン（Гришин В.И.） 307, 310,
320-322

グリギッチ - ゾロタリョーヴァ
（Глигич-Золотарева М.В.） 191,
254

グリツェーンコ（Гриценко Е.В.）
272

クリヤーノヴィッチ（Н.В.Курьянович）
322

クルィローフ（Крылов С.Б） 267

クルートフ（А.Н.Крутов） 322

クルジュコーフ（Курдюков Г.И.） 86

グロートフ（Глотов С.А.） 309-311

ゲラーシチェンコ（Геращенко В.В.）
104

コーベレフ（Кобелев Г.В.） 151, 157,
164

コザーク（Козак Д.Н.） 204, 206, 208,
227, 228, 237-239, 241-244, 248,
249, 251, 252, 268, 270-272, 277,
281, 282, 298

コズローフ（Козлов В.И.） 166

コソープキン（Косопкин А.С.） 307,
309, 310, 320-322

コテンコフ（Котенков А.А.） 194,

315, 316, 324, 327

コニュホーヴァ（Конюхова И.А.）
162, 201

ゴルバチョフ（Горбачев М.С.）　14-
16, 22, 25, 29, 37, 38, 45, 48, 359

サ　行

ザキーロフ（Закиров Р.З.）　353, 357

サヒーエヴァ（Сахиева Р.А.）　281

サビーロフ（Сабиров М.Г.）　26, 32,
33, 50, 51, 60, 63, 65, 82, 84, 93, 98,
99, 104, 106, 107, 110, 112, 149, 151,
157, 164, 365, 374, 379

サフィウッーリン（Сафиуллин Ф.Ш.）
157, 374

サポーシュニコフ（Сапожников Н.И.）
321

サモーイロフ（Самойлов С.Н.）　248,
271

ジェームス・マディソン（James
Madison Jr.）　298

シェロフ - コヴェジャーエフ
（Шелов-Коведяев Ф.В.）　44

シターニン（Штанин А.В.）　150, 285

ジノーヴィエフ（Зиновьев А.В.）　337

下斗米伸夫　47, 48, 392

シャイミーエフ（Шаймиев М.Ш.）
18, 20, 22, 23, 26-28, 31-33, 35, 40,
41, 43, 46, 49, 50, 53, 56, 58-60, 62,
63, 66, 69, 82, 86, 88, 90-94, 96-98,
103-107, 109-111, 113, 136, 137,
139, 143, 146, 148, 149, 151, 155-
158, 162, 164, 194, 198, 199, 204,
206, 213, 225-228, 232, 236-239,
241-244, 246, 252, 258, 265-271,
277, 279, 280, 282-286, 298, 300,
301, 317, 318, 324, 328, 329, 345,
348-351, 353, 356, 359, 374, 379,
381, 384, 386

シャフラーイ（Шахрай С.М.）　27, 39,
43, 44, 48, 93, 97, 98, 105, 109, 110,
140, 141, 145, 148, 150, 151, 157,
159, 165, 167, 178, 181, 194, 204,
209, 264, 338

シャマーノフ（Шаманов В.А.）　258

シャラーンディン（Шарандин Ю.А.）
313-315

シラーエフ（Силаев С.Е.）　48

ジリノフスキー（Жириновский В.В.）
321

スィスーエフ（Сысуев О.Н.）　182

スィチョーフ（Сычев А.П.）　197

スクリャーロフ（Скляров И.П.）　258

スタンケーヴィチ（Станкевич С.Б.）
44

ストゥラーシン（Стурашин Б.А.）
162

ストリャローフ（Столяров М.В.）　85,
86, 255

ゾーリキン（Зорькин В.Д.）　93, 94,
146

タ　行

タギーロフ（Тагиров И.Р.）　27, 43,
62, 301, 341, 348

チールキン（Чиркин В.Е.）　146, 338

チェルトコーフ（Чертков А.Н.）　263

チュルシーナ（Чурсина Е.В.）　163

ティシュコーフ（Тишков В.А.）　66

ドミートリエフ（Дмитриев М.Э.）　31

トルートネフ（Трутнев Ю.П.）　258

ナ　行

ナールソヴァ（Нарусова Л.Б.）　316

ニコーノフ（Никонов В.А.）　159

ノーヴィコフ（Новиков И.С.）　357

ハ 行

バイラーモヴァ（Байрамова Ф.А.）
143

ハキーモフ（Хакимов Р.С.）　68, 157,
268, 281, 374

ハズブラートフ（Хасбратов Р.И.）
42, 50, 92, 94, 101, 102

ハフィーゾフ（Хафизов Р.Ш.）　43

バブーリン（Бабулин С.Н.）　145, 166

パホーモフ（Пахомов А.М.）　281

ハミートフ（Хамитов Р.З.）　258

ハミドゥッーリン（Хамидуллин Ф.Г.）
68, 85, 281, 370

フィラートフ（Филатов С.А.）　96,
154

フィリペーンコ（Филипенко А.В.）
263

プーチン（Путин В.В.）　3, 4, 8, 9, 136,
164, 170, 171, 178, 181, 190, 191,
193, 203-206, 208, 209, 212, 214,
218, 223-225, 227, 228, 237-243,
248, 251-253, 255, 256, 258, 259,
264, 265, 268, 269, 271, 272, 276,
277, 282-286, 299-301, 305, 316,
318, 328, 336, 337, 347, 349-354,
356, 361, 381, 384, 386, 399

ブールブリス（Бурбулис Г.Э.）　32,
44, 48, 62-65

ブゲーラ（Бугера М.Е.）　308, 310

フョードロフ（Федоров Н.В.）　44,
151, 270

ブルィチョーヴァ（Брычева Л.И.）
282

ペスコーフ（Песков Д.С.）　353

ポズガリョーフ（Позгалев В.Е.）　267

ポポーフ（Попов С.А.）　321

ボルテーンコヴァ（Болтенкова Л.Ф.）
68, 85, 157, 370, 374

マ 行

マゴメードフ（Магомедов М.М.）
226

マムスーロフ（Мамсуров Т.Д.）　40

マルケーロフ（Маркелов Л.И.）　258,
259

マンスーロフ（Мансуров З.М.）　350,
356

ミーロノフ（Миронов С.М.）　311,
317

ミチュコーフ（Митюков М.А.）　157

ミハーイロフ（Михайлов В.А.）　157,
194, 374

ミンニハーノフ（Минниханов Р.Н.）
281, 348-350, 353, 354, 356

ムーシン（Мушин Р.Р.）　281

ムハメートシン（Мухаметшин Ф.Х.）
46, 80, 83, 97, 98, 105, 138, 150, 151,
157, 164, 278-285, 300, 301, 314,
316, 317, 349, 350-352, 356, 379, 381

メドヴェージェフ（Медведев Д.А.）
258, 284

モローゾフ（Морозов О.В.）　349

ヤ 行

ヤーロフ（Яров Ю.Ф.）　63, 64, 93,
106, 109, 148, 151, 157

ヤグーディン（Ягудин Ш.Ш.）　281,
355

ヤブリンスキー（Явлинский Г.А.）
48

ラ 行

ラヒーモフ（Рахимов М.Г.）　257, 258

リハチョーフ（Лихачев В.Н.）　31, 32,
43, 46, 60, 62-65, 84, 91, 97, 106,
107, 109, 115, 118, 137, 148, 157,
162, 164, 193, 198

リャーボフ (Рябов Н.Т.)   *151*
ルィーブシキン (Рыбушкин Н.Н.)
     351, 352
ルィセーンコ (Лысенко В.Н.)   *165,*
     183, 189, 197, 225, 264
ルミャーンツェフ (Румянцев О.Г.)

36, 78, 90-92, 147, 149, 153
レークシン (Лексин И.В.)   *78, 179,*
     200, 343
ローコチ (Локоть А.Е.)   *320*
ローボフ (Лобов О.И.)   *44, 151*

On the Treaty on Delimitation of Jurisdictional Subjects and Powers
between Russia and Tatarstan
— Its Conclusion and Lapse —

KOSUGI, Suekichi
Professor of Faculty of Law, Chuo University

Contents

Introduction

Part I   Conclusion of Delimitation of Jurisdictional
Subjects and Powers of 1994

Chapter 1 Beginning······13
1. Political Conditions toward the Beginning of Negotiation ······13
1.1. Reexamination of Dual Federations······13
1.2. Dealing with the United Federal Treaty······19
1.2.1. Tatarstan's Choice······20
1.2.2. Progress of Treaty Workings······23
2. Way to Negotiation of Bilateral Treaty ······26
2.1. Adjustment to Negotiation ······26
2.2. Working Negotiation······27
3. Reopenimg Negotiation······29
3.1. First Result – Economic Agreement ······29
3.1.1. "Revolutionary" Line after the Coup ······29
3.1.2. Reopening Negotiation ······31
3.2. Meaning of Economic Agreement ······35

Chapter 2 Draft Treaty of August, 1992······49
1. Reopening of Negotiation after Collapse of Soviet Union······49
1.1. Second Stage of Treaty Negotiation······49
1.2. Denying the United Federal Treaty and Referendum in Tatarstan······54
1.2.1. Circumstances in Moscow ······54
1.2.2. Circumstances in Kazan ······56
1.2.3. Political Meaning of Referendum······57
2. Full-Working Negotiation······59

2.1. Basic Agreement (Protocol) ··· 59
2.2. Finishing of Draft Treaty ··· 63
3. Contents of Draft Treaty ··· 67
3.1. Problems on Form ··· 67
3.2. Problems on Content ··· 69
3.2.1. Preamble ··· 69
3.2.2. Article 1 ··· 71
3.2.3. Article 2 ··· 74
3.2.4. Article 4 ··· 76
3.2.5. Article 5 ··· 77
3.2.6. Article 6 ··· 77

Chapter 3 Preparation and Conclusion of Draft Treaty ································· 89
1. Negotiation under Federal Constitutional Reform ································· 89
1.1. Enactment of Tatarstan Constitution and Treaty Negotiation with Russia ······ 89
1.2. Conclusion of Agreement under the Federal Constitution in Crisis ·············· 94
2. Finishing Draft Treaty ··· 99
2.1. New Russian Constitution and Treaty Negotiation ································· 99
2.2. Preparing Draft Treaty ··· 105
2.2.1. Discussing Pending Problems ································· 106
2.2.2. Preparing Draft Treaty on February 1 ································· 107
2.2.3. Decisioning Name of Treaty ································· 111
3. Examination of Treaty of 1994 ··· 114
3.1. Grasping Contents Compared with Draft Treaty ································· 114
3.1.1. Preamble ··· 115
3.1.2. Applicable Laws and Regulations ································· 118
3.1.3. Republic's Jurisdictions ································· 119
3.1.4. Cooperative Jurisdictions ································· 121
3.1.5. Federal Jurisdictions ································· 124
3.1.6. The Rest ··· 125
3.2. Problems Based on Federal Constitutiony ································· 128
3.2.1. Points at Issue to Be Considered ································· 128
3.2.2. From Federal Jurisdiction to Republic's ································· 130
3.2.3. From Federal Jurisdiction to Cooperative ································· 132
3.2.4. From Cooperative Jurisdiction to Republic's ································· 133
3.3. Estimation ··· 136
3.3.1. Parties ··· 136
3.3.2. Public ··· 142

Contents *415*

Part II Reexamination of Federative Relationship
Based on Treaty of 1994

Chapter 4 Legislative Regulations of the Treaty··· 171
 1. Centrifugal Process after Collapse of Soviet Union···································· 171
 2. Administlative Regulations·· 176
  2.1. Organizaiton of Regulative Organs ······÷·· 176
  2.2. Decision of Principles on Delimitation of Powers ··························· 178
 3. Regulations with Federal Laws··· 180
  3.1. Enactment of Two Federal Laws of 1999··· 180
  3.2. Content··· 185
   3.2.1. Federal Law on the 24th of June·· 185
   3.2.2. Federal Law on the 6th of October·· 188
  Summing up·· 190

Chapter 5 New Conceptions on Delimitation of Powers under Putin's Federal
   Reforms·· 203
 1. Reexamination of Federative Relationship in 1990s···································· 204
  1.1. Federal Reform Early in 1990s ··· 204
  1.2. Annulment Process of Treaty on Delimitation of Powers ···················· 209
  1.3. Enactment of Law on Conclusion of Treaty in Regions (Subjects of RF) ······ 214
   1.3.1. Annuling Treaty - Not Enacting Law on Treaty··························· 215
   1.3.2. Annuling Treaty - Enacting Law on Treaty ·························· 216
   1.3.3. Not Annulling Treaty - Enacting Law on Treaty··························· 218
   1.3.4. Not Annulling Treaty - Not Enacting Law on Treaty ···················· 222
  1.4. Meanings of Annulling Treaty·· 223
 2. New Conception on Delimitation of Powers ·· 225
  2.1. Shimiev's Conception ·· 225
   2.1.1. Passing ·· 225
   2.1.2. Contents·· 228
   2.1.3. Estimation ·· 236
  2.2. Kozak's Conception ··· 238
   2.2.1. Passing ·· 238
   2.2.2. Contents··· 243
   2.2.3. Legilative Results ·· 249
  Summing up··· 252

Part III Significances of Treaty on Delimitation of Powers of 2007

Chapter 6 Process toward Conclusion of Treaty ·· 277
  1. New Negotiation ·· 277
    1.1. New Environment for the Renewal of Treat ·· 277
    1.2. Negotiation around the Renewal of Treaty ·· 281
      1.2.1. Start of Negotiation·· 281
      1.2.2. Cooperative Working·· 283
  2. Examination of Draft Treaty ·· 286
    2.1. Comparison with Treaty of 1994 ·· 286
    2.2. Examining Article by Article ·· 289
      2.2.1. Preamble·· 290
      2.2.2. Article 2·· 292
      2.2.3. Article 3·· 293
      2.2.4. The Rest ·· 296

Chapter 7 Discussions in Federal Assembly·· 305
  1. State Duma ·· 305
    1.1. Discussing in Advance ·· 305
    1.2. Discussing in Meetings·· 307
  2. Council of Federation ·· 311
    2.1. Discussing in Advance ·· 311
    2.2. Discussing in Meetings·· 313
      2.2.1. Keynote Report ·· 313
      2.2.2. Discussing-Opposite Opinions ·· 314
  3. Rediscussions ·· 317
    3.1. Negotiation for another Discussion ·· 317
    3.2. State Duma ·· 318
    3.3. Council of Federation ·· 322

Chapter 8 Examination of Treaty ·· 331
  1. Examination of Content in General·· 331
  2. Legal Problems ·· 333
    2.1. Limiting Extent of Problems·· 333
      2.1.1. Possibility of Constitutional Provisions on Individual Treaties·········· 333
      2.1.2. Equality Principle among Regions(subjects)- Connected with
        Article 5 of Constitution ·· 336
      2.1.3. Conditions of Conclusion - Connected with Article 26-7 of Federal
        Law of 1999 ·· 339

2.2. Commenting Comprehensively ⋯⋯⋯⋯⋯⋯⋯⋯⋯⋯⋯⋯⋯⋯⋯⋯⋯⋯⋯⋯⋯⋯⋯⋯⋯ 341

Chapter 9 Epilogue - Tatarstan toward Expiry of the 2007 Treaty ⋯⋯⋯⋯⋯⋯⋯ 347

Conclusion ⋯⋯⋯⋯⋯⋯⋯⋯⋯⋯⋯⋯⋯⋯⋯⋯⋯⋯⋯⋯⋯⋯⋯⋯⋯⋯⋯⋯⋯⋯⋯⋯⋯⋯⋯⋯⋯⋯ 359

Materials ⋯⋯ 363

No. 1 Agreement of on Economic Cooperation between the Government
of the Russian Federation and the Government of the Republic of
Tatarstan (22 January 1992)

No. 2 Draft Treaty on Mutual Delegation (Transfer) of Jurisdictional Subjects
and Powers of State Bodies (15 August 1992)

No. 3 Draft Treaty between Tatarstan and Russian Federation on Delimitation
of Jurisdictional Subjects and Mutual Delegation of Authority between
the State Bodies of the Russian Federation and the State Bodies of the
Republic of Tatarstan (1 February 1994)

No. 4 Treaty between the Russian Federation and the Republic of Tatarstan
on Delimitation of Jurisdictional Subjects and Mutual Delegation of
Authority between the State Bodies of the Russian Federation and
the State Bodies of the Republic of Tatarstan (15 February 1994)

No. 5 Draft Treaty between the Russian Federation and the Republic of
Tatarstan on Delimitation of Jurisdictional Subjects and Authority
between the State Bodies of the Russian Federation and the State
Bodies of the Republic of Tatarstan (28 October 2005)

No. 6 Draft Treaty on Delimitation of Jurisdictional Subjects and Powers
between Bodies of Republic Authority of the Russian Federation and
Bodies of Public Authority of the Republic of Tatarstan (4 November
2006)

No. 7 Treaty on Delimitation of Jurisdictional Subjects and Powers between
Bodies of Republic Authority of the Russian Federation and Bodies of
Public Authority of the Republic of Tatarstan (26 June 2007)

Selected Bibliography ⋯⋯⋯⋯⋯⋯⋯⋯⋯⋯⋯⋯⋯⋯⋯⋯⋯⋯⋯⋯⋯⋯⋯⋯⋯⋯⋯⋯⋯⋯⋯⋯ 387

Index ⋯⋯⋯ 401

執筆者紹介

小 杉 末 吉
<small>こ すぎ すえ きち</small>

1951 年埼玉県に生まれる。
1974 年中央大学法学部卒業。
1980 年、中央大学法学部助手を経て、
現在、中央大学法学部教授。
専攻は、ロシア法史。
主な著作・論文に、『ロシア革命と良心の自由』（中央大学出版部、1992 年）、「ソ連における宗教団体とその紛争処理」（佐藤・木下編『現代国家と宗教団体法制』〔岩波書店、1992 年〕）所収）、「ロシア連邦国家語法の制定過程をめぐる問題について」（『法学新報』第 113 巻 11・12 号、2007 年）

ロシア─タタルスターン権限区分条約論
<small>日本比較法研究所研究叢書（117）</small>

2019 年 3 月 22 日　初版第 1 刷発行

著　　者　小 杉 末 吉

発 行 者　間 島 進 吾

発 行 所　中 央 大 学 出 版 部

〒 192-0393
東 京 都 八 王 子 市 東 中 野 742-1
電話 042（674）2351・FAX 042（674）2354
http://www2.chuo-u.ac.jp/up/

© 2019　Suekichi Kosugi　ISBN978-4-8057-0817-0　　㈱千秋社

本書の無断複写は，著作権法上での例外を除き，禁じられています。
複写される場合は，その都度，当発行所の許諾を得てください。

日本比較法研究所研究叢書

1	小 島 武 司 著	法律扶助・弁護士保険の比較法的研究	A 5 判 2800円
2	藤 本 哲 也 著	CRIME AND DELINQUENCY AMONG THE JAPANESE-AMERICANS	菊 判 1600円
3	塚 本 重 頼 著	ア メ リ カ 刑 事 法 研 究	A 5 判 2800円
4	小 島 武 司 外 間 寛 編	オ ム ブ ズ マ ン 制 度 の 比 較 研 究	A 5 判 3500円
5	田 村 五 郎 著	非嫡出子に対する親権の研究	A 5 判 3200円
6	小 島 武 司 編	各 国 法 律 扶 助 制 度 の 比 較 研 究	A 5 判 4500円
7	小 島 武 司 著	仲裁・苦情処理の比較法的研究	A 5 判 3800円
8	塚 本 重 頼 著	英 米 民 事 法 の 研 究	A 5 判 4800円
9	桑 田 三 郎 著	国 際 私 法 の 諸 相	A 5 判 5400円
10	山 内 惟 介 編	Beiträge zum japanischen und ausländischen Bank- und Finanzrecht	菊 判 3600円
11	木 内 宜 彦 M・ル ッ タ ー 編著	日 独 会 社 法 の 展 開	A 5 判 (品切)
12	山 内 惟 介 著	海 事 国 際 私 法 の 研 究	A 5 判 2800円
13	渥 美 東 洋 編	米 国 刑 事 判 例 の 動 向 I	A 5 判 (品切)
14	小 島 武 司 編著	調 停 と 法	A 5 判 (品切)
15	塚 本 重 頼 著	裁 判 制 度 の 国 際 比 較	A 5 判 (品切)
16	渥 美 東 洋 編	米 国 刑 事 判 例 の 動 向 II	A 5 判 4800円
17	日本比較法研究所編	比 較 法 の 方 法 と 今 日 的 課 題	A 5 判 3000円
18	小 島 武 司 編	Perspectives on Civil Justice and ADR : Japan and the U. S. A.	菊 判 5000円
19	小 島：渥 美 清 水：外 間 編	フ ラ ン ス の 裁 判 法 制	A 5 判 (品切)
20	小 杉 末 吉 著	ロ シ ア 革 命 と 良 心 の 自 由	A 5 判 4900円
21	小 島：渥 美 清 水：外 間 編	アメリカの大司法システム(上)	A 5 判 2900円
22	小 島：渥 美 清 水：外 間 編	Système juridique français	菊 判 4000円

日本比較法研究所研究叢書

23	小島・渥美 清水・外間 編	アメリカの大司法システム(下)	A5判 1800円
24	小島武司・韓相範編	韓 国 法 の 現 在 (上)	A5判 4400円
25	小島・渥美・川添 清水・外間 編	ヨーロッパ裁判制度の源流	A5判 2600円
26	塚 本 重 頼 著	労使関係法制の比較法的研究	A5判 2200円
27	小島武司・韓相範編	韓 国 法 の 現 在 (下)	A5判 5000円
28	渥 美 東 洋 編	米 国 刑 事 判 例 の 動 向 Ⅲ	A5判 (品切)
29	藤 本 哲 也 著	Crime Problems in Japan	菊判 (品切)
30	小島・渥美 清水・外間 編	The Grand Design of America's Justice System	菊判 4500円
31	川 村 泰 啓 著	個 人 史 と し て の 民 法 学	A5判 4800円
32	白 羽 祐 三 著	民法起草者 穂 積 陳 重 論	A5判 3300円
33	日本比較法研究所編	国際社会における法の普遍性と固有性	A5判 3200円
34	丸 山 秀 平 編著	ドイツ企業法判例の展開	A5判 2800円
35	白 羽 祐 三 著	プロパティと現代的契約自由	A5判 13000円
36	藤 本 哲 也 著	諸 外 国 の 刑 事 政 策	A5判 4000円
37	小 島 武 司 他 編	Europe's Judicial Systems	菊判 (品切)
38	伊 従 寛 著	独占禁止政策と独占禁止法	A5判 9000円
39	白 羽 祐 三 著	「日本法理研究会」の分析	A5判 5700円
40	伊従・山内・ヘイリー編	競争法の国際的調整と貿易問題	A5判 2800円
41	渥 美 ・ 小 島 編	日韓における立法の新展開	A5判 4300円
42	渥 美 東 洋 編	組織・企業犯罪を考える	A5判 3800円
43	丸 山 秀 平 編著	続ドイツ企業法判例の展開	A5判 2300円
44	住 吉 博 著	学生はいかにして法律家となるか	A5判 4200円

日本比較法研究所研究叢書

45	藤本哲也 著	刑事政策の諸問題	A5判 4400円
46	小島武司 編著	訴訟法における法族の再検討	A5判 7100円
47	桑田三郎 著	工業所有権法における国際的消耗論	A5判 5700円
48	多喜 寛 著	国際私法の基本的課題	A5判 5200円
49	多喜 寛 著	国際仲裁と国際取引法	A5判 6400円
50	眞田・松村 編著	イスラーム身分関係法	A5判 7500円
51	川添・小島 編	ドイツ法・ヨーロッパ法の展開と判例	A5判 1900円
52	西海・山野目 編	今日の家族をめぐる日仏の法的諸問題	A5判 2200円
53	加美和照 著	会社取締役法制度研究	A5判 7000円
54	植野妙実子編著	21世紀の女性政策	A5判 (品切)
55	山内惟介 著	国際公序法の研究	A5判 4100円
56	山内惟介 著	国際私法・国際経済法論集	A5判 5400円
57	大内・西海 編	国連の紛争予防・解決機能	A5判 7000円
58	白羽祐三 著	日清・日露戦争と法律学	A5判 4000円
59	伊従・山内 ヘイリー・ネルソン 編	APEC諸国における競争政策と経済発展	A5判 4000円
60	工藤達朗 編	ドイツの憲法裁判	A5判 (品切)
61	白羽祐三 著	刑法学者牧野英一の民法論	A5判 2100円
62	小島武司 編	ＡＤＲの実際と理論 I	A5判 (品切)
63	大内・西海 編	United Nation's Contributions to the Prevention and Settlement of Conflicts	菊判 4500円
64	山内惟介 著	国際会社法研究 第一巻	A5判 4800円
65	小島武司 著	CIVIL PROCEDURE and ADR in JAPAN	菊判 (品切)
66	小堀憲助 著	「知的(発達)障害者」福祉思想とその潮流	A5判 2900円

日本比較法研究所研究叢書

67	藤本哲也 編著	諸外国の修復的司法	A5判 6000円
68	小島武司 編	ＡＤＲの実際と理論Ⅱ	A5判 5200円
69	吉田 豊 著	手付の研究	A5判 7500円
70	渥美東洋 編著	日韓比較刑事法シンポジウム	A5判 3600円
71	藤本哲也 著	犯罪学研究	A5判 4200円
72	多喜 寛 著	国家契約の法理論	A5判 3400円
73	石川・エーラース グロスフェルト・山内 編著	共演 ドイツ法と日本法	A5判 6500円
74	小島武司 編著	日本法制の改革：立法と実務の最前線	A5判 10000円
75	藤本哲也 著	性犯罪研究	A5判 3500円
76	奥田安弘 著	国際私法と隣接法分野の研究	A5判 7600円
77	只木 誠 著	刑事法学における現代的課題	A5判 2700円
78	藤本哲也 著	刑事政策研究	A5判 4400円
79	山内惟介 著	比較法研究 第一巻	A5判 4000円
80	多喜 寛 編著	国際私法・国際取引法の諸問題	A5判 2200円
81	日本比較法研究所 編	Future of Comparative Study in Law	菊判 11200円
82	植野妙実子 編著	フランス憲法と統治構造	A5判 4000円
83	山内惟介 著	Japanisches Recht im Vergleich	菊判 6700円
84	渥美東洋 編	米国刑事判例の動向Ⅳ	A5判 9000円
85	多喜 寛 著	慣習法と法的確信	A5判 2800円
86	長尾一紘 著	基本権解釈と利益衡量の法理	A5判 2500円
87	植野妙実子 編著	法・制度・権利の今日的変容	A5判 5900円
88	畑尻剛 工藤達朗 編	ドイツの憲法裁判 第二版	A5判 8000円

日本比較法研究所研究叢書

89	大村雅彦 著	比較民事司法研究	A5判 3800円
90	中野目善則 編	国際刑事法	A5判 6700円
91	藤本哲也 著	犯罪学・刑事政策の新しい動向	A5判 4600円
92	山内惟介 ヴェルナー・F・エプケ 編著	国際関係私法の挑戦	A5判 5500円
93	森津勇孝司 編	ドイツ弁護士法と労働法の現在	A5判 3300円
94	多喜寛 著	国家（政府）承認と国際法	A5判 3300円
95	長尾一紘 著	外国人の選挙権 ドイツの経験・日本の課題	A5判 2300円
96	只木誠 ハラルド・バウム 編	債権法改正に関する比較法的検討	A5判 5500円
97	鈴木博人 著	親子福祉法の比較法的研究 I	A5判 4500円
98	橋本基弘 著	表現の自由 理論と解釈	A5判 4300円
99	植野妙実子 著	フランスにおける憲法裁判	A5判 4500円
100	椎橋隆幸 編著	日韓の刑事司法上の重要課題	A5判 3200円
101	中野目善則 著	二重危険の法理	A5判 4200円
102	森勇 編著	リーガルマーケットの展開と弁護士の職業像	A5判 6700円
103	丸山秀平 著	ドイツ有限責任事業会社（UG）	A5判 2500円
104	椎橋隆幸 編	米国刑事判例の動向 V	A5判 6900円
105	山内惟介 著	比較法研究 第二巻	A5判 8000円
106	多喜寛 著	STATE RECOGNITION AND *OPINIO JURIS* IN CUSTOMARY INTERNATIONAL LAW	菊判 2700円
107	西海真樹 著	現代国際法論集	A5判 6800円
108	椎橋隆幸 編著	裁判員裁判に関する日独比較法の検討	A5判 2900円
109	牛嶋仁 編著	日米欧金融規制監督の発展と調和	A5判 4700円
110	森光 著	ローマの法学と居住の保護	A5判 6700円

日本比較法研究所研究叢書

111	山内惟介 著	比 較 法 研 究 第三巻	A5判 4300円
112	北村泰三 西海真樹 編著	文 化 多 様 性 と 国 際 法	A5判 4900円
113	津野義堂 編著	オ ン ト ロ ジ ー 法 学	A5判 5400円
114	椎橋隆幸 編	米 国 刑 事 判 例 の 動 向 Ⅵ	A5判 7500円
115	森 勇 編著	弁 護 士 の 基 本 的 義 務	A5判 6300円
116	大村雅彦 編著	司法アクセスの普遍化の動向	A5判 6100円

＊価格は本体価格です。別途消費税が必要です。